정보사회와 전자정부

셀프업 16

정보사회와 전자정부

고재학 지음

이담 Books

머리말

　　1962년 토마스 쿤(Thomas s. Kuhn)은 '과학혁명의 구조'에서 과학 발전이 한 시대의 세계관(패러다임)에서 다른 세계관으로 바뀌는 '혁명적인 과정'이라고 보았다. 과학혁명은 바로 한 패러다임 내의 과학이 모순으로 부글부글 끓다가 위기에 닥쳐 갈릴레이나 아인슈타인 같은 혁명가에 의해 새로운 패러다임으로 전환하는 과정이라는 것이다. 여기서 패러다임이란 한 시대의 과학자와 사회 전체가 공유하는 이론, 법칙, 지식, 가치, 심지어 믿음이나 습관 같은 것을 통틀어 일컫는 개념이다. 쿤의 생각은 과학이 누적적 지식의 점진적 발전이라는 당시 생각에 엄청난 반향을 일으켰다.

　　20세기까지 인류의 역사에 있어서 사회 전체의 패러다임이 바뀌는 대 변혁은 고대사회를 형성한 농업혁명과 근대사회를 형성한 산업혁명을 통해서 일어났다. 사회혁명은 우리 인류사회에 수많은 이익을 가져다주었지만 반면에 다양한 부정적인 문제들을 야기하기도 하였다. 끊임없이 지속되어 온 사회문제들을 안은 채로 21세기를 접어들면서 또 한 번의 대 변혁이 정보혁명에 의해서 진행되고 있다. 오늘날의 정보혁명은 20세기까지 진행되어 온 패러다임을 부정하고 새로운 패러다임의 전환을 필요로 하고 있다. 정보혁명으로 다가온 21세기 정보사회는 과거의 농업혁명과 산업혁명 과정에서도 그랬듯이 다양한 순기능과 역기능을 우리 사회에 함께 가져다주고 있다.

　　오늘날 정보혁명은 과거의 혁명에 비할 수 없는 엄청난 양의 정보를 사람들에게 전달하고 있으며, 이러한 혁명의 근원에는 교통과 통신수단의 급속한 발전이 그 동인으로 작용하였다. 이들은 사람들에게 새로운 지식과 경험을 전달해주었으며, 새로운 정보는 사람들의 인식을 바꾸고 새로운 사회의 변화를 요구하는 물결의 원인이 되었다. 정보혁명은 인터넷의 발명으로 시작된 또 하나의 과학혁명인 것이다. 정보혁명으로 인한 패러다임의 전환은 정치·경제·사회·문화를 비롯한 모든 분야에 걸쳐 개혁의 바람으로 나타나고 있다.

이러한 혁명기에 이 시대의 변화의 흐름과 방향을 이해하고 앞으로의 미래사회를 준비하고 대비해 나가는 것이 무엇보다도 필요하다. 미국의 인텔사의 창립자인 「Andy Glove」는 정보사회는 '그림을 그리지 않은 빈 캔버스와 같다'고 하였다. 이것은 정보사회를 살아가는 사람들이 그 사회를 어떤 그림으로 그려나가는가에 그 사회의 운명이 달렸다는 말이다.

정보사회는 이제부터 시작이다. 이 시대를 살고 있는 모든 사람들이 새로운 정보사회에 대한 이해와 준비가 필요한 것은 이 때문이다. 새로운 사회변화에 순응하는 방법과 지혜를 습득하고 과거의 문제들을 청산하고 새로운 시대에 새로운 옷을 갈아입어야만 한다.

이 책은 이러한 정보사회를 이해하고 사회과학을 공부하는 사람들에게 21세기 정보사회에 있어서 행정의 변화를 이해하는데 도움이 되었으면 하는 바람으로, 지난 10년간 대학에서 정보사회의 이해 및 전자정부론을 강의하면서 모은 자료를 이 한 권의 책으로 출판하게 되었다.

이 책은 3부로 나누어져 있다. 제1부에서는 제1장 문명의 발달과 정보사회의 도래, 제2장 정보사회의 본질, 제3장 정보사회의 환경변화와 역기능, 제4장 정보의 개념과 가치, 제5장 정보화와 사이버스페이스 등으로 정보사회의 이해를 중심으로 구성하였다. 제2부에서는 제6장 전자정부의 구성, 제7장 정보화 정책, 제8장 정보와 행정, 제9장 행정정보체계와 시스템이론, 제10장 행정정보기획으로 구성하여 정보화 사회에서 전자정부와 행정을 이해하도록 하였다. 제3부에서는 제11장 멀티미디어와 실리콘밸리, 제12장 정보디자인 이론으로 구성하였다. 부록에서는 주요국 전자정부 정책의 비교평가와 정보통신 관련 법률자료를 첨부하여 강의에 활용할 수 있도록 하였다. 그럼에도 불구하고 아직도 부족한 내용은 앞으로 계속해서 보완해 나가고자 한다.

끝으로, 이 책을 출판하기까지 도움을 주신 출판사 관계 임직원과, 저자에게 끊임없이 관심과 격려의 말씀을 아끼지 않은 선후배와 선생님 그리고 사랑하는 가족들 모두에게 이 기회를 빌려 감사드린다.

2009년 9월
고재학 씀

제2부 정보사회의 행정

제3부 실리콘밸리 모델과 정보디자인 이론

부록 주요국 전자정부 정책의 비교평가

정보통신관련 법률자료

제1부 정보사회론

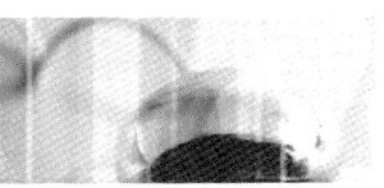

제1장

문명의 발달과 정보사회의 도래

1.1 문명의 발달과 사회변화

정보통신 수단의 발전은 사람들에게 새로운 다양한 정보를 전달해 주며, 새로운 정보에 의해 사람들은 다양한 욕구를 갖게 된다. 이러한 욕구를 충족시켜 주기 위해서 사회는 변화되지 않으면 안 된다. 이것이 사회변화의 근원이다. 온고이지신(溫故而知新)이란 말이 있듯이 사회과학을 연구하기 위해서는 이러한 사회변화의 과정을 역사를 통하여 이해하고 이를 바탕으로 미래사회를 준비하는 자세가 필요하다. 따라서 본 장에서는 인류문명의 발달과정 속에서 사회변화의 원인을 찾아보고자 한다.

1.1.1 원시사회와 고대사회

세계 문명을 역사적으로 구분할 때 원시 – 고대 – 중세 – 근세 – 근대 – 현대 – 정보사회로 구분할 수 있다. 이는 시대적으로 그 특징을 달리한다는 데서 그 구분이 가능하다.

인류가 태초에 이 세상에 존재했던 고대 이전 사회는 유목생활을 하면서 먹을 것을 찾아 이리저리 떠돌아다녔다. 우리는 이 시대를 원시사회라고 부른다. 원시사회로부터 고대사회로의 변화는 인류문명이 발달하기 시작하면서부터이다. 인류의 문명이 발달하기 시작한 것은 중국 황허강, 인도 인더스 강, 이집트 나일 강 그리고 메소포타미아 지역의 유프라테스 강과 티그리스 강 유역으로 사람들이 모여들기 시작하면서부터라고 할 수 있다. 이들은 비옥한 농토를 찾아 이들 지역에 모여 살면서 농사를 짓기 시작하였다. 즉 농사를 짓기 위하여 유목생활을 마치고 한 지역에 정착하기 시작하였는데, 우리는 이 시기를 농업혁명기[1]라고 부른다. 그러나 중국 황허강은 봄철의 심각한 홍수가 빈번하여 농사짓

---

1) 여기서 혁명이라는 용어는 사회전반에 걸친 대 변화를 의미한다. 우리 문명사에는 세 번의 혁명기가 있었다. 고대 농업혁명, 근대 산업혁명, 그리고 현대말기에 나타난 정보혁명이 그것이다. 사회적 혁명의 근원은 인간에게 이전보다 엄청난 양의 정보를 가져다주는 데서 비롯되었다고 할 수 있다. 새로운 정보의 접근을 통하여 다른 세상을 알게 되면 인간은 그것을 추종하면서 사회의 변화를 요구한다. 이에 세상은 다른 모습으로 변화하는 것이다. 이것이 바로 사회혁명인 것이다.

기에 그리 적합하지 않은 곳이었다. 홍수조절을 통한 관개수로의 구축이 필요해지면서 강력한 집권자의 지도력이 필요했다. 이러한 고대사회를 대표하는 국가는 그리스와 로마이다.

이 시대는 유목생활 때부터 내려오는 샤머니즘과 토테미즘의 신앙적 숭배사상을 이어받은 종교인과 귀족을 중심으로 한 지배세력이 존재하였으며 이들에 의한 정치를 봉건주의 또는 봉건제도라고 부른다. 봉건제도는 군주(주군) 아래 토지를 소유한 영주와 이를 떠받드는 영신, 그리고 소작농민으로 구성된 계층화된 엄격한 계급사회를 형성하였다. 농업혁명기의 농경생활은 유목생활을 하던 원시시대에서 벗어나 농사활동을 통한 사회 전반에 걸친 변화를 요구하였다. 유목생활을 하던 사람들이 한곳으로 모여 살기 시작하면서 각자의 생활풍습과 삶의 방식을 교류하게 되었고, 이를 통하여 새로운 정보를 취득한 사람들의 새로운 욕구분출은 사회의 새로운 변화를 요구하였다. 이것이 바로 농업혁명기 사회변화의 근원이다.

이렇듯 고대사회는 귀족정치, 종교정치, 그리고 봉건제도가 확립된 사회로서 토지가 재산의 중심이 되는 농업사회였다.

1.1.2 중세사회

중세사회(476~16C)는 고대사회에 번성했던 그리스가 멸망하고 끝까지 남아 있던 서로마 제국이 붕괴되는 5세기부터 16세기까지를 말한다. 서로마 제국의 멸망으로 시작된 중세사회는 농민이 중심이 되어 형성되었던 고대사회의 봉건제도가 서서히 붕괴되고, 상인을 장악한 군주제도가 시작되었다는 것을 의미한다. 이 시대의 특징은 농업생활을 통하여 생산된 잉여농산물과 생활필수품을 교환하기 위한 물물거래가 활성화되었다는 것이다. 상인들에 의하여 형성된 시장을 중심으로 도시국가와 상업도시가 등장하면서 시장경제 활동이 본격화되었다. 상인들에 의해서 만들어진 길드조합은 상인들이 이 시대를 특징짓는 사회의 한 계층으로 자리 잡고 있음을 말해 준다. 이 시기에 상인을 장악한 군주의 위상은 중세의 지배세력으로 더없이 높아져 있었다. 1513년 마키아벨리의 저서 「군주론」2)은 그 당시 군주의 위상이 얼마나 막강했는지를 말해 준다. '목적을 위해서 수단과 방법을 가리지 말라'고 진언한 마키아벨리의 주장은 당시 군주가 국가를 유지하고 통치하기 위해서는 도덕률과 종교관까지도 무시될 수 있다고 하였다. 이것은 국가의 위기관리를 위해서는 군주의 강력한 리더십이 필요하다는 의미였다. 그러나 이것은 후대에 정치인들에게 그들의 목적인 정권쟁취를 위해서는 어떤 불법도 허용될 수 있다는 정치전략으로 이용되기도 하였다.

1.1.3 근세사회

16세기에서 18세기까지는 근세사회로서 군주의 권력이 더욱 강해지면서 절대군주국가가 형성되는 시기이다. 통치자이자 지배자로서 군주는 그 사회를 장악하면서 강력한 중앙집권 체제를 형성하였다. 또한 이 시대에는 귀족과 종교인을 중심으로 르네상스 바로크 문화가 발달하면서 문예부흥이 일어났으며, 시장중심 경제에 의한 중상주의의 시대였다. 근세 말기에는 과학이 발달하면서 점차 산업사회의 도래를 준비하였다.

1.1.4 근대사회

18세기부터 19세기 중반까지를 근대 산업사회라 부른다. 1688년 영국의 명예혁명과 1789년 프랑스 혁명 그리고 1776년 미국의 독립선언으로 점차 군주의 속박에서 벗어난 시민이 사회의 중심에 섰던 시대이다. 1765년에 발명된 증기기관과 1876년 전화의 발명은 정보의 양을 급속도로 확장시키면서, 다양한 정보를 취득하기 시작한 사람들의 욕구에 부응하는 새로운 사회변화가 일어났다. 이것이 산업혁명이다. 1776년에 아담스미스(Adam Smith: 1725~1790)의 국부론3)은 이 시대의 자유경제원리를 대변한다. 그러나 약 100여 년 지속되었던 아

---

2) 근대 정치학의 초석이 된 니콜로 마키아벨리의 저술 군주론(1513)은 로렌초 데 메디체에 드리는 獻辭와 본문 26장으로 되어 있으며, 국가·군주·군사 등에 관한 역사적 考察書이다. 중세 도덕률이나 종교관에서 벗어나 강력한 군주만이 분열된 이탈리아를 구원할 수 있을 것이라고 역설한 군주론은 애국적 저서이며 위기의 정치학 이지만 그의 전제군주 찬미는 후대에 오해와 비판을 불러일으켰다.

담 스미스의 경제원리는 19세기 중반에 들어서면서 시장실패의 요인⁴⁾들이 발생하면서 1940대에 존 메이너드 케인즈(John Maynard Keynes: 1883~1946)에 의한 케인즈 경제원리⁵⁾로 시장경제의 원리가 변화된다. 케인즈 경제원리를 정부가 처음으로 도입한 것이 1933년 미국의 뉴딜정책⁶⁾이다. 이때부터 시장경제활동에 정부가 개입하기 시작하였고 정부의 역할이 확대되면서 행정국가가 탄생하게 되었다. 이와 같은 변화가 일어나는 19세기 후반부터 20세기까지를 현대사회라 부른다.

1.1.5 현대사회

현대사회 초기는 근대 산업사회에서 형성된 자본주의와 이에 반대하는 사회주의(공산주의)와의 양대 이데올로기가 팽팽히 대립되는 시대였다. 이 시기에는 케인즈 경제학이 등장하면서 약 100여 년간 지속되어 온 아담스미스의 자유경제 시장원리를 반박하면서 정부가 시장경제활동에 적극 개입할 것을 주장하였다. 이런 사회적 분위기에 따라 정부의 역할이 강조되었으며, 강력한 중앙집권적 행정국가가 형성되었다. 그러나 이 당시의 행정국가는 근세 절대군주 체제하에서 형성된 강제적 중앙집권체제와는 달리 민주적이며 합법적인 방법에 의한 중앙집권체제였다는 점에서 근세사회의 중앙집권체제와는 구분하여 신중앙집권체제로 부른다.

현대사회 초기에 형성된 양대 이데올로기의 냉전시대는 20세기 말에 와서 중국과 구소련 등 공산주의사회의 몰락으로 균형이 깨지면서 일방적인 자본주의의 승

---

3) 아담 스미스의 「국부의 본질과 원인에 관한 탐구: An Inquiry into the Nature and the Causes of the Wealth of Nation」 '국부론'에서 그는 노동자는 그가 작업한 노동의 교환가치에 따라 원하는 재화를 획득할 수 있으며, 국부의 구축에 기초가 되는 것은 교환, 사유재산, 자유시장이라고 하였다. 이는 그 당시 "보이지 않는 손에 의해서 시장은 자율적으로 형성된다."고 하는 자유경제 원리의 근간이 되었다.

4) 시장실패의 요인으로 ① 불완전 경쟁 ② 불완전한 정보 ③ 공공재의 시장부재 ④ 외부효과 ⑤ 분배의 불균형 ⑥ 독과점과 도덕적 해이 ⑦ 자원고갈 ⑧ 경기변동 등을 들 수 있다.

5) 케인즈는 자유시장, 계획경제 양자 모두 결점을 갖고 있으며, 통화공급과 제정정책을 능란히 관리함으로써 경지주기를 단축하는 긍정적인 역할을 정부가 해야 한다고 주장하였다. 이것이 정부가 경제에 개입하게 되는 케인즈 경제이론이다.

6) 뉴딜정책의 내용을 보면 ① 농업조정법(AAA) 제정을 통한 농산물 과잉생산을 법으로 억제한다. ② 농산물 가격을 인상하여 농민의 구매력을 창출한다.③ 전국 산업부흥법(NIRA) 제정을 통하여 고용을 증대한다. ④ 테네시강 유역개발공사(TVA) 창설을 통하여 대규모 토목공사를 통한 실업자 구제 등 자유경제시장의 실패요인을 극복하기 위하여 정부가 적극적으로 시장경제에 개입하는 정책이었다.

리로 끝났다. 이는 미국 자본주의가 세계로 확대되는 계기를 만들었다. 미국은 세계시장을 국제화 세계화함으로써 국경 없는 지구촌의 시대(Globalization)를 열어 가려 하고 있다. 이와 더불어서 20세기 말에 미국에서 시작된 정보산업의 발달은 인터넷이라는 가상의 공간을 지구상에 만들어 놓음으로써 이를 통하여 세계 시장을 하나로 연결하는 세계시장의 개방화를 추진해 가고 있다.

1.1.6 정보사회

컴퓨터와 인터넷의 발달은 사람들에게 또 한 번의 정보증폭을 가능하게 하였고 이에 따른 다양한 욕구가 분출되면서 예전에 없었던 급속한 사회변화를 요구하고 있다. 이를 정보혁명이라고 부른다. 이에 따라 정부도 시민도 그리고 기업도 새로운 조직과 문화 생활방식으로 바꾸지 않으면 안 되게 되었다. 이것은 사회 각층의 개혁을 필요로 한다. 21세기는 이러한 의미에서 20세기 산업사회와는 구별되는 정보사회이다. 또한 21세기는 정보가 중요한 사회적 가치재로 등장하면서, 이를 활용하는 지적활동이 강조되는 사회이다. 따라서 '지식정보사회'라고도 한다.

21세기가 지향하고 있는 '정보사회'는 국제화, 세계화, 정보화 그리고 지방화가 요구되는 시대이기도 하다.

1.2 한 · 미 · 일 정보사회의 역사

1.2.1 서 론

21세기 정보사회는 역사적 요구에 의해 탄생된 새로운 패러다임[7]이라고 할

---

7) 패러다임(Paradigm)이란 '새로운 사고'를 뜻하는 용어로서, Thomas Kuhn의 「The structure of scientific revolution」에서 처음 사용한 용어. "과거의 지식직접이 과학의 발달 없이 어느 날 갑자기 우연하게 역사발전을 가져온다."

수 있다. 세계 각국에서 이미 정보화 사회의 물결은 피할 수 없는 현실이며, 이는 복잡한 포스트모더니즘의 시대를 살아가는 현대인의 요구이기도 하다. 여기서 우리는 왜 정보사회가 도래할 수밖에 없으며, 어떻게 정보사회가 우리에게 다가왔는가를 발견하기 위하여 한국, 미국, 일본의 정보사회 도래의 역사적 과정을 고찰해 보고자 한다.

정보사회의 모태는 미국이지만 미국은 역사적으로 동양의 경제대국을 꿈꾸는 일본과 경제시장에서의 경쟁을 통하여 많은 교훈을 얻었다고 할 수 있다. 따라서 정보사회의 메카인 미국의 정보사회로의 발전과정을 고찰하기에 앞서 경제시장에서 일본과의 관계를 고찰하고자 한다. 또한, 일본과 미국의 정보화 과정과 더불어 뒤늦게 진행되고 있는 한국의 정보화 정책의 과정을 살펴보기로 하자.

1.2.2 일본의 정보화 과정

(1) 메이지유신(1867)

일본은 1867년 메이지유신 이전에는 에도(현: 토쿄)시대로서 바쿠후라고 하는 무사들이 통치를 하던 지방분권적 정치문화를 갖고 있었다. 이 당시 지방봉건 영주들은 '에도'에 올라와 일정 기간 막부에 봉사하고 내려가는 참근 의무가 있었지만, 약 300년 동안 도쿠가와는 평화통일의 시대를 열어 갔다.

1867년 일본은 메이지유신으로 대변혁을 가져오게 된다. 이 시대는 부국강병을 강조하는 천황중심의 중앙집권체제가 이루어졌다.

(2) 세계대공황(1929)

일본은 1929년 세계대공황을 맞게 되기 전까지 한차례의 청일전쟁(1889~1895)을 겪으면서도 내부적으로 중앙집권적 정치문화를 고수하고 행정 제·개편을 통한 다양한 개혁을 추진하였다.[8]

1929년 세계대공황을 겪게 되고 1931년 만주사변이 일어나자, 일본의 경제는

---

8) (1871년) 폐번치헌, (1880년) 구정촌회 규칙제정, (1888)년 지정촌제 등 여러 번의 행정개편 및 지방자치제도의 변화가 있었다.

파탄으로 치닫게 되었고, 일본 국민은 경제적 위기 속에서 정부의 정책을 비난하게 되었다. 일본정부는 이와 같은 일본의 난국을 타개하기 위하여 외세확장에 더욱 치중함으로써 국민의 관심을 돌리려고 하였다. 지방자치제도도 1943년 개정에 의해 다시 중앙통제권이 강화되는 변화를 가져왔다.

(3) 1945년 8월 15일 패전

1945년 8월 15일 일본은 히로시마에 떨어진 원자폭탄에 의해 무조건항복을 하였으나, 이미 경제적으로 모든 사회기반 시설이 잿더미가 되고 말았다. 패전 후 일본은 연합국에 의하여 1947년 5월 3일 신헌법이 공포되고, 제8장에 걸친 분권적 지방자치제도가 새롭게 추진되면서, 그동안의 관치통치를 폐지하려는 움직임이 있었으나, 샌프란시스코에서 일본의 독립이 인정(1951.9.)되고 대일강화조약(1952.4.28.)이 체결되면서 주도권이 점령군에서 일본으로 다시 돌아갔다. 이에 일본은 관치통치를 폐지하려는 연합군에 의해 공포된 지방자치법을 다시 전면개정(1952)하여 일본의 전통적인 관치통치로 돌아갔다.

(4) 1950~1980년대의 일본

그러나 이미 일본국민은 패전으로 인한 정부에 대한 비난과 경제적 파탄을 맞이했다. 이 시기에 일본은 경제성장을 최대의 목표로 하는 각종 시민운동과 혁신을 요망하는 국민적 요구와 더불어 각 지방자치단체가 다시 경제성장을 주도하는 지방화시대를 요구하고 있었다. 이때부터 일본은 경제성장을 위해 각종 산업의 발전을 추구하였으며, 1960년대와 1970년대에 이르러서는 근대화과정 말기에서 나타나는 각종 공해문제를 비롯한 사회문제가 대두되게 되었다.

1940년대에 이미 미국의 Dr. W. Edwards Deming은 「Quality Circle」을 통한 미국의 경제개혁을 주장하였지만, 미국의 개인주의적 사고방식은 이를 받아들이지 않았다. 데밍은 1950년 일본으로 건너와서 그가 주장했던 QC운동을 가족중심의 일본기업에 보급함으로써 일본경제 발전에 큰 힘이 되었다. 이 운동은 일본이 1970년대 이후 세계의 경제를 뒤흔드는 경제대국으로서 근대산업사회의 면모를 갖추는 기반이 되었다.

(5) 1990년대 일본의 정보화 추진

1990년대 초에는 미국에서 시작된 정보화의 새로운 물결이 일본에도 불기 시작하였다. 1994년 행정정보화추진계획(1995~1999)을 수립하고, 1995년 발표된 공통실시계획에 따라 행정기관 간의 네트워크 구축을 위한 행정정보종합통신망과 성청 간의 LAN, 카스미가세미WAN의 정비, 그리고 각종 운영시스템의 정비사업이 이루어졌다.

행정정보종합통신망은 사무처리의 합리화·신속화·통신경비의 절감과 통신수요의 증대 및 다양화를 위하여 각 성청과 지방정부가 공동으로 이용하는 네트워크를 만들고 있다. 이것은 본래의 전화교환기를 중개하는 네트워크로서, 성청이 보유하고 있는 LAN망과는 별개로 운영되고 있다.

정보화추진 기관으로는 '총무청'과 '관방장관'급 정보총괄책임자로 구성된 '연락회의'가 있고, 정부정보의 체계적 수립 및 정리·재고를 담당하는 '정부자료 등 보급조사회'가 있다.

1.2.3 미국의 정보화 과정

(1) 1930년대 경제 불황

1929년 세계대공황과 더불어 미국도 경제 불황을 겪게 되었다. 이 시기에는 세계에서 그동안 지배했던 고전적 경제이론인 아담스미스의 미시적경제이론은 이제 더 이상 경제를 시장원리에 맡겨서는 안 된다는 반성이 있었고, 정부가 경제시장에 개입해야 한다는 케인즈의 거시적 경제이론은 당시 루스벨트 대통령과 만나게 되면서 TVA개발로 이어지게 된다.

(2) 1950년대 경제불균형

이 시기는 미국 내의 근대화 과정 말기현상인 부익부빈익빈 현상이 심화되던 시기로서 Michuel Harrington은 「The Other America」를 통해서 이 시대 미국 내의 '풍요 속에 빈곤'을 묘사하고 있다. 이러한 시대적 변화는 미국 내의 민권운동의 확산을 가져왔으며, 민권운동가인 킹 목사와 케네디 대통령의 암살사건이 있기도 했다.

케네디 대통령의 뒤를 이은 미국의 35대 대통령 존슨은 'War on Poverty(가난과의 전쟁)', 'Head start(위로부터의 시작)', 'Aid to Family with Department Children(유치원부터의 교육)' 등 다양한 민권정책을 실시하였다.

(3) 1970년대 경제위기

1970년대 미국은 1973년과 1979년 오일쇼크로 인한 경제위기를 다시 겪게 되었다. 전통적인 기업문화인 개인주의와 지나친 합리주의는 데밍이 주창한 「QC」 운동을 일찍이 받아들이지 못했었다.

이와 같은 경제위기는 끝내 일본경제에 참패하는 결과를 가져왔다. 1980년대 후반에 세계시장의 100대 기업 중 일본기업이 53개를 차지하고 있었고, 일본은 세계시장에서 가장 큰 신용국가로 발전해 있었다.

반면, 미국은 가장 큰 부채국가로 전락하였다. 1973년부터 1986년까지 생산 성장률이 발전국가 내에서 가장 낮았으며, 국내총생산 대 고용비율도 단지 0.49% 정도 성장하였다. 같은 기간에 일본의 성장률은 빠르게 6배가 증가되었다.

(4) 1980년대 행정 개혁의 시대(레이건 대통령)

미국에서는 1980년 6월 24일 '전체품질운동'(Total Quality Movement)이 촉발되는 특별한 사건이 있었다. 그것은 NBC텔레비전에서 방영된 '만약 일본이 할 수 있다면 왜 우리는 할 수 없는가'라는 다큐멘터리였다. 그 프로그램은 데밍의 경험과 일본에서의 성공에 관한 것이었다. 그 반응은 전 미국에 퍼졌다. 몇 달 안에 미국의 수백 개의 중요기업과 정부에서는 품질성에 편승되어 쟁탈전이 벌어졌다. 품질단체들이 마술처럼 여기저기에서 나타났다. 노동단체들은 자발적으로 조직적 문제를 해결하도록 권고하고, 분석하는 데 경계와 계층을 초월하였다.9)

---

9) 〈문화개혁운동〉
　　데밍, 쥬란,　이겐바움에 의해서 일찍이 전개된 조직문화개혁운동의 중요한 학문적 이론은 대부분 다음의 논문과 저자들을 포함하고 있다.

(5) 1990년대 미국의 정보화사회

1980년대 후반부터 미국은 정보화를 적극 지원하는 진보세력과 군수산업을 지원하려는 보수 세력이 팽팽한 대결을 벌이고 있었다. CSPP(Computer System Policy Project)라는 13개의 하이테크컴퓨터 기업들이 만든 로비단체는 1992년 빌 클린턴 대통령을 지원하였고, 그가 당선되자 부통령으로 지명된 엘고어(AL Gore)와 국가행정평가위원회(NPR: National Performance Review)는 「행정개혁에 관한 고어 보고서」에서 형식주의를 타파하고, 결과 지향적이며, 비용절감을 통한 생산성 향상과 고객 지향적 정부의 구현을 위하여 전자정부 구축과 함께 「전 미국가정보기반계획」인 NII(National Information Infrastructure)[10]계획을 수립하면서 미국 정보화 정책이 추진되었다.

1.2.4 한국의 정보화 과정

(1) '전산망보급확장과 이용촉진에 관한 법률' 제정(1986)

1986년 '전산망보급확장과 이용에 관한 법률'(전산망법) 제정에 근거하여 추진된 國家基幹電算網事業은 행정망, 교육연구망, 금융망, 공안망, 국방망이라는 5대 전산망을 중심으로 전산화사업이 추진되면서 구체화되었다.

(2) 제1차 행정전산망사업(1987~1991)

특히 이들 중 행정전산망사업은 1987년 행정전산망사업(1987~91)이 발표되었고, 여기서는 DB의 구축 등 전국적 대민서비스 체제를 구축하기 위한 6대 우

---

* The Quality Management(TQM): Grosby.1979
* Japanese Management: (Ouchi.1081, Pascal & Athos.1981)
* The Search for Excellence: (Peters & Waterman.1982, Petets.1989)
* Socio-technical Systems or Quality of Work Life(QWL): (weisboard.1991)
* Learning Organizations: (Senge.1990)
* Reinvention Government: (Gore.1993, Osborne & Gaebler.1992)
* Reengineering, Process Reengineering, or Business Reengineering: (Hammer & Champy.1993)

10) NII의 목적은 정보 인프라를 통해 21세기 미국의 사회, 경제, 문화를 떠받쳐 주고, 활성화시키는 원동력이 되고, 보다 강력한 국가가 되기 위하여 미국이 제일 먼저 정보사회를 구현해야 한다는 생각에 기초하고 있다.

선업무[11])가 개발 지원을 집중하였다.

(3) 제2차 행정전산망사업(1992~1996)

이를 기반으로 계속된 제2차 행정전산망사업(1992~1996)에서는 7대 우선추진업무[12])가 선정되었으며, 1994년 동 사업의 수정계획에서는 행정정보의 공동체제를 구축하고 대민서비스의 개선과 행정능률의 제고를 위해 네트워크 구축에 보다 역점을 두었다. 이를 위해 행정종합정보시스템을 구축하고 행정전산망 정보유통센터(현 정부전산정보관리소)를 설립하여 행정기관 간에 각종 문서나 자료를 교환할 수 있게 하고, 행정전산기기와 운영시스템의 호환성과 표준화를 제고하였다.

(4) 행정정보화 촉진사업(1996~2000)

나아가 새로운 정보통신기술의 변화를 적극적으로 반영하고, 급증하는 행정수요에 효과적으로 부응하기 위하여 기존의 행정전산망사업과 행정사무자동화사업을 통합하여 1996년에는 '정보화촉진기본법(1995)'에 근거한 행정정보화 촉진사업(1996~2000)을 추진하였다.

(5) 전자정부 구현사업(1998~현재)

전자정부 구현사업의 추진과정과 현황에 관해서는 제6장 전자정부의 구성에서 상술하도록 한다.

---

11) 6대 우선업무로는 주민등록관리, 토지관리, 고용관리, 자동차관리, 통관관리, 경제통계가 채택되었고, 이들 전담사업자로는 데이콤이 지정되었다.

12) 7대 추진업무에는 국민복지, 우체국종합서비스, 행상물관리, 산업재산권정보관리, 기상정보관리, 물품목록관리, 어선관리가 채택되었다. 그 밖에 '94년 수정계획에 포함된 중점지원업무로는 경제통상업무, 농업기술정보, 환경보전관리, 국세종합관리 등 4개이다. 한편, 제2차 행정전산망사업에서는 데이콤 이외에도 다양한 기관들이 전담사업자로 참여하였다.

제2장
정보사회의 본질

2.1 정보사회의 출현

정보사회는 18세기 근대 산업사회가 형성된 이후에 20세기까지 지속되어 온 산업 사회적 구조에서 벗어날 것을 요구하는 혁명적 변화를 필요로 하는 사회이다. 즉 산업사회(Modernism)에서는 모든 것이 규격화, 극대화, 분업화, 중앙화, 집중화와 물질적 가치를 추구하는 사회인 반면에, 정보사회는 후기 산업사회(Post Modernism)에 요구되었던 개성화, 다양화, 분권화, 세분화와 정신적 가치를 추구하는 시대로 변화되고 있다<표 2-1>. 이러한 현상은 21세기에 들어서면서 정보의 활용과 통신수단의 발달로 인하여 다변화의 시대와 다양성의 시대에 대처하기 위한 정보 사회를 가속화시켰다.

〈표 2-1〉 산업사회의 특징

산업사회(Modenism)	후기 산업사회(Post Modenism)
규격화, 극대화, 분업화, 중앙화, 집중화, 물질적 가치추구	개성화, 다양화, 분권화, 세분화, 정신적 가치추구

2.2 농업 · 산업 · 정보혁명

<그림 2-1>에서 보듯이 우리 사회는 세 번의 혁명기를 통하여 사회적 변화를 가져왔다. 고대사회는 농업혁명을 통하여 농업사회를 형성하고, 근대사회는 산업혁명을 통하여 산업사회를 형성하였으며, 21세기는 20세기 말에 나타난 정보혁명을 통하여 정보사회를 형성해 가고 있다. 이러한 사회적 혁명은 정보와 통신수단의 급속한 발전이 그 원인이 된다. 농업혁명기에는 유랑생활에서 집단생활로 주거환경이 바뀌면서 정보교류의 활성화가 이루어졌고, 산업혁명기에는 증기기관과 전화의 발명으로 정보교류의 활성화가 이루어졌다. 또한 정보혁명의 원인이 되는 것은 컴퓨터와 인터넷 기술의 발달이다. 컴퓨터와 인터넷 기술의 발달은 과거에는 상상할 수 없는 '정보의 바다'를 통하여 엄청난 양의 정보를

교류할 수 있는 사회를 만들었다. 정보는 새로운 삶을 추구하는 인간의 욕구를 다양화함으로써 사회를 변화시키는 원동력이 되는 것이다.

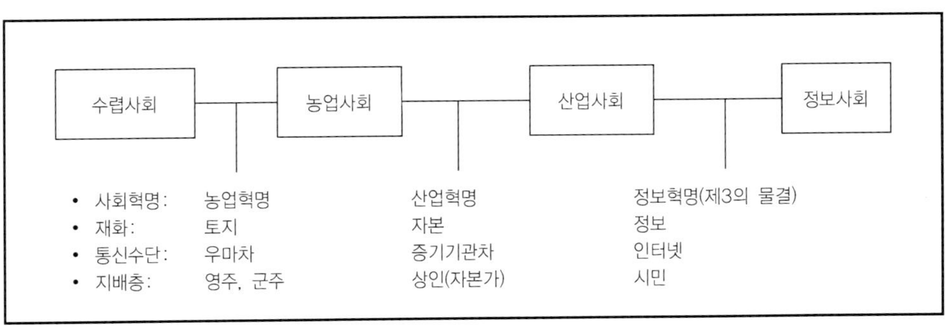

〈그림 2-1〉 사회혁명의 과정과 특징

2.3 정보사회의 개념

정보사회는 컴퓨터와 통신기술이 결합하여 정보의 수집·가공·처리·축적·전달 능력이 획기적으로 증가되면서, 정보의 가치가 중요해지는 사회이다. 즉 정보와 지식이 중요한 재화로 인식되고, 정보·통신 기술이 가사, 기업, 행정 등 인간의 갖가지 활동에 도입되어, 인간의 제반 사회 경제 생활양식에 혁신적인 변화가 발생하는 사회이다. 이러한 정보사회는 모든 부분에 사회적 변화가 요구되고, 정보의 사회적 가치가 중요해진다. 정보처리기술이 강조되어 전문가가 대우를 받으며, 컴퓨터가 생활 중심에 있어 누구나 컴퓨터를 다루는 일이 필요하게 된다. 공간의 개념이 없어져 국가를 경계로 하지 않고 지구촌을 하나의 공간으로 인식하며, 가상의 공간(Cyberspace)이 현실공간과 공존하게 되는 사회이다. 또한, 사회조직은 산업사회에서의 수직화된 계층구조(a pyramid organization)에서 수평구조(a network organization)의 사회로 변화를 추구하는 사회이다<표 2-2>.

① 정치·경제·사회·문화가 변화되는 사회
② 정보의 사회적 가치가 중요해지는 사회
③ 정보처리 기술이 강조되는 사회
④ 컴퓨터가 생활 중심에 서 있는 사회
⑤ 공간의 개념이 없는 사회
⑥ 네트워크 사회

이미 많은 미래학자들에 의해서 이러한 21세기 정보사회에 대한 예견이 있어 왔다. 정보사회를 예견한 학자와 저서를 소개하면 다음과 같다.[13)]

① A. Toffler 『제3의 물결』, 『權力移動(Powershift)』
② D. Bell 『이데올로기의 終焉(1958)』
　　　　　　　『후기 산업사회의 到來(1973)』······脫産業社會
　　　　　　　『제3의 技術革命(The Third Technological Revolution)』
　　　　　　　－1990년 7월 9일 서울 강연 제목
③ J. Naisbitt 『Megatrends』－10대 거대조류

〈표 2-3〉 1차 거대조류(1982)

① 공업사회 → 정보사회
② 경성적 기술 → 하이테크, 하이터치
③ 국민경제 → 세계경제
④ 단기기획 → 장기기획
⑤ 중앙집권 → 분권화
⑥ 공적 부조(제도적 원조) → 자주적 노력(정부역할, 관여축소)
⑦ 대표(의회) 민주주의 → 직접(참여) 민주주의
⑧ 조직 계층(피라미드) → 네트워크화로 분권, 자율화
⑨ 공업도시밀집 → 전원도시로 이주
⑩ 양자택일 → 다종선택(Multiple－Option)

---

13) 조병일, 최신정보체계론(서울: 박문각, 1993), pp.30~32.

① 세계경제의 혼합
② 예술의 부흥(전위. 비디오아트)
③ 자유시장사회주의 출현
④ 생활양식의 세계화. 문화 민족주의
⑤ 복지국가와 민영화 지향
⑥ 환태평양시대도래(한국, 대만, 싱가포르, 홍콩)
⑦ 여성지도자 시대 도래
⑧ 생물학 시대 도래
⑨ 종교적 부흥
⑩ 개인의 승리(개인의 역량: 지식기술)

④ 프랑스 시몽 노라(Simon Nora) & 아랑 밍끄(Alan Minc) -

『Telecommunication + Infornatique = 'Telematique 사회'』

⑤ 미국 안소니 오틴저 (Oettinger) -

『Computer + Communications = 'Compunication 사회'』

⑥ 캐나다 마샬 맥루한 - '지구촌(Global Village)' 용어 창시자(미디어의 이해: 1964).

⑦ 일본 고바야시 - 마이크로프로세서 기술+통신기술=C & C(Computer & Communication)

⑧ P. Hoken - '정보경제의 시대'

⑨ G. Cicheim - '탈부르주아지(Post - Bourgeois)시대'

⑩ R. Dahrendorf - '탈자본주의(Post - Capitalist)시대'

⑪ A. Etzioni - '탈근대(Post - Modern)'

⑫ K. Boulding - '후기문명(Post - civilized)'

⑬ H. Kahn - '후기경제(Post - Economic)'

⑭ F. Machlup(마흐럽) - '지식사회(Knowledge Society)'

⑮ Brezezinski - '전자 기술사회(Technetromic age)'

⑯ Kahn & Wiener - '탈대량 소비사회(Post - mass Consumption Society)'

2.4 정보사회의 動因

　　정보사회가 도래하게 된 원인을 정보기술적 측면, 사회수요적 측면, 정책적 측면으로 나누어 살펴보면 <그림2－2>와 같다. 즉 정보기술적 측면에서 정보사회의 출현에 견인차적 역할을 한 것은 광통신기술, 디지털기술, 컴퓨터기술의 혁신적 발전이다. 광통신 기술을 발전시킨 광섬유케이블은 1,300만 개의 전화통화와 1,920개의 TV채널을 동시에 사용할 수 있게 하였다.[14] 이와 더불어 위성통신의 발달은 무선통신의 시대를 열어 가는 통신수단의 혁신을 가져다 주고 있다. 디지털 기술은 과거의 아날로그(analog) 방식을 디지털 방식으로 바꿔 놓음으로써 32권의 브레테니카 백과사전을 1초에 전달하고 영상, 음향, 그림, 문자를 한꺼번에 0.1초에 전달할 수 있는 속도의 발전을 가져다주었다. 컴퓨터 기술의 발전 중에서도 전자 반도체기술의 발전은 매초당 10억 개의 비트(Bit)를 전송할 뿐만 아니라 정보의 저장능력을 향상시킴으로써 정보화 사회를 형성하는 데 견인차적 역할을 하였다.

　　사회수요적 측면에서는 20세기 말 후기산업사회(Post Modenism)에서 나타난 개성화·인간화·국제화·창조화·민주화·합리화·형평화에 대한 요구가 정보사회의 출현을 촉진하는 요인이 되었다.

　　정책적 측면에서는 각국의 정부가 정보화를 통한 사회발전과 고도사회의 형성을 목표로 정보통신 기반의 구축과 정보화에 의한 지역발전을 추진함으로써 세계 각국이 정보화 사회로 진입하는 촉진적 원동력을 제공하였다.

　　정보화 사회는 이와 같이 원인적 측면인 정보기술의 발전과 이에 따른 사회적 욕구변화, 그리고 환경변화에 부응한 각국 정부의 정보화 추진노력이 결합되어 탄생된 것이다.

---

14) 과거의 마이크로웨이브는 1만 5,000개의 전화 동시통화와 22개 TV채널을 동시에 전달하는 수준이었다.

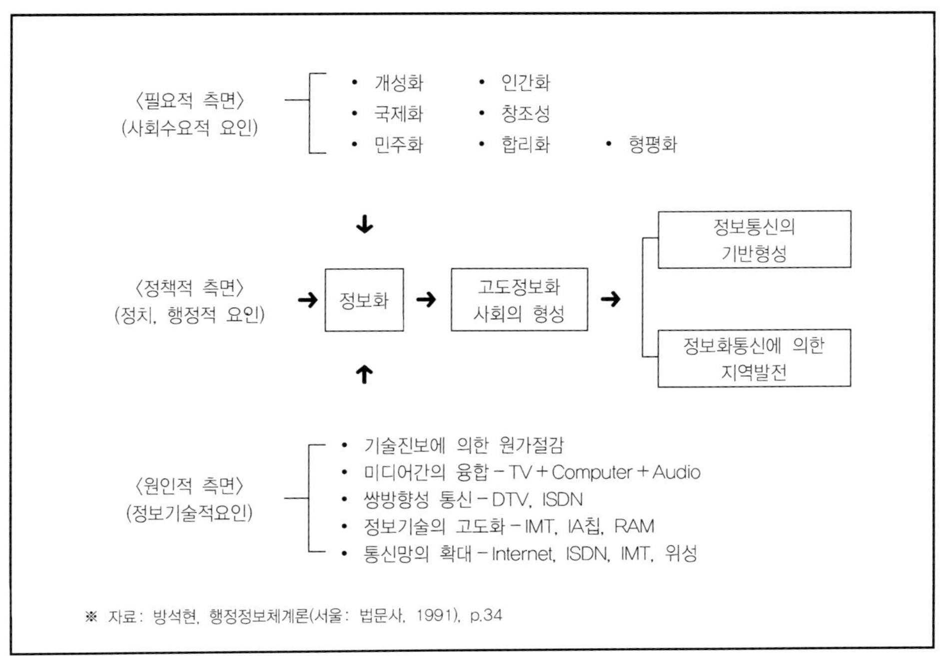

〈그림 2-2〉 정보화촉진요인

2.5 정보사회의 특징

정보사회는 정보를 수집하고 정리하고, 이용하고, 이를 평가하는 일에 사람들이 대부분의 시간을 보내는 사회로서 다음과 같은 특징을 갖는다.

첫째, 생활의 속도가 실시간(real-time) 만남이 가능한 사회이다. 사람과 사람 간의 대면관계는 face to face - telephone - videophone - cyber phone의 단계로 발전하였다. cyber phone의 시대는 가상현실(virtual-reality)의 세계를 통하여 미국 뉴욕에 있는 사람과 한국 서울에 있는 사람이 일본 동경에서 실시간으로 만남이 가능해진다.

둘째, 사이버스페이스(cyberspace)가 생활공간으로 등장하는 사회이다. 사이버스페이스를 통하여 과거에는 존재하지 않았던 아마존과 같은 가상기업이 등장하고, 가상 국가와 가상의 인물이 현실세계와 교류하게 된다.

셋째. human‒computer Interface의 사회이다. 인간과 컴퓨터가 만나 컴퓨터가 인간을 대신하여 일을 하게 되며, 재택근무, 인터넷 홈 스터디를 통한 재택학교와 재택의료 등의 새로운 환경이 형성되는 사회이다.

넷째, 경제의 연성화가 진행되는 사회이다. 산업사회의 경제는 하드웨어(hardware)가 중요시되는 사회로서 기계적, 물리적, 획일적, 집중적, 양적인 사회였다면, 정보사회는 소프트웨어(software)가 중요시되는 사회로서 지적, 정신적, 문화적, 질적인 사회로 개성과 다양성 그리고 권력의 분산이 추구되는 사회이다.

〈표 2‒5〉 산업사회와 정보사회의 비교

산업사회	(하드)경성화‒기계적 · 물리적 · 획일적 · 집중적 · 양적
정보사회	(소프트)연성화‒지적 · 정신적 · 문화적 · 질적 · 개성화 · 다양성 · 분산화

다섯째, 과학과 문화 · 경제적인 면에서 질적 변화로 이동되는 사회이다. 과학의 질적 발달을 통하여 기계의 무인화 · 자동화 · 즉시화 · 시스템화하여 종합화되며, 문화적 다양성과 개성이 강조되면서 경제패턴도 소품종 다량생산에서 다품종 소량생산 체제로 변화하게 된다.

여섯째, 노동의 의미와 성격이 생존에서 삶의 질 향상으로 전환되고, 근로자의 창의와 자율적 통제가 강조되는 사회이다. 앨빈 토플러(A. Toffler) 는 「권력이동」에서 조직의 권력이 위에서 아래로 분권화되는 사회가 올 것을 예견한 바있다. 이에 따라 노동의 시간이 줄어들고 삶의 질을 높이는 노동자의 취미생활과 여가생활이 요구되는 사회이다.

일곱째, 사회조직이 분권적, 수평적, 다양성의 원리로 이동하는 사회이다. 따라서 조직은 조직개편과 구조조정 · 업무재설계(BPR)를 통하여 정보사회에 맞게 개선된다.

여덟째, 인간의 삶의 양식이 질적 측면을 중시하는 사회이다. 정보와 지식 중심의 삶이 이루어지면서 다양한 정보를 접하는 인간의 욕구가 다양화되어 다양한 개성과 욕구가 사회의 대변화를 요구한다.

아홉째, 정보가 폭증하는 사회이다. 기술의 발전과 통신기술 발달은 정보의 시너지효과를 가져와 정보가 폭증하는 사회이다.

열째, 정치적으로 참여 민주정치가 실현되는 사회이다. 정부의 정보공개는 시민참여를 촉진하게 된다.

또한, 위와 같은 정보사회가 형성되기 위해서는 다음과 같은 정보화 과정이 필요하다.

첫째, 자유로운 시간의 확보를 통하여 창의적인 아이디어가 표출되어야 한다. 둘째, 고급정보를 처리하고 관리하는 전문 인력이 양성되어야 한다. 셋째, 사회 기반으로 정보 통신과 관련한 정보처리 시스템이 확보되어야 한다. 즉 디지털화, 통신시설의 통합, 뉴미디어의 다중 네트워크가 구축되고 정보의 저장, 정보의 지식화가 실시간 검색을 통해서 이루어져야 한다. 넷째, 산업구조에 있어 정보산업 비중이 30% 이상 점유해야 한다. 다섯째, 필요한 재화와 국민의 의식수준이 높고, 서비스의 생산·소비·축적이 일정 수준에 도달해야 한다.

2.6 정보사회의 발전단계

2.6.1 반도체 기술의 발전

정보사회의 발전단계를 정보·통신 기술의 발전단계로 비교하여 볼 수 있다. <표 2-6>에서 보듯이 1세대인 진공관시대에서 5세대인 초고밀도 집적회로로 발전함에 따라 컴퓨터의 성능과 기능이 높아짐으로써 정보사회의 출현이 가능하였다.

반도체 기술의 발달은 미국의 과학자 고든 '무어의 법칙'[15]을 깬 '황의 법칙'이 작용한다.

---

15) '무어의 법칙': 「고든 무어(Gorden Moore)」 인텔의 공동설립자 "반도체 칩의 정보 기억양은 18~24개월 단위로 두배씩 증가하지만 가격은 변하지 않는다."는 법칙을 발표하였다. 실제로 1971년 프로세서 4004의 트랜지스터 수는 2,300개였고 1997년 펜티엄 II 의 성능은 트랜지스터 750만 개의 수준인바, 16년간의 반도체 기술의 발전은 3,661배 증가하여 실제 계산상의 3,800배의 변화를 예상한 '무어의 법칙'에 근접하였으나, 2002년 삼성전자 황창규 사장이 '메모리신성장론'을 발표하면서 '반도체 메모리용량이 1년에 두배씩 증가한다'는 사실을 입증하였다. 그의 성을 따서 이것을 '황의 법칙'이라 한다.

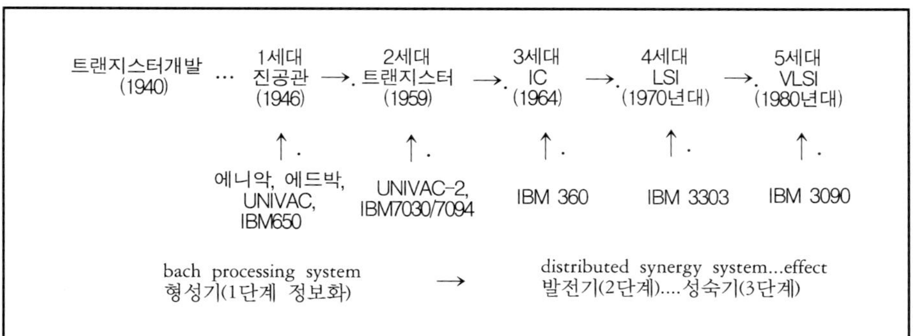

*IC : integrated circuit(직접회로)
*LSI : large-scale integration(고밀도 집적회로)
*VLSI : very large scale integration(초고밀도 집적회로).

2.6.2 컴퓨터의 발전과정

컴퓨터의 발전은 정보사회를 출현시키는 견인차적 역할을 담당하였다.

토마스 쿤(Thomas Kuhn)은 "과거의 지식 집적에 의해서 점진적으로 과학이 발달하는 것이 아니라 어느 날 갑자기 우연한 계기에 의해서 과학의 발전이 이루어진다."고 하였다. 여기서 우연한 계기는 과학물질의 새로운 발명이나 갈릴레이의 지동설, 아인슈타인의 상대성이론과 같은 새로운 과학이론에서 비롯되는 것이다. 정보사회는 컴퓨터 기술의 발전과 1993년 전 네스케이프의 사장인 짐 크락과 모자이크를 개발한 마크 앤드래슨이 무상으로 보급한 인터넷 브라우저인 네스케이프가 확산되면서 급속히 우리 사회에 다가온 새로운 사회이다. 컴퓨터의 발전단계 과정은 다음과 같다.

(1) 전기기계식 계산기 MRAK-Ⅰ(1937-1944)

미국의 하버드 대학교 물리학 교수인 에이큰(Howard Aiken: 1900-1973)이 1937년 IBM사의 지원으로 범용적인 전기기계식(electromechanical) 컴퓨터를 설계·제작하여 '자동순차제어계산기(Automatic Sequence Controlled Calculator)'라고 불렀으나, 후에 'Harvard Mark I'라고 명칭을 바꾸었으며, 실제 가동은 1944년부터였다. 주요

부품과 성능을 보면, 72개의 톱니바퀴와 3,000개의 릴레이(relay), 천 마력의 모터를 사용하여 23자리(digit)의 10진수 계산을 수초 이내에 할 수 있었다. 연산의 제어는 천공된 종이테이프를 사용하였으며, 자동축차방식으로 처리되는 완전자동계산기로서 일반적인 명칭은 'MARK I'이다.

(2) ABC 컴퓨터(The Atanasoff-Berry Computer: 1939-1942)

컴퓨터의 발명에 초석이 된 것은 1930년 중반 존 빈센트 아타나소프(John Vincent Atanasoff)가 그의 조교인 클리포드 베리(Clifford Berry)와 함께 미시시피 강변 어느 카페에서 맥주를 마시다 발견한 2진법 논리를 이용한 4Bit 원리의 발견에서 시작되었다. <표 2-7>에서 보듯이 4Bit의 원리는 신호의 점멸을 0과 1의 숫자로 표시하면 4개의 신호에서 16가지의 숫자 표현이 가능하다. 이 원리를 이용하여 계산기용 ABC컴퓨터를 발명하였으나 실용화하지는 못하였다.

〈표 2-7〉 4Bit의 원리

(①1111/②1000/③1100/④1110/⑤0111/⑥0011/⑦0001/⑧1001/⑨1010/⑩0101)
(⑪0110/⑫1011/⑬1101/⑭0010/⑮0100/⑯0101)

5개의 진공관을 사용한 이 컴퓨터를 그들의 이름을 따서 아타나소프-베리 컴퓨터라고 불렀으며, 첫 글자만을 따서 'ABC'라고도 하였다. 아타나소프의 디지털 컴퓨터 이론은 에커트와 모클리에게 영향을 끼쳐, 이들이 ENIAC을 만드는 데 크게 도움이 되었다. 아타나소프는 최근에 와서 '디지탈 컴퓨터의 아버지'로 추앙될 만큼 컴퓨터의 발전에 크게 공헌한 사람으로 평가되고 있다.

(3) ENIAC (The Electronic Numerical And Calculator: 1943-1946)

MARK I이 개발된 이후, 전자부품만을 사용하여 만든 세계 최초의 컴퓨터인 에니악(ENIAC)이 미국의 펜실베이니아 대학교의 에커트 박사(Dr. J. Presper Eckert)와 모클리 박사(Dr. John W. Mauchly)에 의하여 1946년에 완성되었다. ENIAC은 주요 부품으로 18,800개의 진공관과 1,500개의 릴레이 및 그 밖에 많

은 부품이 쓰였으며, 소비전력 150Kw에 무게는 30톤으로 설치면적은 약 140㎡
나 되는 거대한 장치였다. 이 컴퓨터는 2차대전 후 미사일 탄도계산에 사용되었
다. 당시 15분 걸리던 미사일 탄도계산을 단 30초 만에 계산할 수 있게 되어
1954년까지 군사용 기상용으로 활용되었다.

　성능 면에서 보면, 기억용량은 100여 자로 한정되었으나 가감산은 매초 5,000
번, 승산은 360번, 제산은 170번 정도로 탁상계산기로 20분 정도 걸리는 것을
10초 이내에 처리할 수 있는 능력을 가졌다. 그러나 프로그램은 6,000개에 달하
는 스위치와 배선반에 의존하였으므로 비능률적이었다. 이러한 단점을 해결하는
방안으로 제안된 것이 프로그램을 미리 기억시키는 방법이다. 즉 프린스턴 고등
연구소에서 수학교수로 있던 헝가리 태생의 미국인 폰 노이만(John von neumann:
1905~1957) 박사가 1945년에 발표한 그의 논문에서 "전자계산기에 기억장치
를 갖추고, 연산의 순서를 부호화하여 기억시킨 후, 기억된 내용을 순차적으로
꺼내어 명령을 해독하여 연산을 실행한다."라는 이른바 프로그램 내장개념(stored
program concept)을 주장하였다. 이 폰 노이만의 논문은 그 후 오늘날까지 디지
털 컴퓨터의 발전에 큰 영향을 끼친 전자계산기의 기본사상이 되었다.

(4) EDSAC(The Electronic Delay Storage Automatic Calculator: 1945-1949)

　펜실베이니아 대학교에서 폰 노이만의 연구를 돕던 당시의 케임브리지 대학
출신의 학생이던 윌키스(Maurice Vincent Wilkes: 1913~)가 귀국하여 그의 연구
팀과 1949년 5월에 EDSAC이라는 컴퓨터를 완성했다. 이 계산기는 각 숫자마다
35개의 2진수를 표시할 수 있는 256개의 숫자를 기억할 수 있으며, 처음 시작
연산명령은 5채널의 종이테이프에 천공된 2진수의 형태로 기억장치에 들어가도
록 만들어진 2진수의 계산기로서 세계 최초의 프로그램 내장식 컴퓨터가 되었다.

(5) EDVAC(The Electronic Discrete Variable Computer: 1946-1952)

　펜실베이니아 대학교에서는 ENIAC에 이어 보다 더 개선된 컴퓨터 제작 계획
을 세우고, "디지털 정보를 기억시켰다가 다시 꺼내 쓸 수 있는 개념(the concept
of recirculating storage of digital information)"을 실현시키기 위한 기억장치를 만

들고자 수은지연소자(mercury delay lines) 개발에 착수했는데 이것이 EDVAC 설계의 시작이었다. 이 개발계획에는 에커트, 모클리, 폰 노이만 외에 골드스타인(Herman H. Goldstine) 박사가 함께 참여하여 1952년에 완성하였는데, 이 기계는 데이터가 저장되는 것과 같은 방법으로 연산처리 제어명령이 내장되는 프로그램 내장식 컴퓨터였다. EDVAC은 약 4,000개의 진공관과 10,000개의 광석 다이오드(crystal diode)를 사용하였으며, 기억용량 1,024 단어의 수은지연소자 기억장치를 갖고 있었다. 산술연산은 고정소수점연산과 부동소수점연산을 모두 할 수 있었으며, 입출력은 천공된 종이테이프와 IBM카드로 하였다. 이 컴퓨터의 설계방법과 동작원리는 그 후 각종 컴퓨터에 도입되어 '폰노이만식 컴퓨터'라는 말이 생겨날 정도로 컴퓨터 역사상 중요한 위치를 차지하게 되었다. 에드박 컴퓨터는 에드삭 컴퓨터와 함께 기억장치인 RAM과 ROM[16]의 원리를 적용한 컴퓨터이다.

(6) IAS 컴퓨터(The Institute for Advanced Studies Computer: 1952)

EDVAC이 완성된 지 얼마 안 되어 프린스턴에서 폰노이만과 골드스타인 및 그의 연구팀은 자동식이면서 프로그램 내장식(stored-program concept) 컴퓨터를 개발하였는데, 이 계산기를 'IAS 컴퓨터'라고 불렀다. 이 계산기는 이전의 계산기들보다 디자인과 성능 면에서 많은 장점을 갖는 것이었다.

(7) UNIVAC I(UNIVersal Automatic Computer: 1948-1951)

UNIVAC I은 펜실베이니아 대학에서 ENIAC을 만들었던 에커트와 모클리가 학교를 그만두고 1948년 그들 자신의 회사(the Eckert-Mauchly Computer Corporation)를 만들면서 착수하여 1951년에 완성한 '세계 최초의 상업용 컴퓨터'이다. 미국 여론조사국에 설치된 이 컴퓨터는 숫자와 영문자를 자유로이 입출력시킬 수 있는 고속의 범용컴퓨터로서, 매초 약 2,000회 정도의 가감산과 약 460회 이상의 승산, 260회 정도의 제산 및 2,700회 정도의 단순비교를 할 수 있었으며, 정보

---

16) RAM(Random Acess Memory)은 읽기와 쓰기가 가능한 기억장치이고, ROM(Read only Memory)은 읽기만 가능한 기억장치이다.

를 접근하는 데 걸리는 시간은 40내지 400마이크로 초였다.

개발 당시 IBM사의 토마스 와친 사장과의 접촉을 통하여 상용화를 시도하였으나 거절당하자 레밍턴 랜드(Remington Rand)사와 공동으로 상용화에 성공하였다. 유니박 컴퓨터는 당시 아이젠하워 대통령 후보의 당선 예측에 사용되었으며, 1954년 트랜지스터 800개를 사용해서 만든 트래딕(TRADIC) 컴퓨터와 함께 트랜지스터를 이용한 상용화된 컴퓨터이다. 한편 원시자료를 자기테이프에 옮기는 key－to－tape 장치와 천공카드상의 자료를 자기테이프에 옮기는 card－to－tape 변환기 및 콘솔 등의 정보처리 능력을 갖춘 본격적인 사무용컴퓨터였다. 이와 같이 UNIVAC I은 컴퓨터로서는 최초로 상품화되고 실용화된 기록을 남겼으며, 또한 제1세대 컴퓨터로서 첫 번째 컴퓨터로 알려지게 되었다.

1950년대 초는 새로운 모델의 컴퓨터가 많이 나왔다. IBM사는 1952년에 701 이라는 모델명을 가진 상업용 컴퓨터를 내놓은 데 이어서 1953년에는 사무용과 과학기술용으로 함께 쓸 수 있는 범용적인 컴퓨터인 'IBM 650'을 발표했다. 한 편 NCR(Nation Cash Register)사의 NCR 100계열, 레밍톤 랜드(Remington Rand) 사의 'UNIVAC 80'과 '90' 등이 계속 발표되었다.

(8) IBM360과 PC 그리고 인터넷의 출현

이 컴퓨터는 직접회로(IC)를 사용하여 1964년에 만든 제3세대의 통합 컴퓨터이다. 1세대 컴퓨터인 진공관, 2세대 컴퓨터인 트랜지스터를 지나 IC를 사용하는 3세대 컴퓨터가 개발되었다. 1960년대 중반의 3세대 컴퓨터 기술 분야에서 가장 중요한 발명은 집적회로(IC: Integrated Circuit)이다. 집적회로는 실리콘(Si) 이나 게르마늄(Ge)에 얇은 막을 입힌 칩(chip)으로 생산되는데 골무만 한 크기에 10만 개를 집적시킨 것이다. 1960년대 이후 컴퓨터업계에는 새로운 변화가 일기 시작했다. 대형기종에만 의존해 일을 처리하는 것이 아니라 각각의 업무마다 소형 컴퓨터를 설치하고 이를 통신망으로 연결하였다. 아울러 대형 컴퓨터는 초대형인 슈퍼컴퓨터로 발전해 나가는 양극화 현상이 일어나기 시작했다.

1970년대는 대규모 직접회로(LSI)를 사용하는 4세대 컴퓨터가 개발되었다. 1970년대 초반에 IBM은 그들의 컴퓨터 시스템을 370으로 변화시키는 작업을 시작하였는데, 이것이 대규모 집적회로(LSI: Large Scale IC)와 초대규모 집적회로(VLSI: Very Large Scale IC)를 사용한 4세대 컴퓨터이다. 초대규모 집적회로는 하나의 실리콘 조각에 수만 개의 회로를 집적시켰으며, 1970년대 말과 1980년대 초에 사용한 초소형 회로는 마이크로 처리장치, 마이크로컴퓨터, 마이크로 기억장치 등의 다양한 작업들을 수행하기 위해서 사용되었다.

5세대 컴퓨터는 PC이다. 80년대에 접어들면서 새로운 컴퓨터에 대한 요구가 생겨나기 시작했다. 이에 따라 1988년 6월 인텔은 80386SX 마이크로프로세서를 발표했다. 386SX는 가격대 성능비가 뛰어나 전 세계적으로 크게 각광을 받으며 386시장을 잠식해 들어갔다. 또한, 인텔은 1989년 4월에 i486DX 마이크로프로세서를 개발했는데 컴팩은 미니급의 성능을 발휘하는 486PC 시스템 프로 486PC를 개발, 초고성능 PC시대를 열었다. 제5세대 컴퓨터 시스템은 하드웨어, 지식 중심 언어, 인공 지능 소프트웨어, 그리고 코드화된 지식 베이스로 구성된다.

1993년 봄에는 일리노이 대학의 졸업 예정자였던 마크 앤드래슨(Marc Andressen)이 인터넷 검색장치인 「모자이크」 브라우저를 개발하여 졸업 후 실리콘 그래픽스사의 전 회장이었던 짐크락과 함께 NESCAPE(社)를 설립하였으며, 이듬해인 1994년에는 스탠포드 대학의 박사과정생이었던 제리 영과 그의 친구 데이빗 화이로가 YAHOO Corporation을 설립하여 본격적인 인터넷시대가 개막되었다. 그 후 PC의 급속한 발전과 인터넷의 발명으로 정보화가 추진되고 정보사회가 출현하게 되었다.

2.6.3. 네트워크(인터넷)의 발전

인터넷은 통신망과 통신망을 연동해 놓은 망의 집합을 의미하는 인터네트워크(internetwork)와 구별하기 위해 Internet 또는 INTERNET과 같이 고유명사로 표기한다. 랜(LAN) 등 소규모 통신망을 상호 접속하는 형태에서 점차 발전하여 현재는 전 세계를 망라하는 거대한 통신망의 집합체가 되었다. 인터넷에는 PC 통신처럼 모든 서비스를 제공하는 중심이 되는 호스트 컴퓨터도 없고 이를 관리하는 조직도 없다. 인터넷을 대표하는 조직으로 ISOC(Internet Society)가 있지만 인터넷망을 총괄 관리하는 기구는 아니다. 그러나 인터넷을 총괄적으로 관리하지는 않지만 인터넷상의 어떤 컴퓨터 또는 통신망에 이상이 발생하더라도 통신망 전체에는 영향을 주지 않도록 실제의 관리와 접속은 세계 각지에서 분산적으로 행해지고 있다. 현재 인터넷은 전화망 버금가는 거대한 세계적 정보 기반이 되었으며 통신 양은 급속도로 증가하고 있다. 인터넷에서 이용할 수 있는 서비스는 전자우편(e - mail), 원격 컴퓨터 연결(telnet), 파일 전송(FTP), 유즈넷 뉴스(Usenet News), 인터넷 정보 검색(Gopher), 인터넷 대화와 토론(IRC), 전자 게시판(BBS), 하이퍼텍스트 정보 열람(WWW: World Wide Web), 온라인 게임 등 다양하며 동화상이나 음성 데이터를 실시간으로 방송하는 서비스나 비디오 회의 등 새로운 서비스가 차례로 개발되어 이용 가능하게 되었다. 이와 같은 다양한 서비스와 풍부한 정보자원 때문에 인터넷을 '정보의 바다'라고 한다.

기원은 1969년 미국 국방성의 지원으로 미국의 4개의 대학을 연결하기 위해 구축한 알파넷(ARPANET)이다. 처음에는 군사적 목적으로 구축되었지만 프로토콜로 TCP/IP를 채택하면서 일반인을 위한 알파넷과 군용의 MILNET으로 분리되어 현재의 인터넷 환경의 기반을 갖추었다. 한편 미국 국립과학재단(NSF)도 TCP/IP를 사용하는 NSFNET라고 하는 새로운 통신망을 1986년에 구축하여 운영하기 시작하였다. NSFNET는 전 미국 내의 5개소의 슈퍼컴퓨터 센터를 상호 접속하기 위하여 구축되었는데 1987년에는 ARPANET를 대신하여 인터넷의 근간망(backbone network)의 역할을 담당하게 되었다. 이 때문에 인터넷은 본격적으로 자리를 잡게 되었다. 이때부터 인터넷을 상품 광고 및 상거래 매체로 이용하는 상업적 이용 수요가 증가하였으나 정부 지원으로 운영하는 NSFNET는 1992년 그 성격상 이용 목적을 교육 연구용으로 제한하였다. 이 때문에 인터넷 사업자들은 따로 협회를 구성하여 1992년CIE(Commercial Internet Exchange)라고 하는 새로운 근간망을 구축하여 상용인터넷에 접속하게 되었다.[17] 또한 1991년 스위스 제네바의 핵물리학 연구소 CERN의 연구원인 Timothy Berners - Lee가 개발한 GUI 도구인 World Wide Web과 1993년 일리노이 대학의 mark andriessen이 개발한 브라우저 mosiac는 이후 인터넷 상용화에 중요한 역할을 담당하였다.

---

17) 인터넷에 접속하는 방법은 전용선에 의한 IP 접속과 전화 회선을 이용한 다이얼 업 IP 접속이 있다. 인터넷 사용자는 각국의 통신망 정보 센터(NIC)에서 할당하는 IP 주소와 인터넷에 연결하는 서비스를 해 주는 회사에 가입하는 것이 필요하다. 국내에서는 한국전산원의 한국 인터넷 정보 센터(KRNIC)가 IP 주소의 지정 및 도메인 등록 업무를 담당하고 있다. 1994년 6월 한국통신이 최초로 인터넷상용 서비스(KORNET service)를 개시한 이래 많은 수의 인터넷 접속 서비스 제공자(ISP)가 생겨나서 일반인을 대상으로 상용 서비스를 제공하고 있다. 이들 사업자는 개별적으로 미국이나 기타 국가의 인터넷 접속 사업자와 연결되어 있다.

2.7 정보사회에 대한 제 견해

　　정보사회는 삶의 질을 향상시키는 데 많은 기여를 하고 있는 반면에 그에 대한 부작용도 있다고 하겠다. 문명의 발달과정에서도 보았듯이 사회혁명에 의해 사회가 변화되는 과정에는 이전 사회의 구조적 모순과 문제들을 개선하려는 긍정적인 변화와 더불어서 새로운 사회에 새롭게 대두되는 새로운 사회문제들이 대두되기 마련이다. 정보사회는 이전 사회인 산업사회보다도 생산적이고, 능률적이며, 민주적이며, 효율적인 사회로 한 걸음 발전한 사회로 평가되지만, 여기에서도 새로운 사회변화에 따른 문제들이 야기될 수 있다. 정보사회를 보는 관점에 따라 정보사회에 대한 견해가 다양하게 나타나는 것은 이 때문이다. 정보사회에 대한 견해로는 다음과 같은 것들이 있다.

　　첫째, 긍정적 입장에서는 Fuller, Bell, Simon과 같은 사람들이 있다. 이들은 기술 결정론적 관점에서 정보화는 급속한 기술의 발달을 가져다준다고 보고 있다.

　　둘째, 부정적 입장으로는 Ellul, McDermott, Boguslaw와 같은 사람들이 있다. 이들은 정보화가 또 다른 사회문제를 야기하고, 정보격차를 가져오며, 정보보유 능력에 따른 사회적 종속 등의 문제를 야기한다고 한다.

　　셋째, 중립적 입장으로는 Sarnoff, Andy Glow와 같은 사람들이 있다. 이는 사회 결정론적 입장에서 정보화는 '인간이 그것을 어떻게 사용하느냐에 달렸다'고 주장한다.

　　넷째, 상황적 입장에서는 Sola Pool, Kling과 같은 사람들이 있다. 이들은 정보화는 '특정한 사회적 상황에서 누가 기술을 통제하느냐'에 따라서 달라질 수 있다고 주장한다. 그러나 정보사회는 이제 더 이상 거스를 수 없는 대세이다. 문제는 어떻게 새로운 사회를 형성해 나갈 것인가 하는 것이다. 인텔사의 창립자인 앤디 글로브(Andy Glove)는 '미래사회는 그림을 그리지 않은 빈 캔버스와 같다'고 하였다. 이 말은 정보화 사회는 기술자가 그리는 그림에 따라 어느 방향으로 갈지 모르는 미지의 세상이라는 의미를 담고 있다.

제3장

정보사회의 환경변화와 역기능

3.1 정보사회의 환경변화

3.1.1 정보사회의 전망

　정보사회가 도래하면서 산업·의료·교육·도시구조·근무형태·교통 등 사회 각 부분에 걸친 변화가 요구되고 있다. <표 3-1>에서 보듯이 산업분야의 경우는 OA(Office Automation), FA(Factory Automation)이 추진되고, 전자상거래 EC(Electronic Commerce)에서는 CALS(Commerce At Light Speed: 초고속 전자상거래) 시스템이 도입된다. 의료분야는 화상시스템을 통한 원격지 진단 시스템과 BACIN 프로그램이 등장하고, 교육 분야에서는 인터넷을 이용한 CAI(Computer Aided Instruction) 컴퓨터 지원교육이 실시된다. 도시구조는 쾌적 도시·전원도시로 주거환경이 바뀌고, 도시에서 환경이 좋은 지방으로 분산화가 나타난다. 직장인의 근무형태도 재택근무, HA(Home Automation), HO(Home Office)가 활성화되고, 교통 분야는 GIS(Geographic Information System)을 이용한 CCVS(Computer Controlled Vehicle System: 컴퓨터 제어 교통 시스템)이 등장한다. 행정 분야는 전자정부(Electronic Government)가 추진되고, PMIS(Public Management Information System: 행정정보시스템)에 의한 대민서비스의개선이 이뤄진다. 정치 분야는 정보공개에 의한 참여민주주의가 실현되고, 환경 분야에서는 복지사회가 구현된다.

〈표 3-1〉 정보사회의 전망

① 산업 분야: OA, FA 추진, CALS/EC ② 의료 분야: 원격지 진단, BACIN 프로그램 ③ 교육 분야: CAI(Computer Aided Instruction) 컴퓨터 지원교육 ④ 도시 구조: 쾌적 도시, 전원도시로 이전, 분산화 ⑤ 근무 형태: 재택근무, HA, HO ⑥ 교통 분야: CCVS(Computer Controlled Vehicle System) 컴퓨터 제어 교통 시스템 ⑦ 행정 분야: 전자정부(EG), PMIS, 서비스개선 ⑧ 정치 분야: 참여민주주의 실현 ⑨ 환경 분야: 복지사회 구현

　이렇듯이 정보사회는 산업사회의 구조와 틀에서 벗어나 정보의 생활화에 의

한 각계의 변화가 신속하게 추진되는 새로운 사회이다. 이 사회는 정치적으로는 시민의 참여를 유도하고, 경제적으로는 정보통신산업을 육성 발전하며, 사회적으로는 복지사회를 구현하고, 문화적으로는 정보통신 수단의 발달에 의한 하이테크, 하이터치의 문화가 창조된다. 이러한 각계의 환경변화를 인간, 경제, 정치, 행정, 그리고 사회로 구분하여 살펴보면 다음과 같다.

3.1.2 정보사회와 인간

정보사회는 현실세계(Human Being)와 가상세계(Digital Being)[18]가 공존하면서 '아담'과 같은 Cyber 가수가 탄생하는 세상이다. 처음에는 가상세계와 현실세계가 분리된 것처럼 보이지만 차츰 가상세계가 현실의 공간으로 들어와 현실과 가상의 구분이 사라진다.

이러한 정보사회에서 살고 있는 인간의 특징은 다음과 같이 정리할 수 있다.

첫째, 인간의 기호가 급속히 수시로 변한다. 이는 인간의 욕구가 다양한 정보를 접하면서 급속히 변하여 인간의 기호가 수시로 바뀌게 되는 것으로 유행의 변화가 빨라지게 된다.

둘째, 인간이 스스로 고립되고 외로운 존재로 될 가능성이 크다. 인간관계가 더욱 소중해지며 Human Touch가 그리운 사회를 형성한다. Cyber 공간에서의 생존 실험은 정보사회에서 인간의 고독을 극복하는 과정을 실험을 통하여 보여주는 사례이다.

셋째, 인간의 신뢰관계(Trust Building)가 더욱 중요한 사회이다. 비대면을 통한 다양한 방법의 대화가 가능해지면서 대인관계의 신뢰가 성공의 비결이 된다.

3.1.3 정보사회와 경제

정보사회의 경제는 정보를 활용할 수 있는 정보통신(IT)산업이 발달하고 전자상거래와 같은 Cyber 거래가 활성화되면서 경제활동이 지리적 공간에서 가상의

---

18) Nicholas P. Negroponte, "being digital" A Division of Random House. Inc., New York, 1996. 참조.

사이버공간으로 점차 옮겨 가게 된다.

이러한 정보사회에서 경제부분의 특징을 정리하면 다음과 같다.

첫째, 전자상거래가 활성화된다. Cyber Shopping Mall을 통하여 매매가 이루어져 매장 없는 유통질서가 형성된다.

둘째, 화폐의 개념이 바뀐다. 화폐는 물물거래가 성행하던 시절에는 물건이 대신하였고 그 후 청동기의 발견으로 동전이, 그리고 종이가 발명되면서 지폐에 이어 신용사회에서는 Plastic Money(Credit Card)가 사용되었고, 정보사회에서는 Cyber Money가 새롭게 등장하였다. 또한 지역화폐[19]는 정보사회에서 사용되는 또 하나의 화폐가 되고 있으며, Cyber Money의 등장은 사이버 도박과 같은 신종 사회문제를 야기하기도 한다.

셋째, 생산방식이 소품종 대량생산에서 다품종 소량생산으로 바뀐다. 이는 인간의 급속한 기호의 변화에 부응하기 위한 기업의 새로운 마케팅 전략이 된다.

3.1.4 정보사회와 정치 · 행정

정보사회의 정치는 참여민주주의를 실천할 수 있는 제도적 개혁이 요구되며, 행정부분에서는 능률적이고 생산적인 정부를 만들 수 있는 개혁이 요구된다. 이렇듯 민주화와 능률화를 동시에 실현할 수 있는 가능성 있는 정부형태로서 전자정부를 구현하고자 노력하게 된다.

이러한 정보사회에서 정치 · 행정 부분의 변화적 특징을 정리하면 다음과 같다.

첫째, 국가의 개념이 바뀐다. 국가는 주권 국민 영토의 세 가지 요소를 포함하는 것으로 인식하였으나, 정보사회에서는 사이버공간이 제4의 영토로서 존재한다. 사이버공간은 국경을 초월하여 넘나들면서 가상 국가가 탄생할 가능성이 존재하게 된다. 가상 국가에는 가상의 국민과 주권 그리고 영토가 존재할 수 있다.

둘째, 참여민주주의가 실현된다. 정보사회에서는 정부와 기업 그리고 국민이 모두 정보를 공개하고 공유하는 사회로서 과거와는 달리 정치문화가 개방화되고 이를 통하여 국민의 참여정치가 실현된다. 사이버 선거는 실시간 투표가 가

---

19) 지역화폐는 사이버 마을에서 상호부조를 위하여 서로의 약속으로 가상의 금전을 사이버상에서 사용하며, 그 지역에서만 거래되는 신용화폐이다.

능해져 실시간으로 투표결과를 알 수 있게 해 준다.

셋째, 전자정부가 구현된다. 전자정부는 행정의 전산화로 행정내부와 행정외부, 즉 국민과의 의사전달이 투명해지고 행정의 능률화와 민주화가 동시에 가능해진다. 전자정부 구현을 통하여 대국민 서비스가 향상된다.

넷째, 작은 정부를 지향하고 정부의 영역이 민간부문으로 옮겨지는 민영화(Privatization)가 추진되는 등의 행정개혁[20]과 정치개혁이 요구된다.

3.1.5 정보사회와 사회

정보사회에서는 정보네트워크를 활용한 재택근무가 활성화되고, 사회조직의 분산화를 추진하여 분권화된 조직과 수평적 네트워크조직이 형성된다. 산업구조가 서비스, 첨단산업으로 옮겨지면서 도시환경이 개선되고 쾌적한 도시가 형성된다. 사람들의 여가시간이 늘어나면서 관광·레저 문화가 발달하고 복지사회의 구현을 지향하게 된다. 점차 노령인구가 늘어나면서 노인복지와 노후생활보장을 위한 사회 연금제도가 중요시된다.

3.2 정보사회의 역기능

3.2.1 정보사회의 문제점

그러나 이러한 여러 가지 이점에도 불구하고 정보사회는 우리 사회에 과거에는 없었던 다음과 같은 전혀 새로운 문제들을 야기하기도 한다.

첫째, 인간 소외현상이 가중된다. 인간의 업무를 기계가 대신하게 되면서 기계중심의 사회가 인간의 존엄성과 가치를 상실하게 할 우려를 갖고 있다. 사람들은

---

20) Obsborne & Gaebler, "Reinventing Government"(1992)의 행정개혁 10계에서 ① 촉매적 정부 ② 지역적 정부 ③ 경쟁적 정부 ④ 사무 지향적 정부 ⑤ 고객 지향적 정부 ⑥ 결과 지향적 정부 ⑦ 기업가적 정부 ⑧ 예견적 정부 ⑨ 분권적 정부 ⑩ 시장 지향적 정부가 될 것을 주장.

대면관계보다 비대면 관계가 많아지면서 고독과 외로움을 더욱 느끼기 쉽다.

둘째, 정보격차가 발생한다. 정보의 부익부 빈익빈 현상이 나타나 정보를 취득하기 쉬운 몇몇 집단들에 의해 정보가 편중 소유될 수 있다. 정보격차로 인하여 가진 자와 못 가진 자의 빈부 갈등이 야기될 수 있다.

셋째. 과잉정보의 문제가 발생한다. 정보의 바다인 인터넷상에서 음란물, 유해정보 등과 같은 정보쓰레기는 'Garbage in Garbage out' 그리샴 법칙이 작용하여 사회에 심각한 범죄를 조장할 수 있다.

넷째, 인간과 기계의 인터페이스는 인간을 기계의 노예로 전락시키는 문제가 발생될 수도 있다. Human – Computer Interface가 발전하면서 새로운 기계의 문화·예술 시스템이 개발되고 기계가 인간에 근접하면서 인간이 기계에 종속되어 기계의 노예로 전락될 수 있는 가능성을 배제하기 어려운 사회이다.

다섯째, 컴퓨터 중심의 사회가 되면서 기계를 다루지 못하는 기계치나 노년층에서 전산스트레스(Techno Stress[21])가 발생할 수 있다.

여섯째, 사생활 침해의 문제이다. 정보의 무분별한 공개와 개방으로 개인의 정보가 유출되어 사회적으로 남용될 수 있다.

3.2.2 불법정보와 유해정보

(1) 실태조사

한국정보보호진흥원(http: //www.kisa.or.kr)이 2000년 정보화 역기능 실태를 조사[22]한 결과는 다음과 같이 나타났다.

- **인터넷 사용 현황**: 응답자 중 36.5%가 4년 이상 인터넷을 이용한 사람이며 이와 비례해 하루 평균 인터넷 이용 시간도 뚜렷한 증가세를 보였다. 인터

---

21) Michekke M. Weil & Larry D. Rosen, *"Coping with Technology @ WORK @HOME @PLAY TechnoStress"*, (New York: John Wiley & Sons, Inc.), 1997.
22) 본 조사는 인터넷 이용자들을 대상으로 먼저 성별, 나이, 직업 등 인구통계학적 변인들과, 인터넷 이용 경력, 개인전용 PC 보유 여부, 인터넷 접속 장소, 인터넷 접속 회선, 하루 평균 인터넷 이용 시간과 같은 인터넷 및 정보 이용 환경을 조사하였다.

넷 접속 장소로는 전체의 44.0%가 직장, 접속 회선은 93.6%가 전용선, 그리고 개인전용 PC를 보유한 네티즌은 97.0%에 달했다.

- **개인정보 유출**: 대부분의 네티즌이 개인정보를 인터넷 기업에 제공하고 있는 것으로 나타났다. 개인정보 중에서 특히 신용카드 정보제공 기피율은 전체의 81.0%에 달했으며, 개인정보를 제공하는 이유는 주로 정보 서비스를 받기 위해서(49.6%)였다.
- **스팸메일**: 인터넷 발전이 급속도로 빨라지면서 스팸 메일 또한 급증하고 있는 것으로 조사되었다. 일주일에 1~10개 사이의 스팸 메일을 받는다는 응답자가 53.1%로 거의 매일 스팸 메일을 받고 있는 것으로 나타났다.
- **불건전 정보 접촉 경험**: 불건전 정보의 접촉 경험은 지난해와 비슷한 81.0%였다. 그러나 '한두 번 접해 본 적 있다'는 응답이 지난해보다 낮아진 반면 '가끔'은 지난해 51.8%에서 올해 55.9%로 높아져 접촉 빈도가 잦아진 것으로 나타났다.
- **바이러스 피해**: 컴퓨터 바이러스 피해는 경험이 '없다'가 '47.4%'였으며, 전자우편을 통한 감염이 지난해의 9.7%에서 올해에는 24.1%로 2.5배 가까이 상승했다. 바이러스 피해 가능성에 대하여 89.1%가 '약간' 또는 '매우' 우려한다고 응답했다.
- **해킹피해**: 해킹으로 인한 피해는 20.1%가 '경험 있다'고 답했으며 이는 지난해의 18.0%보다 높은 수치이다. 이와 함께 해킹 관련 정보 이용 경험자는 전체의 56.6%로 지난해보다 월등히 높았다. 해킹 시도 경험 역시 20.0%로 지난해의 14.6%에 비해 높게 나타났다.
- **소프트웨어 불법복제**: 소프트웨어 사용 비율 중 '대부분 정품'을 이용한다는 응답은 지난해보다 줄어들었으며, 불법복제 소프트웨어의 주요 유통처인 와레즈를 방문해 본 네티즌은 전체의 71.1%였고 이를 '정보공유의 장'(66.5%)으로 판단하고 있는 것으로 조사됐다.
- **전자상거래 피해**: 응답자 78.5%가 전자상거래 경험이 있고, 전자상거래 결제 수단으로는 손쉬운 신용카드를 훨씬 선호하고 있는 것으로 나타났다. 이와 함께 전자상거래 피해 경험은 23.5%로 지난해 22.6%보다 약간 늘었다.
- **정보소외와 인터넷 금단현상**: 지식정보화 과정의 가장 큰 역기능이라 할

수 있는 정보소외 계층과 갈등 경험은 77.3%로 지난해 65.5%보다 높게 나타났고 인터넷 금단 현상 역시 지난해 46.7%에서 올해 64.0%로 높게 상승하였다. 정보소외 계층 가운데 우선지원 대상으로 '도시 저소득자'(28.3%)를 가장 먼저 꼽았다. 그밖에 '농어촌 거주자'(20.1%), '주부'(17.9%), '어린이'(13.2%) 등도 정보화 사회에서 소외 계층이라고 간주되고 있었다. 또한 정보격차 해소 방안으로는 '공용 정보이용 시설 설치'가 32.0%로 가장 높은 응답률을 보였다.

- **반사회적 표현물**: 2001년 5월 21일부터 한 달간 반사회적 표현물 현황을 파악하기 위하여 110개 엽기·유머 사이트를 조사한 한 보고서에 의하면 사이트상에 신고센터가 있는 경우는 7개(6%)이고, 경고 문구조차 없는 경우는 70개(64%)이며, 성인물의 경우 주민등록번호를 요구하는 사이트는 60개(54%)인 것으로 나타났다. 또한 2001년 7월 15일부터 한 달간에 걸쳐 어린이·청소년 정보이용 실태조사의 경우는 음란정보에 접촉 경험이 있는 어린이와 청소년은 어린이 68.3%, 청소년 84.4%로 나타났으며, 접촉 장소로서 68.3%가 가정으로 조사되었다. 학부모들의 자녀에 대한 인터넷 사용 시 불안요소로 음란물 접촉에 대한 불안이 54.1%로 조사되었으며, 교사들에게 학생들의 인터넷 사용이 학교적응에 영향을 어느 정도 미치는가 하는 질문에 대하여, 교사의 59.8%가 심각하게 영향을 미친다고 대답하였으며, 교사의 90.2%가 학생들의 인터넷 사용에 대한 통제가 어렵다고 응답하였다. 미국의 경우 83%의 사이트가 포르노그래피(pornography)라는 현실은 미국의 통신품위법(Communication Dependency Act) 제정의 배경이 되었다.

(2) 사이버 범죄의 시각

이처럼 우리 사회에 역기능적인 요소로 작용하는 정보를 크게 두 가지로 나누어 볼 수 있다. 그 하나는 불법정보이고, 다른 하나는 유해정보이다. 불법정보는 현행 법률에 저촉이 되는 행위로서 스팸 메일, 해킹, 소프트웨어 불법복제, 전자상거래 이용범죄 등이 있다. 반면 유해정보는 현행 법률에는 저촉이 되지는 않으나 그 정보의 유출이 사회에 해를 끼치는 정보를 말한다. 어떤 정보를 불법

정보로 보느냐 유해정보로 보느냐 하는 것은 그것이 범죄행위로서 처벌의 대상이 되느냐 단순한 윤리적인 문제냐에 판단 기준이 된다.

<그림 3-1>에서 보는 바와 같이, 사이버상의 범죄행위에 대한 견해로서 범죄행위 존재론과 범죄행위 부인론이 있다. 존재론은 "지리적 범죄와 다른 사이버 공간의 범죄가 존재하며, 사이버 공간 속의 범죄가 지리적 공간에 영향을 주어 나타난다."고 보는 견해이다. 즉 사이버 공간에만 존재하는 범죄가 있다고 보는 견해이다. 반면에 부인론은 "사이버 공간에만 존재하는 범죄가 없으며, 지리적 공간의 범죄가 사이버 공간에 영향을 주어 나타난다."고 보는 견해이다.

이것은 보는 시각에 따라 범죄의 행위가 다르게 해석된다. 사이버 공간에서 다른 사람의 정보를 훔치는 행위에 대하여 존재론적 입장에서는 절도에 해당되어 반사회적 행위로 간주 처벌의 대상이 되나, 부인론적 입장에서는 단순히 도덕적인 문제로 인식하게 된다.

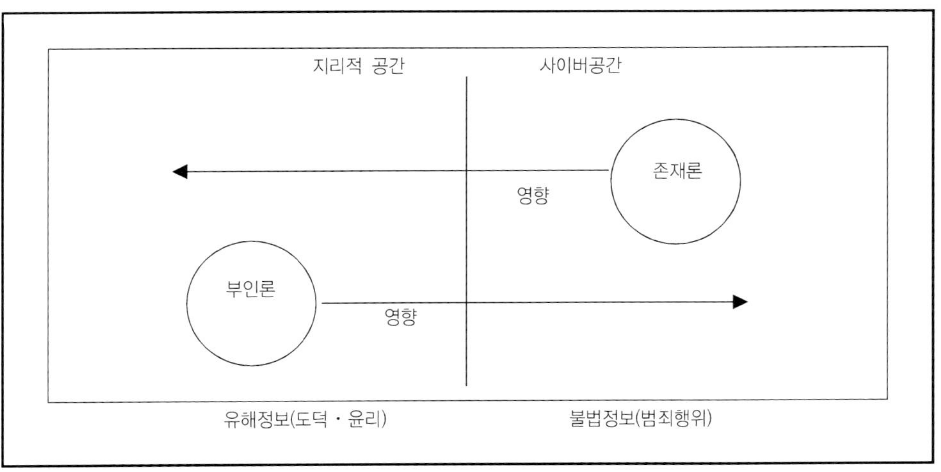

〈그림 3-1〉 사이버범죄의 시각

그러나 점차 정보사회화 되어 가면서 여러 가지 정보화의 역기능 현상이 나타나자 사이버 범죄행위에 대하여 초기의 부인론적 입장에서 벗어나 존재론적 입장으로 그 인식의 패러다임이 변하고 있다.

(3) 사이버 범죄의 특징

사이버 범죄는 지리적 공간의 범죄와는 달리 발각의 원인규명이 불명료하고, 피해영역이 광범위하며, 증거인멸이 쉽고, 범법자의 범죄의식이 희박하며, 자동성·반복성·연속성이 있고, 내부인의 범행이 많다는 등의 다음과 같은 특징을 갖는다.

첫째, 발각과 원인 규명이 불명료하다. 사이버 범죄는 익명적 접근이 가능하여 범죄행위에 대한 발각과 규명이 어렵다는 특징을 갖는다.

둘째, 피해영역이 광범위하다. 사이버 범죄는 국경을 초월하기 때문에 체르노빌 바이러스(CHI)의 피해[23]와 같이 그 피해 영역이 광범위한 특징을 갖는다.

셋째, 증거인멸이 쉽다. 사이버 범죄는 익명으로 행위가 이루어지고, 언제 어디서든 쉽게 접근이 가능하기 때문에 증거인멸이 쉽다는 특징을 갖는다.

넷째, 범법자의 범죄의식이 희박하다. 사이버 범죄는 호기심이나 자신의 능력을 과시하기 위하여 행하는 경우가 많으며, 범죄행위에 피해를 보는 피해자가 파악되지 않기 때문에 범법자의 범죄의식이 희박하다는 특징을 갖는다.

다섯째, 자동성·반복성·연속성이 있다. 한번 유출된 사이버 범죄는 자동복사에 의하여 확산, 반복되고 사이트를 옮겨 다니면서 피해를 주는 특징을 갖는다.

여섯째, 내부인의 범행이 많다. 사이버 범죄는 평소에 내부 전산 시스템을 숙지하고 있는 자가 행하기 쉽다는 특징을 갖는다.

우리나라 최초의 컴퓨터 범죄는 1973년 10월 반포 AID차관아파트에서 일어난 입주자 불법추첨 조작사건이다. 당시 프로그래머의 조작으로 일어난 이 사건은 처벌규정이 없었다. 우리나라에서 이러한 컴퓨터 사기나 비밀침해 등에 관한 사이버 범죄를 형법화한 것은 1995년이다. 최근에는 게임 산업이 활성화되면서 컴퓨터 게임에서 돈을 버는 수단으로 인식하는 사람들에 의해 게임사기[24]가 성행하고 있으며, 국경을 초월하여 국제적인 인터넷 사기도 범람하고 있다.[25] 이에 따라 국제 인터넷사기에 28개국이 공동단속에 나서는 등 국제적 사이버 범

---

23) 1999년 4월 26일 발생한 CHI바이러스는 국내 컴퓨터의 2~3%의 손상을 가져와 21억 원의 손실을 남겼다.
24) 최근 인기를 끌고 있는 '바람의 나라'게임의 사기방법을 예를 들면, 캐릭터를 대신 키워 준다고 하는 작지사기, 아이템을 복사해 준다고 해서 땅에 내려놓으면 훔쳐가는 복사사기, 사이버 머니를 올려놓고 상대가 OK를 누를 때까지의 시간을 계산해서 사이버 머니를 지우고 OK를 누르는 교환창사기, 먼저 죄수복을 올려놓고 취소한 다음 다시 교환창을 열어 비슷한 철도포를 올려놓는 죄수복사기 등 그 수법이 다양하다.
25) 한국경제신문(2000. 3. 24.): 국제인터넷 사기에 28개국 공동단속 나선다고 영국 파이낸셜 타임즈가 보도. "미국 연방거래위원회(FTC) 주도로 전 세계 1,600개의 웹사이트에 사기혐의를 조사 중에 있다."

죄행위에 대책을 마련하고 있다.

(4) 사이버 범죄의 종류

실정법상에서 범죄행위는 형법상 범죄로 인정되는 행위에 한하여 처벌할 수 있는 죄형법정주의를 원칙으로 한다. 그러나 사이버상의 범죄는 실정법이 따라올 수 없을 정도로 빠르게 발전하고 있어 실정법상의 죄형법정주의를 채택하고 있는 나라의 경우에는 범죄가 실정법을 앞서는 현상이 자주 발생하게 된다. 따라서 사이버상에서는 반사회적, 비윤리적인 행위가 자주 발생하게 된다. 이러한 문제를 해결하기 위하여 사이버범죄와 관련된 '정보통신망이용촉진 및 보호 등에 관한 법률 및 시행령', '전기통신법', '전기통신기본법', '청소년보호법' 등과 같은 처벌법뿐만 아니라, '정보화 촉진기본법', '음반 비디오 및 게임물에 관한 법률' 등과 같은 불법 정보물 차단강제법 등 다양한 처벌법을 마련해 가고 있다.

사이버상의 범죄행위는 그 방법과 수법이 매우 다양하며, 기술의 발전으로 새로운 범죄행위가 수시로 나타나고 있으며, 지금까지 나타난 사이버범죄행위를 열거하면 다음과 같다.

첫째, 사이버테러 범죄이다. 이것은 정보화시대의 산물로, 컴퓨터망을 이용하여 데이터베이스화되어 있는 군사, 행정, 인적 자원 등 국가적인 주요 정보를 파괴하는 것을 말한다. 21세기의 테러는 점점 이러한 컴퓨터망의 파괴로 집중될 것으로 예상되며, 앞으로는 전쟁도 군사시설에 대한 직접적인 타격보다는 군사통신, 금융망에 대한 사이버테러 양상을 띨 가능성이 높다. 사이버테러의 종류로는 전자우편 폭탄과 논리 폭탄 등이 있다. 전자우편 폭탄은 목표로 하는 컴퓨터에 전자우편을 발송하여 이 우편을 받은 컴퓨터가 제 기능을 하지 못하도록 하는 것이다. 논리 폭탄은 일종의 컴퓨터 바이러스로, 컴퓨터 시스템에 침입하여 기능을 마비시킨다.

한편, 새로운 국가안보의 위협 요소로 떠오르는 사이버테러에 대응하기 위해 세계 각국은 대응책 마련에 부심하고 있다. 미국에서는 1995년부터 국방부와 관련부처를 중심으로 사이버해킹 전담팀을 구성하고 2002년까지 32억 달러의 예산을 배정하는 등 국가적인 차원에서 사이버테러에 대비하고 있으며, 한국은

1999년도부터 컴퓨터 해킹 대응 팀을 구성하여 이에 대비하고 있다.

둘째, 암호기술의 부정이용이다. 컴퓨터 암호는 일반적으로 사용되는 암호의 의미와 마찬가지로 컴퓨터 프로그램이나 통신망에서 사용이 허가된 사용자인가를 확인하는 데 이용되는 보안 수단이다. 컴퓨터 통신망이 보편화되면서 대두되는 문제 중의 하나가 허가되지 않은 사용자가 컴퓨터 통신망에 접근하여 불법으로 사용함으로써 일어날 수 있는 정보 보안에 관한 문제이다. 따라서 컴퓨터 통신망에 접근하는 사용자를 인증할 수 있는 강력한 방법이 필요하게 되었는데, 그 방법 중에 가장 간단한 방법이 암호, 즉 특정 사용자만 알 수 있는 비밀번호를 사용하게 하는 방법이다. 어떤 사람이 컴퓨터 통신망에 접근할 때 암호(비밀번호)를 물어 이에 대답하면 접근을 허가하고, 대답하지 못하면 허가하지 않는 식으로 지금까지 유용하게 사용하는 방식이다. 그러나 아무리 암호를 잘 관리한다 하더라도 전문적인 해커 등에 의하여 노출될 우려가 많다. 따라서 컴퓨터 통신망 접근자에 대한 사용 인증 방법으로 사용할 때마다 바뀌는 일회용 암호방식도 활용되기 시작하고 있으며, 이 외에도 각종 카드를 이용하는 방법, 생체인식 방법 등이 널리 연구되고 있다.

셋째, 전자상거래의 안정성 침해이다. 전자상거래의 안정성 침해는 개인정보의 보안이 이루어지지 않는 데서 발생하는데 이를 해결하기 위하여 SSL(secure socket layer)과 같은 보안장치가 사용되고 있다. SSL(secure socket layer)은 인터넷 프로토콜(Internet protocol)이 보안 면에서 기밀성을 유지하지 못한다는 문제를 극복하기 위해 개발되었다. 현재 전 세계에서 사용되는 인터넷 상거래 시 요구되는 개인 정보와 크레디트카드 정보의 보안 유지에 가장 많이 사용되고 있는 프로토콜이다. 최종 사용자와 가맹점 간의 지불 정보 보안에 관한 프로토콜이라고 할 수 있다. 이를 사용함으로써 타인의 명의 도용을 방지할 수 있다.

넷째, 음란물, 폭력물 등 불건전 정보의 유출과 오남용이다. 이러한 정보에 대하여는 규제정책이 필요하다고 할 수 있다. 인터넷의 규제대상은 불법정보와 유해정보로 나누어진다. 불법정보는 현행법상 위법한 행위로 형법상의 처벌규정이 있는 정보이지만, 유해정보는 도덕, 윤리적인 문제가 야기되는 정보를 말한다.

정보통신윤리위원회에서는 이와 같은 정보에 대하여 <표3 - 2>와 같은 등급 기준을 마련하여 규제하고 있다.

<표 3-2> 정보통신윤리위원회 등급기준표

일련번호	노출	성행위	폭력	언어	기타
4등급	성기노출	성범죄 또는 노골적인 성행위	잔인한 살해	노골적이고 외설적인 비속어	1. 마약사용조장 무기사용조장 도박사용조장
3등급	전신노출	노골적이지 않은 성행위	살해	심한 비속어	
2등급	부분노출	착의상태의 성적접촉	상해	거친 비속어	
1등급	노출복장	격렬한 키스	격투	일상 비속어	2. 음주조장 흡연조장
0등급	노출 없음	성행위 없음	폭력 없음	비속어 없음	

※ 자료: http://www.safenet.ne.kr/intro3.php. (검색일: 2001. 10. 8.)

다섯째, 개인정보 유출 및 오남용이다. 이것을 방지하기 위하여 1997년 미국의 넷스케이프 커뮤니케이션즈, 파이어플라이 네트워크, 베리사인이 개인정보공개 기준 OPS(open profilling standard)를 발표했다. 이것은 사용자의 사생활과 개인 정보를 보호하면서 인터넷 서비스를 받을 수 있도록 하기 위해 규정한 개인정 보의 공개에 관한 기준이다. 예를 들어 전자상거래를 하는 웹사이트에 접속하면 처음 접속 시에 주소, 전화번호 등 상거래에 필요한 인적사항을 입력하도록 요 구하는데, 이때 사용자는 자신의 판단으로 정보를 입력하여 전송하도록 한다. 그 후에 재접속을 하면 사용자 ID만 확인하여 필요한 거래를 할 수 있게 된다. 이때 필요한 개인정보의 내용 및 취급에 관한 처리표준이 OPS이다. 사용자는 개인정보가 어떻게 사용되는가를 파악할 수 있고 그 내용에 따라 입력하는 개 인정보의 정도를 결정할 수도 있다.

여섯째, 지적 재산권의 침해이다. 이것은 지적 소유권(知的所有權)(intellectual property)이라고도 한다. 지적 소유권에 관한 문제를 담당하는 국제연합의 전문 기구인 세계지적 소유권기구(WIPO)는 이를 구체적으로 '문학·예술 및 과학 작품, 연출, 예술가의 공연·음반 및 방송, 발명, 과학적 발견, 공업의장·등록 상표·상호 등에 대한 보호권리와 공업·과학·문학 또는 예술분야의 지적 활 동에서 발생하는 기타 모든 권리를 포함한다'고 정의(定義)하고 있다. 이것은 인간의 지적 창작물을 보호하는 무체(無體)의 재산권으로서 공업소유권과 저작 권으로 크게 분류된다. 공업소유권은 특허청의 심사를 거쳐 등록을 하여야만 보 호되고, 저작권은 출판과 동시에 보호되며 그 보호기간은 공업소유권이 10~20

년 정도이고, 저작권은 저작자의 사후 30~50년까지이다.

지적 소유권의 문제는 특히 국가와 국가 간에 그 보호 장치가 되어 있느냐의 여부와 국가 간의 제도상의 차이 때문에 분쟁의 대상이 되고 있다. 오늘날과 같이 정보의 유통이 급속하게 이루어지고 있는 시대에는 어떤 국가가 상당한 시간과 인력 및 비용을 투입하여 얻은 각종 정보와 기술문화가 쉽게 타국으로 흘러들어가기 마련이어서 선진국들은 이를 보호하기 위한 조치를 강화하고 있다. 최근에는 새로운 기술의 산물인 컴퓨터 소프트웨어와 유전공학 기술 등의 보호방법과 보호범위가 지적 소유권 보호제도의 한 과제가 되고 있는데, 컴퓨터 소프트웨어는 대부분의 선진국들이 저작권으로 보호하는 추세에 있어서 한국도 1986년 12월 '컴퓨터프로그램보호법'을 제정하여 1987년 7월부터 시행하고 있으며, 유전공학 기술은 그 제조방법을 한국 등 대다수의 국가가 특허로 인정하고 있다. 1973년 이래 세계지적소유권기구에 정회원이 아닌 옵서버 자격으로 참여하여 온 한국은 1979년 정식으로 가입하여 정회원국이 되었고, 물질특허권(공업소유권)제도도 도입하여 운영하고 있다. 또 국제저작권조약에는 법규해석에 있어, 비교적 융통성이 많고 소급효과를 인정하지 않는 국제저작권협약(UCC)에 1987년 10월 정식으로 가입하였다. 지적 소유권과 관련된 한국의 법률로는 특허법·저작권법·실용신안법·의장법(意匠法)·상표법·발명보호법·컴퓨터프로그램보호법 등이 있으며, 이들에 관한 권리를 보호하기 위하여 국제적으로 협약한 조약으로는 '공업소유권의 보호를 위한 파리협약', '한·일 상표권 상호 보호에 관한 협정' 등이 있다. 최근에는 첨단기술과 문화의 발달로 지적 소유권도 점차 다양해져서 영업비밀보호권이나 반도체칩 배치설계 보호권과 같은 새로운 지적 소유권이 늘어날 전망이다. 현재 한국에서는 공업소유권은 특허청에서, 저작권은 문화체육부에서, 컴퓨터 프로그램 보호권은 과학기술처에서 관장하고 있다.

일곱째, 기타 사이버스토킹과 같은 인터넷 이용범죄이다. 사이버스토킹과 유사한 인터넷 이용범죄 행위인 스머핑(smurfing)은 고성능 컴퓨터를 이용해 초당 엄청난 양의 접속신호를 한 사이트에 집중적으로 보냄으로써 상대 컴퓨터의 서버를 접속 불능 상태로 만들어 버리는 해킹 수법이다.

이 밖에도 반사회적 정보물로서 소프트웨어 무단배포 행위, 주생프로그램 사용범죄, 자살사이트, 폭력사이트, 병역거부사이트, 자퇴생사이트, 동성애자사이트, 조폭사이트 등의 유포는 범죄행위로 간주해서 처벌해야 할 신종범죄 행위들이라고 볼 수 있다.

(5) 해결방안

이와 같은 불법정보와 유해정보를 근절하기 위해서는 정부의 규제정책만으로는 해결되기가 어렵다. 인터넷의 개방으로 수많은 범죄행위들이 한 국가의 법망을 피하면서 존재하기 때문에 <그림 3-2>와 같이 모든 국가의 정부와 시민 그리고 국제기구가 협력하여 이에 대처해 나가지 않으면 안 된다.

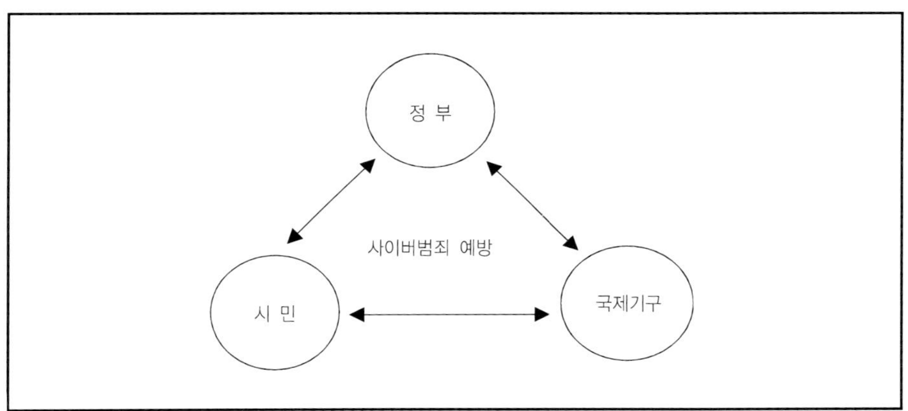

〈그림 3-2〉 사이버 범죄 예방을 위한 협력체계

또한, 사이버테러와 해킹에 대응하기 위하여 선의의 해커를 양성할 필요가 있으며, 지적 재산권의 침해를 방지하기 위하여 불법복제물의 단속 수의를 조절해 나갈 필요가 있다. 우리나라의 경우 정보보호센터, 정보통신윤리위원회, 국가정보원, 검찰청, 경찰청, 정보통신부 등 다분화되어 있는 사이버 범죄예방 및 단속기구를 필요에 맞게 통합 또는 분화하고, 급속하게 다양화되고 있는 사이버 범죄 예방을 위한 전문 인력을 양성해 나가야 한다. 또한 Digital Being의 존재를 인정하여 인권 및 법률적 권한을 부여함과 동시에 그에 따르는 책임과 의무사항을 부여하고, 사이버 재산권, 사이버 종교와 같은 Cyber상에 새롭게 등장하는 용어에 대한 개념정의와 관련 법률의 제정을 지속적으로 추진해 나가야 한다.

제4장
정보의 개념과 가치

4.1 정보의 개념

정보란 "사용자나 사용조직에게 특정한 목적을 위해 의미 있고 가치 있는 형태로 처리된 자료나 정보원"이라고 정의할 수 있다. 그러나 정보의 개념은 정보의 다양성만큼이나 그 목적과 대상에 따라 다의적으로 해석되어 진다. A. McDonough는 "가치가 평가된 자료(data)로서 문제해결에 유용한 것"으로 정의한다. N. Weiner는 정보를 "인간이 외계와 교환하는 내용"으로 파악하는데 이때 외계란 인간을 둘러싼 모든 환경을 의미한다. D. Bell은 정보를 "특화시킨 목적에 응한 패턴 인식"으로 정의하고, G. Davis와 H. Olsan은 "현재 또는 미래의 행동이나 결정을 위해 참으로 가치 있을 것으로 판단되는 형태로 처리된 자료"로 정의한다. C. Shannon은 정보를 사회학적 측면에서는 '불확실성(entropy)을 감소시키는 유형, 무형의 실체'로 정의하지만, 수학적 측면에서는 정보는 최소 측정단위를 비트(bit)로 파악 일종의 수학적 정의로서 정보를 양적인 단위로 설명한다. 한편, S. Kent는 정보는 '지식이며, 조직이고, 활동'이라고 정의하는데 이는 매우 추상적인 개념으로 지식과 정보의 차이를 간과하고 있다.

P. Le Breton는 정보와 첩보를 구분하여 설명하고 있다. 협의의 정보(Infor-mation)는 "특정상황하에 전달받거나 준 지식이나 의사전달, 조사 또는 지시를 통해 얻은 지식"으로 정의하며, 첩보(Intelligence)는 "특정상황에 관한 지식, 뉴스 또는 특보로서, 적이나 잠재적인 것에 관한 지식"으로 정의한다.

이를 종합하여 보면, 일반적으로 정보는 다음과 같은 내용을 포함하고 있어야 한다. 첫째, 불확실성(entropy)을 없애는 것이다. 둘째, 의미 있고 유용한 자료(data)이다. 셋째, 자료(data)를 근거로 산출해 낸 결과물이어야 한다는 것이다.

4.2 유사 개념과의 비교

4.2.1 정보와 첩보

광의의 개념으로 정보는 협의의 정보(情報)와 첩보(諜報)의 개념을 포괄한다. 협의의 정보는 확인된 내용으로 불확실성이 없고 처리·가공된 것으로 공개된 내용인 반면에, 첩보는 상대적으로 미확인된 내용으로 불확실하며 가공되지 않은 생정보로서 비밀스런 내용을 의미한다. 일반적으로 정보는 협의의 정보와 첩보를 포괄하는 광의적 개념으로 해석하는 것이 보통이다<표 4-1>.

〈표 4-1〉 정보와 첩보의 차이

정보(Information)	
첩보(Intelligence)	정보(Information)
• 미확인된 내용 • 불확실성 • 생정보(수집된 것) • 비밀성 • 신속성 • 전임직원이 담당	• 확인된 내용 • 확실성이 높다(정확성) • 가공정보(생산된 것) • 공개성 • 지속성 • 스텝부서가 담당

※ 자료: 윤은기, 정보학특강(서울: 김영사, 1992), p.174.
　　　하미승, 행정정보체계론(법문사, 1996), p.96. 참고수정.

4.2.2 자료와 정보와 지식과 지혜

맥도노프(McDonough) 자료·정보·지식을 가치의 일반성, 특수성과 가치의 유무에 따라 <그림 4-1>에 나타난 것과 같이 구분하여 설명한다.

첫째, 資料(data)는 '평가되지 않은 내용'으로 여러 목적을 위하여 정보의 원료로 사용되는 것이다.

둘째, 情報(information)는 '특정한 상황에서 평가된 자료'로서 특정한 사용 목적을 가지는 가치 있는 유용한 것이다.

셋째, 知識(knowledge)은 '일반적 상황에서 평가된 자료'로서 그 내용과 가치를 보편적 타당성에 의해 인정받은 것이다.

　마지막으로 知慧(wisdom)는 가치의 타당성이 일반화되고 보편화되어 있는 '지식을 개인의 암묵적 지식으로 승화'시키는 것이다.

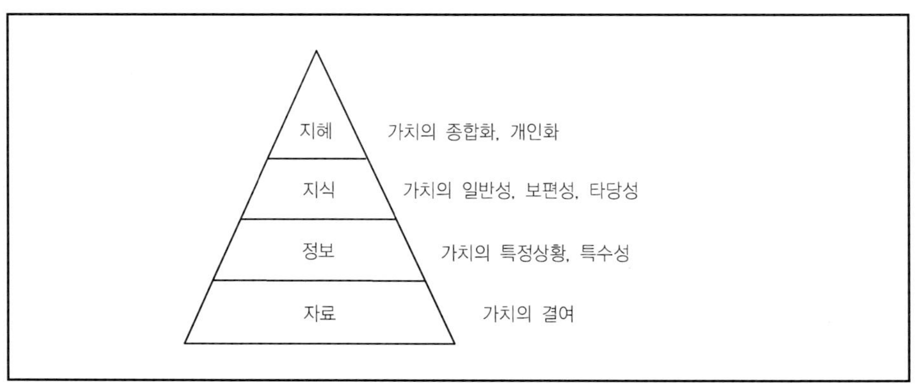

〈그림 4-1〉 자료 · 정보 · 지식 · 지혜의 구분

　<그림 4-2>에서 보듯이 단순한 자료는 일정한 처리과정을 거쳐 가치가 부여된 정보로 발전하는데 여기서 정보는 의도적으로 정리된 자료의 집합으로서, 정보는 또한 정보-지식-지혜의 단계를 밟아 발전해 나간다. 다시 말해서, 정보는 가공·처리된 자료이고, 지식은 활용할 수 있는 정보이며, 지혜는 개인에게 승화된 암묵적 지식이라고 할 수 있다.

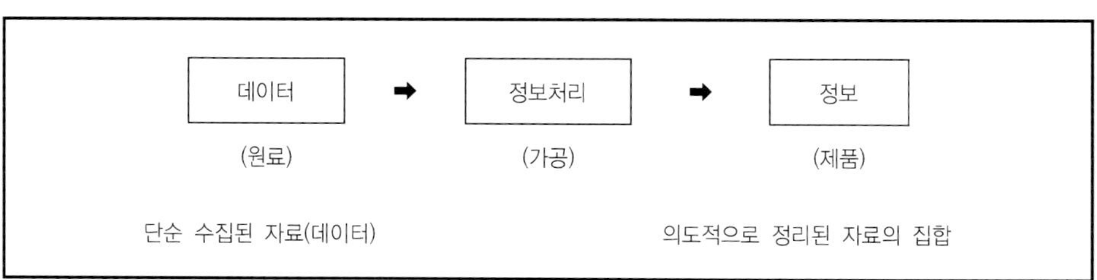

〈그림 4-2〉 자료의 발전단계

　또한, 정보의 원료가 되는 것이 자료(data)이다. 그래서 자료를 情報源(information source)이라고 한다. 여기서 자료가 정보가 되려면 다음과 같은 조건이 필요조건으로 갖추어져야 한다.

첫째, 정보를 필요로 하는 사용자가 있어야 한다.

둘째, 사용자가 이해할 수 있는 기호로 표현되어야 한다.

셋째, 일정한 규칙에 따라 일정한 형태로 처리되어 있어야 한다.

넷째, 사용자에게 판단·결정의 기준이 되어 주어야 한다.

다섯째, 특정목적에 맞는 의미를 갖고 있어야 한다.

그리고 정보는 <그림 4-3>과 같은 정보처리과정을 밟는다. 즉 데이터 발생은 어떤 사건이나 특정한 목적에 적합한 자료가 생성되는 과정이며, 다양한 형태의 자료를 수집하고 기록하는 단계를 거쳐 일정한 형태로 분석처리 또는 가공된 정보를 저장하거나 활용하는 단계로 진행하게 된다.

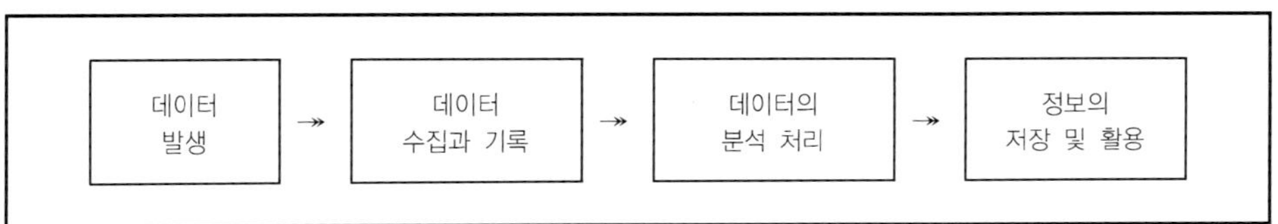

〈그림 4-3〉 정보의 처리과정

4.3 정보의 특성

정보는 그 사용 목적에 따라 ① 개별정보로서 ② 조직정보로서 ③ 재화로서 ④ 자원으로서의 각각의 특성을 갖는다.[26] 이를 상술하면 다음과 같다.

(1) 개별정보로서

매체에 의존하는 무형의 것으로 인간의 모든 분야에 걸쳐 발생·존재하며, 표현이 다양하고, 표현방식이 전환되는 특성을 갖는다.

---

26) 오명, 정보사회 그 천의 얼굴(서울: 한국경제신문사, 1988), pp.30~34. 서남원, 경영정보론(서울: 무역경영사, 1985), pp.120~128. 원우현, 현대미디어원론(서울: 나남, 1988), pp.30~31. 참조.

<표 4-2> 개별정보의 특성

媒體依存性	정보는 그 자체로는 형태를 갖고 있지 못하고 특정한 매체를 통하여 타나나게 된다.
無形性	정보는 내용적 추상적 형태만을 지니며, 다만 표현된 내용으로서만 존재한다.
普遍多在性	정보는 인간사 모든 분야에 걸쳐서 골고루 발생되어 존재한다.
表現多樣性	정보는 기호, 숫자, 그림, 그래픽, 문자, 사진 등 그 표현방법이 다양하다.
表現轉換性	정보는 매체적 전환에 의해서 그 표현방법도 전환된다.

(2) 조직 정보로서

정보의 양이 많고, 복잡하며, 사회성을 갖고, 상대방에 의존·반응하고, 지속적으로 전달되고, 이동되는 특성을 갖는다.

<표 4-3> 조직 정보의 특성

多量性	조직의 규모가 증가함에 따라 복잡해지고 그 양이 많아진다.
複雜性	조직의 활동이 다수인의 장기적인 것이므로, 정보 또한 그 내용이 복잡해질 수밖에 없다.
社會性	조직 활동은 상대방에 의존함으로 정보활동 또한 사회성을 갖는다.
持續性	조직 내의 정보는 계획적으로 전달되며, 무수히 반복·순환되어도 같은 절차가 견지된다.
通信性	조직 내에서는 통신을 통하여 매체변화를 통한 이동이 이루어진다.

(3) 재화로서

풍부하게 누적되는 정보, 최신의 정보, 신용 있는 정보, 소유자의 것일수록 정보의 가치가 높다. 이러한 정보는 아무리 사용해도 없어지지 않으며, 완전한 양도가 불가능하다.

<표 4-4> 정보의 재화적 특성

累積效果性	정보가 생산·축적되면 될수록 그 가치가 높아진다.
無限價値性	정보는 아무리 사용해도 물질과 같이 없어지지 않는다.
非移動性	정보가 타인에게 양도되어도 여전히 자신에게 남는다.
時限性	정보는 최신의 정보일수록 그 가치가 높다.
信用價値性	정보소유자의 신용이 정보 가치를 결정하는 역할을 한다.

(4) 자원으로서

日本 經濟企劃廳은 자원으로서 정보를 누적효과성, 신용가치성, 분리성, 비

소비성, 비이동성을 갖고 있다고 설명한다.

〈표 4-5〉 정보의 자원으로서 특성(日本 經濟企劃廳 분류)

累積效果性	정보가 생산·축적되면 될수록 그 가치가 높아진다.
信用價値性	정보소유자의 신용이 정보가치를 결정하는 역할을 한다.
非分離性	정보는 그 자체가 최소단위로서 분리되면, 정보로서의 의미를 상실한다.
非消費性	정보는 아무리 사용해도 물질과 같이 없어지지 않는다.
非移動性	정보가 타인에게 양도되어도 여전히 자신에게 남는다.

반면에 B. Canton 과 H. S. Dordick은 자원으로서 정보를 무형성, 비소비성, 시장성, 세력창조성, 교환성, 융합성, 비소멸성으로 설명한다.

〈표 4-6〉 정보의 자원으로서 특성(카툰과 돌딕의 분류)

無形性	다른 자원들의 응용과 평가에 필요한 것으로 석탄, 기름과 같은 유형의 자원과 다른 것이다.
非消費性	정보자원은 사용해도 없어지지 않고 사용할수록 새로운 사용자가 많아져 그 가치가 더욱 증가한다.
市場性	정보는 하나의 상품이기 때문에 생산 판매된다.
勢力創造性	정보를 통제하는 사람들에 의해 새로운 세력계층의 집단이 탄생한다.
交換性	정보는 시장성을 갖고 매매, 교환된다.
融合性	정보는 자기 규제적이며, 자기 조직적이어서 정보 간의 융합이 쉽게 일어난다.
非消滅性	정보는 완전히 소멸되거나 통제받을 수 없고, 오히려 시너지(synergy) 효과로 더욱 성장·발전한다.

(5) 정보의 종합적 특성

이를 정리하여 보면 정보의 종합적 특성은 다음과 같이 정리할 수 있다.

첫째, 정보는 복사를 하여도 원본의 가치는 소멸되지 않는다. 정보는 복사해도 소멸되지 않아 무한생산이 가능하다.

둘째, 정보 생산에는 노동이 필요하다. 정보의 전달·유지·보존·기록·재생 등에 노동이 필요하다.

셋째, 정보의 소비자는 생산자가 되어야 바람직하다. 정보는 희소성의 가치를 갖기 때문에 정보 생산자가 가장 가치 있는 정보를 소유하게 된다.

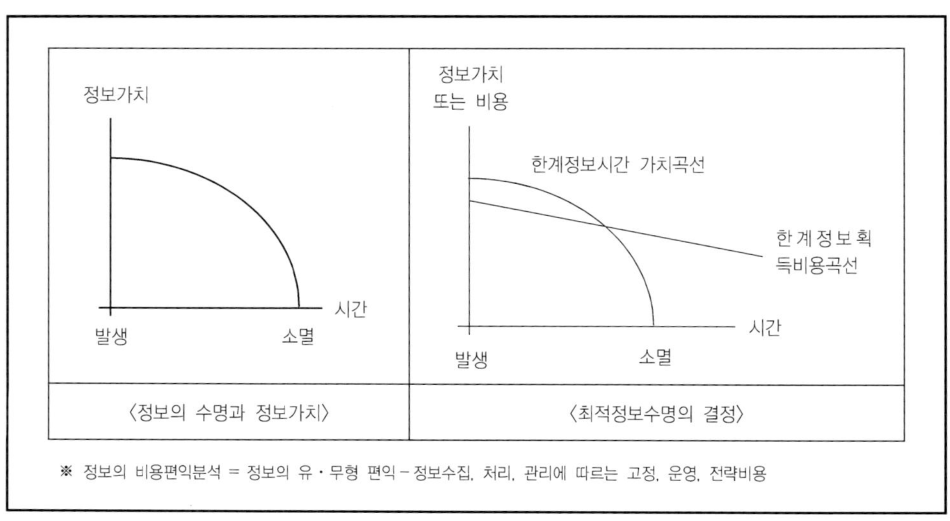

〈그림 4-4〉 정보의 가치와 정보의 수명

넷째, 정보는 시간의 차원을 갖는다. 정보는 수명주기를 갖고 있기 때문에 그 효용성은 시간이 지남에 따라 감소한다.

<그림 4-4>는 정보는 시간이 지남에 따라 그 가치가 감소하다가 결국 소멸하는 수명주기를 갖는다는 것을 보여 준다. 따라서 어떤 정보든지 그 정보가 갖는 유·무형의 편익에서 정보를 수집·처리·관리하는 데 따르는 고정운영전략비용을 뺀 나머지, 즉 정보의 편익이 능률적으로 발생하는 시기까지 활용되는 것이 바람직하다고 하겠다.

4.4 정보의 분류

정보는 다양한 종류가 있으며, 이를 사용목적, 내용의 확실성, 대상, 형태, 전달감각기관, 전달에너지의 형태, 속성 등에 따라 구분하면 다음과 같다.

(1) 사용목적에 따라

① 경제정보: 경제적인 측면에서 사용하기 위한 통계적인 정보와 미래의 경

제지표를 예측하는 데 필요한 정보를 말한다.

② 과학정보: 과학 기술에 이용되는 법칙이나 규칙 등의 과학적인 지식이나 데이터 등을 처리하여 만든 정보를 말한다.

③ 군사정보: 한 국가의 군사적 활동에 필요한 자국과 타국의 군사적인 정보를 말한다.

④ 문화정보: 연주회, 공연, 전시회 등 인간의 문화생활에 필요한 정보를 말한다.

⑤ 사회정보: 사회 전반에 걸쳐 일어나는 사건이나 사실 등에 대한 정보를 말한다.

⑥ 생활정보: 일상생활에 필요한 정보를 말한다.

(2) 내용의 확실성에 따라

① 자료: 인간이나 컴퓨터가 통신, 해석 및 처리할 수 있도록 형성한 사실 및 개념의 표현을 어떠한 조건, 값 또는 상태로 나타내는 숫자나 문자를 말한다.

② 정보: 자료가 정리되어 필요한 의미를 부여할 수는 있지만 그것이 확실한 것인지의 여부를 알지 못하는 경우의 것을 말한다. 이를 협의의 정보 또는 1차 정보라고 한다.

③ 지식: 정보의 의미가 확실해져서 누구에게든지 그렇다고 인정을 받는 내용을 의미한다. 이상의 세 가지 형태의 정보를 모두 포함한 의미를 광의의 정보 또는 2차 정보라고 한다.

④ 지혜: 활용할 수 있는 지식으로 개인에게 종합적으로 승화된 암묵적 지식이라고 볼 수 있다.

<표 4-7>은 자료, 정보, 지식, 지혜의 개념적 이해를 돕기 위하여 예를 들어 설명한 것이다.

<표 4-7> 자료·정보·지식·지혜의 내용 예

<자료>	- "A 지역에 임대 나온 중국집이 3곳이 있다" ……인간이나 컴퓨터가 통신, 해석 및 처리할 수 있도록 형성한 사실 및 개념의 표현을 어떠한 조건, 값 또는 상태로 나타내는 숫자나 문자
<정보>	- "그중에 '가'라는 집이 제일 잘 된다더라" ……자료가 정리되어 필요한 의미를 부여할 수 있으나 확실한 것인지 여부를 알지 못하는 것 — 협의의 정보, 1차 정보 —
<지식>	- "찾아가 원인을 살펴보니 맛있고, 깨끗한 것이 그럴만하더라" ……정보의 의미가 확실해져서 누구든지 그렇다고 인정받는 내용을 의미 — 광의의 정보, 2차 정보 —
<지혜>	- "음식장사를 하려면 좋은 장소와 깨끗한 시설 그리고 음식 맛이 좋아야 성공할 수 있다" ……보편적 지식이 개인에게 종합화되어 암묵적 지식으로 더 넓게 활용되어지는 것 — 개인의 종합화된 암묵적 지식 —

<표 4-8>은 자료, 정보, 지식의 개념, 의미, 용어, 활동, 특성, 활동특성, 활동주체, 유용성에 따라 구분하여 그 개념적 차이를 설명한 것이다.

<표 4-8> 자료·정보·지식의 비교

구분	Data	Information	knowledge
개념	관찰에 의해 얻은 사실	얻어 낸 사실	뛰어난 예지력
의미	단순한 사실	목적의식에 따른 수집자료	일정한 절차에 따라 처리된 유용한 정보
용어	자료	1차 정보, 생정보	2차 정보, 가공정보
활동	입력	수집	가공, 분석, 평가
특성	무의미	불확실성	확실성
활동특성	임의적	의식적	의식적
활동주체	자료 전담부서	전 조직원	정보 전담부서
유용성	적다	중간	크다

(3) 대상에 따라

① 인적 정보: 생년월일, 성명, 성별, 직업 등 인적 상황에 대한 정보를 말한다.

② 물적 정보: 관측 대상이 되는 물질이 가지고 있는 특성이나 성질 등에 대한 정보를 말한다.

③ 활동정보: 사회가 변화하면서 발생하는 일련의 사건이나 활동에 대한 정보를 말한다.

(4) 형태에 따라

① 숫자정보: 수치의 형태로 표시된 정보를 말한다.
② 문자정보: 문자의 형태로 표시된 정보를 말한다.
③ 음성정보: 인간의 말로서 알려지는 정보로, 라디오 방송 등에 의한 정보를 말한다.
④ 영상정보: 텔레비전의 화면이나 스크린 등을 통한 화면상에 표시된 정보를 말한다.

(5) 정보의 전달감각기관에 따라

인간이 갖고 있는 다섯 가지 감각기관은(시각/청각/후각/촉각/미각) 정보의 입력 및 출력기관의 역할을 담당한다. 컴퓨터는 이러한 인간의 감각기능을 가장 유사하게 닮도록 설계되는 것이다.

(6) 정보전달에너지 형태에 따라

에너지의 형태로 분류하면 디지털 정보와 아날로그 정보가 있다. <표 4-9>는 이 두 정보의 개념을 시간의 표현방식, 전화기형태, 표현방법, 정보입력요소와 그 내용에 따라 비교하여 설명한 것이다.

〈표 4-9〉 디지털과 아날로그식의 비교

구분	디지털식 표현(digital)	아날로그식 표현(analogue)
시계	03:30	
전화	전자식(버튼식)	기계식(다이얼식)
표현	점으로 표현	선으로 표현
입력	부호(키보드, 스캐너, 디지털 카메라 등)	물리량(길이, 전압, 전류 등)
내용	전압, 전류 따위의 측정량을 불연속적인 수치로 표시하는 계기. 이진법의 논리	어떤 수치를 길이라든가 각도 또는 전류라고 하는 연속된 물리량으로 나타내는 일. 예를 들면, 문자판에 바늘로 시간을 나타내는 시계, 수은주의 길이로 온도를 나타내는 온도계 따위가 있다.

☞ 수학적 정보이론: '인공두뇌학(cybenetics)'의 연구자인 N. Weiner에 의한 개발 이론으로, "정보는 필요한 2진법 숫자들로 이루어져 있다."는 것이다.
　　⋯→ I＝log₂n(단, n은 모든 종류 메시지 총수, I는 정보)

(7) 정보속성에 따라

① 교정(矯正)정보: 과거의 잘못된 정보를 바로 교정하는 정보이다.
② 신(新)정보: 새로운 사실만을 밝혀 주는 정보이다.
③ 점증(漸增)정보: 기존의 이용 중에 있는 정보를 갱신하거나, 새로운 부분을 추가하는 정보이다.
④ 진위(眞僞)정보: 특정 사실이 실제와 같은지 아닌지를 밝혀 주는 정보이다.
⑤ 확인(確認)정보: 기존 정보를 재확인하는 역할을 하는 정보이다.

(8) 기타분류

정보를 그 기능에 따라 기술(記述)정보 / 확률(確率)정보 / 설명(說明) 및 평가(評價)정보 / 의외(意外)정보 / 선전(宣傳)정보 등으로 크게 나눌 수 있다. 이 밖에도 입력 및 출력내용에 따라 숫자, 부호, 그림, 그래픽, 사진, 영상 등의 정보로 분류할 수 있다.

4.5 정보의 가치

(1) 정보의 가치요소

정보는 가치가 부여된 자료(data)이다. 정보가 가치를 갖는 요인으로는 필요할 때(時間性), 필요한 장소에(空間性), 필요한 형태로(便宜性), 진실된 내용이(眞實性) 존재할 때 가치를 갖는다. 그 외에도, 정보 소유자가 통제할 수 있는(統制性) 정보와 정보수신자가 정보를 자신의 의사결정에 이용할 때(活用性)와 불확실한 상황일 때(不確實性) 정보는 더욱 그 가치를 갖는다. 이를 상술하면 다음과 같다.

① 時間性: 정보는 수명주기를 갖고 있다. 따라서 정보는 필요한 때에 제공되어야 그 가치를 갖게 된다.
② 空間性: 정보는 필요한 장소에 존재하는 것이어야 그 가치를 갖는다. 필

요한 장소는 정부기관, 기업, 개인이거나 필요한 부서일 수도 있다.

③ 便宜性: 정보는 필요한 형태로 제공되어야 가치를 갖는다. 필요한 형태라 함은 자료의 성격에 따라 숫자, 그림, 그래픽, 부호, 사진, 동영상, 문자 등 사용자의 편의와 사용목적에 따라 적절한 형태로 구성된 것을 말한다.

④ 眞實性: 정보는 그 자체가 거짓되지 않는 진실의 내용이어야 가치를 갖는다. 진실성을 갖기 위해서는 정보의 전달자나 정보의 생산자가 신뢰를 갖는 사람이어야 한다.

⑤ 統制性: 정보는 그 소유자의 통제가 가능한 것이어야 가치를 갖는다. 통제성은 정보의 보안이 확보되거나 정보의 갱신이 필요에 따라 가능한 것이어야 한다는 것을 말한다.

⑥ 活用性: 정보는 정보의 수신자가 자신의 의사결정에 활용할 수 있는 것이어야 가치를 갖는다. 활용할 수 있는 정보는 지식으로 발전한다. 아무리 좋은 정보라 할지라도 그것을 활용하지 못하는 것이라면 단순한 정보에 머무르게 되며, 더 이상 정보의 시너지효과를 가져오지 못하게 된다.

⑦ 不確實性: 정보는 불확실한 상황에서만 가치를 갖는다. 누구나 알 수 있는 확실한 상황에서의 정보는 정보로서의 가치를 잃게 된다.

이 밖에도 정보의 질적 가치를 결정하는 요소로 적시성(適時性), 적실성(適實性), 정보제공의 빈도 다양성(情報提供의 頻度 多量性), 정확성(正確性), 완전성(完全性), 계량성(計量性), 보완성(補完性), 수정성(修正性), 확인성(確認性), 범위(範圍), 정보제공의 양식(情報提供의 樣式) 등을 들 수 있다.

(2) 재화로서 정보의 가치

정보가 재화로서 가치를 갖게 된 것은 정보사회가 도래하게 된 데 그 원인이 있다. <그림 4-5>에서 보듯이, 우리 사회를 시대적으로 구분할 때, 크게 세 번의 혁명기를 통하여 사회의 대변화가 있었다고 볼 수 있다. 농업혁명을 통한 농업사회의 도래는 당시 가장 중요한 재산적 가치를 농사를 짓기 위한 토지에 두었다. 산업혁명에 의한 산업사회가 진행되면서 자본가에 의하여 재산적 가치가 변화되면서 자본화할 수 있는 공산품이 그 시대의 중요한 재화로 등장하였다. 21세기 정보혁명은 정보가 중심에 서 있는 정보사회를 가져왔으며, 이제는 정보 그 자체가 중요한 사회적 재화로 등장하고 있다.

정보가 중요한 사회적 재화로 등장함에 따라 사회 각 분야에서 새로운 관리 대상으로 정보관리에 필요한 다양한 대응전략이 필요하게 되었으며, 이에 따라 기존의 관리대상이었던 조직, 인사, 재무관리와 더불어 정보관리를 위한 개혁과 혁신이 사회 각 분야에서 추진되고 있다.

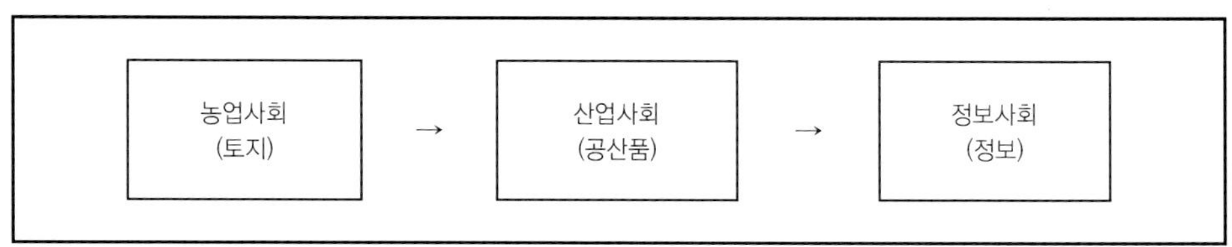

〈그림 4-5〉 시대적 정보가치의 변화(재화적 측면)

(3) 이용 목적에 따른 정보의 가치

정보는 사용하는 목적에 따라 상업적 정보, 사적 정보, 공적 정보로 분류할 수 있으며, 그 목적에 따라 정보의 가치적 요소가 달라질 수 있다. 우선 상업적 정보가 가치를 가지려면 再生産性, 費用의 低廉性, 卽時 傳達性이 확보되어야 한다.

G. O. Robinson은 상업적 정보와 다른 경제상품의 비교를 다음과 같이 한다. 즉 상업적 정보는 다른 경제상품에 비해 첫째, 독점하기 어렵다. 둘째, 낮은 가격에 무한생산 가능하다. 셋째, 사용함에 따라 감가상각(減價償却)되지 않는다. 넷째, 정보서비스는 저장이 가능하다는 것이다.

이에 반하여, 사적정보는 정보의 수집과 활용에 따라 유용할 수도 있지만, 오히려 개인에게 해를 끼칠 수도 있다는 특징을 갖는다. 사적 정보의 통제자는 개인 자신이기 때문에 유용한 정보이건 유해한 정보이건 정보의 소유와 관리가 전적으로 개인에게 있다. 따라서 조직에 의한 상호 검증이 어렵기 때문에 더욱 유해한 정보에 빠지기 쉬운 특징을 갖는다는 것이다.

마지막으로 공적 정보는 정보공개에 의해 공적인 가치를 갖게 되며 이는 공공복리(公共福利)에 영향을 미치게 된다는 특징을 갖는다. 최근에는 공적 정보의 공개가 활발해지면서 많은 분야에서 공적정보의 활용이 확대되고 있다. 공적 정

보는 공공복리에 영향을 미친다는 점에서 이를 제공한 대중을 위하여 적극 공개
되어야 할 부분이라는 점에서 앞에서 언급한 상업적 정보, 사적 정보와는 다르다.
　이와 같이 정보는 이용목적에 따라 또는 이용공간에 따라 그 가치와 특징을
달리하고 있다. 그러나 각각의 정보가 단일한 목적으로 취급되는 것보다는 상호
연계되어 새로운 정보를 창출하고 발전되어야 더욱 정보로서의 가치를 높이게
된다는 점에서 <그림 4-6>에서처럼 각각의 정보가 상호 교류되는 정보네트
워크가 형성되는 것이 바람직하다고 할 것이다.

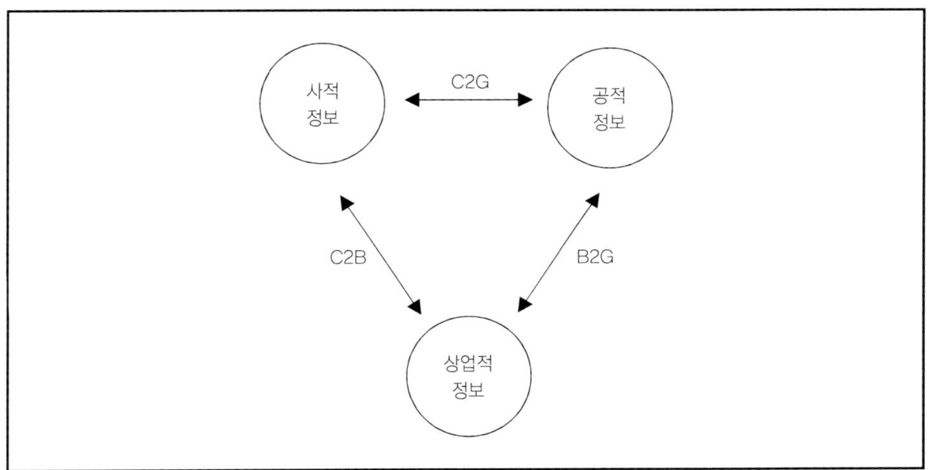

〈그림 4-6〉 정보의 가치를 높이는 정보의 상호 교류 네트워크

(4) 정보의 품질

　정보의 품질은 정보가 얼마나 인간 행동에 동기를 부여하고, 얼마나 효과적으
로 의사결정에 공헌하는가에 따라 결정된다. 정보의 품질을 높이기 위해서는 정
보의 효용과 정보의 만족도가 높고, 오류가 발생하지 않아야 한다.
　첫째로 정보의 효용, 즉 정보의 가치를 높일 수 있는 조건에 대하여 Roman
R. Andrus는 정보의 Possession(소유), time(시간), place(장소), form(형식)이 정보
의 utility(효용성)를 결정한다고 한다. 둘째로, 정보의 만족도는 의사결정자가 공
식적인 정보체제의 산출물에 만족하는 정도를 말하는 것으로 정보의 품질을 측
정하는 중요한 척도가 된다. 셋째로, 정보의 오류가 발생하지 않도록 하기 위해

서는 오류의 발생원인과 그에 따른 극복방안을 강구해야 한다. 정보 오류의 극복방안을 통하여 불확실성을 감소하고, 정보의 신뢰한계를 제공해야 한다. <표 4-10>은 정보의 오류발생 원인과 이를 극복하는 방안을 정리한 것이다.

〈표 4-10〉 오류와 편견의 극복

오류발생의 원인	극복방안
<ul><li>부적당한 자료측정 및 모집방법</li><li>올바른 자료처리절차의 위배</li><li>자료의 누락이나 미처리</li><li>자료의 오기 및 잘못된 수정</li><li>부정확한 과거 파일 또는 과거 파일의 잘못 사용</li><li>컴퓨터 프로그램 오류(error)와 같은 정보처리 절차상 실수</li><li>고의적인 위조</li></ul>	<ul><li>오류식별을 위한 내부통제</li><li>내적·외적 감사</li><li>자료에 신뢰한계(confidence limits)를 추가함</li><li>자료의 측정 및 처리절차에 관한 사용자 지침을 사용하여 발생 가능한 오류의 평가</li></ul>

4.6 인간정보체계(HIS: Human Information System)

정보는 인간과 기계의 유기적 교류에 의해서 그 가치를 높일 수 있다. 이 때문에 정보의 활용가치를 높이기 위해서는 인간정보체계에 대한 연구가 필요하다. 여기서, 인간정보체계란 인간을 하나의 정보체계로 보고 정보의 투입-처리-출력이라는 관점에서 인간을 분석하는 것을 말한다. 행정정보체계는 하나의 조직정보체계로서 여기에는 인간정보체계에 대한 인식이 중요하다. 인간은 능력의 한계를 가지고 있으며, 이를 극복하기 위해 인간과 컴퓨터의 상호작용, 즉 HCI (Human-Computer Interface)를 어떻게 구축할 것인가가 매우 중요하다. HCI는 인간의 한계를 극복하는 방향으로 설계되어야 한다.

(1) 인간능력의 한계

인간의 능력에 한계가 있는가라는 질문에 대하여 혹자는 능력의 한계를 부정하기도 하고 혹자는 인간의 능력의 한계를 인정하기도 한다. 인간의 능력의 한계를 부정하는 측면에는 지금까지 인간이 개발한 무한한 발명품의 업적을 그 증거로 제시하곤 한다. 그러나 분명 인간에게는 물리적인 능력의 한계가 존재한다. 체력이 약한 사람이 있는가 하면, 상대적으로 강한 사람이 있고, 남자와 여자의 능력이 다 같지 않다는 것에서 인간에게는 분명 주어진 능력의 한계가 존재한다고 볼 수 있다. 이러한 인간의 한계를 극복하려는 노력은 인류역사 이래 꾸준히 진행되어 왔고 앞으로도 계속 진행될 것이 틀림없다. 지금까지 인간의 한계를 극복하기 위하여 개발한 발명품 중에서 가장 뛰어난 발명은 바로 컴퓨터시스템이다. <표 4-11>에서 보듯이 컴퓨터는 인간과 가장 닮은 모습으로 인간으로서 갖고 있는 한계를 대신해서 극복하는 수단으로 개발되었다.

〈표 4-11〉 인간과 컴퓨터의 정보입력기능

인간의 5감각	청각	촉각, 미각, 후각	시각	
컴퓨터	마이크	기능센서	스캐너	디지털카메라

이러한 인간의 한계와 그것을 극복하기 위한 수단의 개발과정을 정리하면 다음과 같다.

① 기억의 한계: G. A. Miller에 의하면 인간이 기억할 수 있는 가장 적당한 숫자는 7±2(魔術의 數) 정도라고 한다. 이 이론에 의하면 인간은 9자리가 넘는 숫자는 잘 기억하지 못한다는 것이다. 이러한 인간의 기억력의 한계를 극복하기 위하여 인간은 문자와 숫자를 사용하였고 이를 기록하기 위하여 인쇄문화가 발전하였다. 그 후 기억의 한계를 극복하려는 노력이 계속되면서 녹음기, 전자수첩, 메모리 반도체 분야의 컴퓨터 기억장치가 개발되고 발전해 왔다.

② 교통·통신수단의 한계: 최초에 인류는 먼 곳으로 의사를 전달하기 위하여 인간의 이동수단인 도보에 의존하면서 그 한계를 극복할 통신수단을 개발하게 되었다. 우마차, 자전거, 자동차, 기차, 비행기 등의 운송수단의 개발과 전화, 텔렉스, 팩스, 컴퓨터인터넷으로 이어지는 통신수단의 발전이 인간의 통신수단의 한계를 극복해 주고 있다.

③ 연산기능의 한계: 인간은 연산기능에도 한계를 가지고 있다. 이를 극복하기 위하여 주판, 전자계산기, 슈퍼연산컴퓨터, 통계프로그램 등 인간의 두뇌적 계산과 판단을 대신하는 발명품들이 개발되었다.

④ 운동기능의 한계: 인류문명의 발달은 도구를 사용하면서부터 시작되었다. 도구는 인간의 운동능력의 한계를 극복하는 수단이었으며, 그것이 발전하여 수동식기계, 자동화기계에 이어 컴퓨터의 인공지능기술을 이용한 첨단 로봇이 개발되었다.

⑤ 표현의 한계: 인간이 의사소통을 위해서 표현할 수 있는 자체수단은 언어와 몸짓(동작표현)이 전부였다. 이를 극복하고 보다 정확한 의사전달을 위하여 인쇄문자, 영상(그림, 사진), 그리고 컴퓨터 동영상 기술이 개발되었고, 이러한 표현물을 출력할 출력장치로 모니터, 프린터, CAD Plotting, 3차원 영상출력기, 가상현실(VR: Virture Reality), 사운드 카드의 음성출력 등이 개발되었다.

이러한 인간 능력의 한계를 극복하려는 노력은 컴퓨터 기술의 발전으로 멀티미디어시스템화 되고 있으며, 이는 인간 능력의 한계를 극복하는 데 컴퓨터 기술이 크게 기여했음을 반증하는 것이다. <그림 4-7>은 인간과 컴퓨터의 기능을 비교한 것이다.

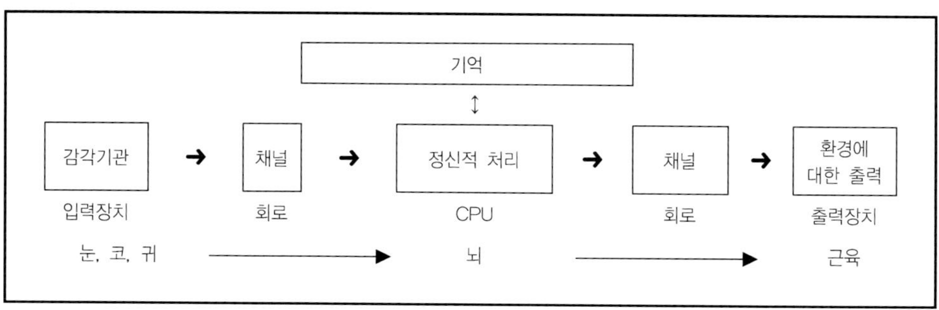

〈그림 4-7〉 인간과 컴퓨터의 기능비교

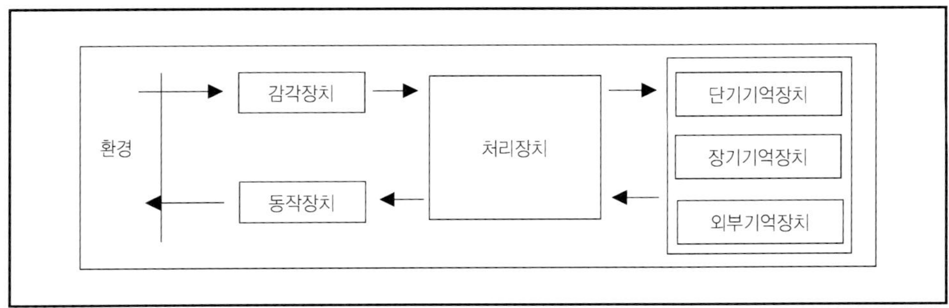

〈그림 4-8〉 뉴웰-사이몬의 인간정보시스템 모형

뉴웰-사이몬(Newell-Simon)은 인간과 컴퓨터의 유사시스템을 모형으로 설명하였다. <그림 4-8>에서 보듯이, 인간의 뇌에도 단기기억장치와 장기기억장치가 존재한다. 만취한 상태에서도 집을 찾아가는 본능은 장기기억장치에 기록된 기억이 존재하기 때문이라는 것이다. 또한, 인간이 망각하는 동물이라는 것은 인간의 기억 중 대부분은 단기기억장치에 기록되기 때문이라고 한다.

(2) 정보처리자로서 인간능력의 한계와 극복방안

정보처리자로서 인간능력의 한계는 기억능력의 한계, 사물인식의 한계, 통계정보 해석의 한계, 한계극복을 위한 전략 자체의 한계를 가지고 있다.

첫째, 기억능력의 한계로는 밀러(G. A. Miller)가 '마술의 수 7±2'에서 언급한 바와 같이 인간의 단기기억 능력은 9자리 이상에는 암기에 어려움이 있다는 것이다. 둘째, 사물인식의 한계로는 파킨슨(Parkinson)의 '사소함의 법칙'을 들 수 있다. 즉 인간은 즉시 알 수 있는 것이나 상대적인 척도에 의한 습관적 인식을 한다는 것이다. 또한 베버(Weber)의 '자극과 반응의 법칙: (認知心理法則)'에서 언급한 바와 같이 인간은 상대적인 자료에 더 쉽게 인지하고, 비율을 중시하며, 크기에 소홀하고, 직감(즉시 알 수 있는 능력)에서 개인마다 차이가 있다는 것이다. 셋째, 통계정보 해석의 한계는 인간은 인간에게 익숙한 숫자나 금액 이외에 대해서는, 즉 지나치게 큰 숫자나 금액에 대해서는 의미 있는 인식을 하기가 어렵다는 것이다. 또한 인간은 확률적 정보처리에 미흡한 한계를 가지고 있다. 넷째, 한계극복을 위한 전략 자체의 한계로는 인간은 쉽게 접할 수 있는 정보만을 사용하려 하고, 정보 해석 시 스스로 준거점을 두고(Anchoring point) 해석하려 한다는 것이다. 따라서 이러한 한계점을 극복하기 위하여 컴퓨터가 개발되었으며, 컴퓨터의 성능을 날로 향상시킴으로써 인간의 한계를 극복해 나가고 있다. 따라서 인간과 컴퓨터의 상호작용(HCI: Human-Computer Interface)에 있어 인간의 한계를 고려한 설계가 필요하며, 인간의 한계를 고려한 컴퓨터시스템의 설계는 다음과 같은 점을 유의해야 한다.

첫째, 확인본능과 시스템 설계: HCI System을 설계함에 있어서 Feedback, 조회, 검색시스템 구축이 이루어져야 한다.[27]

둘째, 비사용 정보의 가치: 정보 및 시스템 저장 공간을 충분히 확보하고, 여유 DB를 제공함으로써 인간의 보유만족을 추구한다.

셋째, 정보은퇴 시기 결정의 필요성과 정보관리: 정보는 수명주기를 가지고 있어 일정한 기간이 지나면 그 가치가 없어진다. 가치 없는 정보를 정리하지 않으면 악화가 양화를 구축하는 그리샴 법칙(Gresham's Law)이 발생한다. 이와 같은 현상을 방지하기 위하여 정보시장형성, 사유재산권 인정, 정보소재공표 등의 제도적 장치가 필요하며, 정보망형성을 통해 그리샴 현상을 막을 필요가 있다.

넷째, 학습능력과 정보시스템: 컴퓨터와 인간의 학습능력을 높이기 위하여 인공지능(AI: artificial intelligence) 시스템, 전문가(ES: expert system) 시스템 등의 학습프로그램을 제공하여야 한다.

다섯째, 정보과잉과 정보시스템 설계: 정보의 과잉현상이 발생하지 않도록 하기 위하여 정보요약, 여과, 흡수의 메커니즘이 필요하다.

여섯째, 개인적 차이와 정보시스템 설계: 인간의 능력에도 연령, 체력, 성별, 교육수준 등에 따라 개인의 차이가 나타난다. 따라서 시스템 개발 시 개인차에 따라 서로 다른 유형의 시스템을 구축할 필요가 있다.

일곱째, 정보처리에 있어서 윤리성 확보: 정보가 인간의 윤리성을 저해하는 요인으로는 ① 정보가치의 주관적 판단, 결정성 ② 복제의 용이성 ③ 정보의 불가역성(되돌아오지 않는 유출 정보) ④ 정보의 불감성 ⑤ 정보의 확산성 ⑥ 정보의 변형가공 및 해석가능성(정보의 왜곡이 용이) 등이다. 이를 극복하기 위해서는 ① 교육과 홍보 ② 진실성 보장제도 구축 ③ 정보의 공개 및 보호제도 구축 ④ 그리샴법칙 해결(은퇴시기 정하기, 정보소재 공표, 사유재산권 인정, 정보망 형성, 정보시장형성) 등이 필요하다.

---

27) 정보이론과 가외성(redundant): 정보송신에는 필수정보 외에 추가정보가 필요하다. 이러한 장치를 검사 및 체크비트(Parity bit)라고 한다.

제5장

정보사회의 사이버스페이스(Cyberspace)

5.1 사이버스페이스의 기원과 의의

　사이버스페이스란 용어는 William Gibson이 「불타는 크롬(1982)」과 「New－romancer (1984)」란 소설에서 처음으로 사용한 용어이다. William Gibson은 사이버스페이스를 "가상현실에서 경험하는 '합의된 환각상태'이자, 컴퓨터에서 집적된 자료를 기초로 만들어진 '그래픽 공간'"이라고 설명하면서도 '상상할 수 없을 정도의 복잡한 개념'이라고 규정하고 있다[28]. Joseph Lynch는 사이버스페이스를 디지털 신호로 만들어진 복수의 네트워크 사이에 형성된 공간, 즉 인터네트워크(Inter－network)로 이해하고 있다.[29] 이를 종합하면, 사이버스페이스는 가상현실(Virtual Reality)을 응용하는 정보통신 기술과, 이를 전자적으로 연결하는 네트워크(Network)로 구성된 새로운 공간을 말하는 것으로, 다음과 같은 요소들을 포함하는 개념이다.

　첫째, 사이버스페이스는 디지털의 세계이다(Digital design). 현실공간에서 라디오, 텔레비전, 전화, 팩스 등 각기 다른 형태로 만들어진 매체들이 아날로그 방식에 의해 각기 다른 형식으로 정보를 전달하던 것이, 사이버 공간에서는 0과 1이라는 수의 조합으로 통일되어 환치된다. <그림 5－1>은 두 매체의 전달방식을 표현한 것이다.

〈그림 5－1〉 아날로그와 디지털의 차이

---

28) 건국대학교 허만형 교수는 사이버스페이스를 영토적 개념으로 인식해야 한다고 주장한다. 국가를 구성하는 영토적 요소는 지금까지 영육, 영해, 영공으로 보아 왔으나 여기에 제4의 영토로서 사이버스페이스를 추가해야 한다는 것이다. 허만형, "사이버스페이스의 행정학적 조망: 비판적 접근", 「사이버커뮤니케이션학회보」 제2호, 1998. 참조.

29) Joseph Lynch "A Glimpse of Cyberspace",
http://www.georgetwn.edu/irvinemj/englis016/gibson/gibson.html.

둘째, 사이버스페이스는 네트워크의 세계이다(Interactive design). 이 세계는 가상의 공간으로 전자적 신호에 의해 형

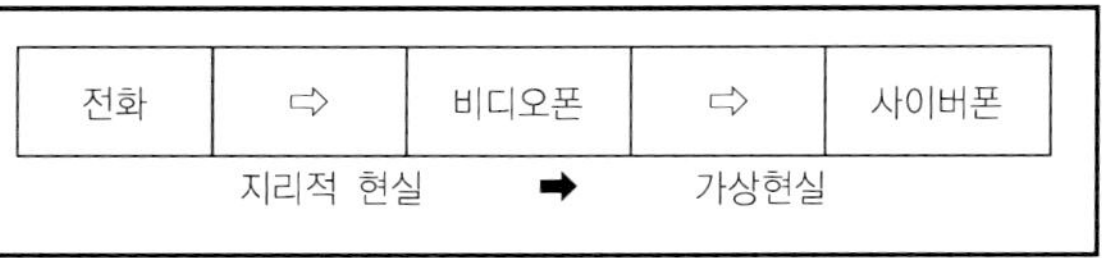

〈그림 5-2〉 정보통신 수단의 발전과정[30]

성된 동영상, 문자, 숫자, 그림, 기호 등 다양한 형태의 정보들이 복수의 네트워크 사이에서 상호작용(interaction)을 하는 가상현실(Virture Reality)의 세계이다.

셋째, 사이버스페이스는 정보통신 기술이 지배하는 세계이다(Sensorial design). 이 세계는 정보통신 기술(IT: Information Technology)이 발전하면 할수록 그 사용가치가 무한해지며, 정보통신 기술은 이 세계를 더욱 확장시켜 나간다. 정보통신 수단은 기존의 지리적 공간에서 전송속도가 더욱 빨라지고 통신수단이 더욱 소형화되어 이동통신이 가능해진 가상현실의 사이버 공간으로 옮겨 발전하고 있다.

여기서 가상현실은 기존의 3차원적 지리적 공간과 다른 4차원의 시·공간적 현실이다. 이 공간에는 절대시간은 없고 상대적 시간이 있을 뿐이다. 가상현실의 세계는 정보초고속화도로(information super highway)로 형성된 네트워크(Network) 기반이 만들어 낸 초 현실의 사이버 공간이다.[31]

이러한 사이버스페이스는 '정보의 바다'를 이루는 풍요로운 공간으로서 무한가치의 공간이기도 하다. 그러나 지나친 상업주의화로 흐를 경우 인간성을 상실하고, 인간소외와 공동체의식을 붕괴하는 역기능을 낳게 되기도 한다. 이미 사이버 공간은 부정할 수 없는 또 하나의 현실 세계로 인정되었다. 이제는 그 공간을 어떻게 활용할 것인가 하는 정책적인 문제만 남아 있을 뿐이다.

---

30) 이동통신 기술의 변화는 80년대 1세대(아날로그식 휴대전화), 2세대(디지털식 PCS폰, (56Kbps)), 3세대(데이터와 음성통신을 결합한 IMT2000, (2Mbps))에 이어서 2010년 상용화를 목표로 4세대(고속 데이터중심의 무선이동통신을 총칭, (1Gbps))로 향하고 있다. 4세대 이동통신은 사이버 공간의 활용이 더욱 본격화될 전망이다.

31) Thomas Kuhn은 「과학혁명의 구조」에서 "과학의 발전은 점증적으로 오는 것이 아니라 어느 날 갑자기 새로운 발명에 의해 급작스럽게 와서 새로운 패러다임의 전환을 불러온다."고 하였다. 사이버스페이스의 출현은 토마스 쿤의 「과학혁명」과도 같은 것이다.

5.2 사이버스페이스의 성격과 특성

사이버스페이스는 기존의 지리적 공간과는 다른 가상적 공간이 정보통신 기술의 발전에 따라 새롭게 탄생된 것이다. 이 공간에도 지리적 공간과 같은 정치·경제·사회·문화가 존재한다. 사이버 공간이 가지고 있는 성격과 특징을 정리하면 다음과 같다.

첫째, 사이버스페이스의 정치는 통치영역으로서의 성격(Territory of Government)을 갖고 있다. 사이버스페이스는 참여민주주의를 실현하는 장으로서의 역할을 수행할 수 있는 유용한 공간이다.

둘째, 사이버스페이스의 경제는 경제적 모험의 대상으로서의 성격(Venture Business)을 갖고 있다. 사이버스페이스는 수많은 벤처산업을 창출하며, 사이버 쇼핑몰과 같은 또 하나의 경제시장을 형성해 나가고 있다. 전자화폐에 의한 개인결재가 활성화되고,[32] 정보가 재화로서 가치를 갖게 되는 공간이다.

셋째, 사이버스페이스의 사회는 커뮤니티의 성격(Netizen)을 갖고 있다.

수많은 분야에서 다양한 목적을 갖는 네티즌들의 만남이 이루어지면서 또 하나의 가상적 사회를 만들어 간다. 지리적 공간의 Citizen(시민)들의 사회와 같이 Netizen(네티즌)[33]들의 사회가 형성되는 공간이다.

넷째, 사이버스페이스의 문화는 실험과 창조의 장으로서의 성격을 갖는다. 사이버스페이스는 새로운 공간 속에 창조되는 새로운 문화가 형성되고 공유되는 공간이다.

인터넷게임, 채팅, 인터넷방송, 댓글문화(reply culture)[34] 등은 지리적 공간에

---

32) 미 상무성의 한 보고서에 따르면, 2005년에는 미국시민의 40% 이상이 개인의 결재 방식으로 전자화폐를 선호하게 될 것으로 전망하고 있다.

33) 시민을 뜻하는 시티즌(citizen)과 통신망을 뜻하는 네트워크(network)의 합성어이다. 네티즌을 기술주의적 관점에서 보면 인터넷을 포함한 통신망을 컴퓨터의 집합체이며 정보의 수신과 발신의 틀로 보는 입장으로 실용주의적 이해 관심을 보여 준다. 네티즌이란 신조어를 처음으로 소개한 하우번(Hauben)은 네티즌은 단순히 통신망을 사용하는 사람이라는 양적 개념이 아니라, 통신망문화를 만들고 통신망공동체를 꾸려나가는 의미의 함축적인 개념이라고 설명하였다.

34) 사이버 공간을 통해 회원들 또는 불특정 다수의 사용자들 사이에 각종 정보를 주고받을 수 있는 인터넷 게시판이 활성화되면서 나타난 말이다. 인터넷 게시판 이용자들 사이에 주고받는 글쓰기 문화를 통틀어 일컫는 개념으로, 인터넷 문화 또는 인터넷 게시판 문화의 하위 범주에 속한다. '댓글'은 '대답하다, 응수하다'를 뜻하는 영어 단어 '리플라이(reply)'를 한국어로 옮긴 것이다. 형태상 한자어접두사 '대(對)'와 사이시옷(ㅅ)＋'글'로 분해된다. 뜻대로 해석하면 '대답하는 글, 상대하는 글' 또는 줄여서 '답글' 정도로 풀이된다. '리플라이'를 줄여서

는 없었던 네티즌(Netizen)과 @세대(At Generation)[35]가 만든 전혀 새로운 문화이다.

사이버스페이스는 위와 같이 ① 우리가 지금 발을 딛고 있는 세계와 유사하지만 결코 동일하지 않은 세계로서의 병렬적 우주(a parallel universe), ② 지리적인 제약을 초월한 무한 공간(infinite space), ③ 키보드 활자판에서 모니터 화면으로, 모니터 화면에서 세계로 확대되어 가는 가상세계(virtual world), ④ 어디에도 존재하는(everywhere), ⑤ 동시에 어디에도 존재하지 않는(nowhere) 세계, ⑥ 산업사회에서의 대면적(face to face) 관계가 전자적 대면관계(face to electronic face)로 변화되는 공간이라는 특성을 갖는다.[36]

5.3 지리적 공간과 가상공간의 차이

지리적 공간(Geographical space)과 가상공간(Cyberspace)의 차이는 <표 5 - 1>에서 보듯이, 공간적 측면에서뿐만 아니라 시간적 측면, 자아적 측면, 소유형태, 참여형태. 정보공유범위, 자본구분, 가치중심, 주체중심, 가치요소, 기대효과, 기능화 등에서 다르게 나타난다.

시간적 측면에서 가상공간(Cyberspace)은 시간을 과거로 역행하거나 미래로 진행할 수 있다. 디지털(digital)로 구성된 무형의 자아를 가지고 있으며, 누구에게나 개방된 공유적 공간이다. 이 공간은 능동적으로 참여하는 사람들에게만 존재하며, 가상공간의 정보는 무한대의 이용자가 공유할 수 있다. 자료(data)와 정보(information)가 자본으로 형성되며, 개인의 지식(know - how)보다는 검색(know - where) 능력에 가치를 둔다. 개인의 학식, 경험, 기능보다는 네트워크상의 타인과의 정보 교류가 중요해지며, 그것은 복합적 효과(synergy)를 창출하여 다양한 기능을 창출해 낸다.

'리플'로 부르기도 한다.

35) 인터넷 e - 메일주소에 쓰인 @를 이용하여 만든 용어로, 첨단정보산업시대에 뉴미디어의 사용이 일상화가 되어 버린 세대를 가리킨다. 1970년대 중반부터 1980년대 후반에 태어난 13∼25세의 연령층으로, 약 1천만 명에 이르는 이들은 연간 10조 원 이상의 구매력을 지닌 세대이다. 국내에서는 이들을 겨냥한 소비산업이 발전하였다.

36) 최남희, 정보화에 따른 도시공간의 변화와 도시행정의 방향(한국행정학회 동계학술대회 발표논문: 1997), p.1.

공간 내용	지리적 공간 (Geographical space)	가상공간 (Cyberspace)
① 공간적 측면	물리적, 지리적 공간	antispace, 가상공간, 역공간, 초공간
② 시간적 측면	동시성	비동시성
③ 자아적 측면	유형(human being)	무형(digital being)
④ 소유형태	집중적(독점)	분산적(공유)
⑤ 참여형태	방관적(수동적 참여)	적극적(능동적 참여)
⑥ 정보공유범위	협소(人間關係 중시)	무한(廣大)
⑦ 자본구분	인간중시(human capital)	화폐중시(data capital)
⑧ 가치중심	know-how(지식)	know-where(검색)
⑨ 주체중심	개인적(자기중심)	이타적(타인중심)
⑩ 가치요소	학식, 경험, 기능	네트워크
⑪ 기대효과	단순효과	복합효과(synergy)
⑫ 기능화	단기능화	다기능화

※ William J. Mitchell, *City of Bits: space, place, and the infoban*, MIT press, 1955. 참조 재구성

5.4 사이버스페이스의 전자민주주의

5.4.1 전자민주주의 개념 및 제 견해

전자민주주의란 정보통신 기반을 이용하여 국민의 정치참여율을 높이고 정치참여에 따른 비용을 줄여 직접민주주의를 실현하는 정치형태를 말한다.[37] 정보통신기술은 일반 국민의 직접민주주의를 실현할 수 있는 토대를 마련함으로써 대의민주주의의 한계를 극복하고, 정치참여에 대한 개인적·사회적 거래비용을 줄이며, 일반 국민이 정보화를 통해 정치권력을 감시할 수 있다. 인터넷을 통한 여론 수렴, 선거 캠페인 및 홍보, 온라인 투표, 사이버 국회, 전자공청회, 정책결정에 따른 시민의 참여 및 토론, 여론 조사 등 일련의 정치적 행위가 모두 전자민주주의에 포함된다. 이러한 전자민주주의가 실현되기 위해서는 사이버스페이스상에서 사생활보호, 표현의 자유, 접속의 자유가 보장되어야 한다. 한편, 전자

---

37) 전자민주주의는 사이버크라시(cybercracy)·클리코크라시(clickocracy)·e-데모크라시를 비롯해 텔레데모크라시(teledemocracy)·테크노폴리틱스(techno politics)·인터넷 민주주의 등 여러 명칭으로 쓰이고 있어 확실한 용어로 정착되지는 않았으나 의미는 모두 같다.

민주주의의 문제점으로는, 첫째, 인터넷 투표는 투표권의 남용 및 이에 따른 조작을 할 수 있다는 가능성, 둘째, 정보화에 앞선 사람만을 위한 정치가 될 수 있는 가능성, 셋째, 여론이 여과되지 않은 채 정치과정에 투입되어 중우민주주의 혹은 폭도정치가 될 가능성, 즉 사이버 포퓰리즘(cyber populism) 등을 들 수 있다. 이렇듯이 전자민주주의에 대하여 낙관론과 비관론이 동시에 존재한다.

사이버스페이스의 전자민주주의에 대한 실현가능성에 대하여 앨 고어(Al Gore)[38]는 이에 대하여 낙관론을 주장한다. 미국의 정치가 로페로스는 "작은 지방도시(Town)에서부터 전자민주주의를 실현하자"고 주장하면서, 전자도시 시민회의(Electric Town meeting) 제도[39]를 도입하고 전자주민투표를 실시한 사람이다. 그러나 전자민주주의는 엘리트 중심의 사회의 일면으로 또 다른 엘리트주의를 낳게 될 것이라고 보는 비관론자도 있다.[40] 이와 같은 대립적 의견 차이는 현실을 보는 관점이 다르기 때문이다. <표 5-2>에서 보듯이, 낙관론적 입장에서는 전자민주주의가 하나의 합리적인 대안이라고 설명한다. 반면에 비관론적 입장에서는 전자민주주의는 하나의 보완책일 뿐 대안이 되지 못한다고 주장한다. 즉 낙관론에 의하면 개혁주의적으로 추진해야 될 과제로 보지만, 비관론에 의하면 장기적이고 점증적으로 추진해야 될 과제로 보는 것이다.

〈표 5-2〉 전자민주주의(전자투표제)에 대한 견해 차이

	낙관론자	비관론자
견해차이	합리적 대안책	하나의 보완책
추진방법	개혁적인 추진	장기적 점증적 추진

비관론자들은 전자 민주주의를 실현하기 위하여 다음과 같은 전제조건이 갖춰져야 한다고 주장한다.

---

38) Al Gore는 미국 정치인으로 1994년 3월 31일 아르헨티나의 부에노스아이레스에서 열린 연설에서(ITU회의) 세계를 하나의 통신망으로 연결하는 GII(Global Information Infrastructure)사업을 주장하였다. 그의 연설문 "Toward a Global Information Infrastructure" 참조.
39) Electric Town Meeting이란 후보자가 특정 지역에서 정치적 현안을 놓고 PC통신을 이용한 가상공간에서 토론을 벌이는 것을 의미한다. TV대담이나 토론회도 정보전달 매체가 다를 뿐 같은 개념이다.
40) Michael Schudson은 전자타운미팅과 같은 장치는 시민의 참여의식을 증대시키지 못할 것이라고 주장한다. 지금은 그 개념이 신선하기 때문에 주목을 받고 있지만, 신선미가 떨어지면 시민의 관심 밖으로 밀려날 것이라고 주장한다. 특히 민주주의의 대안으로 전자민주주의는 위험한 발상이라고 혹평하기도 한다. Michael Schudson, "The Limits of Democracy", The American Prospect No.11(Fall 1992), pp41~45.

첫째, 유권자의 정치참여 행태가 변해야 한다. 수동적 참여에서 적극적이고 능동적인 참여로 유권자의 정치참여 행태가 변화되어야 한다는 것이다.

둘째, 후보자의 정치 행태가 변해야 한다. 부정선거나 고비용 저효율적 선거 행태를 깨끗하고 돈 안 드는 선거로 변화되어야 한다.

셋째, 정당의 정치 행태가 변해야 한다. 일인 독재적 정당운영체제나 종속적 정당관계를 배격하고, 지리적 공간과 더불어서 사이버 공간에서의 정당 활동을 함께 전개해 나가야 한다.

넷째, 가상 국가의 탄생은 전자민주주의의 실현을 불가피하게 한다. 사이버스 페이스상에서 존재하는 네티즌(Netizen)들은 또 다른 사회를 구성하여, 사이버스 페이스상에 가상 국가를 만들어 갈 것으로 보고 있다. 이들은 그 사회를 운영하고 규제하는 정치인을 탄생시키면서, 전자민주주의를 자연스럽게 형성해 나가게 될 것이라는 것이다. 이처럼 비관론자들의 주장에도 불구하고 전자민주주의의 물결은 정보화 사회에서는 거스를 수 없는 대세적 흐름인 것이다. 이에 따라 다음의 사례에서 보듯이 많은 국가에서 다양한 방법으로 전자민주주의를 구현해 가고 있다.[41]

5.4.2 전자민주주의 사례

(1) 국내 사례

국내에서는 과거 총무처가 정보통신 매체를 활용한 정부와 국민 간의 직접적인 대화통로 구축 및 범국가적 정보의 수집·유통·활용체계의 활성화를 목적으로 추진하고 있는 열린 정부 사업이 행정부 차원에서의 대표적인 전자민주주의 사업이라 할 수 있다. 제공되는 서비스로는 국민의 소리, 제도개선, 주제토론, 설문조사 등으로 구성되어 있는 대화마당과 알림마당, 공공 DB마당, 민원마당 등이 있다.

국회에서는 전자민주주의연구회가 의원연구단체로서 활동을 하고 있으며 Cyberparty라는 가상정당을 운영하고 있다. Cyberparty에서 제공되는 서비스로는 '97

---

41) 내용출처: http://my.dreamwiz.com/arysu/main.htm

대선정보, 전자신문고, 정책입법 청문회, 아크로폴리스 광장, 토론실, 전자회의실, 여론조사 등이 있다.

민간단체인 전자민주주의연구원은 사이버 공청회 서비스를 통해 일반 이용자가 의제를 제기할 수 있게 하고 각 주제별로 배경정보를 수록하여 이용자 간 의견개진 및 대안제시를 위시한 토론을 유도하고 어떤 의제에 대해 결정을 내리는 사업을 수행하고 있다.

(2) 해외 사례

- 미국: 미국의 대표적 민간주도 전자민주주의 사업으로 꼽히는 미네소타 전자민주주의 사업(Minnesota E-Democracy)에서는 미네소타 지역문제를 주요 토론 의제로 다루고 있으며 인터넷 웹과 전자우편그룹을 통하여 지방자치 관련 정보를 제공하고 전자게시판을 운영하여 주민 간 토론을 유도하고 있다.
- 캐나다: 캐나다의 토론토 전자민주주의 사업(C4LD: Citizens for Local Democracy)도 대표적 민간주도 사업이다. 토론토 지역문제를 주요 토론 의제로 다루고 있으며 인터넷 웹 및 전자우편그룹을 통하여 지방자치 관련 정보를 제공하고 전자게시판을 운영하여 주민 간 토론을 유도하고 있다. 인터넷 웹사이트에서 제공하는 주요 서비스로는 법령 정보 및 관련 기사, 법령 관련 행사, C4LD 소식지, 관련 사이트 목록, 온라인 토론 참여장, 지방자치단체 연락처 등이 있다.
- 영국: UK Citizens Online Democracy로 불리는 본 사업은 영국의 대표적 전자민주주의 사업이다. 민간주도의 인터넷 전자민주주의 사업이며 위에서 언급한 미국과 캐나다의 사업과는 달리 주로 국가차원의 정책문제를 토론 의제로 채택하고 있다. 인터넷 웹과 전자우편그룹을 활용하고 있으며 웹사이트에서는 토론되는 주제별로 개요, 관련자료, 국민토론장, 참여정치인 의견장 등을 마련하여 서비스를 제공하고 있다.
- 브라질: 브라질에서는 투표절차 및 득표 집계처리의 단순화를 위해 정부주도로 전자투표사업을 수행하고 있으며 60개 지방자치단체 선거에서 7만 7천여 대의 전자투표시스템을 설치·운영한 바 있다. 전자투표의 기본 절

차는 유권자가 키보드와 전자투표기상에 나타난 후보자 얼굴을 보고 투표
를 하며 투표 내용은 이동식 디스켓에 저장되고 프린터로 출력되어 별도의
투표함에 적재된다. 선거가 끝난 후 이동식 디스켓에 저장된 데이터가 전
국적으로 집계되기 때문에 개표시간이 크게 절감되는 효과를 얻을 수 있다.

〈용어학습〉

◈ **킬러앱**(killer application): 등장하자마자 경쟁상품을 몰아내고 시장을 완전히 재편하는 제품이나 서비스를
일컫는 말.
◈ **매시업**(mash-up): 웹으로 제공하고 있는 정보와 서비스를 융합하여 새로운 소프트웨어나 서비스, 데이터
베이스 등을 만드는 것.
◈ **매트칼프 법칙**(Bob metcalfe): 네트워크의 가치는 사용자수 제곱에 비례한다.
◈ **얼리어답터**(early adopter): 신제품 성능, 기능 등을 남보다 앞서서 평가하고 정리하여 일반소비자가 이용
시 참고할 수 있도록 하는 일.
◈ **롱테일 법칙**(long-tail): 하찮은 80%가 상위 20%보다 더 많은 수익을 낸다는 개념으로, 파레토 법칙과
반대되기 때문에 '반파레토의 법칙'으로 불리기도 한다. '사소한다수(trivial many)'가 효자상품으로 거듭남.

제2부 정보사회의 행정

제6장

전자정부의 구성

6.1 정보사회의 정부조직

산업사회에서는 모든 사회조직 구조를 관료제에 의한 계층적 구조로 보았다. 1956년에 William Whyte는「The Organization Man」이라는 저서를 통하여 이를 주장한 바 있다. 그러나 피라미드형을 이루는 거대한 계층적 관료제 구조는 산업사회 후기에 오면 Project Team이나 adhocracy와 같은 형태의 전문가 중심의 소규모 임시조직으로 점차 그 조직구조를 바꾸어 나갔다. 이러한 조직구조의 변화는 정보사회가 도래하면서 수평적 네트워크 조직으로 다시 한 번 변화하고 있다. 1995년에 Silverman과 Hemming의「Exit The Organization: Enter The Professional Person」에서 탈조직사회의 전문가 집단의 중요성을 강조한 바 있다. 이와 같이 정보사회의 조직구조는 산업사회와는 다른 형태로의 변화를 요구하며, 이것은 정부조직에도 영향을 미치게 되어 정보사회에 맞는 정부가 요구되는데, 그것이 전자정부의 구성논리이다.

6.2 전자정부 구성의 과정

전자정부는 Cyber Government, Electronic Government, Digital Government로 표현되지만, 우리나라의 경우는 일반적으로 Electronic Government로 표기하고 있다. 이러한 전자정부(Electronic Government)를 구현하기 위해서는 <표 6-1>과 같이 행정의 전산화와 행정의 네트워크화가 선행되어야 한다.

〈표 6-1〉 전자정부 구성의 두 과정

내용 구분	과　정	구축시스템
행정 전산화	OA → MIS → DSS → ESS	관리자원 시스템의 구축
네트워크화	LAN → WAN → ISDN → INTERNET(intranet & extranet)	네트워크 시스템의 구축

행정전산화의 과정은 초기의 사무자동화(OA: office automation)에서 출발하여

정보관리시스템(MIS: management information system), 의사결정지원시스템(DSS: decision support system), 전문가지원시스템(ESS: expert support system)으로 발전하여 관리자원 시스템을 구축하게 된다. 이와 더불어서 전자정부를 구현하기 위해서는 네트워크 시스템의 구축이 요구된다. 네트워크화의 과정은 초기의 근거리통신망42)(LAN: local area network)에서 장거리통신망(WAN: wide area network), 종합정보통신망43)(ISDN: intergrate service digital network)으로 발전하고, 이것은 내부(intranet)와 외부(extranet)로 연결되는 인터넷(INTERNET)과 연결되면서 전자정부 구현을 위한 정보의 네트워크시스템이 구축되어야 한다. 이와 같이 전자정부는 관리자원과 네트워크 시스템이 하나로 통합된 체제이다.

관리자원시스템과 네트워크시스템이 구축된 전자정부는 행정정보체계(PMIS: public management information system)를 구성하여 내부적으로는 행정자원관리의 능률화, 외부적으로는 대민서비스 개선(Onestop, Nonstop, Anystop Service)에 기여하게 된다.

6.3 행정개혁과 전자정부

6.3.1 전자정부의 의의

국제적으로 미국, 일본, 유럽 등 정보화 선진국에는 1990년대 초부터 국가경쟁력 향상의 핵심 전략으로 정보기술을 기반으로 한 행정개혁과 전자정부 구현 전략을 추진하고 있다.

전자정부라는 말은 1993년 미국에서 처음으로 사용하였다. 클린턴 정부의 출범과 함께 시작된 정보슈퍼하이웨이(Information Super Highway) 구상을 시작으로 그 비전과 전략이 구체화되었다. 이 계획은 1991년 법률로서 성립시킨 HPCC

---

42) 사무실이나 연구실, 건물, 공장 따위와 같이 제한된 지역 내에 분산 배치된 컴퓨터를 비롯한 각종 정보 통신 기기를 통신 회선으로 연결하여 정보를 교환하는 정보 통신망을 말한다.
43) 여러 가지 통신 정보를 디지털 신호화함으로써 다양한 서비스를 종합적으로 제공하는 통신망. 현재 사용하고 있는 전화 통신망에 광섬유를 사용하면 전화, 전신, 데이터 통신, 팩시밀리 따위의 디지털화와 대량화가 가능하여 하나의 통신 회선에 통합할 수 있다.

(High Performance Computing and Communications)라는 전국 학술연구기관의 슈퍼 컴퓨터, 데이터베이스, 워크스테이션, PC 등을 고속 회선으로 접속하는 대규모 컴퓨터 네트워크로 1990년대 초 애플, 휴렛팩커드, 선마이크로시스템즈, 실리콘그래픽스, 탠덤 등 실리콘 밸리 지역의 하이테크 컴퓨터 기업 및 AT&T, IBM, DEC, 데이터 제너럴 등 정보통신 관련 기업 13개 대표자로 구성된 로비 그룹 CSPP(Computer Systems Policy Project)가 1992년의 대통령 선거에서 대통령 및 부통령 후보였던 빌 클린턴과 앨 고어를 지지한 데에는, 신정권 아래서 정보 슈퍼하이웨이 구상을 추진하려는 근본 취지가 깔려 있었다. 이에 따라 클린턴 정부 출범 직후 앨 고어 부통령이 주도하여 이루어진 NII(National Information Infrastructure: 국가정보기반) 정책은 정보슈퍼하이웨이를 민간 주도로 구축하고 정부는 공공투자와 민간투자를 적극적으로 촉진한다는 기본 방침하에 다음과 같은 비전을 제시하였다. 즉 그 비전은 ① 삶의 질 제고, ② 이익공동체 창출, ③ 교육강화, ④ 보건증진, ⑤ 여가확대, ⑥ 참여민주주의 제고로 요약되는데, 이것의 실현 과정과 궁극적 완성상태가 곧 전자정부라 할 수 있다.

미국의 전자정부는 "정보기술을 이용하여 정부의 행정조직·업무·시스템을 효율적으로 개혁하여, 정부의 행정능률을 최고로 하며, 국민에 대한 정부의 각종 정보 및 행정서비스가 언제, 어디서, 어떤 방법으로든 국민에게 효과적으로 제공될 수 있도록 하는 정부"를 의미한다. 이것은 1980년대 민간에서 출발한 조직문화개혁운동이 정부개혁운동으로 확대된 것이다. 고어 부통령은 NII 정책과 더불어 행정개혁을 위하여 국가행정평가위원회(NPR: National Performance Review)를 설치하여 국가개혁에 관한 보고서(Gore Report)를 제출하였는데, 여기에는 '최소의 비용으로 최대의 효과를 내는 정부의 창출(Creating a Government that Works Better & Cost Less)'을 모토로 내걸었으며, 이를 달성하기 위하여 형식적 절차주의(red type) 제거, 고객우선주의 실현, 결과중심의 관리개혁, 불필요하거나 중복된 사업과 기능의 배제 및 경비절감 등 4가지를 개혁 작업의 기본원칙으로 제시하였다.44) 그리고 이를 실천하기 위해서 전자정부를 구축할 것을 제안하였다.

---

44) Vice Present AL Gore, *"The Gore Report on Reinventing Government"*(U.S.A), 1993.

미국의 전자정부 개념에는 다음과 같은 요소들이 내포되어 있다.

첫째, 전자정부는 발달된 정보기술을 행정서비스 제공에 이용함으로써 행정의 효율성을 극대화한다. 각종 문서를 전자화함으로써 정보의 내부결재시스템과 전문가지원시스템, 의사결정시스템 등의 정보화시스템을 구축하여 행정 내부의 능률성을 증대시킬 수 있다.

둘째, 전자정부는 정보통신기술을 이용하여 효율성의 증대와 비용절감 효과에 그치지 않고, 행정부문에서의 정부혁신을 지향하고 있다. 행정업무과정의 재설계(BPR: Business Process Reengineering)를 통해 행정업무처리 절차를 간소화하고 중복된 업무를 줄임으로써 작은 정부를 지향하는 능률적 정부로 변화한다.

셋째, 정부혁신은 대국민서비스를 반드시 개선해야 하며, 국민을 최우선으로 생각해야 한다. 이것은 고객지향적 정부를 지향하는 것으로 일반국민의 요구에 적극적으로 대응하는 수요중심의 행정을 펼치는 정부를 말한다.

넷째, 전자정부는 보유하고 있는 공공정보의 전자적 공개를 토대로 새로운 정보화사회에서의 투명성을 제고하면서 개인의 프라이버시를 보호하고자 하는 보다 상위목표인 민주주의를 추구하고 있다. 정보의 전자적 공개는 시민의 행정 및 정치참여를 유도하고, 기업 활동에 정보를 제공함으로써 기업의 경쟁력 향상에 기여하게 된다.

우리나라에서도 1998년부터 행정자치부와 정보통신부가 양대 축을 형성하면서 전자정부 구현을 위한 전략들을 추진하고 있다. 행정자치부는 '전자정부의 비전과 전략'[45](1998. 9. 1.)이라는 보고서를 통하여 2000년대 전자정부의 구현을 위한 비전과, 그 실행을 위한 전략 및 실천종합계획을 수립하여 추진하고 있으며, 정보통신부에서도 1998년 정보기술을 활용한 행정개혁 추진방안으로 정보화 기반조성, 민간기업 이상의 행정생산성 제고, 고객 지향적 행정서비스 제공, 열린 행정·참여행정 실현 등 행정개혁을 위한 실천전략을 제시하고 있다. 1999년 3월에는 정보화를 통한 창조적 지식기반국가 건설을 목표로 국가경쟁력과 국민의 삶의 질을 향상시키기 위한 'Cyber Korea21' 계획을 추진하고 있다.

---

45) 행정자치부의 '전자정부 구현을 위한 비전과 추진전략' 수립 배경은 첫째, 21세기 정보화사회에 맞는 새로운 환경을 전개하기 위하여 정부조직을 개편한다. 둘째, 선진국의 경쟁적인 전자정부 추진에 대응하여 행정개혁과 정보기술의 결합으로 국가경쟁력을 촉진한다. 셋째, 국민의 정부 출범으로 국정 100대 과제에 '전자정부 구현' 사업이 채택되었다는 점을 들 수 있다.

현재 우리나라의 전자정부의 개념은 우리의 특수한 환경을 고려하여 "정보기술을 활용하여 행정활동의 모든 과정을 혁신함으로써, 정부의 고객인 국민과 기업에게 제공하는 각종 서비스와 정보를 손쉽게 이용할 수 있도록 하고, 행정 및 정책 활동의 생산성을 향상시켜, 국가사회의 지식정보화를 선도할 수 있는 정부로 재창출하는 것"이라고 정의하고 있다.

6.3.2 전자정부의 비전

1993년 미국의 엘 고어 부통령과 국가행정평가위원회(NPR)에 의해 제출된 국가개혁에 관한 보고서(Gore Report)에서 제시한 전략은 국가의 생산성을 향상시키고, 전자정부를 구현한다는 두 가지 목표를 갖고 있었다. 이 계획은 예산절감, 인력감축, 프로그램축소, 조직개편 등의 행정능률화와 대민서비스를 향상시키는 고객만족을 통한 행정의 민주화라는 2대 행정이념을 동시에 추진하는 것이 주요 내용이라고 할 수 있다. 한편, 한국의 전자정부 비전도 미국의 이러한 전자정부 구현목표와 과제를 그대로 반영하고 있다. 한국의 전자정부 비전은 '단번에 통하는 온라인 열린 정부'를 구현하는 것이다. 이를 위한 구체적인 목표로는 다음 세 가지가 제시되고 있다.

첫째, 국민지향적 정부: 행정 외부적인 측면에서는 국민지향적 대민서비스를 지향한다. 한 창구에서(One - Stop Service) 24시간(Non - Stop Service) 어디서든지(Any - Stop Service) 행정서비스가 가능하도록 행정전산망을 구축하는 것이다.

둘째, 효율적 정부: 행정 내부적인 측면에서는 효율적이고 능률적인 생산적 정부를 지향한다. 종이문서나 자료가 전자화되어 각종 정보가 물 흐르듯이 유통되도록 하여 정부의 생산성을 민간기업 수준으로 끌어올린다는 것이다.

셋째, 열린 정부: 행정정보의 공개를 통하여 투명하고 열린 정부를 지향한다. 국민과 기업 그리고 정부가 열려 있는 정보 네트워크를 통하여 다양한 정보를 교류하고 이를 활용하여 효율적인 정보자원관리를 통한 국가경쟁력을 높인다는 것이다.

6.3.3 전자정부 구현을 위한 추진전략

<그림 6-1>에서 보듯이, 전자정부를 구현하기 위하여 3단계의 추진전략 수행이 진행되어야 한다. 그 1단계 과제는 물리적 기반 조성이다. 정보화를 위한 정보통신기반으로 하드웨어, 소프트웨어, 정보네트워크, 데이터베이스 구축이 필요하며, 행정정보화를 위한 정부고속망, 행정종합정보망 등의 네트워크 구축이 이루어져야 한다. 2단계 과제는 사회적 기반의 조성이다. 물리적 기반의 조성 위에 정보화사회에 대응하는 법·제도의 개선과 추진조직, 교육훈련 그리고 정보화 사회에 맞는 정보문화가 정착되어야 한다. 3단계 과제는 물리적·사회적 기반 위에 정부의 정보화사업이 추진되어야 한다는 것이다. 정부의 정보화 사업은 두 가지 방향으로 동시에 추진된다. 행정내부의 전산화를 통한 행정의 능률화 사업과 행정외부와의 정보교류와 대민서비스 개선에 의한 시민참여 증진을 통한 행정의 민주화 사업이 그것이다. 이를 위하여 정부는 정보화화 전산화에 걸맞은 업무재설계(BPR) 과정이 반드시 필요하다.

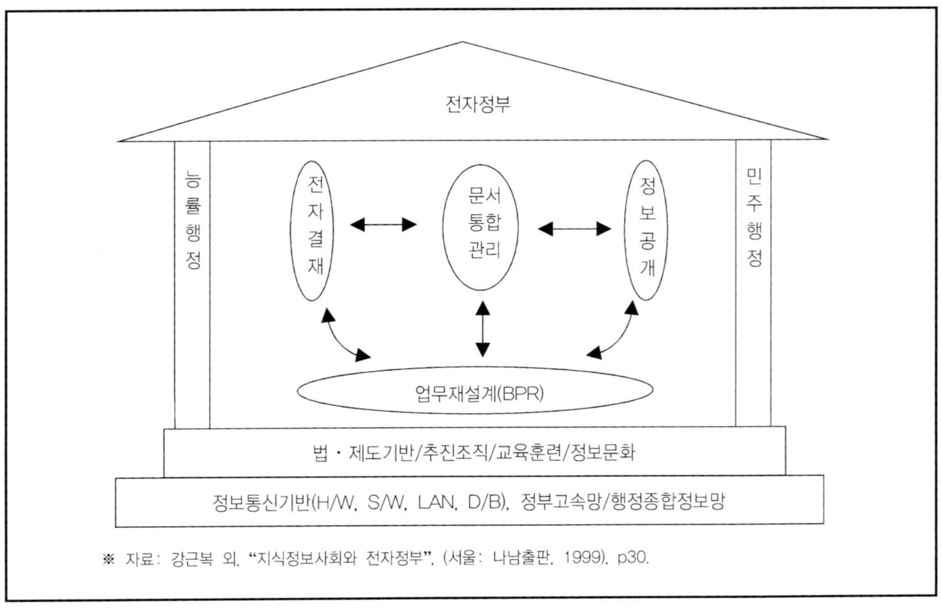

〈그림 6-1〉 전자정부의 구조

6.4 전자정부의 추진과제

6.4.1 행정자치부 18대 과제

1998년 행정자치부에서는 전자정부 구현을 위한 18대 과제를 선정하여 추진해 오고 있다. 이러한 행정자치부의 전자정부 구현과제들은 다음과 같다.

첫째, 국민 지향적 행정서비스 실현을 위하여, 원스톱/논스톱 서비스 실시, 행정서비스 전달수단의 다양화, 인터넷을 통한 행정정보 공개 확대를 추진한다.

둘째, 행정업무의 효율적 재설계를 위하여, 행정업무의 재설계 추진, 보고ㆍ결재과정의 전자화, 정책의사결정 흐름의 자동화를 추진한다.

셋째, 행정정보 공동이용의 활성화를 위하여, 행정정보의 축적 및 공동이용 촉진, 행정정보 공동이용센터 구축, 정보 보호관리 강화를 추진한다.

넷째, 행정정보기반 정비를 위하여, 정부 인트라넷의 구축, 정보시스템 표준 정립ㆍ시스템의 안정성ㆍ신뢰성 확보대책 강화를 추진한다.

다섯째, 공무원 개인사무의 생산성 제고를 위하여, 개인사무 자동화 추진, 원격근무제 도입, 정보화 자격증 우대 및 교육강화를 추진한다.

여섯째, 법ㆍ제도 개선을 위하여, 전자정부 구현을 위한 법ㆍ제도의 정비, 고위정보관리자(CIO) 제도의 도입, 범정부적 정보자원관리체제 확립을 추진한다는 것이다.

〈표 6-2〉 전자정부의 구현을 위한 18대 과제

전자정부의 구현요소	세부구현과제
국민지향적 행정서비스 실현	① 원스톱/논스톱 서비스 실시 ② 행정서비스 전달수단의 다양화 ③ 인터넷을 통한 행정정보 공개 확대
행정업무의 효율적 재설계	④ 행정업무의 재설계 추진 ⑤ 보고ㆍ결재과정의 전자화 ⑥ 정책의사결정 흐름의 자동화
행정정보 공동이용의 활성화	⑦ 행정정보의 축적 및 공동이용 촉진 ⑧ 행정정보 공동이용센터 구축 ⑨ 정보 보호관리 강화

전자정부의 구현요소	세부구현과제
행정정보기반 정비	⑩ 정부 인트라넷의 구축 ⑪ 정보시스템 표준 정립 ⑫ 시스템의 안정성·신뢰성 확보대책 강화
공무원 개인사무의 생산성 제고	⑬ 개인사무 자동화 추진 ⑭ 원격근무제 도입 ⑮ 정보화 자격증 우대 및 교육강화
법·제도 개선	⑯ 전자정부 구현을 위한 법·제도의 정비 ⑰ 고위정보관리자(CIO) 제도의 도입 ⑱ 범정부적 정보자원관리체제 확립

6.4.2 정보통신부 Cyber Korea 21, e - KOREA VISION 2006

1999년 정보통신부는 Cyber Korea 21을 통하여 '창조적 지식기반국가 건설'의 기틀을 마련하고 국가경쟁력과 삶의 질을 선진국 수준으로 향상시키고자 하는 목표를 설정하였다. 보다 구체적으로는 2002년에는 지식기반 산업의 GDP 비중을 OECD 수준으로 향상시킬 것이며, 세계 10위권의 지식·정보화 선진국으로 발전시킬 것을 목표로 하였다.

<그림 6-2>에서 보듯이, 이러한 목표를 달성함에 있어서 우선 지식정보화사회의 기반 구축을 위하여 정보통신망 고속화·고도화, 운영시스템의 글로벌화, 전 국민 컴퓨터 교육, 법·제도의 정비를 추진하고, 지식정보화사회의 기반 조성을 통하여 두 가지 상위 목표를 달성한다. 첫째, 새로운 비즈니스 창출을 위하여 신산업 육성을 통하여 70만의 새로운 고용 인력을 창출하며, 정보통신산업 활성화를 통하여 30만의 신규 고용 인력을 창출한다. 둘째, 정보인프라를 활용한 국가전반의 생산성 향상을 도모하기 위하여, 정부는 전자정부를 구현하고, 기업은 지식경영체제를 구축하고, 개인은 신지식인화한다는 것이다. 이것은 결국 창조적 지식기반국가를 건설한다는 최종 목표를 달성하는 기반이 된다. 즉 지식기반산업의 GDP 비중을 OECD 수준으로 향상시켜 국민경제의 핵심요소로 정착시키고, 지식정보의 창출, 축적, 활용능력의 선진화로 2002년 세계 10위권의 정보화 선진국에 진입한다는 것이다.

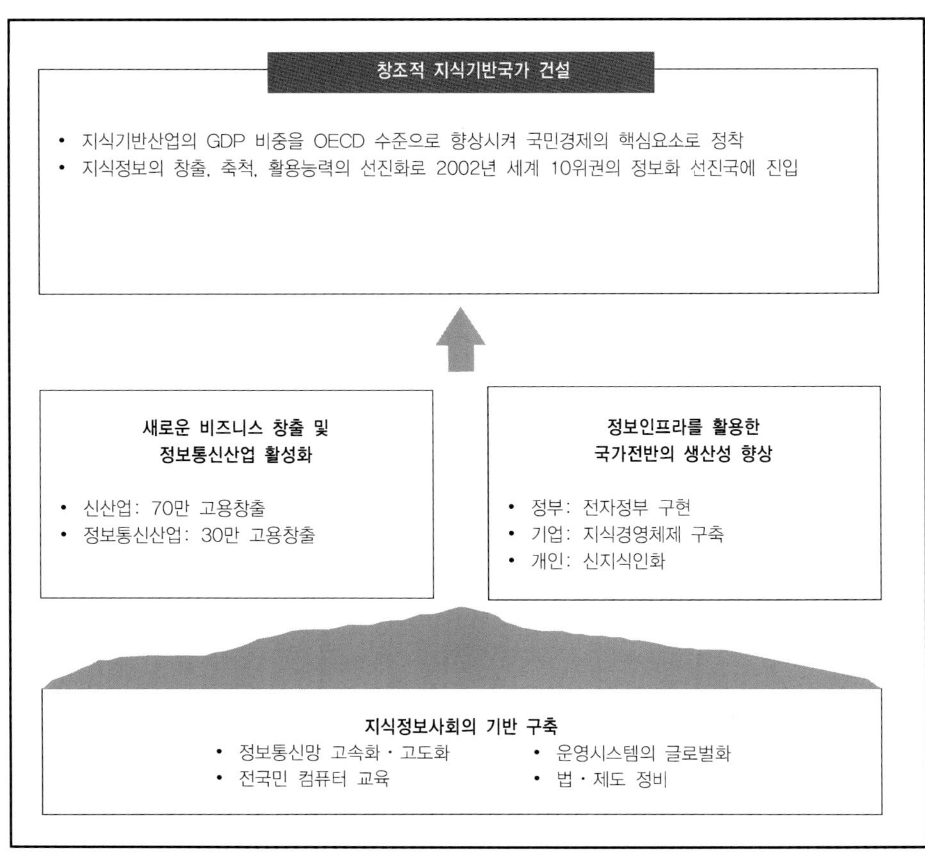

〈그림 6-2〉 Cyber Korea 21의 비전과 목표

정보통신부는 '이와 같은 계획하에 1990년대 중반부터 국가사회 전반의 정보화를 촉진하기 위하여 [정보화촉진기본계획](1996), [Cyber Korea 21](1999)을 범정부적으로 수립·추진한 결과, 2002년 현재 당초 목표를 조기 달성하고 세계 최고의 정보인프라를 구축하는 등 괄목할 만한 성과를 달성하였다고 발표하였다(www. mic.go.kr). 이에 따라 정보통신부는 정보화촉진기본계획으로[e - KOREA VISION 2006]을 재차 수립하고(2002~2006), 우리나라가 정보 선진국으로 발돋움하기 위해서는 다음과 같은 당면한 환경변화에 따른 도전과 과제들을 해결해야 한다는 필요에 의해서 새로운 과제를 선정하였다. 첫째, 정보화의 실질적 효과를 높이기 위해 각종 제도와 관행을 혁신하고, 정부, 기업, 개인 등 주체별 정보화 역량을 강화하고, 둘째, 정보화에 따라 더욱 가속화될 것으로 전망되는

사회 환경 변화에 대한 대응능력을 제고하며, 셋째, 세계 경제의 글로벌화에 따른 대외경쟁력 강화 등 국가과제의 해결을 병행 추진하여 정보화와 국가발전을 연계시켜 나가야 한다는 것이 그것이다.

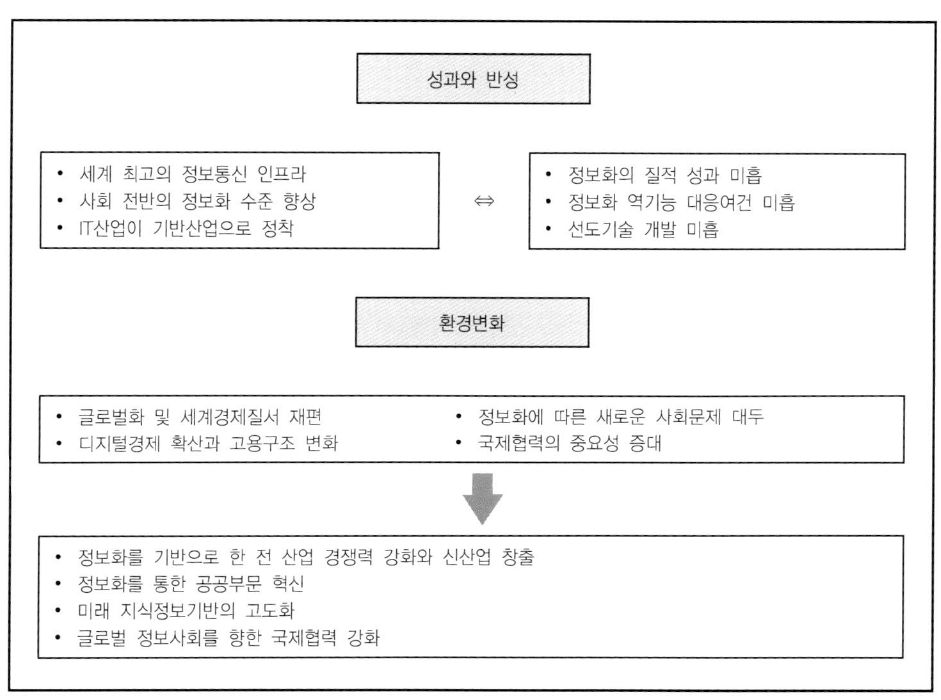

〈그림 6-3〉 향후 정보화 과제

이번 정보화촉진기본계획[e-KOREA VISION 2006]에서는 〈그림 6-3〉과 같이 향후 정보화 과제를 제시하고 있다. 여기서는 지금까지 한국의 정보화과정에서 나타난 실적의 성과를 평가하고 미흡한 결과에 대한 반성을 기초로 하여 새로운 환경에 대응하는 5대 추진목표를 선정하였다. [e-KOREA VISION 2006]의 5대 추진목표는 다음과 같다.

> 1. 국민의 정보활용능력 극대화
> 2. 전 산업의 국제경쟁력 강화
> 3. 투명하고 생산적인 스마트 정부 구현
> 4. 정보인프라 고도화 및 IT산업 육성으로 성장여건 조성
> 5. 국제협력 강화를 통한 글로벌 정보사회 주도

첫째, 국민의 정보 활용능력 극대화. 2006년까지는 전 국민의 90%가 인터넷 활용능력을 구비할 수 있도록, 소외계층 및 지역주민을 위한 인터넷접근 기회를 대대적으로 확충하고, 국민의 평생학습체제를 구축하며, e-Work체제를 확산시킨다.

둘째, 전 산업의 국제경쟁력 강화. 성장을 주도하는 디지털 경제의 실현을 위하여, 정보화를 통해 전보통신 산업의 생산성 제고 및 경쟁력 향상시키고, 기업 간 전자거래 확산 및 고도화와, 안심하고 거래할 수 있는 온라인 환경을 구축한다.

셋째, 투명하고 생산적인 스마트 정부 구현. 이를 위하여, 온라인 민원서비스를 전체 민원업무로 확대하고, 모바일 정부 기반을 확립하여 행정의 신속성과 투명성을 제고하고, 디지털 공공서비스를 고도화한다.

넷째, 정보인프라 고도화 및 IT산업 육성으로 성장여건을 조성. 이를 위하여 지식정보사회형 법체계로의 전환, 사이버 공간의 안전성·신뢰성 보장, 차세대 정보통신 인프라 확충, IT산업의 전략적 육성을 추진한다.

다섯째, 국제협력 강화를 통한 글로벌 정보사회 주도. 동북아 IT 분업체계 구축 및 CDMA 기술의 해외진출을 강화하여 IT 허브국가로서의 위상을 확립하고, 동북아 비즈니스 중심 국가로 도약, 국제협력의 주도적 추진, IT 기업의 해외진출 지원을 강화한다.

이러한 과제들을 효과적으로 해결하고 21세기 지식정보사회의 글로벌 리더로 도약하기 위해 향후 5년간 국가정보화의 새로운 청사진으로서 정보화촉진기본계획[e-KOREA VISION 2006]을 새롭게 수립하여 추진하고 있다.

6.5 대한민국전자정부 웹사이트

<그림 6-4>는 대한민국 전자정부(2009) 웹사이트의 초기화면을 보여 주는 것이다. 전자정부 대표포털에서는 전체 행정기관의 주요 정보 약 2만여 개를 선별하여 제공하며, 그중 약 5천여 개에 대한 정보를 추가로 제공하므로 보다 다양한 정보를 활용할 수 있다. 또한, 분야별 서비스, 대상자별 서비스, 생활맞춤 서비스로 분류하여 제공하는 생활밀착형 전자정부서비스는 여러 곳을 찾거나 검색하지 않아도 빠르게 필요로 하는 정보를 접할 수 있도록 구성하였다.

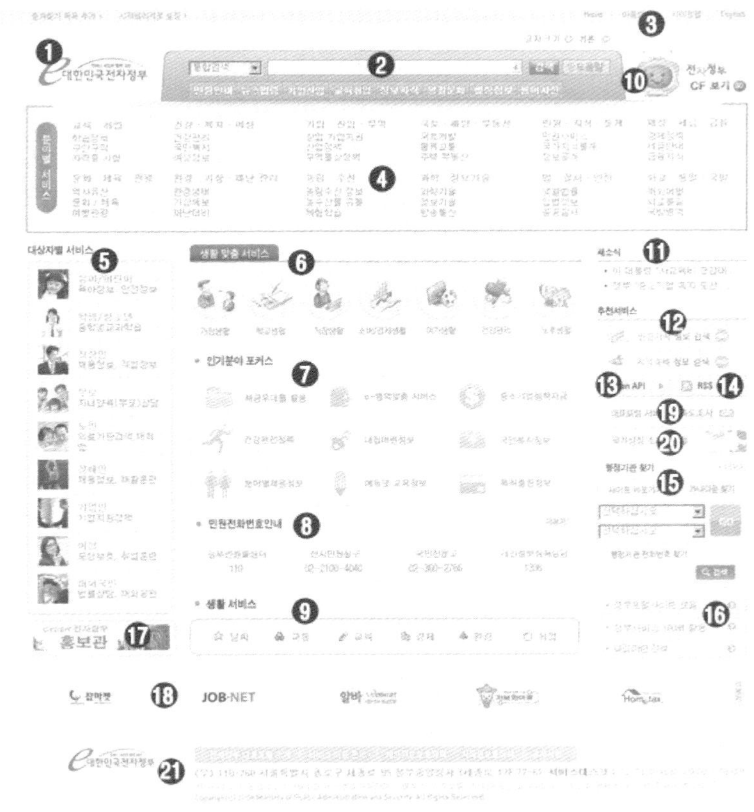

〈그림 6-4〉 대한민국전자정부 웹사이트(https://www.egov.go.kr/default.html)

메뉴명	내 용
1) 대한민국전자정부 로고영역	
2) 검색 및 분야별 정보 찾기	- 통합검색: 검색창, 도움말 - 분야별 정보 찾기: 민원안내, 뉴스, 지식DB, 법령정보, 행정정보소재, 용어사전
3) 이용도움 메뉴	- Home, 이용안내, 사이트불편신고 및 문의, 사이트맵, English - 즐겨찾기 목록추가, 시작페이지로 설정
4) 분야별 서비스	교육·취업, 건강·복지·여성, 민원·지식·통계, 재정·세금·금융, 농림·수산, 과학·정보기술, 기업·산업·무역, 국토·해양·부동산, 문화·체육·관광, 환경·기상·재난관리, 법·질서·안전, 외교·통일·국방
5) 대상자별 전문서비스	유아/어린이, 학생/청소년, 직장인, 기업인, 여성, 부모, 장애인, 노인, 재외국민
6) 생활맞춤서비스	가정생활, 학교생활, 직장생활, 소비/경제생활, 여가생활, 건강관리, 노후생활
7) 인기분야포커스	분야별 서비스 내용 중에서 사용자에게 인기 있는 분야의 별도 바로가기 제공
8) 민원전화번호 안내	민원관련 주요 전화번호 안내
9) 생활서비스	날씨, 교통, 교육, 경제, 환경, 취업 등 일상생활과 관련된 주요 정보 바로가기 제공
10) 전자정부CF	전자정부 홍보
11) 새 소식	대한민국 정책포털과 연계된 국정새소식 제공
12) 추천서비스	민원서식정보 검색, 지역축제정보 검색 등 대표포털의 추천서비스 바로가기
13) Open API 소개	전자정부 대표포털에서는 통합검색 서비스에서 제공하고 있는 검색결과를 OpenAPI를 통해 누구든지 이용할 수 있도록 제공함.
14) RSS 서비스 소개	RSS 서비스를 이용할 수 있도록 안내하는 페이지로 이동됨.
15) 행정기관 찾기	주요행정기관 홈페이지 바로가기 제공, 행정기관 전화번호 검색 연계서비스
16) 테마성으로 제공되는 배너영역	- 정부포털사이트모음: 인기 있는 정부포털사이트가 모아진 것을 보여 줌. - 정부서비스 100배 활용: 정부의 서비스를 최대한 활용할 수 있도록 하는 영역 - 내 집 마련정보: 부동산 정보를 제공하여 내 집 마련할 수 있는 정보제공

17) 전자정부 사이버 홍보관
18) 유관기관, 주요 전자정부서비스 배너영역
19) 대표포털 서비스 만족도 조사
20) 국가상징소개
21) 풋터영역

제7장
정보화 정책

7.1 정보화 정책의 의의

　정보화 정책이 무엇인가를 알기 위해서는 우선 공공정책에 대한 일반적 개념을 알아볼 필요가 있다. 공공정책(public policy)이란 사회문제를 해결하기 위하여 정부가 의도적으로 문제를 해결하기 위하여 정해 놓은 활동방침이다. 정부가 시장에 개입하여 적극적으로 사회문제를 해결하고자 한 것은 1940년대 케인즈 경제이론[46]이 등장하면서 본격화되었다. 다시 말하면, 국가가 존립하기 위해 필요한 목표의 달성이나 공공문제의 해결을 위해서는 정부가 항상 유효적절한 활동방침을 정해서 개입하지 않으면 안 되는 것으로 보았던 것이다. 정부의 시장개입은 1950년대 정책학을 중요성을 부각시키면서, 각종 정책이론이 등장하였다.

　이스턴(David E aston, 1953: 129)은 정책을 전체 사회를 위한 가치의 권위적 배분이라고 정의한다. 이때 정부가 국가목표의 달성이나 공공문제의 해결을 위하여 정하는 활동방침을 정책이라 할 수 있다. 그리고 정책학의 오늘을 열었다고 평가되는 라스웰(Lasswell, 1951: 14, Lasswell & Kaplan, 1970: 71)은 정책을 "목표, 가치 및 행동노선을 담은 사업계획으로 정의"하고, 정책학을 "정책결정 및 정책의 집행을 설명하고 정책문제와 관련이 있는 자료를 수집하여 이에 대한 해석을 제공하는 학문"이라고 정의한다.

　반면에 정부가 어떤 문제에 대하여 아무런 대처를 하지 않기로(not to do) 활동방침을 정한 것도 정책으로 볼 수 있다(Thomas Dye, 1992: 1). 이를 무의사결정(nondecision)이라고 할 수 있는데, 이는 변화를 원하는 사회의 행위자들에게는 하기로 한 결정(to do)만큼이나 중요하다. 예를 들어, 정부가 사회주의 국가인 쿠바와 외교관계를 맺지 않기로 한 것은 우리나라의 존립을 위하여 선택한 외교정책인 것이다. 또 호적법이 개정되기 전에 정부는 여성을 호주로 인정하지 않기로 하였는데, 남녀차별을 철폐하고 싶어 하는 사람들은 정부의 여성호주문제에 대한 입장변화를 두고 싸웠던 것이다. 사실 이러한 사회적 압력이 있기 전에 정부는 이 문제에 대해 아무런 행동도 취하지 않고 관망하였었다.

---

46) 존 메이너드 케인즈(John Maynard Keynes: 1883~1946) 케인즈는 시장경제는 '보이지 않는 손'에 의해서 자율적으로 움직인다고 한 아담스미스 경제이론에 반박하여, 자유시장경제체제와 계획경제체제 양자가 모두 결점이 있음을 지적하고, 통화 공급과 재정정책을 능란히 관리함으로써 경기주기를 단축하는 긍정적인 역할을 정부가 해야 한다고 주장하였다.

이상의 논의를 요약해서 생각해 보면, 정책은 사회문제의 해결을 위하여 정부가 하기로 하거나 하지 않기로 한 권위적 행동지침이라고 할 수 있다. 이 정의에 포함된 몇 가지 개념요소는, 첫째 사회문제이고, 둘째는 해결이고, 셋째 하기로 한 것과 하지 않기로 한 것 넷째, 권위적이란 것과 마지막으로 행동지침이다. 이를 간략히 살펴보면, 정책이 갖는 특징들을 알 수 있다.

첫째, 사회문제가 발생하는 것이 정책의 출발점이다. 사회문제는 상당수의 집단이나 사람들이 사회적 표준에 어긋나서 갈등 혹은 불안정 상태가 발생하고 이를 사회의 구성원들이 인식한 상태를 말한다고 볼 수 있다. 예를 들어 빈곤의 문제가 각 가정의 문제에서 벗어나서 사회라는 집합적 실체의 불안정을 가져올 때 이를 사회문제라 한다. 이 사회문제에 대한 사회의 감내 수준이 일정정도를 벗어나서 정부로 하여금 이 문제를 풀도록 압력을 행사할 때, 정부는 이를 의제화하고 정책적 대응을 시작하는 것이다.

둘째, '해결'이라는 용어도 정책을 이해하는 중요한 열쇠가 된다. 빈곤의 문제가 발생하여 정부가 풀지 않을 수 없을 정도의 압력이 발생하였다면, 정부는 정책적 개입을 하게 된다. 그런데 정부의 개입은 사회문제의 해결이란 목표를 달성하여 사회를 바람직한 상태로 만들 수 있다는 가정하에서 당위성을 갖는다. 그러므로 정책의 개입은 원인변수가 되고 정책이 목표하는 바람직한 상태는 종속변수가 된다. 따라서 정책은 개입이 타당하다는 인과관계모형 위에 기초하며, 정부는 개입의 당위성에 걸맞은 해결책을 찾아 합리적이고 과학적인 노력을 전개하게 된다.

셋째, 둘째의 개념요소인 해결책을 찾아내었으면, 다음은 정부의 합리적인 행위가 필요하다. 폭설과 같은 자연재해 시에 정부는 제설대책을 세워 제설작업을 수행하기도 하고, 위험이 예상되는 산간오지의 통행을 규제하기도 한다. 즉 정부의 정책은 해결책을 찾아 이를 집행하는 단계를 거치게 된다.

넷째, 권위적이라는 말은 정부가 행위를 하는 데 있어서의 강제성을 말해 준다. 학자들에 따라서는 이를 공식적이라는 말을 사용하기도 한다. 정부의 행위는 민간의 행동에 강제적인 영향을 주게 되고, 정부의 정책과 어긋나게 행동할 때, 그 행위를 규제하는 역할을 한다.

다섯째, 행동지침은 정부가 어떤 문제에 대하여 이를 해결하기 위해 행동을 할 때 취하게 되는 지도나 나침반 같은 것이다. 등산을 할 때 방향을 잡기 위해

지도나 나침반이 필요한 것과 같은 이치이다.

정보화 정책의 중요성은 21세기 정보사회가 도래하면서, 정보가 재화로 인식되고, 사회중심에서 정보의 가치가 인정되면서 시작되었다. 사회 전반에 걸쳐 정보에 의한 사회문제가 대두되기 시작하였고, 이를 해결하기 위한 정책이 요구되었다고 볼 수 있다. 1993년 미국의 NII계획과 함께 세계 각국은 정보화 정책을 추진하였으며, 이는 1990년대 세계 각국에서 불기 시작한 행정개혁에 대한 요구에 부응하는 정책이 되었다. 정부는 대세적으로 흐르는 정보화 과정에 대응하기 위하여, 한편으로는 정보화를 추진하면서, 다른 한편으로는 정보화에 대한 규제를 정보화 정책의 기조로 추진하고 있다고 볼 수 있다. 따라서 정보화 정책은 정보사회를 추진하면서 발생하는 정부, 기업, 개인의 사회문제를 해결해 나가는 정부의 활동이라고 정의할 수 있다.

7.2 정보화 정책의 내용과 단계

공공정책은 행정의 한 축을 이루는 중요한 요소이다. <그림 7 - 1>에서 보듯이, 행정은 크게 관리와 정책으로 나누어진다. 관리적 측면은 재화와 인적 자원에 관한 것으로서 경영학에서 다루는 조직, 인사, 재무(예산) 관리 등을 말하는데 정보사회에서는 정보를 하나의 재화로 보기 때문에 최근에는 정보관리를 공공관리의 부분으로 포함하고 있다. 반면에, 정책은 일련의 사회문제를 해결하는 정부의 적극적인 활동방침으로, 체육, 문화, 복지, 여성, 청소년, 환경, 보건 등 사회 각층의 문제가 모두 정책부분에 포함된다. 정보정책 역시 정보사회에 나타난 정보와 관련된 제반 사회문제를 해결하는 공공정책이 필요한 부분인 것이다.

Dror에 의하면 정책은 Meta policy(목표), Mega policy(중점과제), Policy Analysis(세부과제), Realization(현실적용)의 네 단계로 구분된다고 한다. 즉 해결하고자 하는 하나의 목표를 달성하기 위하여 몇몇 부분의 중점과제가 채택되고, 이들 각각의 과제를 해결해 나가기 위한 정책분석을 통하여 세부과제가 추진되면, 다양한 분야에서 이들 과제를 수행하는 현실적용의 단계로 발전한다<그림 7-2>.

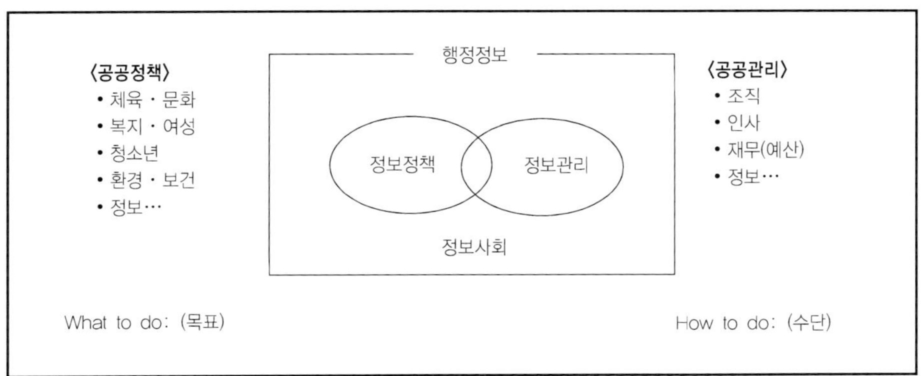

〈그림 7-1〉 행정정보의 범위로서 정보관리와 정보정책

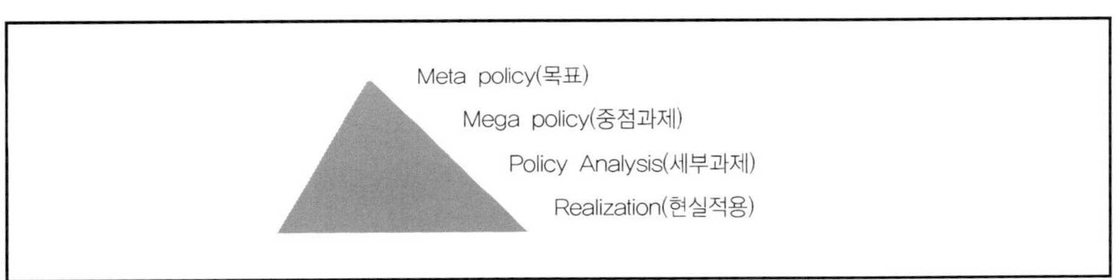

〈그림 7-2〉 Dror의 정책단계

21세기의 Meta policy(목표)는 지식정보 사회 구축을 통한 국가경쟁력 확보와 국민의 삶의 질 향상이다. 이를 달성하기 위한 Mega policy(중점과제)는 정보화 촉진과 정보화 규제의 양면적 정책이 될 것이다. 정보화 촉진 정책의 Policy Analysis(세부과제)는 정보통신기반의 구축, 규제완화와 경쟁의 촉진, 정보공개의 촉진, 지적재산권의 보호, 정보화를 위한 사회 환경의 개혁 등이 되며, 정보화 규제 정책의 Policy Analysis(세부과제)는 정보의 빈부격차, 프라이버시 침해, 컴퓨터범죄 예방, 쓰레기정보, 인간소외 현상, 전자상거래 등에 관한 문제를 어떻게 해결할 것인가 하는 것이 된다. 이러한 세부과제를 실행하기 위하여 각계 기관에서는 다양한 공공정책을 다양한 방법으로 현실에 적용하게 된다.

그러나 정보화 정책의 Mega policy(중점과제)는 촉진과 규제라는 측면 외에도 소프트웨어와 하드웨어, 정보화 기반과 활용, 추진주체로서 중앙과 지방정부, 행정능률과 주민서비스 등과 같이 진행과정에 따라 실정에 맞도록 다양하게 전개될 수 있다(정충식, 1999).

7.3 정보화 촉진정책

7.3.1 정보통신기반의 구축

정보통신부는 정보통신기반이란 좁은 의미에서는 통신망이나 컴퓨터 등 장비와 소프트웨어 및 정보통신 서비스를 포괄하는 개념으로 정의한다. 보다 넓은 의미에서는 제도적 기반, 기술적 기반 및 인력기반이 포함되기도 하며, 가장 넓은 의미에서는 교육, 연구, 교통 및 환경 등을 포괄하는 개념으로 사용하기도 한다. Cyber Korea 21의 비전과 목표에서 제시한 정보통신기반은 정보통신망 고속화·고도화, 운영시스템의 글로벌화, 전 국민 컴퓨터 교육, 법·제도 정비 등을 포괄하는 개념으로 사용하고 있다.

7.3.2 규제완화와 경쟁의 촉진

21세기 국가경쟁력을 확보하기 위해서는 정부주도형의 사업을 민간기업에 환원하는 민영화가 추진되고 있다. 민영화를 위해서는 그동안 정부가 규제하던 다양한 규제내용을 완화함으로써, 민간기업뿐만 아니라 개인의 자율권을 확보하여 정부의 역할을 대신할 수 있게 된다. 정보화 촉진과정에서도 민간부문의 참여에 관건은 정부의 규제완화 수위를 높이는 데 있다고 하겠다.

7.3.3 정보공개의 촉진

정보사회는 정보가 자유롭게 유통되는 사회가 형성되어야 한다. 그동안 정부는 많은 공공정보를 미공개함으로써 권력의 수단으로 사용하였다. 그러나 정보사회는 정부가 소유한 정보뿐만 아니라 민간기업과 개인의 정보를 공개함으로써 정보의 상호 교류를 통하여 새로운 정보를 창출하는 시너지효과를 가져올 수 있다. 이에 정부는 정보공개법을 제정하여 다양한 부분의 정보를 타 정부기관이나 민간기업, 그리고 개인에게 공개하고 있다.

이러한 정보공개제도의 의의는 다음과 같다. 즉 정보공개제도는 첫째, 국민의 알권리를 보장한다. 둘째, 국민의 국정참여를 확보할 수 있다. 셋째, 국민의 신뢰성을 확보할 수 있다. 넷째, 참된 민주주의를 실현할 수 있다. 다섯째, 국민의 권리와 이익을 보호할 수 있다. 그 밖에도 공공정보의 공개는 정책결정의 정당성을 확보하고, 책임행정을 구현하며, 부정부패 및 비리방지의 효과와 지식과 학문의 발전 및 진리발견, 그리고 국가정보의 균등한 배분 등에 기여하게 된다.

7.3.4 지적 재산권의 보호

정보사회는 지식사회를 형성해 간다. 지식정보 사회에서 유통되는 수많은 정보나 이를 활용하는 소프트웨어 및 하드웨어에 대한 지적 재산권의 보호는 지식정보 사회를 올바르게 정착시키는 데 매우 중요한 요소이다. 정보화의 초기에 있어서는 어느 정도 지적 재산권의 침해가 인정될 수 있으나, 고도 지식정보 사회로 갈수록 지적 재산권에 대한 철저한 보호만이 그 사회를 발전시켜 나갈 수 있다.

7.3.5 정보화를 위한 사회 환경의 개혁

정부의 정보화 과정은 물리적·사회적 기반 위에 정부의 정보화사업이 추진되는 단계를 밟는다. 여기서 사회적 기반이란 법·제도기반, 추진조직, 교육훈련, 정보문화 등을 포괄한다. 정보화를 위한 사회 환경의 개혁은 이러한 사회적 기반의 개혁으로 법·제도의 정비, 정보화 추진조직의 개편, 정보화 교육훈련과 정보사회에 걸맞은 정보문화를 만들어 가는 것이다. 이렇듯이, 정보사회는 정보가 사회 중심에 서 있으면서 정보를 유통시키고, 활용하기 위한 제반 사회적 환경의 변화가 추진된다. 이것은 산업사회를 정보사회로 바꾸기 위한 것으로, 기업구조와 문화가 개선되고, 정치와 행정개혁을 통한 정부혁신이 필요하며, 새로운 직업이 창출되어 산업사회에서 많은 사람들이 선호하던 직업이 사라지고, 정보사회에 맞는 새로운 일자리가 탄생되기도 한다.

7.4 정보화 규제정책

7.4.1 정보의 빈부격차

사회계층의 빈부격차 원인은 시대에 따라 다르게 나타났다. 농업사회는 토지의 소유정도에 따라 빈부격차가 발생하였다면, 산업사회에서는 기술과 지식의 수준에 따라 빈부격차가 발생하였다. 그러나 정보사회에서는 정보소유 능력에 따라 빈부격차가 발생하는 사회이다. 따라서 정부는 정보혜택의 빈곤층을 위하여 정보교육과 지원체제를 구축하면서, 정보혜택의 부유층에 대하여는 정보의 남용이나 정보를 활용한 부의 축적에 대한 적절한 규제정책이 필요한 사회이다.

7.4.2 프라이버시 침해

정보사회는 정보의 유통이 자유로운 정보 개방의 사회이다. 정보의 자유로운 유통은 '정보의 바다'를 형성하면서 새로운 정보를 창출해 낸다. 그러나 자유는 일정한 질서와 규범에 의해서 더욱 보장될 수 있다. 개인정보에 대한 보호는 정보의 자유로운 유통에 질서를 유지하는 규범이 된다. 윌리암(William)은 프라이버시의 침해형태를 도용, 침해, 사사로운 문제의 공개, 공중의 오인 등 네 가지 행위로 나누고 프라이버시법은 이 네 가지 복잡한 이익에 대한 보호가 이루어져야 한다고 보고 있다. 여기서 도용이란, 성명이나 초상화처럼 사적인 것을 개인의 권익을 위하여 이용하는 행위이며, 침해란, 개인의 은둔지에 침입하는 행위, 사사로운 문제의 공개란, 타인에게 알리고 싶지 않은 사실을 공개하는 행위, 공중의 오인이란, 그 사실을 공개함으로써 공중의 눈에 잘못된 인상을 주는 행위를 말한다.

한국정부는 개인정보보호에 대한 중요성을 인식하고, 1999년에 '정보통신망 이용촉진 및 정보 보호 등에 관한 법률'을 환경변화에 맞게 개정하였으며, '공공기관의 개인정보 보호에 관한 법률(1994)', '공공기관의 정보공개에 관한 법률(1996)', '전자거래기본법(1999)', '전자서명법(1999)' 등을 제정하여 이에 대비하고 있다.

7.4.3 컴퓨터 범죄 예방

우리나라 최초의 컴퓨터 범죄는 1973년 10월 AID차관 아파트 입주 불법 추첨조작 사건이다. 컴퓨터 프로그래머의 조작으로 아파트 당첨자가 바뀐 이 사건은 당시 처벌규정이 없었다. 컴퓨터 범죄가 형법에 추가된 것은 1995년이다. 2000년 9월 29일 경찰청은 각종 컴퓨터를 이용한 사이버범죄에 대응하기 위하여 사이버테러 대응센터를 신설하여 협력운영팀, 신고경보팀, 수사대, 기법개발팀으로 사이버범죄, 사이버테러형 범죄에 대응하고 있다. 여기서 사이버범죄는 인터넷과 같이 컴퓨터와 컴퓨터가 서로 네트워크로 연결되어 형성되는 가상공간(Cyber Space)에서 발생하는 범죄를 말하며, 사이버테러형 범죄란 정보통신망 자체를 공격 대상으로 하는 불법행위로 해킹, 바이러스유포, 메일폭탄, 전자기적 침해 장비 등을 이용한 컴퓨터 시스템과의 정보통신망 공격 등을 말한다. 따라서 이러한 컴퓨터 및 사이버범죄에 대응하기 위해서는, 국민과 기업 그리고 정부 모두의 동의된 협력과 노력이 필요하며, 더불어서 국제사회와 연대하는 국제적 차원의 규제정책이 필요하다.

7.4.4 쓰레기 정보

GIGO(Garbage in Garbage out)란 컴퓨터에 쓰레기 정보를 넣으면 쓰레기정보만 나온다는 말이다. '정보의 바다'는 네티즌 간에 암묵적인 규제가 요구되는 공간이다. 쓰레기정보는 반사회적 정보로서 불법정보와 유해정보가 있다. 불법정보는 법률에 저촉이 되는 범법행위이지만, 유해정보는 도덕적이고 윤리적인 문제가 되는 정보를 말한다. 이러한 반사회적 정보로는 소프트웨어무단배포, 음란물 유포, 주생프로그램 유포, 자살사이트, 조폭사이트, 포탈제조사이트, 병역거부사이트, 자퇴생사이트 등을 말한다. 따라서 이러한 정보과잉과 쓰레기정보의 유통질서를 바로잡기 위해서는 정부와 국제사회가 동의하는 수준의 규제정책이 필요하다.

7.4.5 인간소외 현상

「Megatrends」의 저자 John Naisbitt는 "High Tech 시대는 High Touch의 시대"가 된다고 하였다. 이는 Human Being에서 Dgital Being의 시대로 사회가 변화하면서, 인간소외 현상이 심화될수록 더욱 인간관계가 중요해진다는 의미를 갖는다. 정보의 빈부격차에서 오는 빈부 간의 인간 소외뿐만 아니라, 면대면 관계가 원격 관계로 진행되면서 나타나는 인간의 외로움과 고독감이 증가된다. 이것은 불특정 다수인과의 비대면적 관계를 즐기는 채팅에 중독되는 현상과 자살사이트 등의 새로운 사회문제를 낳기도 한다. 따라서 이러한 신종 사회문제에 대응할 수 있도록 정부와 국제사회가 동의하는 사회적 규제정책이 필요하다.

7.4.6 전자상거래

한국정부는 B4B(business for business), B4G(business for Government), B4C (business for Civil) 사업을 통하여 '광속교역 초고속전자거래 환경'(CALS: Commerce at the Light Speed)의 조성사업에 앞장서고 있다. 전자상거래(EC: Electric Commerce)는 국경을 초월하여 형성되는 시장으로서 전자화폐와 같은 전자지불방식과 국가 간 전자상거래상의 관세 및 일반협정에 관한 기준과 준칙 등 국제적 경제활동에 대비한 관련법들을 마련해야 한다. 또한, 정보사회의 경제활동은 사이버공간을 활용한 개방된 자유경제체제를 추구하게 됨에 따라 세계 금융시장이 통합됨으로써, 세계경제의 흐름과 구조가 변화될 가능성에 대비하고, 세계시장이 금융위기를 맞지 않도록 하는 국제적 대처방안도 함께 모색되어야 한다. 아울러 국내시장의 유통질서를 바로잡기 위한 법·제도의 개선 또한 필요하다.

제8장
정보와 행정

8.1 정보사회와 행정변화의 영향요인

정보사회는 사회 각계의 정치·경제·사회·문화 등 모든 체제가 정보사회에 적합하도록 변화될 것을 요구받는 사회이다. 따라서 행정부문도 대세적인 변화의 물결에 예외일 수 없다. 이러한 행정의 변화는 행정내부의 변화를 추구하는 영향요인과 행정외부의 변화를 추구하는 영향요인에 의해서 나타난다.

8.1.1 행정외부영향 요인

행정부문을 변화시키는 행정외부의 영향으로는 사회전반에 걸친 정보통신 기술의 발달을 들 수 있다. 1980년대부터 보급된 개인용 컴퓨터와 반도체 기술 그리고 광통신 기술의 급속한 발달은 21세기에 들어서면서 정보사회를 형성하여 사회 전반의 변화를 요구하였다.

컴퓨터는 반도체기술의 발달과 함께 그 성능이 급속히 발전하였으며, 그것은 하드웨어적인 측면에서뿐만 아니라 소프트웨어적 측면에서도 놀라운 발전을 거듭해 왔다. 정보저장능력과 기억능력, 분석 및 평가 그리고 연산과 통계적 기능이 높아짐으로써 사회 각층에서 컴퓨터의 활용도가 높아지게 되었다. 또한, LAN, VAN, WAN과 같은 통신망의 발전은 광통신 기술의 발전으로 이루어졌으며, 이는 정보의 전달속도를 한층 높여 주었다. 종합정보통신망인 ISDN (Intergrate service digital network)과 뉴미디어(Videotex, CATV, DTV, IPTV 등)의 출현으로 행정외부의 정보기반이 구축됨으로써 이러한 정보화 사회에 대응하기 위해서 행정의 전산화가 추진될 필요성이 높아지게 된다.

8.1.2 행정내부영향 요인

행정외부의 환경적인 변화와 함께 행정내부의 조직과 업무 그리고 기능과 역할에 대한 분업화, 개방화, 능률화, 합리화를 추구하려는 변화와 정보사회에 맞는 행정의 변화를 필요로 하게 된다.

첫째 분업화는 일찍이 A. Toffler가 「권력이동」을 통하여 예견한 바와 같이, 행정권이 강화되던 20세기 현대 행정국가의 신중앙집권체제가 21세기 정보사회에서는 신분권화를 지향하게 되면서 분업과 시민참여가 증가하고, 행정조직이 피라미드형 관료제적 형태에서 수평적 네트워크 조직으로 변화되는 것을 말한다.

둘째, 개방화는 사회적으로 형성된 정보통신기술과 네트워크를 통하여 정보를 공유하는 열린 정부를 말한다.

셋째, 능률화와 효율화는 행정내부의 전산화를 통한 전자결재, 문서의 전자화, 전자감사제도 등의 도입으로 행정의 생산성을 높여 나가는 것을 말한다.

넷째, 합리화는 국민지향적인 행정으로 민의를 반영한 정책결정을 통하여 정책실패가 없는 합리적인 정책을 실현하는 것을 말한다. 이와 같은 변화가 행정내부에서 추진되면 이를 달성하기 위한 전략으로 행정전산화가 필요해지게 된다.

8.2 행정전산화의 필요성

일찍이 H. Simon은 "컴퓨터 활용이 정책과정의 합리화를 가져올 수 있다."고 하였다. 정보사회에서 행정의 전산화는 정책과정의 합리화를 통한 민주주의의 실현뿐만 아니라 행정 서비스의 질을 향상시키고, 행정업무를 능률적, 효율적으로 향상시키는 데 필요한 것이다.

8.2.1 정책과정의 합리화

행정전산화는 정책의제형성 – 정책결정 – 정책집행 – 정책평가로 이어지는 정책과정을 합리화하기 위하여 필요하다. 이를 상술하면 다음과 같다.

첫째, 행정전산화는 정책과정의 민주화와 효율화에 기여한다. 행정의 전산화는 모든 행정자료를 디지털화하여 행정 내·외부에 공개함으로써 국민의 민주적 참여와 행정의 투명성에 의한 정책과정의 민주화와 효율화를 추구하게 된다.

둘째, 행정전산화는 정책의제설정과정의 합리화에 기여한다. 정책이란 사회문제를 해결해 가는 일련의 과정으로 '정부가 무엇을 할 것인가?'를 결정하는 정책의제(agenda)를 설정함에 있어 객관적이고 논리적인 방법을 제공한다.

셋째, 행정전산화는 정책결정과정의 합리화에 기여한다. 정책결정과정은 목표설정 → 대안탐색과 작성 → 결과예측 → 대안의 평가와 선택의 과정으로 이루어진다. 행정전산화는 데이터베이스 구축에 의하여 정책결정과정 전반에 걸친 합리화에 기여한다.

넷째, 행정전산화는 정책집행과정의 합리화에 기여한다. 정책집행과정에서 OR(Operation Research),[47] PERT(Program, Evaluation and Review Technique),[48] CPM(Critical Path Method)[49] 등의 기법 활용을 용이하게 하여 정책집행과정의 합리화에 기여한다.

다섯째, 행정전산화는 정책평가과정의 합리화에 기여한다. 행정전산화를 통하여 다양한 정책결과를 데이터베이스화하고 이를 공개함으로써 정책평과 과정에 있어서 일어날 수 있는 부조리를 감소시킬 수 있게 된다. 또한, 전산감사가 활성화됨으로써 정책평가 과정의 합리화와 능률화에 기여하게 된다.

8.2.2 행정서비스 질의 향상

행정전산화는 업무처리의 신속화, 형평성제고, 부패근절과 친절한 대민서비스, 민원처리의 정확성과 다양한 대민서비스의 개발 등 행정서비스의 질을 향상시키기 위하여 필요하다. 이를 좀 더 상술하면 다음과 같다.

첫째, 행정전산화는 '업무처리의 신속화'에 기여한다. 행정전산화는 업무시간

---

47) 운영연구 또는 운영조사로 번역되며, 바이드(jr. jack Byrd)는 'OR이란 의사결정문제의 분석에 있어서의 계량적 처리의 적용방법'이라고 했으며, 모오스(Philp M. Morse)와 킴발(George E. Kimball)은 'PR이란 집행부 관리하에 있는 제 행동에 관한 결정에 대하여 집행관에게 계량적인 기초를 제공하는 과학적 방법'이라고 정의한다. 이러한 OR을 수리적으로 표시하면 E＝f(xi,yi)(E＝Effectiveness, xi＝통제될 수 있는 변수, yi＝통제될 수 없는 변수)로서 OR이 성공적으로 활용되려면 xi를 가능한 한 많이 사용하여야 한다.
48) 사업계획의 평가 및 심사기법으로 PERT는 사업계획을 집행하는 과정에서 작업의 지연중단 및 충돌을 최소한으로 줄이고 사업전반에 걸친 점검과 정비를 효율적으로 실시함으로써 소요시간과 경비를 절약하는 공정계획을 이용한 관리기법이다.
49) CPM은 PERT와 함께 계획사업의 집행계획을 세우는 과정에서 각종의 자원과 시간활용을 위한 모형을 설정하고 활동을 분석하며 이들을 토대로 사업집행의 일정표(schedule)를 작성하도록 하는 진행관리와 통제를 계획하는 기법이다.

을 단축시켜 빠른 서비스를 제공하는 데 기여한다. 전자결재가 활성화되고, 민원서류의 중복청구가 줄어들 수 있으며, 민원처리절차가 간소화될 수 있다.

둘째, 행정전산화는 '형평성의 제고'에 기여한다. 행정정보의 공개는 투명한 정부를 만들고 민원인의 지위고하를 막론하고 똑같은 대우를 받을 수 있는 환경을 만드는 데 기여한다.

셋째, 행정전산화는 '부패근절과 친절한 대민 서비스'에 기여한다. 공무원의 근무여건이 개선됨으로써 민원인의 청탁이나 공무원의 뒷거래가 통하지 않는 친절한 대민 서비스를 제공하게 된다.

넷째, 행정전산화는 '민원처리의 정확성 제고와 다양한 대민서비스 개발의 가능성'을 제공한다. 필요한 사람에게 필요한 서비스가 제공될 수 있으며, 행정정보뿐만 아니라 기업정보, 생활정보, 법률정보 등 다양한 정보서비스가 가능해진다.

8.2.3 행정업무의 개선

행정전산화는 행정사무자동화(Public Office Automation: POA)와 행정정보체계(PMIS) 구축을 통하여 다음과 같은 행정업무의 능률성과 효율성을 향상시키기 위하여 필요하다.

첫째, 행정전산화는 '창구서비스의 종합화, 일원화'가 구축되어 One－Stop Service, Any－Stop Service, Non－Stop Service를 가능하게 해 준다. 이는 한 창구에서, 24시간, 어디서든지 민원서비스를 받을 수 있다는 것을 의미한다.

둘째, 행정전산화는 '인접지 행정서비스'를 제공하게 한다. ATM(Ayncronous Transfer Mode)에 의한 지역단말기(Terminal)나 정부 웹사이트(전자정부)를 이용한 민원처리를 가능하게 하여 인접지 행정서비스를 제공한다.

셋째, 행정전산화는 '서류와 서식의 간소화'를 가능하게 한다. LAN, WAN과 같은 행정망과 E-mail을 이용한 전자결재는 종이 없는 행정으로 서류와 서식의 간소화를 가능하게 한다.

넷째, 행정전산화는 '행정결정권한의 체계화・단순화'를 가능하게 한다. 의사결정시스템(DSS: Decision Support System)을 이용한 정책결정지원체계(PDSS:

Policy Decision Support System), 고위관리층지원체계(ESS: Executive Support System), 중역정보체계(EIS: Expert Information System), 전략정보체계(SIS: Strategy Information System) 등은 정책결정의 합리화에 기여한다.

8.3 정보화가 행정에 미치는 영향

정보화는 행정부문의 조직, 관료뿐만 아니라 입법, 사법, 사회 등 행정환경의 변화에도 영향을 미친다. 따라서 정보화가 행정에 미치는 영향은 행정조직에 미치는 영향과 행정관료에게 미치는 영향 그리고 입법, 사법, 사회 등 행정환경에 미치는 영향으로 나누어 살펴볼 수 있다. 이를 상술하면 다음과 같다.

8.3.1 행정조직에 미치는 영향

정보화가 행정조직에 미치는 영향은 행정구조적 측면의 변화와 행정조직의 활동적 측면의 변화가 발생한다. 이를 차례로 살펴보면 다음과 같다.

첫째로, 행정구조적 측면의 변화이다.

일찍이 Leavitt와 Whisler(1958)의 발표논문에서 계층적 관료제는 중간계층의 수가 대폭감소하고 수직적 조직에서 수평적 조직으로 변화한다[50]고 하여, 조직의 형태가 피라미드형에서 종(鍾) 위에 럭비공을 올려놓은 모습으로 바뀐다고 하였다. 또한, <그림 8-1>에서 보듯이, Danziger과 Kling은 '정보화는 컴퓨터 시스템관리부서의 수평적 확대 현상으로 수평적으로 분화되는 변화를 촉진시키며, 전산화에 따른 인원감축보다는 새로운 부서가 창출되어 종국적으로는 인원감축을 억제한다.'고 하였다.

---

50) *폭포현상(cascade effect) 결정권을 계층하위에 내려 주는 현상이 발생한다.

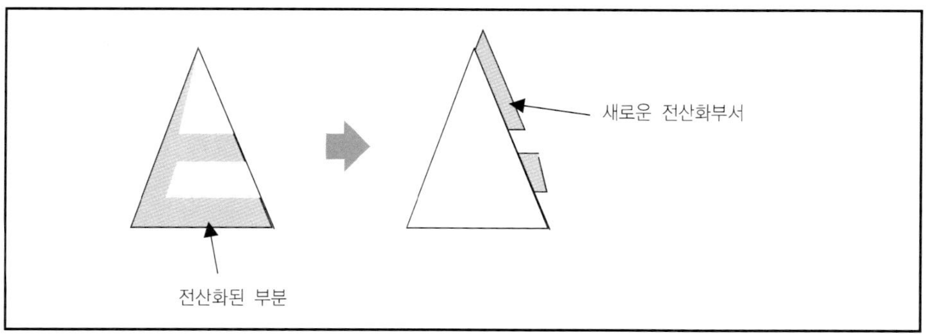

〈그림 8-1〉 Danziger과 Kling의 조직모형

둘째로, 행정조직의 활동적 측면의 변화이다.

행정의 전산화는 중간관리자가 줄어들고 정책결정을 담당하는 상위직급과 단순히 정보를 수집하고 관리하는 하위직급 간의 직접적 업무가 늘어나면서 행정조직의 집권화와 분권화가 동시에 추진된다. 이에 따라 생산, 관리, 서비스제공, 문제해결에 효율성을 제고하는 합리적 관리를 지향하는 관료나 관리자에 의한 정책결정과정의 지배가 나타나며, 기술 관료의 영향력이 강화되어 기술관료 엘리트주의가 발생한다. 또한 관료, 기술자, 정치인 등 모든 계층의 이익증대를 추구하는 조직적 다원주의와 컴퓨터 시스템을 활용하는 관료들의 입지가 강화되어 기술 관료의 강화정치가 발생한다.

8.3.2 행정업무에 미치는 영향

정보화가 행정업무에 미치는 영향은 일선관료, 하위 및 중간관리자, 그리고 최고관리자의 계층에 따른 업무의 변화가 요구된다. 이는 다음과 같은 행정계층에 따른 정보시스템의 구축을 통하여 추진될 수 있다. 즉 최고관리자 계층은 정책적 수준에 필요한 의사결정지원체계(DSS), 고위관리층 지원체계(ESS: Executive Support System), 중역정보체계(EIS: Executive Information System), 전략정보체계(SIS), 정책정보체계(PPIS: Public Policy Information System), 정책결정지원체계(PDSS) 전문가시스템(ES), 행정전문가체계(PAES) 등의 정보시스템이 구축되고, 중간관리자 계층은 관리적 수준에 필요한 관리정보체계(MIS), 정보보고체계

(IRS), 계획지원체계(PSS), 통제지원체계(CSS), 집행계획 및 통제지원체계(IPCSS: Implementation Planning and Control Support System), 행정관리정보 보고체계(AIRS) 등의 정보시스템이 구축되며, 하위관리자는 운영적인 수준에 필요한 거래처리체계(TPS), 판매시점정보체계(POS), 전산자료처리체계(EDPS), 표준업무처리체계(SAPS) 정보시스템이 구축된다.

〈표 8-1〉 행정계층과 정보체계

행정계층	정보시스템
정책적 수준	의사결정지원체계(DSS), 고위관리층 지원체계(ESS: Executive Support System), 중역정보체계(EIS: Executive Information System), 전략정보체계(SIS) ★ 정책정보체계(PPIS: Public Policy Information System) ★ 정책결정지원체계(PDSS) 전문가시스템(ES) ★ 행정전문가체계(PAES)
관리적 수준	관리정보체계(MIS), 정보보고체계(IRS), 계획지원체계(PSS), 통제지원체계(CSS) ★ 집행계획 및 통제지원체계(IPCSS: Implementation Planning and Control Support System) ★ 행정관리정보 보고체계(AIRS)
운영적 수준	거래처리체계(TPS), 판매시점정보체계(POS), 전산자료처리체계(EDPS) ★ 표준업무처리체계(SAPS)

※ 자료: 하미승, 전게서, 1996, pp.422~423 수정

이와 같은 정보시스템의 구축으로 첫째, 일선관료의 업무변화는 육체적 업무 감소, 정신적·지적 업무 확대, 자료입력과 같은 기계적이고 단순·반복적 업무 증가, 가정민원제도, 무인행정사무실, 전자우편, 통합고지서 발행 등의 변화가 나타난다.

둘째, 하위 및 중간관리자의 업무변화는 수집, 처리, 저장(정보) 등 정보처리 업무는 크게 감소, 정보활용 업무 증가로 인한 분석력, 판단력, 창의력 있는 관리자의 자질이 요구된다.

셋째, 최고관리자의 업무변화는 컴퓨터 시스템 활용에 의한 영향은 크지 않다고 볼 수 있다. 왜냐하면, ES, DSS 등을 활용하는 비구조화(非構造化)된 업무, 즉 창의력, 경험, 직관 등 초 합리성을 요구하는 업무가 최고관리자의 자질로 요구되기 때문이다.

8.3.3 행정과 사회 환경에 미치는 영향

행정정보화는 위와 같은 행정내부의 변화에 영향을 미칠 뿐만 아니라 국정감사

방식의 전환, 전산감사 등의 국회활동과 판례의 전산화와 사법부에 대한 행정통제
가 용이해지는 등의 법원활동의 변화에도 영향을 미친다. 그 밖에도 가정, 공업,
교통, 교육, 기업, 문화, 유통, 의료, 복지 등 사회 각층의 변화에도 영향을 미친다.
　　<표 8-2>에서 보듯이, 가정에서는 HA, HB, SOHO, HS 등의 활용으로 삶의
질이 향상되고, 공업부문에서는 FA, FMS, CAD/CAM 등의 활용으로 생산성이 높아
진다. 교육부문에서는 사이버교육, 재택교육이 가능해지고, 교통 분야에서는 지리정
보시스템, 경제 분야에는 전자상거래, 문화 분야에는 하이터치 하이테크문화, 의료
분야에는 원격진료시스템 등이 활용되면서 사회전반에 걸쳐 생산성이 향상된다.

〈표 8-2〉 사회 환경에 미치는 영향

분 야	정보기술 및 정보시스템	영 향
가정생활	HA, HB, SOHO, HS	• 생활의 편리, 생활수준 향상 • 주부의 사회참여 확대 • 새로운 커뮤니티 형성
공업	FA, FMS, CAD/CAM	• 생산성 증가 • 공장의 지방분산 • 서비스 경제화 • 다양성 충족
교육	Cyber edu., 화상교육	• 교육의 질적 향상 • 사회교육의 촉진 • 재택교육
교통, 수송	GPS, GIS, CVS(전산운수시스템)	• 교통흐름체계 개선 • 교통공해, 교통사고 감소
기업, 경영	OA, VAN, LAN, 홈쇼핑몰, CALS	• 사업소 입지변화 • 중앙집권적 사무처리 • 재택근무
문화	DTV, CVD, 멀티미디어 ISDN	• 문화격차 축소 • 하이테크, 하이터치형 문화
유통, 금융	HS, HB, POS, ATM	• 유통 고부가 가치화 • 신속, 저렴한 서비스 • 무인점포의 출현
의료, 복지	보건의료시스템, 원격진료시스템	• 의료수준의 향상 • 가정진료

※ 자료: 방석현, 전게서, 1991, p.67

8.3.4 행정에 미치는 역기능적 영향

　　위에서 살펴본 바와 같이 정보화는 행정 분야를 비롯한 사회 각 분야에 긍정

적인 영향을 미치는 반면에, 국민의 사생활 침해, 컴퓨터 범죄, 인간성 상실, 기술 관료제의 전횡, 정보의 지역 간·부처 간 불균형, 정보의 왜곡, 실업의 증가 등 정보화에 따른 역기능적 영향도 미친다. 따라서 향후 행정정보화를 추진하는 과정에서 이러한 긍정적인 편익을 활용하는 방안과 더불어서 역기능적 요소들을 해결해 나갈 수 있는 방안을 찾는 것 또한 정부의 새로운 과제이기도 하다.

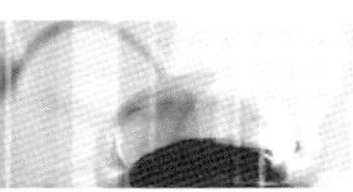

제9장

행정정보체계와 시스템이론

9.1 행정정보의 특징과 기능

행정정보란 행정활동을 목적으로 사용자나 공공조직에게 가치 있는 형태로 처리, 가공된 자료나 정보원이다. 행정정보는 공공정보(公共情報)로서의 성격을 가지며, 일반 사정보(私情報)와는 다른 다음과 같은 특징을 갖는다.

첫째, 公共性을 갖는다. 행정정보는 공공의 행정목적을 두고 공익에 기여하는 정보이다. 둘째, 廣域性을 갖는다. 행정정보는 사기업의 경영정보보다 그 범위가 넓다. 셋째, 相對的 獨占性을 갖는다. 행정정보는 행정기관에 의해 독점되고, 금전으로 정보를 살 수 없다. 넷째, 合法性을 갖는다. 행정정보는 정보의 수집과정에 있어서 수동적이며 강제적이다. 다섯째, 政治性을 갖는다. 행정정보는 공공활동을 지원하는 목적을 갖는다.

행정정보는 이러한 특징과 함께 조직계층별 업무처리의 내용에 따라 정책적 수준, 관리적 수준, 운영적 수준에 맞는 다음과 같은 기능을 하게 되며, 이러한 기능에 적합한 다양한 시스템을 구축하여 활용하게 된다. 첫째, 정책적 수준으로 전략적 기획기능이다. 이것은 최고 관리층의 전략적 정책 및 의사결정을 지원해 주는 기능으로서 의사결정지원체계(DSS: Decision Support System), 고위 관리층 지원체계(ESS: Expert Support System), 중역정보체계(EIS: Excutive Information System), 정책정보체계(PPIS: Public Policy Information System), 전략정보체계(SIS: Strategy Information System), 정책결정지원체계(PDSS: Policy Decision Support System), 행정전문가체계(PAES: Public Administration Expert System) 등의 시스템이 구축 활용된다. 둘째, 관리적 수준으로 관리통제 기능이다. 이는 중간 관리층의 전술적 정책, 기획 및 의사결정을 지원해 주는 기능으로서, 관리정보체계(MIS: Management Information System), 정보보고체계(IRS: Infor－mation Report System), 계획지원체계(PSS: Planning Support System), 집행계획 및 통제지원체계(IPCSS: Implementation Planning and Control Support System), 행정정보보고체계(AIRS: Administration Information Report System) 등의 시스템이 구축 활용된다. 셋째, 운영적 수준으로 운영통제 기능과 일선행정 업무처리 기능이다. 전자는 하위 관리층의 운영기획, 의사결정 및 통제를 지원해 주는 기능이고, 후자는 하급조직 구성원들의 일상적인 업무를 지원해 주는 기능을 말한다. 여기에는 거래처리체계(TPS: Transactions Process System), 판매시점정보체계(POS: Purchase Position System), 전산자료처리체계(EDPS: Electronic Data Process System), 표준업무처리체계(SAPS: Standard Affairs Process System) 등의 시스템이 구축 활용된다.

9.2 행정정보체계의 특징

협의의 행정정보체계는 '조직 내의 행정업무 처리의 능률성 및 의사결정의 합리성을 제고시키기 위하여 정보를 지원하는 종합적인 인간과 기계의 시스템'으로 정의할 수 있다. 그러나 점차 행정부분의 개방화가 추진되고 이와 더불어 행정부분에서 활용하는 정보기술이 고도화됨에 따라 행정정보체계의 개념을 확대하여 '행정 내부의 각 조직의 정보 시스템뿐만 아니라, 시민 민간 정보 시스템의 종합화를 통한 행정 목적 달성을 위해 인공적으로 설계·개발된 물리적 요소와 절차의 집합인 종합적인 인간과 기계의 시스템'으로 광의의 개념으로 해석하기도 한다. 이와 같은 행정정보체계는 다음과 같은 성격을 갖고 있다.

첫째, 행정정보체계는 일상적 업무와 정책결정 모두를 돕기 위한 시스템이다. 이것은 행정업무 전반에 걸쳐 행정정보체계가 구축 활용되고 있음을 뜻한다. 둘째, 행정정보체계는 인위적으로 설계 제작한 시스템이다. 이것은 자연발생적으로 생성된 시스템이 아니라 필요에 의해 인위적으로 구축한 시스템을 뜻한다. 셋째, 행정정보체계는 공공부문의 조직에서 행정가를 돕기 위한 시스템이다. 이것은 행정정보체계는 공적인 업무에 활용되는 것임을 뜻한다. 넷째, 행정정보체계는 행정목적 달성을 위한 수단 또는 도구이며, 그 자체가 목적은 아니다. 행정의 목적은 공익을 추구하는 것이다. 따라서 행정정보체계는 이러한 공익을 달성하기 위한 수단 또는 도구일 뿐이다. 다섯째, 행정정보체계는 기계적 요소와 인간적 요소의 유기적 관계로 형성된 종합 시스템이다. 즉 행정정보체계는 Human－Computer Interface로서 인간과 기계가 함께 어우러진 하나의 유기적 시스템이라는 것이다.

9.3 경영정보체계(MIS)와 행정정보체계(PMIS)의 차이

경영과 행정은 우선 그 추구하는 목적이 다르기 때문에 관리와 운영 면에 있어서도 차이가 발생한다. 먼저 정보처리과정상의 차이를 보면, <표 9-1>에서 보듯이, 정보를 처리하는 과정에 따라 자료채취단계, 해석단계, 목표설정단계, 평가단계로 구분할 수 있으며, 행정정보체계는 경영정보체계와는 다음과 같은 차이가 있다.

첫째, 자료채취단계에서 전자는 수동적이나 후자는 능동적이다. 둘째, 해석단계에서 전자는 휴리스틱(huristic)에 의하여 대안을 탐색하고 만족모형적 접근을 하지만, 후자는 알고리즘(algorism)에 의한 대한탐색과 합리모형적 접근을 시도한다.

〈표 9-1〉 정보처리과정별 MIS와 PMIS의 차이

정보처리 단계	MIS	PMIS
자료채취 단계	능동적	수동적
해석 단계	• 합리모형적 접근 • algorism에 의한 대안탐색	• 만족모형적 접근 • huristic에 의한 대안탐색
목표설정 단계	• 목표의 구체성 존재 • 계량화가능 • 계획기간이 비교적 장기적	• 목표의 추상성 • 계량화가 어려움 • 계획기간이 짧음
평가 단계	• 명확한 평가가 가능 • 경제성, 능률성이 기준	• 평가기준이 바뀜(평가의 혼란) • 여론에 의한 평가가 존재 • 경제성, 능률성, 민주성, 형평성이 평가의 기준

※ 자료: 안문석, 정보체계론(서울: 학현사, 1998), p.216.

셋째, 목표설정단계에서 전자는 목표가 추상적이고 계량화가 어려우며, 계획기간이 짧다는 특징을 갖고 있으나, 후자는 목표가 구체적이고 계량화가 가능하며 계획 기간이 비교적 길다는 특징을 갖는다. 넷째, 평가단계에서 전자는 평가기준이 다양하고 명확하지 않은 반면, 후자는 경제성과 능률성에 평가기준을 두고 있어 명확한 평가가 가능하다는 차이점이 있다.

이 밖에도 <표 9-2>와 같이 행정정보체계와 경영정보체계는 목표설정, 평가기준, 정보채취, 정보해석, 대안탐색, 개발접근이론, 경쟁/대비비용에 따라 그 차이점을 찾아볼 수도 있다.

<표 9-2> MIS와 PMIS의 구분

구분 요인	MIS	PMIS
목표설정	• 일원적 목표(이윤추구) • 계량화, 장기계획	• 추상적 목표(공익,민주,복지) • 계량화 곤란, 단기계획, • 목표의 변동심화
평가기준	• 경제, 능률	• 민주, 책임, 형평, 윤리, 국민만족도 등
정보채취	• 능동적 수집, 자본적극투자	• 수동적 자료수집 (법, 제도에 의한 강제, 신고의무)
정보해석 대안탐색	• 합리모형, 알고리즘접근법 • 최적화 기법	• 발견적접근법, 임시적, Ad hoc접근 • 만족모형, 점증적 모형
개발접근 이론	• 과정중심적 (최선책인정, 보편성, 과학성, 일반성, 능률성, 전문가중심, 이론적)	• 내용 중심적 - 고객 중심적 (특수성강조, 최선책부정, 외부 환경과 영향을 중시)
경쟁/대기 비용	• 경쟁이 심하다 • 대기비용이 적다 제공자 부담노력이 큼	• 경쟁이 없다 • 대기비용이 크다

※ 자료: 하미승, 전게서, 1996, pp.74~77 참조.

9.4 시스템이론

9.4.1 시스템 개념

'시스템이란 어떤 목적을 실현하기 위하여 일정한 경계를 가지고, 환경과 반응하면서, 상호 작용하는 복수의 개별요소들의 집합체'라고 정의할 수 있다(하미승, 1996: 163). Webster 사전에 의하면, '시스템은 유기체, 조직된 전체 또는 어떤 결합된 전체를 형성할 수 있는 제 개념·제 원리 등의 복합 혹은 규칙적인 상호 반응이나 상호 의존의 형태에 따라 구성된 조립'으로 정의하고 있으며, Johnson Kast와Rosenzweig는 '시스템이란 부분 또는 개별체가 군(群)이 되어 하나의 조직화된 복합적인 통일체'로 정의한다. 또한 Ludwig von Bertalanffy는 생물학 연구 중 개방체제를 가정하여 '시스템이란 환경과 반응하면서 서로 상관관계를 유지하는 요소들의 집합성'이라고 정의를 내리고 있다.

이를 종합하여 보면 일반적인 시스템의 정의는 '일정한 목표 달성을 위하여 상호 유기적으로 연결된 요소들의 집합'이라고 할 수 있다. 이 정의에 의하면 시스템은 다음과 같은 특징을 가지고 있어야 한다. 즉 목적이 있고(目的性), 자동으로 처리되는(自動性) 일괄성(一括性)이 있으며, 전체로서 (全效性) 하위시스템(階層性) 각각의 식별성(識別性)을 가지면서, 서로 연계되어(連繫性) 정보를 교류(制御性·調整性)하는 종합성(綜合性)과 개별성(個別性)을 동시에 갖고 있다. 이러한 시스템은 각각의 하위시스템의 연계를 통하여 시너지효과(synergy effect)[51]를 가져온다.

9.4.2 시스템의 기본요소

<그림 9-1>에서 보듯이, 시스템의 기본요소는 자료를 시스템에 제공하는 입력(input)요소, 시스템에 입력된 자료를 처리하는 처리(process)요소, 처리결과에 따라 산출되는 출력(output)요소와 시스템의 합목적성을 감독하는 제어(control)요소, 그리고 출력된 결과가 미흡할 때 다시 입력단계로 돌아가는 환류(feedback)요소로 이루어진다. 이들 요소 중에서 제어와 피드백 요소(사이버네틱 구조)는 조기경보장치로서 시스템 상의 위기와 위협을 미리 예견하고 대처하는 기능을 가지고 있다.

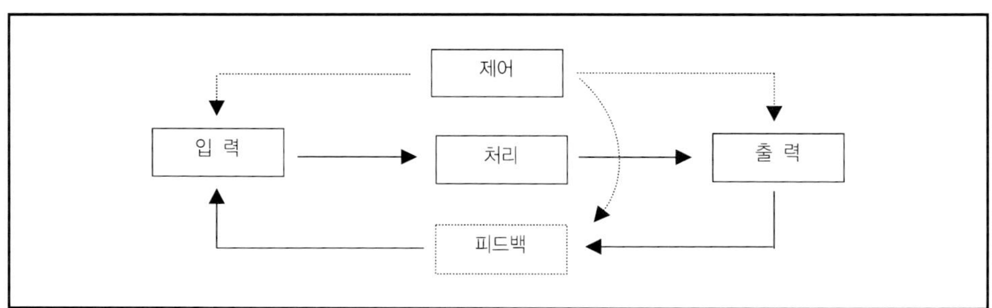

〈그림 9-1〉 시스템의 기본요소

9.4.3 시스템의 분류

우리 사회에 시스템은 다양한 형태로 존재한다. 예측가능성에 따라, 환경과의 교류 유무에 따라. 생성과정에 따라. 형체유무에 따라, 인간과 기계의 조합에 따

---

51) 시너지효과 또는 상승효과는 "전체로서 그것을 구성하는 부분의 합을 초과하는 성질"을 말한다.

라, 해체 여부에 따라 다음과 같이 구분할 수 있다.

(1) 결정적/확률적 시스템

결정적 시스템은 시스템을 구성하는 요소 사이의 관계가 예측 가능하며 불확실성이 없는 記數的 시스템(algorism system)이며, 확률적 시스템은 시스템을 구성하는 요소 사이의 관계를 확률적으로 예측 가능한 發見的 시스템(heuristic system)으로서 문화예술시스템, 행정·입법·사법 시스템 등이 있다.

(2) 폐쇄/개방 시스템

폐쇄 시스템은 실험실 내 인간연구 시스템과 같이 환경과의 교류가 없는 시스템으로 퇴화되거나 무질서로 인하여 해체될 수 있는 반면에, 개방 시스템은 활동하는 유기체를 유지하는 모든 시스템으로 환경에 상호 작용하여 지속적인 활동이 가능한 시스템이다.

(3) 자연/인위 시스템

자연 시스템은 태양계, 자연계와 같이 자연발생적으로 생성된 시스템이며, 인위적 시스템은 기업 시스템, 의사소통시스템, 생산·회계 시스템과 같이 인위적으로 만든 시스템이다.

(4) 개념적/경험적 시스템

개념적 시스템은 형체가 없는 경제이론, 상대성이론, 조직이론과 같은 이론적 시스템이며, 경험적 시스템은 실제로 존재하는 인간, 물질, 에너지, 기계 등으로 구성된 시스템을 말한다.

(5) 사회/인간 대 기계/기계 시스템

사회 시스템은 기업, 정부, 사회조직시스템과 같이 사회를 구성하는 일단의 조직시스템이며, 인간 대 기계 시스템은 작업시스템, 정보시스템과 같이 인간과 기계가 하나의 체계를 이루는 시스템이다. 또한 기계 시스템 은 인공지능, 퍼지이론을 이용한 기계적 시스템으로 스스로 데이터를 입력하고 균형을 유지하는 시스템이다.

(6) 불변/임시 시스템

불변 시스템 은 자연발생적으로 생성된 태양계, 자연계와 같은 자연 시스템 으로서 퇴화되거나 해체되지 않으나, 임시 시스템 은 필요에 의해서 인위적으로 구성한 시스템으로 존재가치를 잃으면 해체되는 시스템이다.

9.4.4 시스템의 수준

Robert G. Murdick와 Joel E. Ross은 시스템을 우열에 관한 비교 개념(the level of system)에 따라 <표 9-3>과 같이 분류한다. 이들에 의하면, 시스템에는 전자나 원자와 같은 아주 단순한 것에서부터 인간과 사회조직과 같은 아주 복잡한 것에 이르기까지 다양하게 존재한다는 것이다.

〈표 9-3〉 Murdick & Ross의 수준에 따른 시스템 분류

① 정적 구조의 수준 - 전자, 식물, 태양
② 단순한 동적인 수준 - 원자, 천문
③ cybernetics 수준 - 온도조절, 바이메탈
④ 개방구조의 수준 - 세포
⑤ 유전적·사회적 시스템 수준 - 식물에 의해 나타나는 수준으로 고도의 특수화된 감각기관은 없고 정보도 생성 안 된다.
⑥ 동물적 수준 - 정보의 수용기가 발달된 수준
⑦ 인간시스템 수준 - 언어나 상징을 만들고, 자아반사기능이 있다.
⑧ 사회조직시스템 수준 - 인간조직의 수준

kenneth E. Boulding은 시스템을 계층적 상하위 관계(a hierarchy of levels)에 따라 다음과 같이 구분한다. 「<표 9-4>에서 보듯이, 보울딩」의 분류는 앞의 「머딕과 로스」의 분류와 유사하나 언어, 논리, 수학, 과학과 같은 선험적(상징적)시스템을 개념화하여 추가하고 있는 점에서 이들의 분류와는 차이가 있다.

① 정적 구조 ➜ ② 단순동작 시스템 ➜ ③ 사이버네틱(제어기능)
(자연시스템)　　　　(시계, 태양계)

④ 개방시스템 ➜ ⑤ 유전생태수준 ➜ ⑥ 동물수준 ➜ ⑦ 인간수준
(세포)　　　　　　(식물계)　　　　(자아의식)　　(자아반사)

⑧ 사회조직수준 ----------➤ ⑨ 선험적 시스템(상징적 시스템)
(경제 · 사회 · 정치 · 교육제도)　　　　(언어, 논리, 수학, 과학)

James G. Miller는 추상적인 개념이 아닌 구체적인 시스템으로 세포에서부터 시작하는 모든 "살아 있는 시스템"(living system)을 <표 9-5>와 같이 구분하고 있다. Miller의 살아 있는 시스템은 Boulding의 시스템 계층에서 개방시스템, 즉 세포 이후의 시스템을 의미한다. 그는 단순한 세포형 시스템에서부터 복잡한 초국가형 시스템에 이르기까지 모든 시스템은 환경의 변화에 적응할 수 있는 개방시스템 구조를 가질 때 유지 발전될 수 있다고 본다. 반면에 죽어 있는 시스템은 폐쇄형시스템으로 환경변화에 대응하지 못하면 쇠퇴되거나 파괴되는 시스템이다.

〈표 9-5〉 Miller의 살아 있는 시스템

① 세포형(cell)　　　② 기관형(organ)　　　③ 생체형(organism)
④ 집단형(group)　　⑤ 조직형(organization)　⑥ 사회형(society)
⑦ 초국가형(supernational) 시스템

9.4.5 시스템 스트레스

시스템 스트레스란 한 시스템의 상위체제나 환경으로부터 전달된 어떤 힘, 압력, 충격, 영향 등을 말한다. 이와 같은 시스템 스트레스는 시스템에 부정적인 영향을 미치는 반면에, 긍정적인 영향도 미치게 된다. 전자의 경우는 엔트로피(entropy)를 증가시켜 불안과 무질서를 가중시켜 종국적으로 시스템의 쇠퇴나 파괴를 가져오게 만드는 것이다. 반면 후자의 경우는 특정 시스템으로 하여금

그 작동상태나 목표를 변화시켜 상위체제의 목적 또는 외부환경체제의 이익에 더 잘 부합되도록 만들려는 의도에서 인위적으로 시도되는 것이라고 할 수 있다.

시스템 스트레스의 원인은 새로운 환경의 변화와 기술발전에 의한 각종 영향 등이 가장 큰 원인이다. 시스템 스트레스의 예로는 정보화사회로의 변화, 국제 경쟁의 심화와 같은 자연발생적 스트레스와 재경원의 금융정책, 각 부처의 새로운 과업 등과 같은 인위적 스트레스가 있다. 이러한 스트레스가 발생하면 예산조정, 자원조달, 정보활용, 에너지 조절 및 평가와 감사 등을 통하여 스트레스를 해소하려는 노력을 하게 된다. 시스템에 오는 스트레스로 인하여 기존 시스템은 새로운 환경에 적응 또는 수용하여 더 나은 발전과 강화가 이루어지거나, 시스템이 쇠퇴 또는 와해되기도 한다. 새로운 환경에 적응하기 위해서는 터미널 위치, 네트워크 구성망 재조정 등과 같은 구조적 변화, 구성원 행동양식, 의사결정 과정, 의사소통, 메커니즘, 정보수집, 처리방법의 변화 등과 같은 과정적 변화, 그리고 그 스트레스와 가장 밀접하게 관련되는 일부 하위체제만을 변화시켜 적응토록 하는 스트레스의 국지적 해결 등의 전략이 동원된다.

시스템이 스트레스로 인하여 해체되는 것을 방지하기 위해서는 시스템 스트레스의 통제가 필요하다. 여기서 시스템 스트레스의 통제란 ‘시스템의 작동상태를 정기적 또는 비정기적으로 관찰, 평가하고 한계를 벗어나거나 만족스럽지 못할 때 이를 시정하여 목표에 접근시키는 과정’을 말한다. 통제의 수단으로는 첫째, 성과를 평가할 수 있는 기준 설정(효율성, 경제성, 형평성 등), 둘째, 산출측정을 위한 척도(임금 인상률 등), 셋째, 기준(목표)과 산출결과(실제)를 비교, 평가, 환류하는 과정, 넷째, 기준과 결과의 편차를 축소하기 위한 시정, 교정 조치 등이 필요하다. 또한 이를 위한 전략으로 사이버네틱 구조의 유지(피드백, 제어), 다양한 모니터링 및 정보통로 확보, 충분한 통제수단 확보(통제권과 규칙) 등이 요구된다.

9.4.6 시스템의 결합과 관계 구조

시스템의 결합방식은 하위 시스템과의 결합방식에 따라 Multiplex 방식, Modula 방식, Interface 방식 등이 있다. 그 구조를 그림과 예를 들어서 설명하면 다음과 같다.

(1) Multiplex 방식

Multiplex 방식은 국가시스템과 같은 대규모 시스템에서 볼 수 있다. 입력요소로서 국내외 정치, 경제, 사회, 문화의 변화와 요구는 각 부분의 하위 시스템이 연계된 일정의 처리과정을 거쳐 하나의 국가형태를 산출해 낸다.

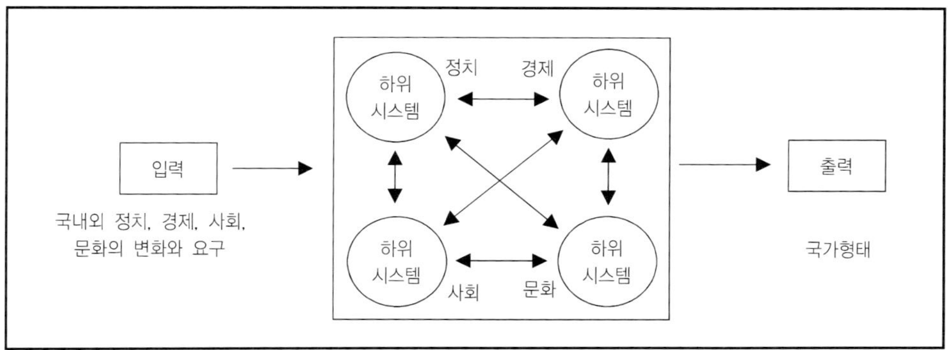

〈그림 9-2〉 멀티플렉스 시스템

(2) Modula 방식

Modula 방식은 '직렬 결합 방식'과 '병렬 결합 방식'으로 나눌 수 있다. 직렬 결합 방식은 기업 생산 라인, 행정민원 처리 시스템과 같은 부분에서 발견할 수 있다. 상품생산을 위한 재료의 투입이 입력적 요소가 되며 각종의 기계장치로 이루어진 하위 시스템들을 거쳐 출력적 요소로서 상품을 생산하게 된다.

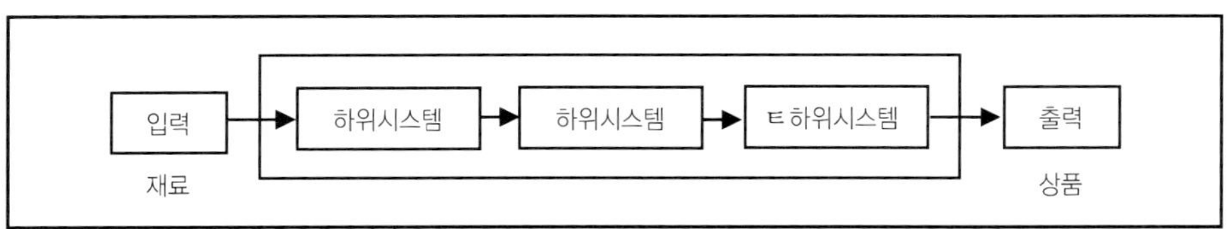

〈그림 9-3〉 모듈러 시스템(직렬결합 방식)

반면에, 병렬 결합 방식은 정책시스템에서 발견할 수 있다. 사회문제로 야기되는 정책의제(agenda)의 결정은 국민의 의사가 형성되는 입력과정과 이를 해결하기 위한 입법, 사법, 행정 등 각 기관으로 구성되는 하위 시스템에서 일정의 합의와 절차를 거치게 되며 이것은 하나의 정책으로 출력된다.

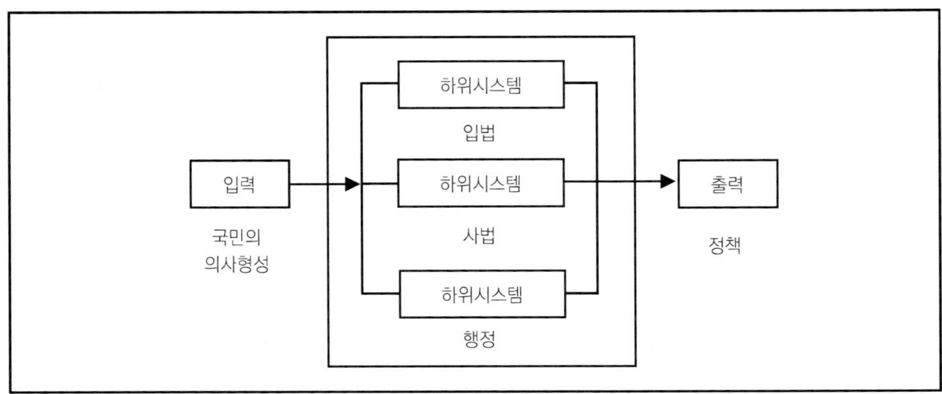

〈그림 9-4〉 모듈러 시스템(병렬결합 방식)

(3) Interface 시스템 방식

Interface 시스템 방식은 매개시스템 또는 적응시스템이라고도 한다. 이것은 A와 B의 두 개의 시스템을 매개하는 또 하나의 시스템이 이들 사이에서 중재자로서의 역할을 담당하는 체계이다. 주민과 이익단체의 요구사항이 국회시스템으로 들어오면 다수당의 충돌이 발생하게 되며, 이는 정무장관으로 구성된 당정협의회에서 조정되어 각 정당의 일관된 의견으로 합의가 이루어지게 되면 하나의 정책이 만들어지게 되는데 여기서 정무장관들로 구성된 당정협의회가 하나의 매개시스템인 것이다. 정부기관의 각종 조정위원회는 이와 같은 Interface 방식의 매개시스템 역할을 담당하고 있는 기관이라고 할 수 있다.

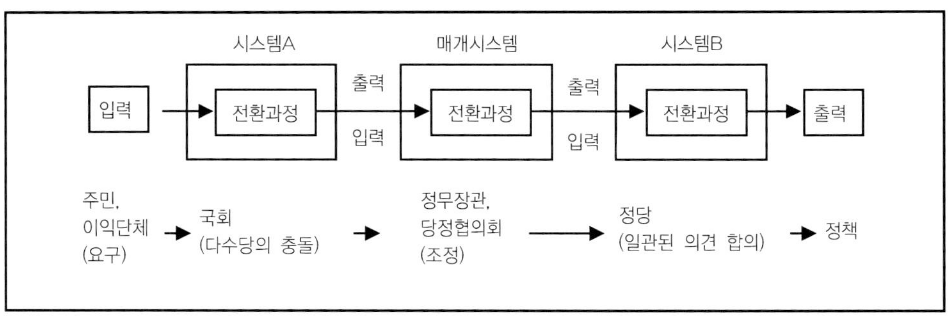

〈그림 9-5〉 매개 시스템

제10장
행정정보기획

10.1 행정정보기획의 개념

   기획의 정의는 행정학 경영학 기타 여러 관련분야에서 다양한 입장과 관점을 가지고 다양하게 정의되고 있어 그것을 종합하기에는 어려운 점이 많다. 기획은 그 대상에 따라 또는 목표설정 – 대안탐색 – 대안선택 – 대안평가 – 집행 – 집행의 평가로 이어지는 기획과정의 중점단계에 따라 그 내용이 달라질 수 있기 때문이다.

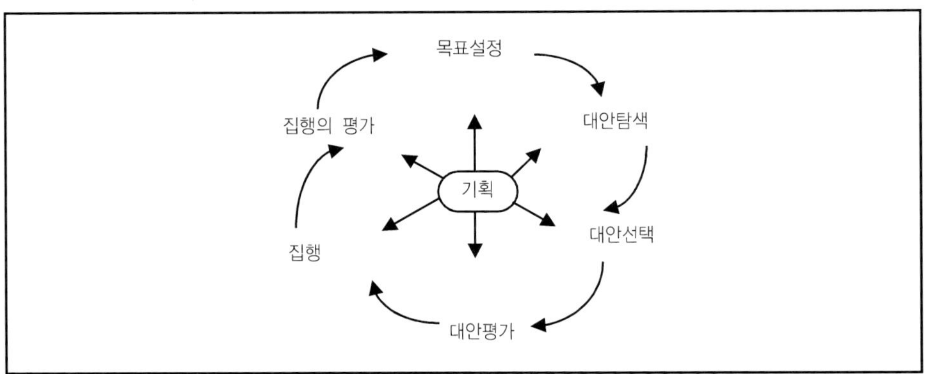

〈그림 10-1〉 기획과정별 기획

   행정학자들의 정의를 살펴보면, H. A. Simon은 기획이란 '장래를 위한 제안, 제안된 대안들에 대한 평가, 그리고 장래의 통제 등에 적용되는 합리적 적응적(adaptive) 사고'라고 규정하였다. J. M. Pfiffner와 R. Presthus는 기획이란 '보다 나은 결정을 하기 위한 수단이며, 따라서 행동의 선행요건'이라고 보았다. 또한 기획의 과정은 의사결정, 예산업무, 조정, 의사소통, 기구 등 관리의 모든 면을 다루지 않을 수 없으며, 한마디로 '기획은 곧 관리'라고 폭넓게 정의한 바 있다. Y. Dror는 '기획이란 최적의 수단으로 목표를 달성하기 위하여 장래의 행동에 관한 일단의 결정을 준비하는 과정이다.'(Planning is the Process Preparing a Set of Decision for action in the Future, Directed at Achiving Goals by Optimal Means)라고 정의하고 있는데, 이것이 가장 많이 인용되는 기획의 대표적인 정의이다.

   행정정보기획은 그 대상이 행정정보시스템 이다. 따라서 행정정보기획은 행정정보시스템의 기획으로도 볼 수 있으며, 그것은 시스템 도입·운영기획, 정보관리 기획, 시스템 전환기획, 시스템 개발기획, 시스템 발전단계에 따른 제 기획으로 구분할 수 있다. 이를 상술하면 다음과 같다.

10.2 시스템 도입 · 운영기획

시스템 도입 및 운영기획은 ① 비용효과 분석단계 ② 시스템조사 분석단계 ③ 시스템 설계단계 ④ 시스템 개발단계 ⑤ 운영·유지보수단계 ⑥ 시스템 평가단계로 구분된다. 각 단계별 기획의 중점 내용은 다음과 같다.

10.2.1 비용효과 분석단계

① 목표의 명확화
② 영향을 인식하는 단계(행정시스템 또는 국민에 미치는 영향을 고려)
③ 영향에 대한 계량화 단계(총효과 − 총비용 = 순수효과)
④ 결정단계(행정정보체계의 설치운영 여부를 결정)

10.2.2 시스템조사 분석단계

① 기존시스템의 장·단점 분석
② 기존 조직의 활동과 특징을 문서로 정리
③ 이용자 요구사항 자료항목과 자료항목의 관계를 정리
④ 새로운 시스템의 수행절차와 프로그램의 구성 및 형식을 결정

10.2.3 시스템설계

① 입력·출력 자료형식의 설계
② 처리절차를 정하고 처리의 논리적 순서를 정한다.
③ D / B의 형식을 정한다.
④ 기존 프로그램을 전환하는 절차와 일정을 정한다.
⑤ 이용자의 요구사항을 동결하고 설계를 시작한다.

10.2.4 시스템 개발단계

① 프로그램을 작성하고 시험한 내용을 기록한다.
② 새로운 시스템에 필요한 D/B를 창출한다.
③ 새로운 시스템의 만족도를 평가한다.
④ 이용자가 새로운 시스템을 어느 정도 받아들이는지를 관찰한다.
⑤ 이용자를 위한 지침서를 만들고 훈련을 행한다.
⑥ 기존시스템과 새로운 시스템을 병행하여 운영하며, 논리상의 잘못을 찾아낸다.

10.2.5 운영 및 유지보수단계

① 수작업이나 기본시스템을 폐기, 새로운 시스템을 적용한다.
② 새로운 시스템의 결함을 시정한다.

10.2.6 시스템 평가단계

① 시스템의 성능 평가
② 시스템이 추구하는 목적과의 부합관계를 평가
③ 계속 사용 또는 새로운 시스템 개발착수 여부를 결정한다.

10.3 정보관리 기획(수명주기 : 壽命週期)[52]

10.3.1 수명주기의 개념

제 4 장 정보의 개념과 가치에서 보았듯이 정보는 수명주기를 가지고 있어 시간이 지남에 따라 그 가치가 떨어진다. 따라서 정보를 갱신하고 가치가 떨어진 정보를 폐기하는 등의 관리가 필요하다. 마찬가지로 정보시스템도 수명주기를 갖고 있다. 여기서 시스템의 수명주기란 '어떤 시스템이든지 그 개발과 운영은 특정 단계를 건너뜀이 없이 동일하고 지속적인 과정을 거쳐서 진화한다.'는 것을 의미한다. 대체로 정보시스템의 수명주기는 평균 4~10년 정도가 된다고 한다.

10.3.2 수명주기의 단계

정보시스템의 수명주기 단계는 도입단계 – 성숙단계 – 쇠퇴단계 – 대체단계를 밟는다. 즉 어떤 시스템도 결국 새로운 시스템으로 대체되기 마련이다. 그러나 수명주기의 단계과정에 대해서는 학자 간의 차이를 보인다. <표 10 – 1>은 수명주기의 단계를 구분하는 학자들의 견해를 비교한 것이다.

〈표 10 – 1〉 수명주기의 단계비교

Biggs, Birks, & Atkins[1]	G. B. Davis[2]	Teichroew[3]	Allen & Lientz[4]	CIBAGEIGY社[n]
시스템 계획	타당성 평가	필요의 인식	착수	사전타당성
			타당성	타당성
시스템 요구사항	정보분석	요구사항기술	분석	설계
시스템 개발	시스템설계	시스템설계	구축	개발
	프로그램개발	구축		
	절차개발			

---

52) 조동성, 최신경영정보시스템(서울: 석정, 1989), pp.122~145 참조.

Biggs, Birks, & Atkins[1]	G. B. Davis[2]	Teichroew[3]	Allen & Lientz[4]	CIBAGEIGY社[n]
시스템 이행	전환	시험	설치	
시스템 유지·보수	운영및유지보수	운영	운영: 유지보수	설치
	사후감사	수정	운영: 기능제고	

① C. L. Biggs, E. G .Birks and W. Atkins, *Managing the System Development Process*, Englewood Cliffs, N.J.: Prentice-Hall, 1980.

② G. B. Davis and M. H. Olson, *Management Information Systems*, NY: McGraw Hill, 1974.

③ D. Teichroew, *Education Related to the Use of Computers in Organizations*, Cof the ACM, Vol.14, No.9, Sep., 1971, pp.513~518.

④ J. Allen and B. P. Lientz, *Systems in Action*, Santa Monica, Calif: Goodyear Publishing Company, 1978.

⑤ E. R. Mclean and J. V. Soden, eds., *Strategic Planning for MIS*, NY: Wilet-Interscience, 1977, pp.119~120.

※ 자료: 趙東成, 최신경영정보시스템(서울: 石井,1989), p.123

10.3.3 수명주기의 단계별 내용

수명주기를 정의단계, 구축단계, 이행단계, 운영단계로 나누어 각 수명주기 단계별 활동과 내용을 살펴보면, <표 10-2>와 같이 정의단계는 예비분석, 타당성조사, 정보분석, 시스템설계의 단계로 구분되고, 구축단계는 프로그래밍, 절차개발 단계로 구분되며, 이행단계는 전환활동, 운영단계는 운용과 유지보수, 사후감사, 폐기 단계 등으로 구분할 수 있다.

〈표 10-2〉 수명주기 단계와 활동내용

수명주기 단 계	활 동	내 용
Ⅰ.정의단계	1. 예비분석	정보요구사항, 입력원, 시스템의 범위, 조직에서의 시스템의 위치
	2. 타당성조사	경제적·기술적·조직적 타당성
	3. 정보분석	시스템명세 및 소요자원 프로젝트계획
	4. 시스템설계	프로그램·파일·전환 작업 명세의 경제적 타당성 재검토, 절차개발명세, 시스템시험운용계획, 하드웨어·소프트웨어선정계획(필요시)
Ⅱ.구축단계	5. 프로그래밍	프로그램 작성·시험·문서화, 시스템시험운용
	6. 절차개발	사용자·입출력담당자·통제담당자·업무담당자 등에 대한 지시, 전환절차
Ⅲ.이행단계	7. 전환	훈련, 신규파일작성, 병행처리(필요시),세부조정(필요시),수용 여부 시험
Ⅳ.운영단계	8. 운용과 유지보수	운용, 시스템 수정
	9. 사후감사	시스템의 목적, 비용효익 검토, 시스템의 운용특성 평가
	10. 폐기	현존시스템의 폐기 혹은 신규대체에 관한 의사결정

※ 자료: 조동성, 경영정보시스템(서울: 석정, 1989), pp.131~133을 수정 작성

<그림 10-2>에서 보듯이, 수명주기 개발과정에서의 각 단계별 활동내용은 단계적으로 추진되기도 하기만 중복되어서 추진되기도 한다.

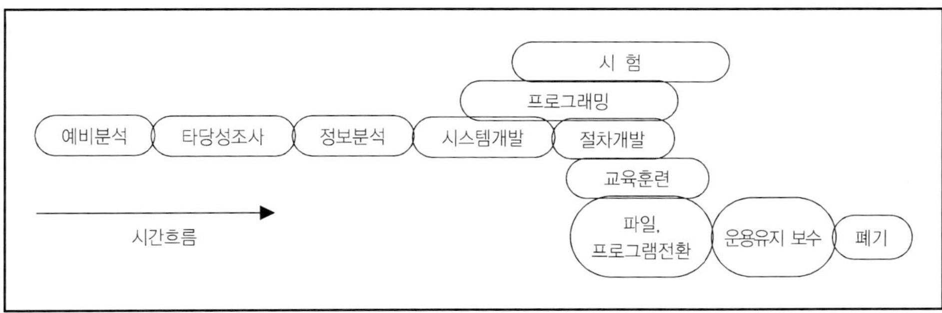

〈그림 10-2〉 수명주기 개발과정

10.4 시스템 전환기획

기존 시스템에서 신규시스템으로의 전환은 신규시스템을 운영하고 사용할 요원에 대한 훈련, 신규시스템의 길들이기(tuning), 사용자에 의한 수락 시험 동의 등의 활동이 포함된다. 또한, 전환 활동은 사전에 필요한 자원, 즉 인력, 자금, 물자, 설비, 공간 등의 확보와 함께 상세하게 계획되어야 한다. 전환방법으로는 직접전환(direct conversion), 병행전환(parallel conversion), 단계적 전환(phased conversion), 실험적 전환(experimental conversion) 등이 있다. 이를 상술하면 다음과 같다.

10.4.1 직접전환(direct conversion)

기존시스템과 신규시스템을 일정시점에서 전부 대체하는 방법이다. '냉터키 접근방법(Cold Turkey Approach)'이라고도 한다.

이 방법의 단점은 매우 위험하다는 것이다. 반면에 장점으로는 첫째 새로운 시스템에 대한 집중적 지원을 통하여 빠른 시간 내에 새로운 체제를 정착시킬 수 있다. 둘째, 철저한 교육훈련을 실시함으로써 초기에 잘 운영할 수도 있다. 셋째, 실패 시에는 기존시스템으로 되돌아갈 수 있다. 넷째, 상대적으로 비용이 적게 든다는 점을 들 수 있다(그림 10 - 3).

〈그림 10 - 3〉 직접전환 방식

10.4.2 병행전환(parallel conversion)

병행전환 방식은 기존시스템과 신규시스템을 일정기간 병행 운영하는 방법이다. 이 방법의 장점은 가장 안전한 방법이라는 것이다. 단점으로는 두 시스템을 동시에 운영하는 데 따른 비용의 낭비가 발생한다는 것이다(그림 10 - 4). 또한 신규시스템을 전격 가동하기 위하여 병행기간 동안에 전환에 대비한 철저한 준비가 이루어져야 한다. 예를 들면, 기존의 아날로그 방송을 디지털방송으로 전환하기 위해서는 기초생활수급권자와 취약계층에 대한 디지털컨버터(DtoA)의 무료제공, 난시청지역 해소, 노후안테나등 수신설비 개선, 케이블방송의 디지털 기반구축, 시청자에 대한 전환시기 홍보 등 전격 전환에 대비한 대책이 마련되야 한다. 한국의 공영방송은 아날로그방송과 디지털방송의 병행시기를 거쳐 2013년에 본격 디지털방송으로 전환된다. 「디지털 전환 활성화 기본계획(2009)」에 의하면, 2012년까지 지상파 아날로그 TV방송의 디지털 전환을 차질 없이 완료하여 디지털 방송 강국을 실현하기 위해 「대국민 인식확산('09년)→아날로그 TV방송의 시험 종료('10년)→디지털 전환 실행 본격화('11 ～ '12년)→후속조치('13년)」 등 4단계의 추진전략을 제시했다. 추진과제로는 ①아날로그 TV방송 종료기반 마련 ②대국민 홍보강화 및 디지털 TV 확산여건 조성 ③디지털방송 수신환경의 체계적 개선 ④저소득층 지원 강화 등 4대분야 14대 중점 추진과제를 다루고 있다. 이처럼 병행전환 방식은 직접전환 방식에 비해 신규시스템에 대한 사용자부담을 줄여준다.

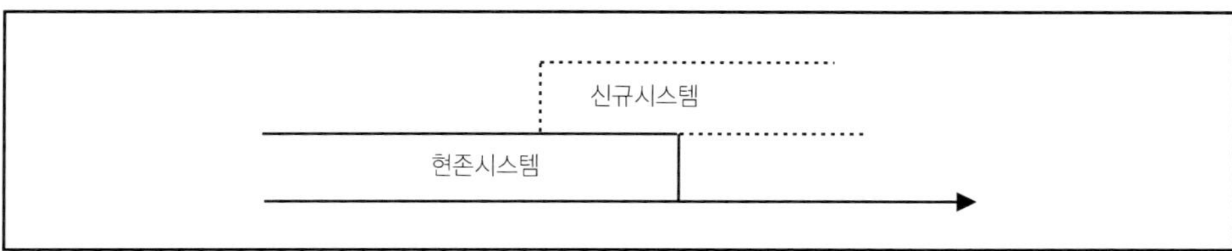

〈그림 10-4〉 병행전환 방식

10.4.3 단계적 전환(phased conversion)

단계적 전환방식은 부분적으로 신규시스템을 도입하는 방법이다. 시스템을 여러 부분 또는 요소들, 즉 모듈로 분리한다고 하여 '모듈러(moduler) 변환'이라고도 한다. 이 방법의 장점은 점진적으로 시스템을 변환시킬 수 있다는 점과 단계별 상황에 적응하는 시스템을 구축할 수 있다는 점이다. 반대로 단점은 연속적인 접속(interface)과 상호 보완에 많은 노력을 소비하게 된다는 점, 신구시스템 사이에 부정합(不整合)이 발생할 가능성이 높다는 점, 완전한 시스템 구축에 시간이 많이 소요된다는 점 등이다(그림 10-5).

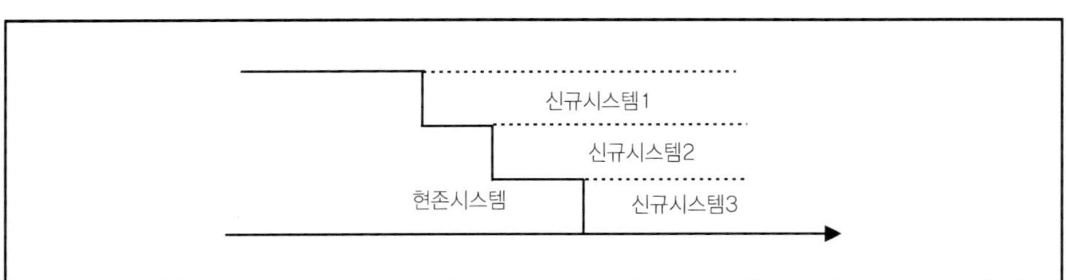

〈그림 10-5〉 단계적 전환 방식

10.4.4 실험적 전환(experimental conversion)

실험적 전환은 새로운 시스템을 선택부서 또는 특정응용 분야에만 먼저 적용해 본 후, 점차 그 적용범위를 넓혀 가는 방법이다. 이를 파일럿 접근법(pilot approach)이라고도 한다. 이 방법의 장점은 새로운 시스템의 위험부담을 극소화할 수 있고, 적용과정에서의 문제를 개선할 수 있으며, 시스템 요원 및 사용자가 실제적 환경하에서 훈련을 받을 수 있다는 점이다. 단점으로는 새로운 시스템의 완전한 구현에 시간이 너무 많이 걸린다는 점과 한 부서의 성공이 다른 부서에서도 성공한다는 확신이 어렵다는 점 등이다.

10.5 정보시스템 개발기획[53]

정보시스템 개발이란 정보요구 또는 업무처리수요를 파악하고, 이러한 요구를 충족시킬 수 있는 정보처리내용을 분석·결정하여 그 처리과정을 설계한 다음, 이러한 처리가 가능하도록 해 주기 위한 소프트웨어와 데이터베이스를 개발·구축하는 과정을 말한다(하미승, 1996). 이러한 정보시스템 개발의 방법은 전환방법에 따라 직접전환, 병렬전환, 단계적 전환, 실험적 전환 등의 방법이 있으며, 개발주체에 따라 상향식과 하향식으로 구분한다. 또한 개발모형으로는 수명주기법, 원형개발법, 패키지소프트웨어 사용법, 반복시스템 개발주기법, 사회기술적 시스템 접근법 등이 있다.

10.5.1 수명주기법(SDLC)

수명주기법(SDLC: System Development Life Cycle)은 최선의 개발과정이 존재한다는 가정하에, 정의된 단계별 절차에 따라 정보시스템을 개발, 설계, 집행하

---

53) 조동성, 전게서, 1989, pp.322~326. 강석호, 경영정보론(서울: 박영사, 1989), pp.630~641. 조병일, 전게서, 1993, pp.216~230 참조.

고 평가하는 방법을 말한다.

Davis & Olson(1985: pp566~567), Rubin(1986)에 의하면, 개발수명주기는 시스템 정의단계 - 설계·개발단계 - 집행·운영단계 - 평가단계 등으로 구분된다. <그림 10-6>은 수명주기법에 의한 개발단계를 정리한 것이다.

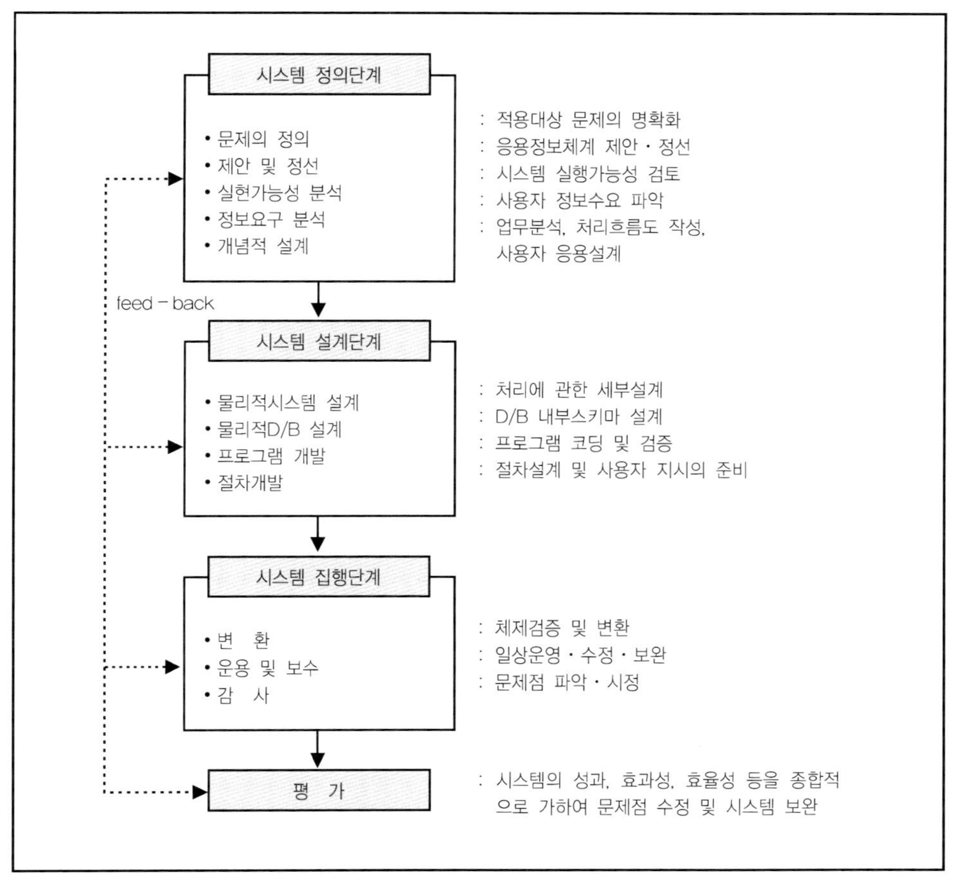

〈그림 10-6〉 수명주기법에 의한 개발단계

10.5.2 원형개발법(Prototyping)

원형개발법은 사용자의 요구에 기초한 초기원형(first prototype)을 먼저 개발한 다음, 실험적 이용단계를 거쳐 사용자의 요구에 부합되도록 수정 또는 재설계하여 보다 적응성이 높은 정보시스템을 개발하려는 방법이다. 이 방법은 1979년 T. R. Berrisford와 J. C. Wetherbe가 제안한 휴리스틱 설계(Heuristic Design)에 기반을 두고 있다. 원형개발법의 개발단계 과정은 <그림 10 - 7>과 같다.

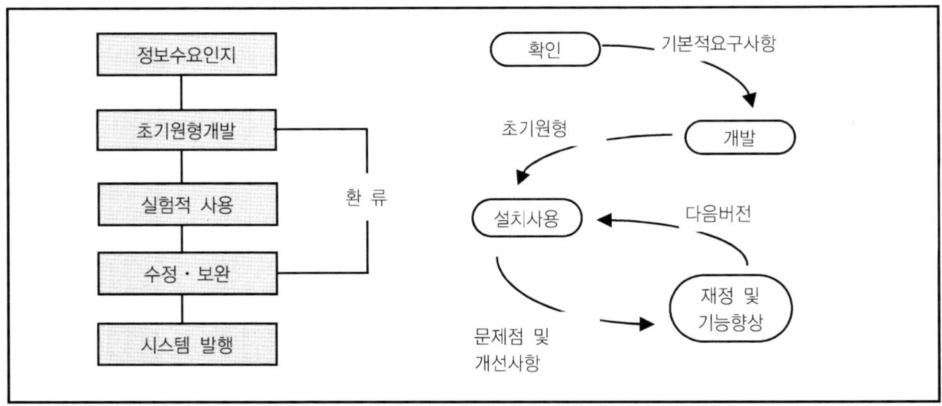

〈그림 10 - 7〉 원형개발법에 의한 개발단계

10.5.3 패키지소프트웨어 사용법

이 방법은 기존의 소프트웨어 프로그램을 필요에 따라 수정 · 보완한 후에 사용하는 방법이다. 이 방법의 장점은 시간이 절약되고, 비용이 절감되며, 기존 소프트웨어에 포함된 기능을 추가로 사용할 수 있고, 실패의 위험이 적으며, 시스템의 기능을 미리 확인할 수 있다는 장점이 있는 반면에, 기능이 미비하고, 수정이 곤란하며, 때로는 기존 소프트웨어에 맞게 조직을 개편해야 하고, 공급자에게 업무가 종속되며, 호환성이 결여되어 있다는 단점을 갖고 있다. <표 10 - 3>은 패키지소프트웨어 사용의 장 · 단점을 비교한 것이다.

〈표 10 - 3〉 패키지소프트웨어 사용의 장 · 단점

장 점	단 점
• 시간이 단축	• 기능미비
• 비용절감	• 수정의 곤란
• 포함된 추가 기능의 사용	• 적용을 위한 조직개편
• 실패위험이 적음	• 공급업자에 종속
• 시스템의 기능 확인이 가능	• 호환성의 결여

10.5.4 반복시스템 개발주기법(ISDC)

반복시스템 개발주기법(Iterative System Development Cycle)은 수명주기법(SDLC)에 원형개발법(Prototyping)을 혼합한 접근방법이다. 이 방법은 종료단계가 없는 지속적인 적응설계를 특징으로 함으로써, 정보요구의 불확실성이 높을 때 수명주기법(SDLC)보다 유리한 방법이다. 이 방법은 공·사부문 정보시스템의 차이점을 반영한 것으로서 행정조직에 적용할 공공부문 정보시스템의 개발 방법으로 제안된 것이다. 반복시스템 개발주기법의 개발단계는 <그림 10 - 8>과 같다.

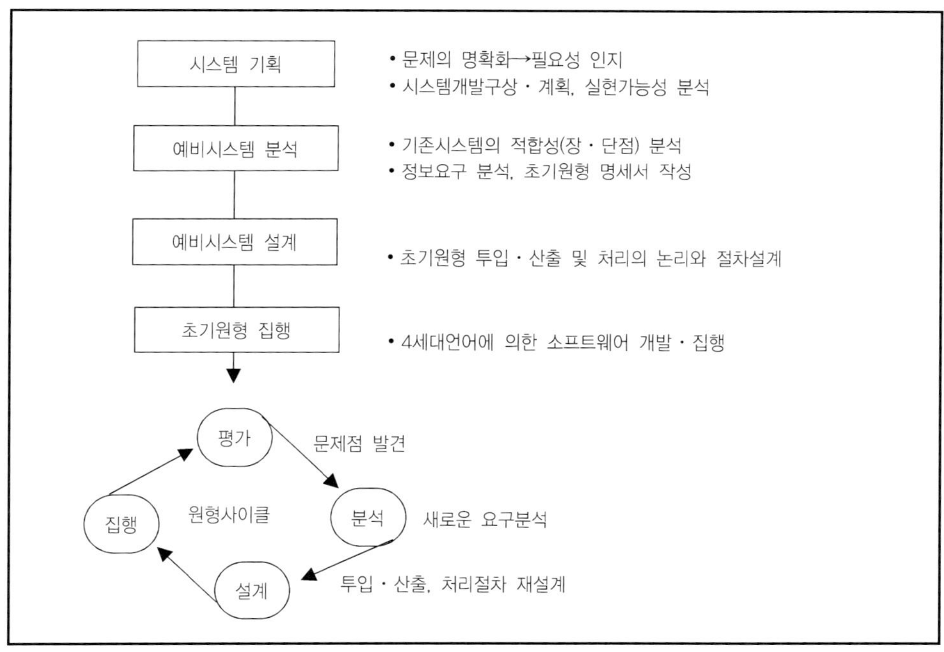

〈그림 10 - 8〉 반복시스템 개발주기법 개발단계

10.5.5 사회기술적 시스템 접근법(STS)

이 방법은 조직의 인간적 · 사회적 요소에 초점을 맞춰 특히 정보요구분석에 있어서 조직 행태적인 요소들을 반영하고자 하는 개발방법이다. 사회기술적 접근법(Scio - technical System Design Approach)은 시스템의 실패가 기술적인 측면에 기인한다기보다는 조직행태상의 문제에 기인한다고 보고, 끊임없는 환경변화에 잘 적응하도록 유연한 학습체계를 만드는 데 목적이 있다. 이 방법은 많은 수의 업무요원들이 영향을 받게 되는 사무적 시스템에 적합하다. <그림 10-9>는 사회기술적 시스템 접근방법의 개발단계를 정리한 것이다.

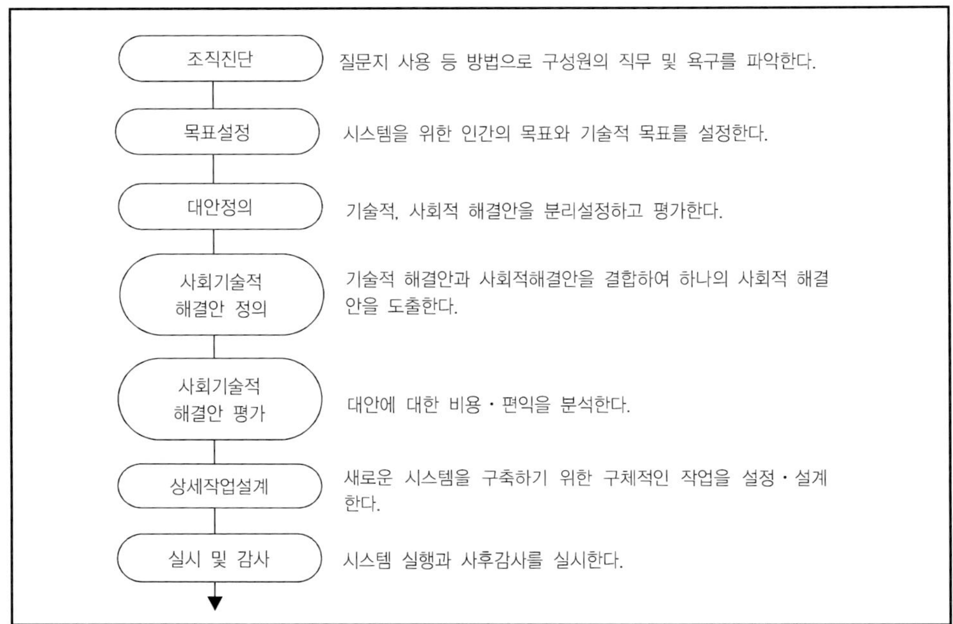

〈그림 10-9〉 사회기술적 시스템 접근방법에 의한 개발단계

10.6 시스템 발전단계에 따른 제 기획

정보시스템이 어떤 단계를 거쳐 도입·확산되고 성장하는가를 알게 되면, 정보시스템의 발전, 전환, 관리, 운용 등의 계획을 세우는 데 매우 도움을 준다. 여기서는 Nolan의 6단계 모형, Gaser, Torrance & Schwartz의 4단계 모형, 그리고 Kaemer & King의 4단계 모형에 대해서 살펴보고자 한다.

10.6.1 Nolan의 6단계 모형

이것은 성장단계에 따른 정보시스템의 발전단계를 나타낸 것이다.

Nolan은 1974년에 개시(착수) 단계 - 전파(확장)단계 - 통제(공식화)단계 - 통합 (성숙)단계로 구분하였으나, 1979년에 이를 수정하여 초기단계 - 보급단계 - 통제 단계 - 통합단계 - 데이터관리 단계 - 성숙단계로 구분하고 있다(표10 - 4).

〈표 10-4〉 Nolan의 6단계 모형

단 계	주 요 내 용(통제 및 여유수준)
1. 초기(착수)	낮은 통제, 약간의 여유, 정보시스템 계획이 미비하거나 없음
2. 보급(전파)	컴퓨터사용을 보급하기 위한 보다 큰 여유, 계획의 결여, 비용증가와 통합결여에 의한 비용이 두드러지게 나타남
3. 통제단계(통제)	높은 수준의 통제, 정보시스템 계획이 강조됨
4. 통합(통합)	통합의 강조, 정보시스템 비용에 대한 사용자 통제가 강조 됨, 데이터베이스 사용
5. 데이터관리 (데이터관리)	데이터관리에 초점을 둠, 조직의 전략적 우위에 공헌하는 시스템 개발을 촉진하기 위한 어느 정도의 여유
6. 성숙(성숙)	응용의 종합화, 응용포트폴리오 완성, 정보시스템이 조직목적에 일치되는 높은 효과를 보임

10.6.2 Gaser, Torrance & Schwartz의 4단계 모형(GTS모형)

이것은 기술결정론에 입각한 기술발전에 따른 발전단계를 나타낸 것이다.

Gaser, Torrance & Schwartz는 1983년에 기술결정론에 입각하여 일괄처리단계 - 확장된 일괄처리단계 - 온라인질의단계 - 분산처리단계로 발전단계를 구분하였다 (표 10 - 5).

〈표 10-5〉 GTS의 4단계 모형

단 계	주 요 내 용
1. 일괄처리단계	1950년대 초반, 간단한 프로그램 개발사용 ENIAC(1946)/EDSAC(1949)/EDVAC(1951)
2. 확장된 일괄처리 단계	1950년대 중반, 복잡한 계산과 사무자동화(OA) TRADIC(1954)/UNIVAC(1955)/IBM7070,7090
3. 온라인질의 단계	1960년대, CTR터미널을 통한 즉각적인 사무처리, 고객서비스향상, 사용자의 참여에 의한 시스템 개발 IBM360(1964)
4. 분산처리 단계	1970년대, CPU와 Terminal 사이의 네트워크 연결, 데이터통신의 시대, 최고 관리층의 업무지원과 사용자 참여가 요구됨 INTEL/IBM/MS/network의 시대

10.6.3 Kaemer & King의 4단계 모형

이것은 조직변화에 따른 발전단계를 나타낸 것이다.

Kaemer & King(1981)은 기술적 변화보다는 조직맥락의 변화가 정보시스템의 성장을 가져오는 주된 요인이라고 보고, 도입기 - 확장기 - 경쟁 · 통제기 - 재평가 · 정착기의 4단계 발전모형을 제시하였다(표 10 - 6).

〈표 10-6〉 Kaemer & King의 4단계 모형

단 계	주 요 내 용
1. 도입기	구성정책: 정보시스템을 구성하기 위한 틀을 마련하는 단계로 컴퓨터 도입 초기에 간단한 사무가 전산화된다.
2. 확장기	분산정책: 컴퓨터의 사용이 타부서로 분산 · 확산되는 시기로 중앙통제 없이 어느 정도 자율적으로 의사결정이 이뤄진다.
3. 경쟁 · 통제기	통제정책: 컴퓨터의 도입 · 운영 사례가 경쟁적으로 증가하는 단계로서 정보서비스의 수요 및 시스템의 개발에 대한 효율적인 통제가 강조된다.
4. 재평가 · 정착기	재분산정책: 지금까지의 과정을 재평가하고 시스템을 수정 · 보완하여 정착시키는 단계이다

이들은 또한 조직의 정책과 정치적 관계가 정보시스템을 변화시킨다는 전제하에 구성(constitutive), 분산(distributive), 통제(regulatory), 재분산(redistribu - tive) 정책 유형을 각 단계에 적용하여 설명한다.

위의 모형을 종합하여 비교하면 Nolan의 6단계 모형은 기술적 요소와 조직적 요소를 함께 고려하고 있으나, GTS 모형은 기술결정론에 입각하여 조직의 변화와 맥락을 무시하고 있으며, KK 모형은 오히려 조직적 요소를 강조하여 조직내부의 정치 · 경제적인 관계와 의사결정 과정이 정보시스템에 영향을 주는 주요한 요인으로 인식하고 있다는 점에서 차이가 있다.

제3부 실리콘밸리 모델과 정보디자인 이론

제11장
멀티미디어와 실리콘밸리

11.1 멀티미디어의 개념[54]

멀티미디어는 2개 이상의 미디어가 결합된 정보통신 매체를 말한다. 여기서 미디어(media)란 정보의 수집과 작성, 처리 및 가공, 전송과 이용의 기능을 갖춘 정보통신 매체를 의미한다. 또한 뉴미디어(newmedia)란 하나 이상의 기능에 혁신적인 변화가 추가된 매체를 의미하며, 멀티미디어(multimedia)는 이들 기능을 다양하게 갖추고 있는 복합 매체로서 '디지털 기술을 기초로 한 양방향적인 영상, 음성, 데이터 전송매체'를 의미한다.

멀티미디어는 한 가지 기능을 갖추고 있는 미디어와는 달리 다음과 같은 특징을 갖는다. 첫째, 쌍방향 통신이 가능하다. 둘째, 정보서비스의 제공범위가 광범위하다. 셋째, 정보선택의 기능이 있다. 넷째, 정보의 녹음, 녹화 등의 기록성을 갖고 있다. 다섯째, 디지털화된 정보를 이용한다. 여섯째, 국경을 초월한 서비스가 가능하다. 일곱째, 기억용량이 크고, 송수신 속도가 빠르다. 여덟째, 반도체의 집적도는 높아지나 값은 오르지 않는다는 '무어의 법칙'이 작용한다.

멀티미디어 산업의 발전은 정보화 사회를 구축하는 광통신 혁명, 디지털 혁명, 그리고 반도체 혁명으로 불리는 세 가지 기술의 혁명[55]에서 비롯되었다. 이들은 각각 통신산업, 방송산업, 컴퓨터 산업을 발전시켰으며, 디지털화로 인한 멀티미디어의 탄생을 가능하게 하였다. 방송기술과 컴퓨터 기술의 만남은 문자방송(Teletext)의 실현을 가능하게 하였고, 방송기술과 통신기술의 만남으로 유선방송(CATV)을 탄생시켰으며, 통신기술과 컴퓨터기술의 만남은 네트워크(LAN, WAN)를 가능하게 만들었다. 또한 이들 세 기술의 결합은 인터넷(Internet) 기술과 같은 비디오텍스(videotext)를 실현시킴으로써 디지털 텔레비전(DTV)과 같은 복합 멀티미디어의 실현을 가능하게 하였다.

---

54) Kato Toshiharu & SVM Forum, Silicon Vally Model – Multimedia Shakaikouchiku Heno Messge(NTT Publishing Co., Ltd. 1995), pp.1~105 참조.

55) 광통신혁명: 과거 마이크로웨이브를 사용하여 1만 5000개의 동시통화와 22개 TV채널의 동시전달이 가능했던 것을 광섬유케이블은 130만 개의 동시통화와 1920개의 TV채널을 동시에 전달하게 만들었다.
디지털혁명: 아날로그 방식에 비해 디지털방식은 32권의 브레테니카 백과사전의 내용을 단 1초에 전송할 수 있게 만들었다.
반도체혁명: 기가급의 반도체(Gbps)는 매초당 10억 개의 비트(bit)를 전송할 수 있게 만들고 정보의 저장능력을 고도화하였다.

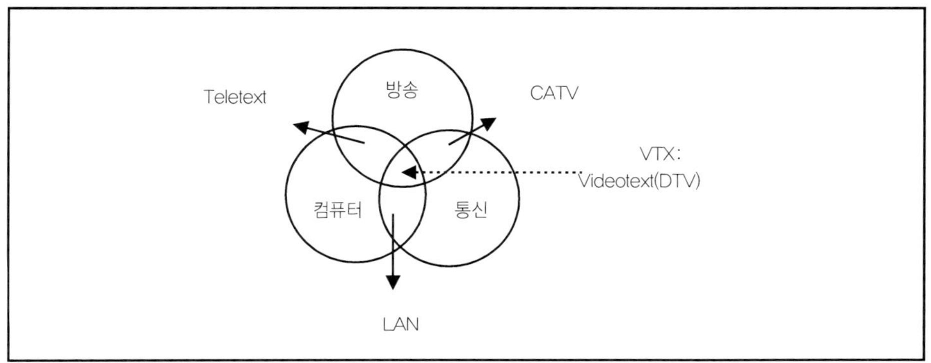

〈그림 11-1〉 멀티미디어 시대 개념

11.2 실리콘밸리와 '멀티미디어 붐'

실리콘밸리에서 사용된 용어인 '멀티미디어 붐'은 1848년부터 캘리포니아의 '골드러시'[56]에서 비롯된 말이다. 1870년~1940년경까지 실리콘밸리는 농장과 살구, 능금, 배, 복숭아, 포도 등 과수원 중심지로 '기쁨의 계곡(valley of Hearts Delight)'라 불렸다. '실리콘밸리'라는 지명은 산타클라라에 살고 있는 엔지니어 겸 편집자인 '돈 해플러'가 1971년 어느 산업정보지에 기고한 글에서 하이테크 산업이 모여들고 있는 산호세 주변을 그렇게 부른 데서 기원한다.

1980년경 미국의 경제는 1970년 두 차례의 석유파동으로 인한 세계경제 대공황이 불어 닥치면서 침체되어 있었다. 이 당시 실리콘밸리에서는 이 지역 주민의 경제회복을 위하여 주민의 삶의 질을 향상시키기 위한 TQC(Total Quality Community) 운동을 전개하였다. 그동안 기술주도로 이루어진 멀티미디어 산업을 시장주도로 전환함으로써 주민의 생활의 질을 향상시키고 이 지역의 경제를 회복하자는 운동이 민간주도로 시작되었다.

민간주도의 경제회복을 위한 노력은 1990년대 초 실리콘그래픽스사의 「에드워드맥락켄」 사장과 산호세시의 「수잔하머」 시장을 주축으로 조인트벤처실리콘

---

56) 「골드러시」 1949년 12월 24일 실리콘밸리 북쪽 새크라멘토 근교 코로사에서 물레방아를 만드는 수로 공사 중에 목수 '제임스 마샬'이 금광을 발견하여 수많은 사람들이 몰려들었던 것을 일컫는 용어이며, 이들을 "fortyniners" 49년 자들이라 부른다.

밸리(JVSV),[57] 브릿징베이,[58] 캘리포니아 정보기반(CII),[59] 스마트밸리[60] 구상 등의 멀티미디어산업의 생활화 계획이 민간주도로 추진되어 '멀티미디어 붐'을 일으켰다.

11.3 NII와 실리콘밸리

민간주도로 이루어졌던 미국서부 캘리포니아 일대의 '멀티미디어 붐'은 1991년 엘 고어에 의해서 제안된 HPCC(High Performance Computing and Communi - cations), 즉 전국학술연구기관의 대규모 컴퓨터 네트워크 계획을 지지하였고, 1992년 민주당 소속의 「빌 클린턴」 대통령후보와 「엘 고어」 부통령 후보를 지지하는 컴퓨터 사업자로 구성된 로비단체인 CSPP(Computer Systems Policy Projec t)[61]가 주도하였다.

NII 구상은 이와 같은 정치적 연장선상에서 발표된 것으로, 그 목적은 정보인프라를 통해 21세기 미국의 사회·경제·문화를 떠받쳐 주고, 활성화시키는 원동력이 되고, 보다 강력한 국가가 되기 위해 미국이 제일 먼저 정보사회를 구현해야 한다는 생각에 기초한다. 이에 따라 1993년 9월 클린턴 정부는 자유경

---

57) 「에드워드맥락켄」 사장과 「수잔하머」 시장이 회장을 맡고, 어플라이드 메트리얼사 「짐모건」 부인인 「베키모건」이 대표직을 맡아 경제회복을 위한 13개의 프로젝트를 선정 하였다. ① 경제개발팀 ② 환경파트너십 ③ 소프트웨어산업 연합 ④ 비즈니스 인큐베이션 얼라이언스 ⑤ 기업네트워크 구상 ⑥ 국제무역센터 ⑦ 건전한 커뮤니티·경제구상 ⑧ 규제완화심의회 ⑨ 세제·재정심의회 ⑩ 21세기 교육구상 ⑪ 실리콘밸리 기술회사 ⑫ 방위·우주 컨소시움 ⑬ 스마트밸리 구상 등이 그것이다.
한국전자통신연구소, '실리콘밸리 모델' (1996), p.31. 참조
58) 캘리포니아의 베이지역의 멀티미디어 관련산업 군인 9개 카운티(County) - 소노마(레코딩기기), 나파(인쇄,출판), 소라노(인쇄,출판), 마린(영화제작,소프트웨어), 컨트라코스타컴퓨터프로그래밍, 컴퓨터서비스), 아라메다(컴퓨터, 레코딩기기, 소프트웨어), 산타클라라(컴퓨터, 자기디시크장치, 컴퓨터주변기기), 샌프란시스코(예술, 그래픽디자인, 인쇄, 출판), 산마테오(멀티미디어관련기기, 컴퓨터프로그래밍, 소프트웨어) - 의 슈퍼하이웨이 어플리케이션을 확대 구축하는 계획.
한국전자통신연구소 상게서, pp.13~14. 참조
59) 브릿징베이 구상을 넘어 남쪽 캘리포니아 지역과도 네트워크를 구축하는 사업.
60) 90년대 초 실리콘밸리의 위기상황을 극복하기 위하여 휴렛팩커드사의 「존영」이 제안한 실리콘밸리 재생프로그램으로 ① 상업망 ② 텔레커뮤팅(재택근무) ③ BADGER(디지털지도화) ④ 스마트스쿨(CalREN) ⑤ 스마트카운티(행정서비스제공) ⑥ 재팬윈도우(스텐포드 대학과 일본의 NTT 공동추진프로젝트) 등이 있다.
한국전자통신연구소, 상게서, pp.35~45. 참조
61) 1990년 초 애플, HP, 선마이크로시스템즈, 실리콘 그래픽스, 팬텀 등 하이테크 컴퓨터 기업의 13개 사가 만든 '로비그룹'

쟁, 유니버설 서비스, 오픈 엑세스, 민간부문에 의한 투자촉진, 유연하고도 적확(的確)한 정부의 행동이라는 이른바 '5대 원칙'을 기본으로 하는 행동지침(Agenda for Action)을 발표하였다. 이것은 슈퍼하이웨이는 민간주도로 구축하고 정부는 공동투자와 민간투자를 적극적으로 촉진한다는 등의 민간주도로 NII를 추진한다는 기본 방침을 명확하게 밝힌 것이다. 더욱이 엘 고어는 1994년 3월 남미 부에노스아이레스에서 개최하는 ITU(국제전기통신연합) 개발회의 기조연설에서 이와 같은 민간주도의 NII를 전 세계적으로 확대하기 위한 GII(Global Information Infrastructure)를 제창하였다.

11.4 실리콘밸리와 벤처 비즈니스

정보슈퍼하이웨이는 1993년부터 멀티미디어 사업이 확장되는 계기를 만들었다. 특히 광케이블, 동축케이블(CATV), 위성통신 등과 같은 distribution 관련사업62)과 PC, 셋탑박스, 비디오서버 등 정보관련 기기산업의 flatform 관련사업, 그리고 contents 관련사업이 멀티미디어관련 3대 사업으로 등장하면서, 각각의 산업들이 회사 간 제휴와 기술연합으로 멀티미디어 산업을 발전시켰다.

실리콘밸리의 수많은 사업들은 민간기술로 이루어진 벤처 사업자들에 의해 탄생되었다. 이곳에서 벤처 사업자들의 성공 비결에는 첫째, 이곳에는 개인이 가지고 있는 아이디어를 사업화하는 시스템이 있고, 둘째, 사업에 따르는 위험과 이익을 함께 나누는 시스템이 있다는 것이다. 벤처 자본과 엔젤 투자자는 이들에게 자본을 지원하였으며, 우수한 인재가 기존의 기업과 대학의 연구소를 나와 소기업을 창업하는 데 필요한 인프라가 마련되어 있었다는 점이다. 또한, 이곳에서 많은 벤처 기업이 성공할 수 있었던 것에는 다음과 같은 전략들이 주요했다. 첫째, 상품개발 사이클이 짧아야 한다. 둘째, 시장을 세분화하고 타깃을 좁혀 공략하는 전략이 필요하다. 셋째, 연구개발에 주력한다. 넷째, 벤처 기술 간의 교류 또는 제휴를 통하여 기술의 상승효과(synergy effect)가 필요하다. 다섯

---

62) 광케이블 연결 방식에는 미국식의 FTTC(Fiber－to－the－Curb)방식과 일본식의 FTTH(Fiber－to－the－Home)방식이 있다.

째, 대학과 연구소가 집적되어 인적 자원이 충분해야 한다. 이러한 전략은 벤처기업이 성공할 수 있는 기반을 형성하게 되는데 실리콘밸리에는 이러한 전략이 가능한 인프라가 마련되어 있었던 것이다. 뿐만 아니라 실리콘밸리에서 성공한 대기업들도 벤처기업적 경영전략이 주요했다. 프린터 생산으로 널리 알려진 휴렛팩커드는 목표를 좁게 하고, 이직자에 대한 적극적인 지원을 통해 기술유출을 막고, 수평적 조직체계를 갖춤으로써 성공할 수 있었다. 선마이크로시스템즈의 경우는 기업의 오픈화와 분사화를 동시에 추구하여 경쟁력을 강화하였으며, 제록스의 경우는 제록스벤처캐피탈(XVC)와 제록스테크놀로지벤처스(XTV)로 자본과 기술을 효율적으로 운영하는 체질개선을 통하여 사업을 확대하였다. 이처럼 실리콘밸리의 벤처비즈니스 모델은 21세기 미래기업에서 추구해야 될 추진전략으로 적극 활용되고 있다.

한편, 2002년 10월 21일 조선일보 경제면에서 한국의 20대기업의 미래사업의 7대 트랜드를 조사한 결과는 ① 융합화, 퓨전화, 네트워크화되는 제품 개발, ② 미래를 주도할 표준기술을 선점, ③ 저공해와 환경에 대한 고려는 필수, ④ 나노와 바이오 기술의 결합, ⑤ 중국 등 해외에 연구개발 기지건설, ⑥ 고급인력 확보에 총력, ⑦ 미래사업 전담부서의 결정 등으로 나타났다.

11.5 멀티미디어 산업

멀티미디어 기술은 컴퓨터 기술이 진화하고, 통신기술, 네트워크 기술과 융합한 기술이다. 미국 서부에서 멀티미디어 산업이 발전할 수 있었던 것에는 실리콘밸리의 아버지로 불리는 프레드릭타만 박사[63]가 세운 스탠포드리서치파크의 공헌과 이 지역이 갖고 있는 진취적이고 개방적인 해외이주민들로 구성된 인종적 성향, 대학과 연구소, 그리고 하이테크산업[64]의 총 본산지로 각종 국제회의

---

63) "프레드릭 터만(Fredrik Terman)" 박사는 실리콘밸리 역사의 시발점이 된 사람으로 '실리콘밸리의 아버지'로 불린다. 매사추세츠 공과대학 박사로 2차 대전 전에는 스탠포드 대학 전기공학과 교수로 근무하였고, 전쟁 중에 매사추세츠 공과대학 및 하버드 대학에서 근무하다가 1946년 스탠포드 대학 공과대학 학장으로 실리콘밸리에 돌아와서 '스탠포드 리서치 파크'를 창설하여 많은 벤처기업가들을 지원하였다.
64) 하이테크 산업의 중심 3대 첨단기술: ① 소프트웨어 ② 정보통신 ③ 바이오(생명)기술

가 많이 열리는 등의 환경적 인프라가 마련되어 있었기 때문이다.

멀티미디어산업은 <그림 11 - 2>에서 보듯이, 멀티미디어 기기산업(flatform)과 네트워크 산업(distribution), 그리고 콘텐츠 산업(contents)으로 나누어지는데, 이들 각각의 산업이 융화화, 퓨전화되어 결합되면서 멀티미디어산업이 육성·발전하게 되는 것이다.

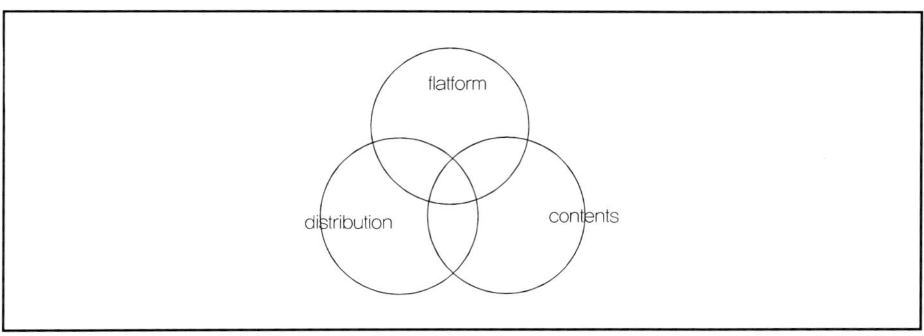

〈그림 11 - 2〉 멀티미디어 산업의 종류

여기서, 멀티미디어 기기산업은 PC, 셋톱박스, 비디오서버, DVD, VOD, DTV 등 디지털 기술을 이용한 생활전자기기 산업이며, 네트워크 산업은 PC통신 산업, 멀티미디어 학습교육망 산업, 광통신망, 위성통신망 산업, 비디오 화상시스템 구축산업, 모뎀산업 등이다. 그리고 콘텐츠 산업은 인터넷 이용 산업으로서 홈쇼핑, 전자출판, 전자상거래, 정보서비스, 전자화폐, 인증보안 산업 등이 있다.

멀티미디어 산업은 전혀 새로운 산업의 출현을 가져와 새로운 직업군을 탄생시키기도 한다. 멀티미디어 네트워크의 시대가 진행되면서 '글로벌 사이버스페이스'가 형성되고 있으며, 이것은 콘텐츠 비즈니스의 새로운 창조를 무한하게 하고 있다.

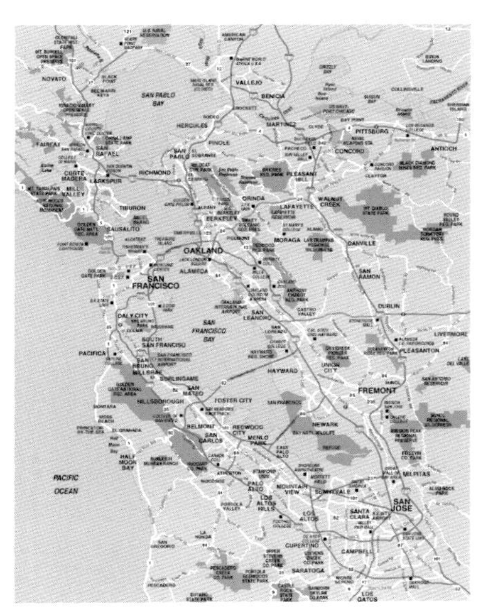

〈그림 11 - 3〉 캘리포니아 지도

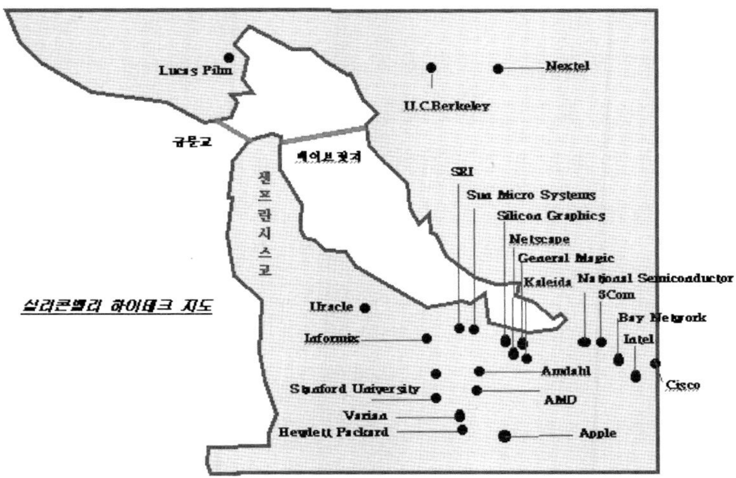

〈그림 11-4〉 실리콘밸리 하이테크 지도

〈그림 11-5〉 에드워드 맥라켄의 CII Plan

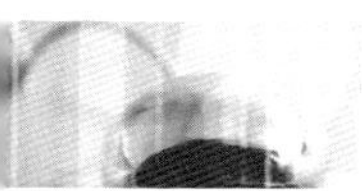

제12장

정보디자인 이론

12.1 정보디자인의 개념 및 필요성

12.1.1 정보디자인의 개념

정보디자인이란 인간이 정보를 효과적이고 효율적으로 사용할 수 있도록 준비하는 예술과 과학(Art & Science)이다.[65] 예술적 관점에서는 질적이고 규범적인 접근법을 동원하여 인간의 내면세계의 진실과 정서를 담은 정보를 내포하고 있어야 하고, 과학적 관점에서는 체계적이고 논리적인 접근법을 동원하여 효율적이고 효과적인 정보를 내포하도록 해야 한다. 이러한 정보 디자인의 중요한 목적은 다음과 같다.

첫째, 정보디자인은 이해하기 쉽고 빠르고 정확하며, 인간이 행동으로 옮기기 쉬운 발전된 문서를 만들어 내는 데 목적이 있다. 수많은 데이터를 가치 있는 정보로 만들기 위하여 우리는 문서, 그래픽, 도표, 그리고 동영상에 이르기까지 다양한 표현방법을 창조해 왔다. 이러한 노력은 정보를 다양하게 표현함으로써 보다 이해하기 쉽고 빠르고 정확하며 효과적으로 전달하기 위하여 정보를 보다 효과적으로 디자인하려는 노력이었다고 볼 수 있다.

둘째, 정보디자인은 인간과 컴퓨터의 자연스런 연계(interface)를 통하여 인간과 컴퓨터가 상호 작용하여 인간이 정보를 쉽고 효과적으로 활용할 수 있도록 하며, 인간이 컴퓨터를 가능한 한 즐겁고, 자연스럽고, 다루기 쉽도록 하는 데 목적이 있다. 정보사회에서 테크노스트레스(Techno – Stress)를 없애고 보다 인간이 컴퓨터를 이용함에 있어서 편리하고, 즐겁고, 다루기 쉬도록 다양한 방법이 창출되어야 하는데[66] 정보 디자인의 또 다른 목적이 여기에 있다고 하겠다.

셋째, 정보디자인은 가상공간과 같은 삼차원의 세계에서 인간들이 헤매지 않고 그들이 원하는 것을 찾을 수 있도록 하는 데 목적이 있다. 정보가 넘치면 인간이 작아진다. 지나치게 많은 정보는 스모그처럼 목표를 명료하지 않게 만들 뿐만 아니라 인간의 건강에도 좋지 않다[67]는 우려들처럼 정보사회의 지나친 정

---

65) Robert E. Horn, "Information Design: Emergence of a New Profession", edited by Robert Jacobson, Information Design(Massachusetts: Institute of Technology, 1999), p.15.
66) Michelle M. Weil & Larry D. Rosen, TechnoStress(New York: John Wiley & Sons, Inc., 1997), p.16.

보의 홍수는 오히려 우리 사회에 또 다른 문제를 야기하고 있다. 이러한 정보의 바다로부터 필요한 정보를 선별하고 제공하기 위한 노력이 요구되고 있다.

넷째, 다른 종류의 디자인과 정보디자인을 구분하는 가치는 정보디자인이 효과적이고 효율적으로 의사소통의 목적을 성취하는 것이라는 데 있다. Bob Horn에 의하면 과거의 디자인은 실무와 관련된 여러 가지 주제들을 설명하고 그 의미를 명백히 하는 데 목적이 있었으나 정보디자인은 그런 목적과 더불어서 도덕성까지도 내포하고 있는 개념이라고 한다. 이는 디자이너가 어떻게 효과적으로 특별한 관점을 전달할 것인가 하는 설명적 관점에 빠져 도덕성을 상실하는 일이 없도록 해야 한다는 것이다.

12.1.2 정보디자인의 필요성

오늘날 정보디자인은 하나의 직업으로 창출되고 있다. 이러한 정보디자이너의 필요성은 사실 고대 이집트인들이 매일 시장에 앉아서 그들의 고객을 위한 제안서나 메모 보고서 상형문자의 편지를 썼던 그때부터 의사소통을 더욱 효과적으로 하기 위하여 다른 사람들을 도와주는 사업의 일환으로 나타났다. 이와 같은 정보디자이너라고 부를 수 있는 의사소통의 전문가들이 이미 우리 사회에 많이 있다. 代作者(ghost writers), 카피라이터, 광고라이터 예술감독 그리고 공공관계라이터, 시장자문가들은 이러한 예이다. 인간 행태의 어느 분야에 있어서도 처음에는 전문화(specialization)가 이뤄지고 나서 직업화로 발전하는 과정이 있다. 정보디자인은 의사소통을 돕는 오래된 직업들이 최근에 다시 부각되고 있다는 데서 그 의미를 찾을 수 있다.

오늘날 정보디자인이 하나의 직업으로 요구되고 있는 이유는 무엇인가? 그 첫째는 급변하는 정보사회에서는 정보관리를 효과적이고 효율적으로 하기 위하여 복잡한 컴퓨터와 의사소통 장치 그리고 네트워크가 요구된다. 그러나 사실상 기가(Giga)급의 정보저장능력과 다양한 네비게이터를 통하여 컴퓨터와 인터넷은 우리들에게 너무 많은 정보를 주고 있으며, 때로는 사이버 공간에서 길을 잃고

---

67) 데이비드세크 · 정태석외(역), 데이터 스모그(서울: 민음사), 2000.

헤매게 된다. 우리가 필요한 것은 많은 정보가 아니라 가장 효과적이고, 효율적인 형태로 적절한 시간에 적절한 사람에게 적절한 정보를 제공하는 능력이다.

정보디자인의 직업화를 추진하고 있는 오늘날의 두 번째 요인은 정보에 대한 관리적이고 기술적이며 전문적인 것을 요구하는 시간 비용이 증가하고 있다는 것이다. 사회 각계각층에서 정보를 관리하고 기술적으로 처리하는 업무가 증가하고 있으며, 만약 정보가 형편없이 디자인되었다면, 어떤 조직에서든 그 운영이 비효과적이고 비효율적으로 될 수밖에 없기 때문에 정보사회에서 정보디자인의 중요성은 더욱 강조되고 있다고 하겠다.

12.2 정보디자인의 연구배경 및 동향

12.2.1 정보디자인의 연구배경

정보디자인이라는 용어는 아직은 완전히 한 분야로서 정착되지는 않았다. 그러나 신문과 잡지에 있어서는 정보그래픽스(information graphics), 기업에서는 프레젠테이션 그래픽스(presentation Graphics)나 비즈니스 그래픽스(business gra-phics), 과학 분야에서는 과학적 시각화(scientific visualization), 컴퓨터 엔지니어들은 연계 디자인(interface design), 경기연맹 관계자들은(conference facili-tators) 그래픽 기록(graphic recording)으로, 건축가들은 신호기나 길 안내판(signage wayfinding)을 만드는 일로, 각각의 분야에서 그 업무를 수행하고 있다. 이러한 디자인 분야들은 각기 다른 목적을 가지고 정보를 디자인하고 있는 것이다.

<표 12-1>은 이와 같은 각 분야의 정보디자인 요소들이 정보사회에서 새로운 직업으로, 정보디자인이라는 통합된 개념의 정보디자이너를 요구하고 있다는 것을 보여 주고 있다.

고대사회의 농업혁명에 이어 18세기 근대사회의 산업혁명은 새로운 사회의 변화를 가져왔고 문명과 기술의 발달로 인한 직업의 변화를 가져왔다. 21세기 정보혁명의 시대를 맞이하여 과거의 농업혁명과 산업혁명에 버금가는 정보혁명

으로 사회 각계에서 많은 것들이 빠르게 변화하고 있다. 이는 컴퓨터의 발명과 더불어 정보·통신기술의 발달에서 기인한 것이라 하겠다. 이러한 때에 정보디자이너라는 새로운 직업 군이 필요하게 되었고 21세기의 신직업으로 등장하고 있는 것이다. 사실 컴퓨터와 인터넷의 발달은 디지털 사회를 형성하고 있으며, 이 디지털 기술로 인하여 멀티미디어의 세계가 열리고 있다.

〈표 12-1〉 정보디자이너의 창출과정

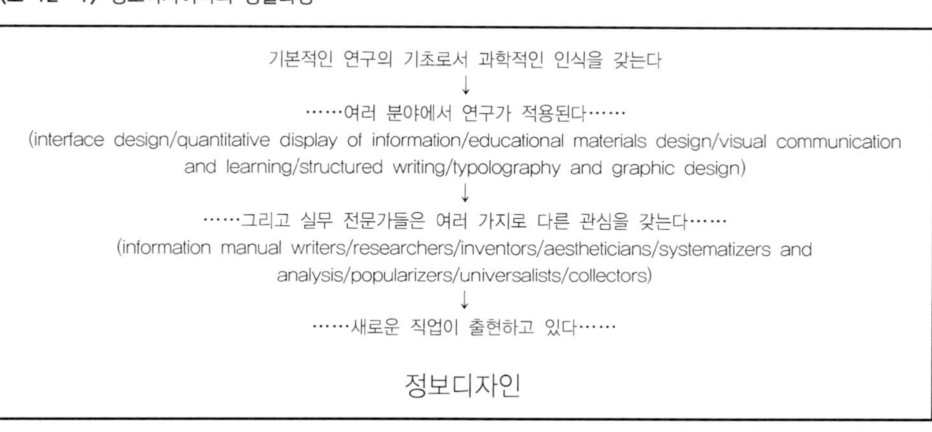

※ 자료: Robert E. Horn, "Information Design: Emergence of a New Profession", edited by Robert Jacobson, Information Design(Massachusetts: Insititute of Technology, 1999), p.18.

멀티미디어는 그동안 각계에서 전문 직업으로 성장한 정보디자인 계열의 다양한 직업을 하나로 통합하는 계기를 제공하고 있다. 그러나 멀티미디어가 등장하기 이전의 정보디자인의 역사는 각기 다른 분야에서 전문성을 가지고 이미 진행하고 있었다. 이들은 도표, 차트, 그래픽, 클립아트 등을 만들어 낸 사람, 세계 공통 언어인 교통표지판을 만든 사람, 그리고 신문이나 잡지에서 표지나 광고를 만들어 낸 사람과, 컴퓨터의 Excel, SPSS와 같은 통계패키지나 아래흔글, 훈민정음과 같은 문서용 소프트웨어를 만들어 낸 사람, 인터넷과 PC통신기술과 같은 네트워크기술을 개발한 사람에 이르기까지 모두가 각 분야에서 의사전달의 도구를 만들어 정보디자인에 기여한 사람들이다. 그러나 각각 다른 분야에서 다른 목적으로 정보를 디자인하던 과거와는 달리 컴퓨터와 정보·통신기술의 발달로 인한 오늘날의 디지털사회는 이들 각 분야를 통합하여 활용할 수 있는 능력을 가진 통합적 개념의 정보디자이너와 정보디자인을 요구하고 있는 것이다.

12.2.2 정보디자인의 외국연구 동향

정보디자인에 관한 유일한 연구단체로 영국의 정보디자인협회(Information Design Society)가 있다. 이 단체는 정보디자인이란 용어를 처음으로 보급하였고, 디자인 실무자, 심리학·교육학자, 컴퓨터그래픽 전문가 등 다양한 분야의 전문가들로 구성되어 있다. 최근에 Paul Stiff에 의해서 이 협회의 정보디자인저널이 출간되었다. Michael Twyman이 학장으로 있는 영국 Reeding 대학의 인쇄학과 그래픽 커뮤니케이션 학과 프로그램은 정보디자인을 전문으로 가르치는 곳이기도 하다. 정보디자인에 관한 연구는 각 분야의 디자인에 관한 전문가들이 공동으로 발전시켜 나가면서, 점차 그 기반이 형성되어 가고 있다. 그러나 다른 분야에 비하면 정보디자인은 시작의 단계라고 볼 수 있다.

정보디자인의 연구는 각 분야의 디자인 전문가가 통합되어 발전하여야 하며, 여기에는 교육심리학, 컴퓨터 연계디자인, 공연기술학, 문서디자인, 인쇄학, 광고학, 커뮤니케이션기술 등 다양한 학문들에 의해서 기초연구가 진행되고 있다. 이들을 소개하면 다음과 같다.

〈표 12-2〉 정보디자인의 외국연구 동향

연구대상	연구자 또는 기관
연계디자인	Smith and Mosier(1986), Shneiderman(1987, 1992)
교육재료디자인	Fleming and Levie(1993)
인쇄학	Evans(1976), U.S. National Bureau of Standards(1967), Tinker(1963)
시각적 의사소통과 교육	Goldsmith(1984), Pettersson(1989), Horton(1991)
정보의 양적 표현	Cleveland(1985)

정보의 연계디자인, 교육재료디자인, 인쇄학, 시각적 의사소통과 교육, 정보의 양적 표현 등의 연구를 통하여 정보디자인은 통합적 학문으로 발전해 가고 있으며, 정보디자인에 대한 이론과 실질적 자료를 형성하는 것이 이 모든 분야의 기반이 되고 있다. 또한 의학분야에서는 의학정보학이라는 이름으로 정보디자인의 이론적 기반을 형성하고 있기도 하다.

12.3 정보디자인의 기초연구와 과제

정보디자인의 기초적 연구는 문장을 어떻게 구성할 것인가 하는 데 관심을 갖는 연구이다. 이것은 보고서, 메모, 제안서, 교육매뉴얼, 절차와 운영지침서, 전자처리지원시스템 등의 문서양식으로 나타난다. 이것은 여러 가지 정보에 대한 단위의 분석, 조직, 연계들을 어떻게 표현하느냐 하는 것이다. 우리가 논문이나 서적에서 볼 수 있는 <그림>이나 <표>와 같은 것도 이에 해당된다. 또한 교통, 체육, 의학 등에서 사용되고 있는 심벌과 같은 것에 대한 연구가 있다.

이는 언어와 이미지를 통합하여 언어를 대신하여 의사소통에 기여하는 시각적 언어 아이콘(Visual Language iconic: VLiconics)과 단순한 이미지로 의사소통과는 관련이 없는 단순한 아이콘(icons)으로 구별될 수 있다. 시각적 언어는 정보디자인에 의해서 새롭게 만들어지는 것으로 단어(words)와 이미지(images) 그리고 형태(shapes)가 잘 조화된(tight coupling) 단일화된 커뮤니케이션의 조합으로 정의된다.[68] 여기서 '잘 조화된'이란 그것으로부터 얻어질 수 있는 의미가 갑자기 사라지거나 파괴되지 않는 조직된 시각적 언어로 단어나 이미지 또는 형태로 바꿀 수 없다는 것을 의미한다. 다이어그램(도형)을 예로 들면, 박스나 화살표를 심각한 의미의 손상 없이 바꿀 수 없는 것과 같다. 단어와 이미지의 조화는 사기업의 슬라이드 프레젠테이션이나 신문, 잡지 등에 의해서 정보그래픽으로 표현된다. 이와 비슷하게 희극서적, 대부분의 광고, 비디오, 영화, 만화에서도 단어와 이미지의 조화가 잘 나타난다. 지금은 수많은 서적과 온라인에서 시각적 언어가 사용되고 있으며, 정보디자인의 입장에서 보면 시각적 언어는 지난 십 년 동안 개인 컴퓨터의 보급으로 빠르게 발전하였다. 특히 컴퓨터그래픽 프로그램(예, Draw, Paint, Illustration, Adobe Photoshop, Power Point 등)의 활용성을 확대시켜 나가고 있다.

이와 같이 정보디자인의 기초적인 연구는 문장을 어떻게 구성할 것인가 하는 데 관심을 갖는 것으로 의사소통의 수단으로 사용되는 다양한 도구들을 개발하고 발전시키는 것이 오랫동안 인류의 과제였다. 고대사회에서는 문자를 쓰기 위하여 파피루스를 발명하였고, 많은 세기를 지나면서 그들은 시대의 변화에 따른

---

68) Robert. E. Horn, *Visual Language: A Global Language for the 21st Century*(Wash: MacroVU, Inc.), 1998.

필요에 의해서 상형문자로부터 음성문자를 만들어 냈듯이, 오늘날 정보디자이너들은 21세기의 복잡하고 빠른 변화에 따른 도구(tool)와 기술(skill)들을 발전시켜야만 한다. 또한 하나의 전문의사가 만들어지려면 오랜 기간에 걸쳐 인턴과 레지던트의 과정을 밟듯이, 정보디자인분야도 각 부분의 상호작용적 연계를 통한 통합디자인으로 한 걸음씩 발전해 나가야 한다.

12.4 웹사이트 정보디자인 이론

미래사회에서 사람들에게 가장 중요한 기술은 많은 사람들이 공유하고 이용할 수 있는 가치 있고 유용한 정보를 창출하는 능력이 될 것이다. 이것을 위해서 우리는 새로운 기술의 발명과 더불어 정보와 자료를 적절히 표현하고 구조화하는 방법을 배워 나가야 한다.

이것은 그 수단이 무엇인가가 중요한 것이 아니라, 정보불안, 정보과잉, 미디어리터러시,[69] 미디어몰입, 그리고 기술의 폭증으로부터 인간이 어떻게 그들을 극복해 나가느냐 하는 것이 중요하다. 이러한 문제들을 극복해 나가기 위하여 각 분야의 정보 디자인부분을 상호 작용하여 시너지효과를 높이는 데 주력해야 한다. 이를 위하여 웹사이트 상에서 정보디자인의 통합이 필요하며, 데이터 디자인, 상호작용 디자인, 감각 디자인이라는 세 분야의 연계 통합적 연구가 필요하다.

12.4.1 데이터(data) 디자인

데이터 디자인의 원리는 전문분야인 그래픽 디자인과 출판의 세계에 기초하고 있다. 이는 자료의 표현과 구성에 중점을 두는 것으로서, 자료를 가치 있고 의미 있는 정보로 전환하는 방법에 초점을 두고 있다. 즉 데이터 디자인은 자료

---

69) 미디어 리터러시(Literacy)는 읽기, 쓰기, 수학과 과학 같은 전통적인 교육을 통합해 종합적인 미디어 수용·비판능력을 키워 주는 교육방식이다. 미디어 리터러시 개념을 처음으로 제도교육의 틀 안에 도입한 나라는 캐나다다. 캐나다의 온타리오주는 1987년 학생들이 '다양한 형태의 미디어를 분석하고 서로의 의견을 교환, 미디어를 자기의 경험에 기초해 생각하는 능력'을 기르도록 하기 위해 미디어 리터러시를 국어 교과목에 포함시켜 제도화했다.

(data)를 가장 잘 표현하여 가치 있는 정보로 만드는 것이라 하겠다.

자료를 정보로 표현하는 방법으로서 Nathan Shedroff는 알파벳·위치·시간·연속·숫자·범주·추출의 일곱 가지 방법을 제시하였다. 이러한 표현방법은 그 목적과 메시지에 따라 적절히 선택하는 것이 매우 중요하다. 또한, 정보는 이해의 끝이 아니다. 이는 <그림 12−1>에서 보듯이 자료−정보−지식−지혜의 단계로 이어진다.

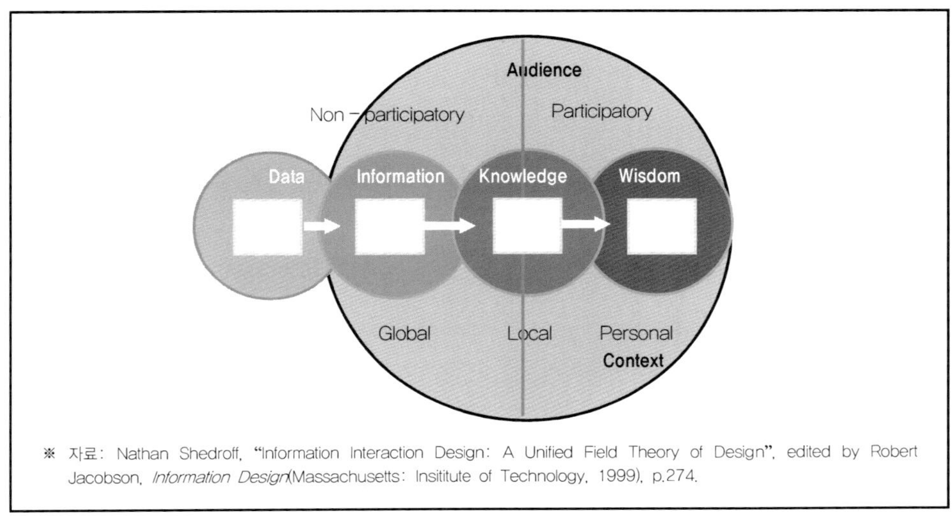

※ 자료: Nathan Shedroff, "Information Interaction Design: A Unified Field Theory of Design", edited by Robert Jacobson, *Information Design*(Massachusetts: Insititute of Technology, 1999), p.274.

〈그림 12−1〉 데이터 디자인의 구성요소

즉 단순한 문자, 그래픽, 그림, 기호, 숫자 등의 자료가 가치를 갖게 되면 정보가 되고, 그 정보를 몇몇 사람이 활용하여 경험을 쌓게 되면 지식이 되고, 그것은 다시 개인적인 지혜가 되는 것이다. 자료에서 지혜로 갈수록 개인에게 있어서 중요한 것이 된다. 데이터 디자인은 이와 같은 단계를 어떻게 구조화하고, 표현하여 정확하게 그것의 의도와 메시지를 전달할 것인가에 관심을 갖는다. <그림 12−1>의 단계별 내용을 살펴보면 다음과 같다.

(1) 데이터에서 지혜로

데이터 디자인의 특징은 자료(data)를 가공하여 지혜로 이끌어 낸다는 점이다.

즉 자료를 가공하여 단순한 지식의 수준에 머물게 하지 않고 이를 활용하는 사람의 지혜로 발전시킨다는 의미를 담고 있다. 즉 행정적 측면에서 본다면 자료를 가공하여 행정관리의 지혜로 또는 국민(주민)의 지혜로 이끌어 낸다는 것이다. 자료를 가공하여 단순한 지식의 수준에 머물게 하지 않고 이를 행정관리 현장에서 또는 국민의 삶의 현장에서 지혜로 발전시킨다는 의미를 담고 있는 것이다.

① 자료(data): 자료는 연구, 창조, 수집, 발견의 산물로서 단순한 문자, 그래픽, 그림, 기호, 숫자 등을 말한다. 자료는 그 자체로는 논리적이지 못하며, 의사소통의 가치가 없는 불완전한 메시지이다. 우리가 정보기술이라고 부르는 대부분의 기술들은 사실 단순한 데이터를 처리하는 기술일 뿐이다. 왜냐하면, 그것은 정보의 의사소통이나 형성 또는 이해에 초점을 두고 있지 않기 때문이다. 정보의 원료(原料)가 되는 것이 자료이다.

그래서 자료를 정보원(情報源: information source)이라고 한다. 여기서 정보원이란 처리되지 않은 자료를 말하는 것으로 변형된 자료에 대한 상대적인 개념이다. 자료가 정보가 되려면 다음과 같은 조건들이 필요하다.[70]

첫째, 정보를 필요로 하는 사용자가 있어야 한다.

둘째, 사용자가 이해할 수 있는 기호로 표현되어야 한다.

셋째, 일정한 규칙(정보처리원칙)에 따라 배역, 요약, 삭제 등 가공(처리) 되어야 한다.

넷째, 사용자 관점에서 판단·결정의 기준이 되어 주어야 한다.

다섯째, 특정목적을 위하여 평가된 자료는 의미 있는 정보를 제공한다.

② 정보(information): 넓은 의미에서 정보는 그 정보의 내용 즉 의미적 정보뿐만 아니라, 정보의 표현양식, 즉 형태적 정보까지 포함하며, 나아가 전달매체, 사용자, 가치, 처리 등을 그 개념의 구성요소로 한다. 이를 구체적으로 살펴보면 다음과 같다.

첫째, 정확한 의미에서 정보란 그것이 갖는 어떤 내용, 즉 메시지(message)를 뜻한다. 이러한 추상적인 내용을 意味的 情報라고 한다.

둘째, 정보는 문자, 음성, 그림 등 정보가 갖는 어떤 형태, 또는 외부적으로

---

70) 하미승, 행정정보체계론(서울: 법문사, 1996), p.96.

인식될 수 있는 어떤 표현형식을 가져야 한다. 이를 形態的 情報라고 한다.

셋째, 정보는 그것을 전달해 주는 媒體를 필요로 한다. 상호 얼굴을 맞대고 정보를 교환할 수도 있고, 컴퓨터망·전화·FAX 등 통신매체나 신문·책 등 출판매체를 통하여 전달될 수도 있다.

넷째, 정보는 이를 필요로 하는 使用者가 있어야 한다. 기업정보의 사용자는 경영자·소비자 등이 되고, 행정정보의 사용자는 행정관리자·국민 등이 된다.

다섯째, 정보는 나름대로의 價値를 가져야 한다.

여섯째, 정보는 일정한 形態로 處理된 것이다. 자료가 정보로 가공되어야 한다는 것을 의미한다. 처리·가공이란 자료를 수집한 후 이를 계산·분석·정리하거나 형태를 바꾸는 것을 말한다.

③ 지식(knowledge): 특정한 정보의 의미가 확실해져서 누구에게든 인정받을 수 있는 내용으로 확정된 것을 지식이라고 한다. 지식은 정보를 통한 체험의 결과로 나타나며, 개인적(personal), 지엽적(local), 보편적(global)인 지식이 존재한다. 지식의 출발은 개인에게서 시작되지만 상호작용으로 인하여 지엽적, 보편적 지식으로 만들어지는 것이다. 여기에는 規則(rules), 定理(theorem) 등 일반적으로 적용될 수 있는 보편타당한 내용이 포함된다.

④ 지혜(wisdom): 지혜는 지식을 위한 지식(meta – knowledge)의 일종으로 추상적이며 철학적인 것이다. 지혜는 경험을 통한 모든 과정의 총체로서 심사숙고하고, 재음미, 재평가하여 해석된 결과이다. 지혜는 인위적으로 창출할 수 없으며, 다른 사람과 공유할 수도 없다. 지혜는 궁극적으로 개인이 얻어야 할 총합적인 이해(깨달음)인 것이다.

(2) 비참여에서 참여로

데이터 디자인의 특징은 비참여에서 참여로 이끌어 낸다는 것이다. 단순한 자료를 가치 있는 정보로 만들고, 이를 활용하는 지식과 지혜로 발전하는 과정에서 비참여적 환경이 참여적 환경으로 바뀐다는 것이다. 즉 행정적 측면에서 본다면 데이터 디자인을 통하여 무지한 국민(주민)을 계몽하고 지혜로운 국민으로 만들어 가게 되는 것이며 이 과정에서 국가나 행정부분에 관심을 가지고 참여하려는 국민(주민)의 의지가 높아진다고 볼 수 있다.

(3) 지구촌에서 개인으로

데이터 디자인을 통하여 세계에 흩어진 자료를 끌어 모으고 이를 가공하여 가치 있는 정보로 지식으로 발전할수록 개인에게 집중되는 지혜가 생긴다는 것이다. 이 개인적 지혜가 쌓이고 모이면 국가와 국민의 발전을 가져올 수 있다.

12.4.2 상호작용(Interactive) 디자인

상호작용 디자인은 정보에 담긴 메시지나 의미를 명확하게 전달하는 데 관심을 둔다. 이는 정보통신뿐만 아니라 미디어의 발달로 인하여 과거와는 다른 기회와 가능성을 제공하고 있다.

오늘날 인터넷과 컴퓨터 그리고 멀티미디어의 발달은 과거의 단방향적 의사소통에서 쌍방향적 의사소통의 세계를 열어 가고 있다. 따라서 상호작용 디자인을 통하여 새로운 정보나 지식을 창출해 낼 수 있다.

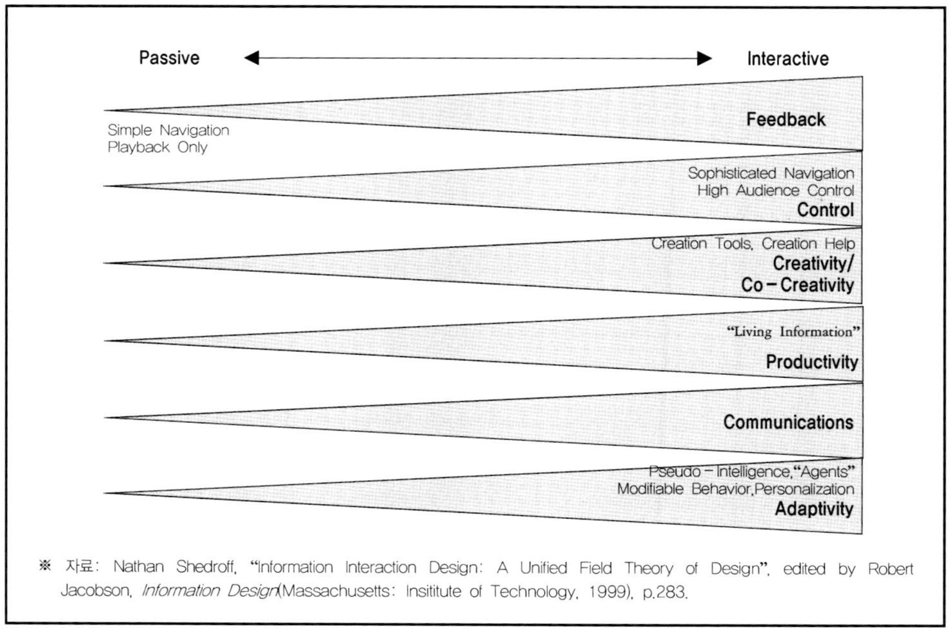

※ 자료: Nathan Shedroff, "Information Interaction Design: A Unified Field Theory of Design", edited by Robert Jacobson, *Information Design*(Massachusetts: Insititute of Technology, 1999), p.283.

〈그림 12-2〉 상호작용 디자인 구성요소

<그림 12-2>는 상호작용 디자인의 구성요소를 나타내고 있다. 텔레비전 시청이나 독서, 그리고 영화감상 등과 같은 것은 제작자나 작가가 의도한 메시지를 수동적으로 전달받는 것이다. 이런 방법은 새로운 창출의 기회를 줄인다. 반면에 컴퓨터와 인터넷 그리고 멀티미디어의 쌍방향적 상호작용은 시너지효과를 가져와서 새로운 창조물을 만드는 기회를 제공하게 된다.

쌍방향적 환류와 조정은 새로운 도구의 창조와 정보를 생산하게 되고 이것은 채팅방, 게시판, 동호회 등을 통하여 더 높은 조정, 환류, 적응으로 발전하게 된다.

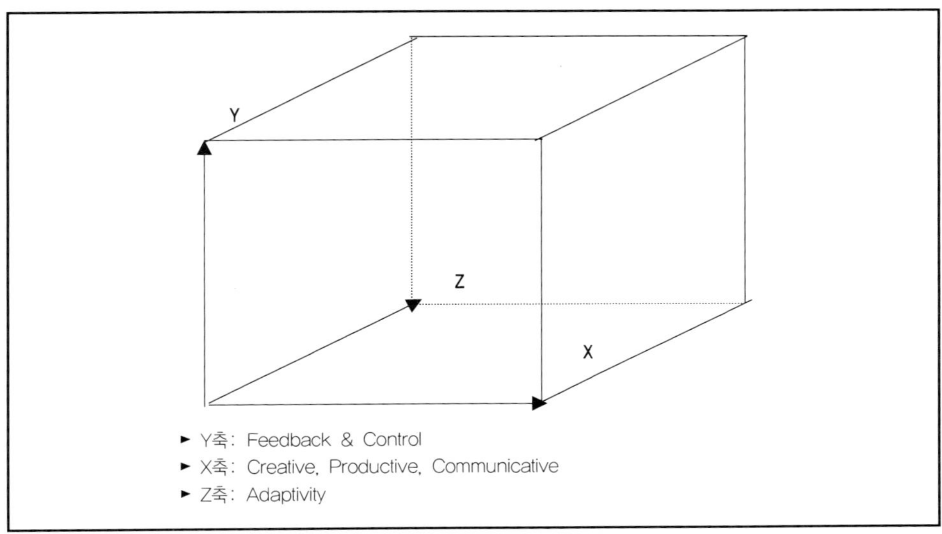

〈그림 12-3〉 상호작용 디자인 육각모형

이와 같은 정보의 상호작용은 <그림 12-3>에서 보듯이 환류와 조정, 창조·생산·의사소통, 그리고 적응이라는 세 축으로 이뤄진 육각체 안에 놓인 다양한 매체와 기술들이 상호작용을 통하여 발전과 성장을 지속할 것이다.

12.4.3 감각(Sensorial) 디자인

감각적 디자인은 감각기관을 통하여 다른 사람과 의사소통을 하는 데 사용되는 모든 기술들을 사용하는 것이다. 우리는 오랫동안 그래픽디자인, 비디오그라피, 시네마토그라피, 타이포그라피, 일러스트레이션, 포토그라피와 같은 읽고 쓰는 데 필요한 시각적 디자인 분야의 사용만을 생각해 왔다. 그러나 다른 감각들을 통한 의사소통의 분야 또한 매우 중요한 것이다.

음악과 같은 음성전달을 통한 의사소통의 방법으로 음성디자인이 요구되고, 최근에는 디지털기술의 발달로 인하여 촉각, 후각, 지각과 같은 감각적 요소의 기술들이 개발 사용되고 있으며 이는 우리들의 의사소통을 더욱 세밀하고 명확하며 풍부하게 전달할 수 있게 해 주고 있다. 이를 위하여 다양한 미디어 기술의 응용과 적용이 요구된다.

이와 같은 미디어기술의 발달에 따른 웹사이트 구성기술의 발달과정을 보면 <그림 12-4>과 같다.

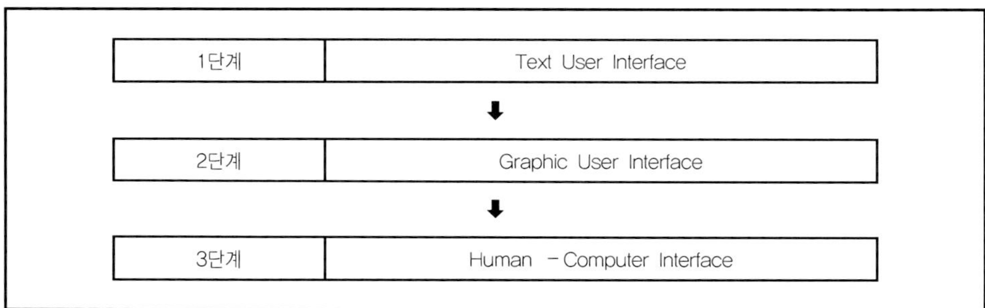

〈그림 12-4〉 웹사이트 구성기술의 발달과정

초기 웹사이트는 통신속도와 소프트웨어의 수준, 그리고 하드웨어의 성능 저하에 따라 텍스트를 이용한 웹사이트를 구축하였으나 광통신을 이용한 초고속 통신망인 ADSL(Asymmetrical Digital Subscriber Line)[71]과 종합디지털통신망인 ISDN(Integrated Service Digital Network)[72]이 보편화되면서 그래픽과 동영상을 구현하는 웹사이트를 구축할 수 있게 되었다. 앞으로는 한 걸음 더 나아가 그래픽 동영상뿐만 아니라 인간의 오감(시각, 청각, 촉각, 후각, 미각)을 느낄 수 있는 휴먼-컴퓨터 인터페이스가 실현될 것이다.

---

71) 미국의 벨코사가 제안한 디지털 데이터 전송방식으로 전화의 음성보다 높은 주파수를 이용해 동화상을 디지털 전송하는 기술. MPEG 1(동화상 포맷의 하나)을 채용하는 것이 일반적이다.
72) 국제 표준의 통신규격을 가진 종합 디지털 통신망. 이전에는 전화나 팩시밀리, 데이터통신, 화상통신 등의 정보는 각각 별개의 네트워크를 사용하여 송수신 하였으나, 이를 디지털화함으로써 1개의 회선으로 다룰 수 있도록 한 멀티미디어 통신망이다.

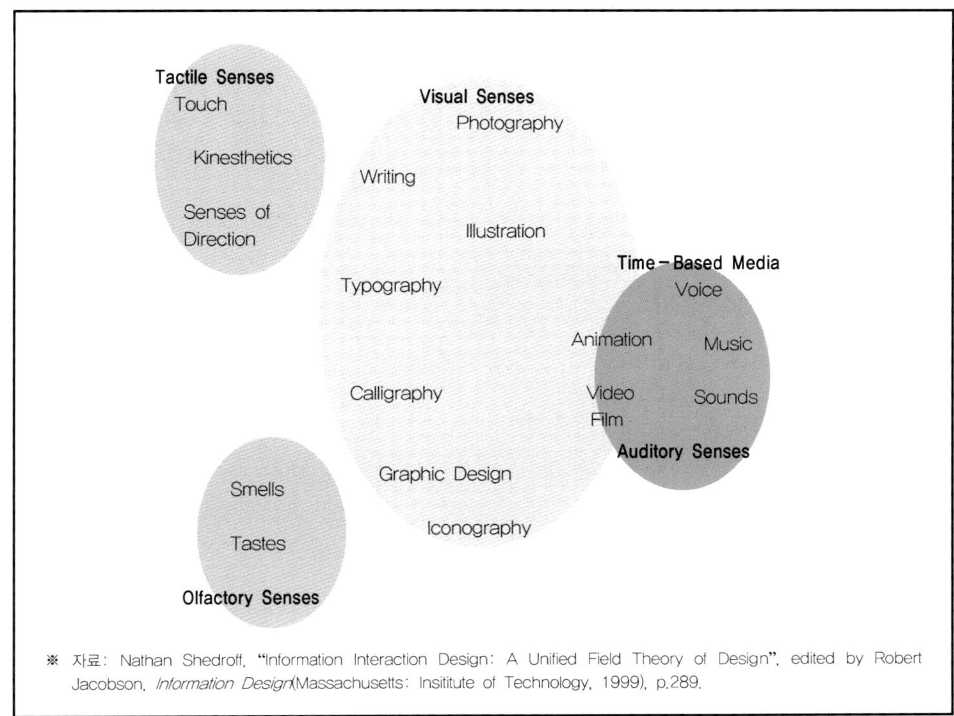

※ 자료: Nathan Shedroff, "Information Interaction Design: A Unified Field Theory of Design", edited by Robert Jacobson, *Information Design*(Massachusetts: Insititute of Technology, 1999), p.289.

〈그림 12-5〉 감각적 미디어의 종류

<그림 12-5>에서 보듯이 미디어의 표현과 방법은 매우 다양하다. 이것은 문서(텍스트), 그래픽 디자인, 도표학(iconography), 지도, 서예, 인쇄술, 일러스트레이션, 그리고 칼라이론(그래픽), 사진(photography), 만화(animation), 영화(cinemato-graphy)와 같은 이미지, 그리고 음성디자인, 노래, 음악과 같은 사운드뿐만 아니라 좁을 맡을 수 있는 기술까지 포함하게 될 것이다.

이것은 디지털과 멀티미디어 기술의 발달을 의미하며, 이러한 기술들을 적절히 사용함으로써 이를 이용하는 사람들에게 폭넓은 이해를 가능하게 할 것이다. 이러한 감각적인 것을 전달하는 매체(medium)는 서로 다른 장·단점을 갖고 있다.

<그림 12-6>에서 보듯이 인간과 컴퓨터의 상호 교호 작용을 가능하게 함으로써 의도한 메시지를 목적에 맞게 빠르고 정확하게 전달하는 기술들이 개발되고 있다. 우리는 정보를 전달·교환하는 데 이러한 기술들을 충분히 활용해야 한다. 이것은 '사용자 인터페이스 디자인(User Interface Design)'을 통하여 인간이 끊임없이 개발되고 있는 기계들을 사용함에 있어서 편리하고 접근하기 쉽

도록 하여 인간이 기계를 사용할 때 인간의 일상생활을 한다는 느낌을 주도록 하는 데 중점을 두는 연구영역이다. 이러한 관심은 인간이 기계를 사용하는 방법, 즉 인간과 기계의 상호작용(Interaction)이 가능한 인터페이스(Interface)라는 말로 대두되었고 이에 대한 연구가 시작되었다.[73]

기계는 비물질세계에 있기 때문에 인간과 커뮤니케이션할 수 없다. 그러나 비물질세계와 커뮤니케이션이 가능하도록 하는 것이 인터페이스 디자인이다. 정신과 물체의 존재 방식이 현대의 기계문명에서는 이미 직접적이라기보다는 인터페이스라는 특별한 장에서 간접적으로 상호작용이 이루어진다. 인터페이스(Interface)란 '이질적인 두 가지 물질이 접촉한다'는 의미의 화학용어에서 탄생하였으며, 일반적으로는 두 종류의 서로 다른 세계가 만나서 의사소통을 하는 장소를 의미한다.

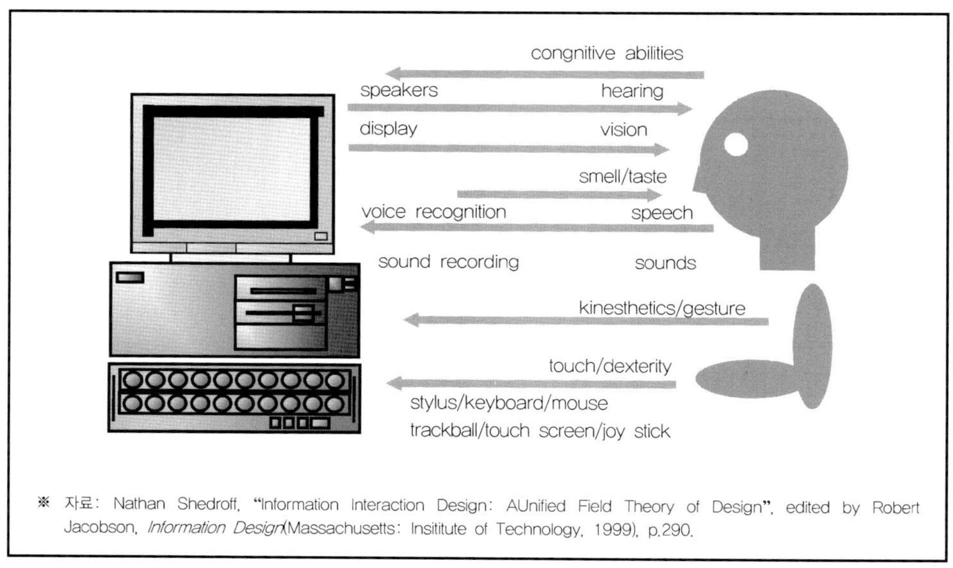

※ 자료: Nathan Shedroff, "Information Interaction Design: AUnified Field Theory of Design", edited by Robert Jacobson, *Information Design*(Massachusetts: Insititute of Technology, 1999), p.290.

〈그림 12-6〉 미디어의 차이점

컴퓨터, 시스템 등의 접점 혹은 하나의 대상과 또 다른 대상과의 접점을 의미하며 2차적으로는 사용자와 각각의 시스템 사이의 「정보채널」로 받아들여지고 있다.[74] 이러한 인터페이스는 사용자가 원하는 작업을 수행할 수 있도록 시스템

---

73) 차상헌, "GUI디자인에 있어서 아이콘에 관한 고찰", (광주: 조선대학교 대학원, 석사학위논문, 1999), p.4.

과 대화를 가능하게 해 주고 사용자가 멀티미디어 시스템를 사용할 때 발생할 수 있는 문제점들로부터 보호하고 멀티미디어의 장점을 최대한 살리는 역할을 한다.

빌 모그리지는(Bill Morgride)는 Interface Design을 처음 제창하면서, 「컴퓨터 소프트웨어의 사용성에 관한 연구」를 통하여 새로운 디자인 영역을 개척하였다. 이는 시간과 조작의 흐름을 고려한 사용의 용이성을 연구하는 것으로 알기 쉽고, 보기 쉽고, 생각하기 쉬운 소프트웨어의 개발을 목적으로 하고 있다.[75] 이로부터 사용자 – 인터페이스 디자인이란 개념이 탄생하였으며, HCI(Human Computer Interface)를 디자인의 대상으로 봄으로써 인간의 지각기능과 인지과정을 그 핵심으로 둔다. 따라서 HCI 디자인은 '사용자와 컴퓨터 사이의 상호 정보교환의 문제점을 인간의 지각적 인지적 특질로부터 밝혀내고 이를 체계화시켜서 사용자가 쉽게 접근할 수 있는 인터페이스를 만들어 가는 디자인 접근법'이라고 할 수 있다.

HCI 디자인에서 그래픽 디자이너가 담당하는 부분이 바로 GUI(Graphic User Interface)이다. GUI는 대화식 컴퓨터 시스템에서 문자에 기초를 둔 명령어 입력 방식(Command Line Interface)보다 그래픽 심벌(Graphic Symbol)에 기초한 대화 방식이다. 이와 같은 GUI는 사용자와 시스템과의 상호 교류하는 접점이며 웹사이트를 디자인하는 데 있어서 내용들을 일관성 있게 사용하기 쉬운 시각적 정보를 나타낸다. 이와 같이 데이터 디자인과 상호작용 디자인 그리고 감각적 디자인의 통합적 활용을 통하여 우리는 새로운 체험을 함으로써 더 낳은 것을 창조하고 발전시켜 나갈 수 있는 것이다.

---

74) 이선희, "CD – ROM타이틀 제작을 위한 인터페이스 디자인에 관한 연구", (서울: 홍익대학교 대학원, 석사학위논문, 1999), p.16.
75) 이현진, "제품의 조형요소가 사용자 인터페이스 디자인에 미치는 영향에 관한 연구", (서울: 한국과학기술원, 석사학위논문, 1994), p.9.

부록 〈외국 전자정부 사례〉

주요국 전자정부 정책의 비교평가
(10개국을 중심으로)

− 한국전산원 정보화연구실 −

A.1 전자정부 구축의 국제비교 중요성

A.2 주요 외국의 정보화 및 전자정부 구축정책

A.3 각국의 정보화 및 전자정부 구축정책 비교 평가

※ 본 내용은 2004년 한국전산원 홈페이지 정보화자료실에 공개된 자료입니다.
(http: //www.nca.or.kr/main/nca_main_intro.htm)

A.1 전자정부 구축의 국제비교 중요성

　정보화의 큰 물결 속에서 해외 각국은 정보화 및 전자정부의 구축을 적극적으로 추진하고 있다. 정보통신기술의 발전은 사회전반에 커다란 영향을 미치고 있으며, 특히 컴퓨터와 통신기술의 결합을 통한 멀티미디어의 등장은 현재의 정보화 속도를 더욱 가속화시키고 있다. 따라서 해외 각국은 정보화의 기반을 구축하기 위해 다양한 방식으로 네트워크기반을 건설하고 있으며, 이를 토대로 다양한 서비스를 개발하고 그 질을 향상시켜 대민서비스의 일대 혁명을 일으키고 있다. 이러한 정보혁명은 원격교육, 재택근무, 원스톱 및 논스톱 서비스, 전자상거래, 전자결재, 화상회의 등 다양한 형태로 기존의 방식을 변화시키고 있는 것이다. 정보기술의 발전은 과거 정부의 형태를 변화시키고 있으며, 그 변화의 핵심은 정부위주의 편의주의적인 행정에서 시민편의주의 중심의 행정으로 전환시키고 있다. 이것이 전자정부의 출현 배경이다. 이러한 측면에서 현재 우리 정부도 '작고 효율적인 전자정부의 구현'을 정보화촉진기본계획의 10대 과제 중의 하나로 선정하여 이를 추진하고 있다.

　그러나 아직까지 전자정부의 개념은 물론 전자정부의 미래 모습에 대하여 구체적인 합의점을 이루어 내지 못하고 있는 실정이다. 반면에 일부 선진국들은 행정 부문에 정보기술을 활용하여 한편으로는 정부의 생산성을 제고하고 다른 한편으로 고객지향적인 대민행정 서비스 체제를 구축하는 데 이미 상당한 효과를 거두고 있다. 그런데 흥미로운 점은 과거 산업시대의 경제발전이 늦었던 일부국가 중에서도 정보화 및 전자정부의 구축이 성공적으로 진행되고 있다는 것이다. 이는 미래의 정보사회에서는 산업사회의 논리와 전략이 더 이상 적용될 수 없다는 것을 의미한다.

　실제로 성공적으로 전자정부를 추진하고 있는 국가들의 공통점은 지도자의 전자정부에 대한 확고한 신념, 전면적인 행정개혁, 전문지식을 갖춘 관료의 노력, 선도적인 시범사업, 강력한 추진체제 등의 기본적인 요소들이 갖추고 있다는 점이다. 단순히 정보기술을 도입하는 것에 의해서 전자정부가 구현될 수는 없고 정부의 업무처리 절차, 기능 및 조직에 대한 근본적인 재구성과 개혁이 선행될 때만이 구현될 수 있다는 것을 이미 인식하기 시작한 것이다.

따라서 전자정부를 추진하기 위한 경험이 없는 우리나라의 현 상황에 비추어 볼 때, 해외의 정보화 및 전자정부 구축현황을 비교 평가하는 것은 매우 의미가 있다. 특히 IMF사태의 극복을 위해 작고 효율적인 정부의 구현이 강조되고 있는 이 시점에서, 해외 각국이 어떻게 정보화 시대의 행정서비스와 행정체제의 개선 방안을 전자정부의 개념 정립과 미래 비전으로 형상화하려고 있는가를 살펴보는 것은 매우 중요하다. 그들의 성공 및 실패의 사례를 면밀히 분석하고 비교 평가하여 우리나라 상황에 적합한 전자정부 구축모델을 정립하는 작업이 필요한 것이다. 따라서 본 연구에서는 최근까지의 선진 각국의 전자정부 구현사례를 통하여 우리나라에서 전자정부를 구축하는 데 도움이 될 수 있는 시사점을 찾아보고자 한다. 그 내용은 비교적인 관점에서 첫째, 각 국가의 정보화 및 전자정부의 추진배경을 파악하고, 둘째, 각 국가의 정보화 및 전자정부 추진에 관한 최신 동향을 살펴본 다음, 각 국가의 정보화 및 전자정부 추진 시에 발생한 문제점과 극복방안을 평가하고자 한다.

A.2 주요 외국의 정보화 및 전자정부 구축정책

A.2.1 미국

(1) 정보화 및 전자정부 추진배경

가. 정보화 정책의 기본방향 및 목적

기본적으로 미국의 정보화 정책은 통신정책과 정보정책으로 구분된다. 통신정책은 주로 법적 규제, 표준화, 국제무역과 관련된 이슈들을 다루고 있고, 정보정책은 정보의 창조, 분류, 접근, 보급하는 것과 관련이 있는 이슈들을 다룬다. 그리고 현재는 네트워크를 중심으로 하는 정보기반(infrastructure)의 구축에 중점을 두고 있고, 이는 컴퓨터와 통신의 결합으로 인한 하드웨어와 소프트웨어의 조화를 의미한다. 과학기술정책의 거시적 관점에서 보면 미국이나 영국, 프랑스 등은 전통적으로 목적완성형(mission - oriented) 전략을 펴 왔고, — 특히 미국은 대규모의 군사기술 프로젝트 — 그것을 바탕으로 기술이 산업에 파급되기를 기대하였다. 그러나 현재는 기술확산형(diffusion - oriented) 전략으로 바꾸었고 기술을 개발하는 벤처기업을 집중적으로 지원하고 있다(Brancomb, 1992). 이는 기업의 기술혁신을 유도하여 순수 과학기술을 상품화시키는 전략이다. 또한 NII를 구축하여 정부-교육-산업연구소-정보 이용자-기타부문의 공급자를 연결시켜 정보를 교환하고 지식을 전파하는 지식사회를 지향하고 있다. 한편 전자정부의 구축은 행정개혁을 성공적으로 추진하기 위한 수단으로 인식되고 있으며 그 주요 목표는 원스톱 및 논스톱 서비스의 제공, 정부 내 생산성 제고와 대국민 서비스의 획기적인 개선, 보다 적은 비용으로 보다 나은 서비스를 제공하기 위한 행정개혁이다.

이는 궁극적으로 국가경쟁력을 높이고, 냉전 이후 21세기에 정보력을 바탕으로 미국이 세계의 초일류적 국가로서의 위치를 확고히 하는 데 있다.

나. 정보화 정책의 추진 연혁과 내용

미국의 정보화 정책의 추진 연혁 및 내용은 아래와 같다.

- 1991. 12: HPCC(High Performance Computing and Communication) 법제정
- 1993. 9: NPR(National Performance Review) 프로그램
- 1993. 9. 15: NII: Agenda for Action

〈표 2-1〉 NII: Agenda for Action(1993. 9. 15.)

추진기관	NTIA(전기통신정보청)을 중심으로 하는 IITF(Information Infrastructure Task Force): 상무장관을 위원장으로 하여 연방정부 및 각 부처의 고위정책결정자들로 구성됨
목 표	NII구축을 통한 사회·경제 변혁
내 용	정보통신기반 정비를 위한 추진방침
9대행동원칙	• 민간부문투자 활성화 • 보편적 서비스의 확대: 저렴한 가격에 누구나 정보자원에 대한 접근 보장 • 기술혁신 및 새로운 응용기술 활성화 • 중단 없고, 쌍방향적이며, 사용자 중심의 서비스 • 정보의 안정성 (security)과 네트워크의 신뢰성(reliability) 확보 • Radio Frequency Spectrum(무선 주파수 대역)의 관리개선 • 지적재산권 보호 • 정부기관과 타 국가와의 협력 • 정부정보에 대한 접근제공과 정부조달의 개선

- 1993. 12: 정보자원관리계획(Information Resource Management Plan of the Federal Government)
- 1993. 12: HPCC프로그램
- 1993. 12. 31: NII구축을 위한 방안
- 1994: TIIAP(Telecommunications & Information Infrastructure Assis－tance Program)의 실시
- 1996. 2: 통신개혁법(Telecommunications Reform Act of ’96)

(2) 추진현황

전자정부의 구축은 IT를 이용하여 시간과 거리를 초월하여 정부의 업무를 원활하게 하고 국민들에게 원하는 서비스를 언제, 어디서든지 신속하게 제공하는 데 그 목적이 있다. 따라서 각종 기금의 전용, 정보에 대한 요구 등을 신속하게 처리하고, 자료를 수집·검색하며, 정부 내외의 정보의 원활한 흐름을 유지하는 것이 그 주요 내용이다. 전자정부를 구축하기 위한 구체적 전략은 1) IT에 대한 리더십의 강화, 2) 전자정부의 구체적 실행, 3) 전자정부를 위한 보조적 메커니즘 확립이다(Reengineering Through Information Technology, 1993).

가. 추진을 위한 리더십 및 조직

전자정부의 리더십은 IITF(Information Infrastructure Task Force)에서 발현된다고 볼 수 있다. 이 특별기관은 상무성 장관을 팀장으로 두고 대통령의 통신/컴퓨팅 기술에 대한 비전을 잘 반영하여 정책화하고 실현시키는 데 그 목적이 있다. 대통령실에 있기 때문에 실질적인 힘을 바탕으로 전체적이고 일관적인 정책을 제시할 수 있으며 정부의 정책적 관점에서 정보기반을 구축하고 발전시킬 수 있다. 이 기관은 대통령실의 과학기술국(Office of Science and Technology Policy)과 국가경제위원회(National Economic Council)의 산하에 있으며, 통신정책, 정보정책, 그리고 응용개발 및 기술(Applications and Technology)의 3개의 위원회를 두고 있다. 현재는 정부정보기술서비스(Government Information Technology Services(GITS))의 인력과의 협력업무까지도 사업의 범위를 확대하고 있다(현재 GITS Board를 운영하고 있음). GITS는 정부부처 간의 정보교류 및 국민에 대한 정보제공과 서비스

개선에 대한 구체적 전략을 수립하기 위해 요청되었다.

나. 추진전략

전자정부를 구축하기 위한 구체적 전략으로서 대체로 7가지로 파악된다 (Reengineering Through Information Technology, 1993).

- **통합적 전자수혜전달**(Integrated Electronic Benefit Transfer)
  재정산업부문에 활용되고 있는 IT를 사용하여 전국적으로 빠르고 효율적인 정부의 수혜업무를 실시한다. 그 주요 분야는 푸드 스템프, 사회보장, 퇴역군인에 대한 수혜이다.
- **정부의 정보 및 서비스에 대한 통합적 전자접근**(Integrated Electronic Access to Government Information and Services)
  현재 GILS(Government Information Locator Service)가 가장 현실 가능한 전략으로 인식되고 있다. 그러나 아직도 GPO(Government Printing Office)의 서버(server)에 많은 부처가 연결되어 있지 않고 일부의 기술적 어려움이 뒤따르고 있다.
- **국가법시행/공공안정망**(National Law Enforcement/Public Safety Network)
  이 망을 통하여 연방, 주, 지방정부간의 법시행 및 공공안전에 관한 협력과 의사교환이 이루어지며 결과적으로 예산절감의 효과를 가져온다. 그러나 우선 선행되어야 할 과제는 정보를 교환하고 사생활 침해보호에 대한 기준을 마련하기 위한 표준화의 확립이다.
- **정부 간 세금 관리, 보고, 납세과정 개선**(Intergovernmental Tax Filing, Reporting, and Payments Processing)
  이미 IRS는 약 6천만 납세자의 파일을 관리하고 있다. 그러나 여전히 주정부의 세무 부서는 납세자에게 세무정산을 하도록 하고 있다. 따라서 앞으로의 과제는 세금정산, 고지서 발송, 파일관리를 완전히 전자화시키는 일이다. 따라서 세금고지서 발급과 같은 종이와 시간 낭비의 사례는 더 이상 없어야 한다.
- **국제무역데이터체제**(International Trade Data System)

국제시장에서 미국의 경쟁력을 제고시키기 위하여 국제무역에 대한 데이터를 정부와 무역관련 기업들에게 제공한다.

- **국가환경데이터색인**(National Environmental Data Index)
미국해양기상청은 각종 환경자료를 수집하고 효율적으로 이용하기 위해 환경색인을 마련한다. 그리고 정부, 사기업, 학교, 시민 등에 환경정보를 제공하는 것이 목표이다.

- **범부처전자우편**(Governmentwide Electronic Mail)
부처 간 정보교류를 위해 전자우편은 필수적이다. 앞으로의 과제는 전자우편상의 내용을 정부기록의 범위에 포함하는가의 여부와 보완성의 문제를 해결하는 것이다.

이러한 전략들은 1996년에 제정된 "정보기술관리개선법"과 Gore 부통령의 "Access America" 보고서에서 구체적으로 반영되었다.

다. 보조적 메커니즘의 확립

무엇보다도 NII의 완전한 구축이 최우선과제이다. 이러한 정보기반을 바탕으로 정부는 각각의 응용분야를 개척하고 기술적인 개발을 한다. NII의 구축은 이미 상당히 진전되고 있으며, 현재는 정부의 각 영역별/업무별로 응용시스템을 개발하여 실제로 생산성을 높이고 IT 투자효과를 높이는 데 주력하고 있다. 행정업무와 관련하여 GITS 위원회는 행정기본업무, 봉급체제, 인사기록관리, 정보체제, 회계체제 등에 대한 표준화 작업을 하고 있다. 과거 사기업의 기술개발에 의존하여 온 정부는 이제 보다 적극적인 전략의 필요성에서 IT를 적용하는 방법이 보다 혁신적이어야 한다는 것을 강조하고 있다. 각 부처는 항상 일정비율을 IT에 대한 재투자를 위해 적립해야 하고, IT 프로젝트를 위해 다년도 기금조성이 필요하며 성과중심의 IT 투자평가를 할 것을 제안하고 있다. 이는 IT의 적용결과 별다른 변화가 없으면 아무 의미가 없다는 것을 뜻한다. 또한 부처내의 혁신적인 IT 프로젝트를 재정지원하기 위해 범부처 모험자본기금의 조성을 추진하고 있다. 현재 GSA(General Services Administration)도 조달업무는 온라인화하는 작업이 진행 중이며, 정보자원기술개선법에도 이를 의무화하였다.

이처럼 전자정부를 추진하기 위한 보조적 메커니즘은 정보기반의 구축 외에도 정부의 업무와 과정에 IT를 응용/개발하여 일정한 성과를 얻는 것을 포함한다. 따라서 행정개혁과의 연계는 필연적이다. 다시 말해서, IT를 통한 행정개혁이 전자정부 구축의 기본 전략이라고 볼 수 있다.

(3) 정보기술관리개선법과 행정개혁

미국정부는 IT를 수단으로 하여 행정개혁을 추진한다는 것이 기본 전략이다. 따라서 전자정부의 구축이 곧 행정개혁이라고 볼 수 있을 정도로 IT를 적극적이고 구체적으로 활용하고 있는 것이다. 따라서 '정보기술관리개선법'은 IT와 행정개혁의 요소를 잘 반영하였고 모든 조항을 의무화하였다.

가. 정보기술관리개선법(Information Technology Management Reform Act of1996)의 개요

가장 중요한 특징은 연방예산관리국(OMB) 책임자와 각 부처의 책임자의 역할을 IT와 행정개혁의 맥락에서 재정립하였고, 총무처(GSA)에게 권한을 공식 부여하여 연방정부에 필요한 정보기술 장비의 효율적이고 경제적인 구매/조달을 위해 온라인 방식을 채택하도록 한 점이다.

연방예산관리국(OMB) Director의 역할을 간략하게 살펴보면 아래와 같다.

- 자본기획조정(Capital Planning Control)의 실시
- 연방프로그램개선을 통한 정보기술 활용의 개선
- 각 부처의 정보시스템의 투자와 평가 및 분석방법을 예산과정의 맥락에서 개발
- 연방 컴퓨터시스템에 대한 상무성의 표준화 및 지침에 대한 조정/개발
- 각 부처의 정보기술/시스템의 구입 지침 마련
- 정보기술관리의 모델 평가
- 각 부처의 정보기술활용에 대한 비교/평가
- 관리자 훈련을 위한 프로그램 개발/시행
- 연방정부의 정보기술활용에 대한 국회보고
- 연방정부 정보기술활용에 대한 정책평가 및 조정

나. 구체적 내용

1) OMB 책임자의 의무

- 성과/결과중심으로 업무평가를 하도록 유도한다.
- 각 부처 책임자의 정보자원관리 능력을 IT의 성과와 투자결과에 따라 평가한다.

2) 행정부처의 의무

- IT의 도입에 따른 위험에 대한 평가 및 관리와 정보가치를 극대화할 수 있는 구체적 실행계획을 수립해야 한다.
- 성과/결과 중심의 관리방식을 채택해야 하고 그 결과를 매년 국회에 보고해야 한다.
- 각 부처는 CIO 도입을 의무화하여 IT와 관련된 업무를 수행하게 한다(현재 CIO Council은 각 부처의 CIO운영을 위해 자문하고 권고안을 제시하고 있다).
- 각 부처의 책임자는 CIO와 CFO(Chief Financial Officer)의 자문을 받아 재정과 정보체제의 연계하에 정책과 절차를 수립한다.
- 각 부처의 책임자는 IT와 관련된 프로그램의 실행 시 비용, 성과, 목표에서 크게 벗어나는 문제들을 파악하여야 한다.
- 각 부처의 책임자는 부처 간 협력하에 IT를 개발할 경우 OMB 책임자에게 요청하여 IT기금을 사용할 수 있는 권한이 있다.

3) 기타 의무

기타 의무는 표준화와 IT조달 방법에 대한 절차를 자세히 규정해 놓았다. 주요 내용은 다음과 같다.

- 상무성의 장관이 표준화에 대한 일차적 책임이 있고 대통령의 승인을 얻어야 한다. 표준화가 예산절감에 크게 영향을 미치지 못하거나 더 많은 비용을 발생 할 경우 표준화 자체를 상무성 장관이 철회할 수 있다.
- 1996년부터 향후 5년 동안 각 부처의 책임자는 매년 적어도 5%의 IT 관리

유지비용을 절감해야 하며, 그와 동시에 5% 이상의 IT 효율성을 높여야
한다.

- 각 부처의 IT 조달 방식을 개선하기 위해 시범 프로그램을 실시하며 각 프
  로그램은 5년 기한을 둔다. 이에 대한 권한은 연방조달정책관(Administrator
  of Federal Procurement Policy(FPP))에 있다. 사기업과의 계약에 의해 시범
  프로그램을 진행하는 경우에 연방조달정책관은 재량으로 2명의 책임자를
  두어 그 조달 프로그램을 평가할 수 있도록 하였다.
- 1998년 1월 전에 총무처(GSA)는 FACNET(Federal Acquisition Computer Net
  -work)을 사용하여 시범 프로그램 하에 있는 방법들을 온라인 방식으로 시
  험하도록 하였다. 각 프로그램들은 4년 안에 채택이 안 되면 폐기된다.

이와 같이 정보관리기술개선법은 행정개혁의 핵심사안인 성과/결과중심의 업
무달성 및 평가방식을 채택하였다는 데 특징이 있다. IT의 도입 및 적용을 이러
한 방법에 의해 수행할 것을 규정하였으며, 이에 따른 OMB 책임자, 각 부처의
책임자, 상무성 장관, 연방조달정책관, GSA 등의 의무를 명확히 제시하였다. 행
정개혁의 수단으로 IT를 중요시한다면 IT의 도입·적용 및 그 결과가 엄격하게
평가되어야 하며, 일정한 기한 내에 목표를 달성하지 못하면 폐지시키는 방식은
불필요한 투자를 줄일 수 있는 최적의 대안으로 보인다. 한편 시범 프로그램을
시험 운영하는 것은 시행착오를 줄일 수 있는 현실적인 대안으로 여겨진다. 왜
냐하면 실제 운영하여 문제가 많이 발생하는 프로그램은 조기에 폐지시킬 수
있기 때문이다. 이는 장기적인 안목에서 재난에 가까운 프로그램의 실패로 인한
국가재정의 손실을 사전에 방지한다는 측면에서 매우 의의가 있다고 본다.

(4) 평가

미국의 전자정부의 추진은 초기에는 IT가 행정개혁의 수단임을 강조하면서도
구체적인 전략을 수립하지는 못하였다. IT의 도입/적용으로 인한 생산성의 향상,
신속한 업무처리, 대국민 서비스 질 향상 등의 목표는 있었지만 실제로 다양한
영역과 성격의 정부조직에 일관성 있게 적용할 기준이 마련되지 못하였던 것이

다. 더구나 IT의 기술개발 및 응용 수준이 사기업에 비해 현저히 떨어지고 경험도 부족하므로 사기업에 전자정부의 구축을 위임하자는 소수의견도 있었다. 그러나 현재는 행정개혁의 핵심적 과제인 성과/결과 중심의 실적평가제가 도입됨에 따라 IT의 도입 및 관리도 이 평가방식에 의해 운영되어야 한다는 것이 지배적이며 실제로 이와 관련된 법도 마련되었다. 즉 IT의 적용은 그 결과 비용절감이나 효율성의 증대라는 성과를 나타내지 않으면 실패한 것이고 곧 그 프로그램은 폐지할 수밖에 없다는 것이다. 이는 IT를 따로 분리해서 보는 것이 아니라 행정개혁의 목표를 달성하는 데 얼마나 기여하였는가를 IT의 성과측정기준으로 보는 것이다. 따라서 '성과중심의 예산' 및 각 분야의 업무성과측정기준이 마련되면, IT의 성과측정기준도 더욱 구체적으로 제시될 것으로 보인다. 리더십 및 추진체제의 측면에서 볼 때, 대통령실의 OMB는 정보화정책의 선도와 조정자로서의 역할을 성공적으로 수행하고 있다고 평가된다. 기본적으로 미국은 전통적으로 연방정부와 의회, 주정부의 독립적인 기능과 역할이 상호 간 분담이 되어 있고 독립적이기 때문에 정보화 및 전자정부의 구축이 일관성 있게 진행되기가 힘들다. 따라서 정보화정책에 있어서는 강력한 지도자의 리더십이 뒷받침되었고, 예산권과 함께 전문성을 갖춘 OMB가 통합적 조종자의 역할을 제대로 할 수 있었다. 또한 정보화산업기반이 튼튼하고 정부나 민간에서 계속 수요를 창출하고 있어 정보화의 속도는 매우 빠르게 진행되고 있다.

A.2.2 캐나다

(1) 정보화 및 전자정부 추진배경

가. 정보화 정책의 목적 및 기본방향

캐나다 정부는 정보화 시대에 지속적인 경제성장과 고용창출을 위해 정보고속도로의 구축을 중심으로 1994년부터 정보화를 추진하고 있다. 정보화의 목적은 세 가지로 집약된다.

- 정보산업에 대한 지속적인 투자와 혁신으로 새로운 고용창출을 도모한다.
- 캐나다의 주권과 문화적 정체성을 더욱 공고히 한다.

• 적정비용에 의한 보편적 서비스를 제공한다.

이러한 거시적인 목적을 가지고 IHAC는 정보고속도로의 추진을 해 왔으며, 이를 실천하기 위한 5대원칙은 다음과 같다.
- 상호 연계되고 상호 운용될 수 있는 네트워크의 네트워크 구축
- 공사부문의 협조체제의 확립
- 사생활보호와 네트워크의 보안유지
- 생산, 설비, 서비스제공에 있어서의 자유경쟁체제
- 평생교육적인 성격을 정보고속도로의 설계의 핵심요소로 파악

이처럼 캐나다의 정보화 추진정책은 정보고속도로의 구축을 중심으로 보다 적은 비용으로 높은 수준의 지식사회를 건설하는 합리적인 전략을 펴고 있다.

나. 추진체제

1994년에 설립된 IHAC를 중심으로 정보화가 추진되고 있다. 이 위원회는 29명의 위원이 있으며 통신, 문화 및 정보산업, 연구소, 예술, 교육기관, 소비자 및 노동자 단체들의 대표들로 구성되어 있다. 이 위원회에서는 매년 보고서를 통해 정책을 제시하고 있다.

(2) 추진현황 및 내용

가. 기본추진 사업
- **경쟁력을 키우는 환경 조성**

  1996년에 캐나다 정부는 방송과 통신의 통합정책을 발표하여 케이블회사와 전화회사 간에 공정한 경쟁을 할 수 있는 환경을 조성하였다. 법적으로는 Bell Canada Act와 Radiocommunication Act를 제정하였다.

- **새로운 서비스 개발의 유도**

  1997년에는 CRTC(Canadian Radio-television and Telecommunications Commi-ssion)에서 방송과 통신의 통합에 따른 가격, 통신료의 재조정, 탈규제, 상호 협력의 범위를 정하여 회사 간에 공정한 경쟁을 유도하였다. 또한 새로운

서비스로인 PCS(Personal Communications Services)와 LMCS (Local Multipoint Communications Systems)에 대한 정책과 허가 지침을 마련하였다. 한편 위성 멀티미디어 서비스를 1999년 말부터 실시할 것으로 계획하고 있는데, 민간부문에서 6억 달러, 정부에서 1억 4천1백만 달러를 투자할 것이다.

- **R&D의 육성**

정보고속도로를 구축하기 위해서는 산·학·연의 협력체제가 확립되어야 한다. 캐나다는 CANARIE(the Canadian Network for the Advancement of Research, Industry and Education)을 통하여 신네트워크 기술, 생산, 애플리케이션, 소프트웨어 개발을 하고 있다. 기금은 캐나다 혁신기금을 조성하여 8억 달러로 향후 5년 동안 투자할 계획으로 있다. 또한 캐나다 보건정보시스템을 위한 투자도 향후 3년간 5천만 달러가 투입될 것이다.

나. 기타 사업

- **콘텐츠 산업육성**

캐나다의 다양한 언어와 문화적 잠재력을 활용하기 위해 모든 문화유산과 프로그램을 디지털화할 계획이다. 그 주축은 캐나다 방송사(CBC/SRC)와 국영필름위원회(NFB)이다. 이미 영어와 불어로 된 웹사이트를 구축하였으며, SchoolNet를 통하여 학생들이 직접 디지털화하는 작업에 참여시키고 있다. 이러한 콘텐츠 상품을 보호하기 위해 1996년 저작권법이 제정되었다.

- **전자상거래 환경조성**

전자상거래 시대의 도래에 따라 캐나다 정부는 표준화와 보안, 소비자보호에 대한 지침을 마련하고 자유로운 전자상거래를 보장하기 위해 각종 규제들을 철폐하였다.

(3) 평가

미국의 인접국가로서 미국과 대체로 비슷한 전략을 펴고 있다. 정부차원의 노력은 정보고속도로 자문위원회(Information Highway Advisory Council: IHAC)를 중심으로 제반 사업을 추진하는 것에서 찾아볼 수 있다. 그 주요 내용은 전자상거래의 적극적인 추진, 정보화기반구조의 확립, 정부의 효율성 향상 등이며

(Final Report of IHAC, 1997), 전자정부의 구축은 아직 초기단계이다.

따라서 미국과 같이 전자정부를 행정개혁의 맥락에서 구체적으로 추진하는 것이 아니라, 전자정부를 정부의 효율성 향상에 일차 목표로 두고 있다고 볼 수 있다. 실제로 전자정부와 관련된 정책이나 계획은 아직 실행되지 않고 있으며, 많은 부분이 착수단계에 있다. 이는 정보고속도로의 구축을 통한 고용의 창출 및 경제력 향상에 더 비중을 두고 있음을 의미한다.

결론적으로 캐나다는 전자정부보다는 정보기반의 구축과 전자상거래에 중점을 두고 있는 것으로 파악되며, 1994년에 발족된 IHAC의 전략과 리더십이 정보화를 선도하고 있다.

A.2.3 영국

(1) 개요 및 정보화 추진조직

영국에서 범정부적으로 전자수단에 의한 정부서비스의 공급을 정부의 핵심전략으로 추진한 청사진이 제시된 것은 1996년 당시 공공서비스처 장관인 Roger Freeman에 의하여 발표된 청서(Green Paper: Government Direct/A Prospectus for the Electronic Delivery of Government Services)에서 비롯한다. 여기에 제시되고 있는 전자정부는 "정부가 고객이라고 할 수 있는 일반국민과 기업에게 제공하는 각종 서비스를 전달함에 있어 종래의 전통적인 전달수단 이외에 발전된 정보기술(IT: Information Technology)을 적용하여 서비스를 확대하고 서비스의 질을 향상시키는 한편 정부 행정의 능률성을 추구해 나가는 것"을 의미한다.

1995년 11월 영국정부는 범정부적 차원의 정보과학 기술의 체계적 이용과 효율적인 추진을 위하여 공공서비스처(Office of Public Service)안에 중앙정보기술국(CITU: Central Information Technology Unit)을 설치하였으며, CITU는 1996년 1월부터 활동하여 오고 있다. CITU는 통신기술이 제공하는 정보와 기회를 정부가 이용할 수 있도록 전략과 정책을 개발하는 목적을 수행하며 이를 위해 공공부문의 컴퓨터관련 정책 및 그 비전을 제시하는 역할을 담당한다. 구체적으로 CITU는 ① 정부의 정보과학기술 전략의 개발에 관하여 각 부처 장관들의 자문에 응하고 ② 공공서비스의 전달과 정부행정 자체의 능률성을 향상시키고 ③ 정보기술에 기초한 공공서비스의 공급에 있어 민간 자본의 이용에 관한 지도 등을 주 임무로 하고 있다(총무처, 1997b).

또한 영국정부는 1996년 4월 1일 기존의 기구인 중앙컴퓨터통신처(CCTA: Central Computer and Telecommunications Agency)를 광범한 독립적 권한과 자율성을 가진 Next Steps 기관인 집행기관으로 새로이 설립하고 재정도 정부로부터 완전히 독립하여 독립채산제로 운영토록 하였다. 따라서 CCTA는 자체 기관의 서비스를 고객들에게 판매하여 그 수익금만으로 운영하도록 하였으며, 공공부문뿐만 아니라 민간부문에 이르기까지 지도적이고 모범적인 정보과학기술의 메카로 불려도 손색이 없는 기관이 되었다. 이러한 CCTA는 구체적으로 ① 컴퓨터체계 구매지원기능 ② 전문 자문 및 상당기능 ③ 정부정보의 인터넷서비스(CGIS) 등 통신서비스 기능을 수행하고 있다.

(2) 정보화의 비전

1996년 11월에 발표된 청서(Green Paper)는 영국정부의 전자정부 정책의 방향을 제시하고 있다. 이 청서에 의하면 정보기술(IT: Information Technology)의 발전이 정부가 일반국민들과 기업들에게 제공하는 서비스를 어떻게 변화시킬 것인가를 기술하고 있으며, 새로운 서비스 전달형태를 만들어 가는 기본 준거원칙을 설정하고 자료보호 등을 포함한 여러 가지 제안을 담고 있다. 구체적인 전자정부의 비전은 다음과 같다.

가. 서비스 질의 향상

전자서비스에 의한 각종 서비스는 가능한 한 어떠한 접점에서나 가능하도록 추진될 것이기 때문에 'One Stop Shop'의 개념을 더욱 발전시키게 될 것이며, 서비스 중 상당수가 하루 24시간, 주 7일간 언제나 서비스가 가능하게 될 것이고 시민들은 정부의 즉각적인 응답을 기대할 수 있게 될 것이다.

나. 서비스의 전달수단 제공

고객 서비스의 향상을 위한 정부전략의 핵심은 고객에게 전자터미널을 통하여 정부와 고객 간에 문서로 오가던 정보를 전자적으로 주고받을 수 있도록 기회를 제공할 것이다. 이를 위해 개인들은 개인용 컴퓨터에 전화선이나 고속망을 연계하여 접속하고 기업들은 EDI를 통해 자동으로 정부에 전송할 수 있다. 일 반 시민들의 경우에도 도서관, 우체국, 쇼핑센터와 같은 장소에서 사용이 쉬운 터치스크린을 활용하는 것이 가능해질 것이다.

다. 전자적 전달의 기반(Infrastructure of Electronic Delivery)

정부는 모든 정보를 반드시 정부의 단일데이터베이스로 통합하려는 의도를 가지고 있지 않다. 어떤 종류의 특별한 서비스는 민간이 계속 맡아야 하며, 영 국 정부는 이러한 특별 서비스에 대하여는 우편서비스에 관하여 지금까지 Royal Mail과 맺고 있는 계약과 유사한 행태의 계약을 민간전자서비스 공급회사와 체 결할 의도를 가지고 있다. 이러한 전자서비스의 대상서비스는 ① 정부정보의 제공(providing information) ② 조세 징수(collecting taxes) ③ 면허증 발급 (granting licenses) ④ 규제관리(administering regulations) ⑤ 장려금과 급여의 지 급(paying grants and benefits) ⑥ 통계의 분석(analysing statistics) ⑦ 물품 및 용 역의 구매(procuring goods and services) 등이 주요 대상이 된다.

라. 정부의 능률증진(Delivering Efficiency through Rationalisation)

1) 능률의 촉진

전자방식의 정부서비스를 확대하는 것은 고객의 이익을 증대시키는 것을 넘 어 정부 내의 정보를 공유하고 고객의 성명과 주소 등의 공통정보는 변경이 있 는 경우에도 한 번의 변경만으로 모든 기관의 필요를 충족시킬 수 있기 때문에 자원의 낭비를 줄일 수 있다. 또한 E-mail 사용의 확대로 정부 내의 정보의 흐 름을 가속화시켜 정부의 정책형성과 다른 주요 기능의 능률성을 증진시키고 서 비스의 전달과정을 합리화시킨다. 나아가 고객과 서비스전달의 필요에 맞추어 정부 기구를 급진적으로 재구성하도록 촉진한다.

2) 자료의 공동이용 제한 폐지 검토

아직까지 어떤 경우에는 정부 부처 간에 자료의 공동이용에 대한 법적 제한 이 존재한다. 정부는 이러한 경우에도 자료의 공동이용을 허용하는 입법이 필요 한지에 대하여 고려하고 있다.

3) 정보공개 촉진과 국가이익확대

정부는 일상의 업무수행을 위하여 국민들의 생활과 관련된 엄청난 양의 자료를 축적하고 있다. 이러한 정보를 개인이나 조직에 대한 특별한 자료를 제외하고는 국민들에게 공개하는 것이 정부가 의도하는 바이다. 또한 정부부문과 민간부문과의 협조관계에 기초한 이러한 전자적인 방식에 의한 정보공개는 국가의 경쟁력을 향상시키는 역할을 하게 될 것이다.

4) 민주주의 가치의 심화

정부정책의 개발에 사용되는 정보에 접근을 확대하는 것은 국민들로 하여금 민주주의의 과정에 보다 깊숙이 참여하도록 허용하는 것이다. 그리고 정부서비스에 관한 CD-ROM의 보급, 공공이용단말기의 확대 설치 등은 시민헌장정신에 의한 정보의 공개와 서비스 질을 확대하는 결과로 이어진다.

5) 국민고충처리에의 기여

정부는 모든 부처와 기관이 인터넷에 국민들의 고충처리절차를 올려서 일반국민들이 자신들의 고충을 보다 효과적으로 해결할 수 있도록 하였으며 World Wide Web에 홈페이지를 설치, 국민들이 정부의 서비스에 대한 고충이나 제안을 제기할 수 있도록 하였다.

(3) 추진현황

영국정부는 청서에서 전자정부 정책의 추진을 위한 7대 기본원칙을 설정하고, 앞으로의 정책은 이 기본원칙에 입각하여 추진할 것임을 천명하였다.

가. 선택권(Choice)의 보장

정보과학기술을 이용한 대국민 서비스가 확대되더라도 컴퓨터를 보유하거나 이용할 능력이 없는 사람, 컴퓨터를 사용하기를 꺼려하는 사람들을 위하여 새로운 전자방식의 서비스와 전통적인 방식에 의한 서비스를 선택할 수 있는 기회를 반드시 부여한다.

나. 신뢰(Confidence)의 유지

정부는 개인과 기업에 관한 정보의 사용과 보호에 관하여 관계자에게 깊은 신뢰를 유지하도록 추진되어야 한다.

다. 정보접근편의성(Accessibility)의 확대

정보과학기술에 의한 서비스가 빛을 발하기 위해서는 기본적으로 정부와 정부의 정보에 대하여 일반 시민들이 쉽게 접근할 수 있어야 하고 보다 나은 수준으로 확대되어야 한다.

라. 효율성(Efficiency)의 확보

전자정부는 단순히 국민에 대한 서비스질의 개선에만 있는 것이 아니다. 고객인 납세자로서의 국민과 기업의 이익에 부합할 수 있도록 정부절차의 단순화(simplification), 생략화(streamling)를 통한 능률성 추구를 목표로 하여야 한다.

마. 합리화(Rationalisation)의 추진

전자적인 공공서비스와 정부 행정의 관리는 막대한 재원을 필요로 한다. 따라서 가능하다면, 기관 단위 간 자원과 정보의 공동사용 등으로 비용을 줄이는 방안이 강구되는 것이 바람직하다.

바. 정보의 공개(Open Information)

정부 정보에 대한 보다 광범위한 공개가 있어야 하며, 이에 관한 정부의 분명한 약속이 전제되어야 한다.

사. 부정의 방지(Prevention of Fraud)

공공자금을 보호하기 위하여 회계상의 부정이 가능하지 않도록 이에 대한 대책이 강구되어야 한다.

(4) 평가

영국 정부는 현재 시범사업 등을 통하여 전자정부의 추진 전략을 검증하고 있는 단계이다. 이러한 시범사업들로 일정기간을 거쳐 경험과 기술 개발을 통하여 보완할 필요성을 찾아내고 있는 단계이다. 특히 1996년 11월 청서가 발표되자 각종 세미나와 회의 및 전문학술잡지 등을 통하여 300여의 개인과 조직으로 부터 의견이 제시되었다. 이에 따라 영국정부는 이들 의견들이 정부의 정책에 대한 지지와 이해를 담고 있다고 생각하고 제시된 의견들을 최대한 반영할 것임을 천명하였다. 특히 캐나다와 호주 등 영연방 국가들로부터의 경험을 전수받아 시행착오를 줄이면서 전자정부의 구현을 위한 정책들을 마련하고 있는 단계이다. 그러나 전자적인 기반이 매우 미흡한 상태이므로 미국의 범세계적인 정보화 추진 전략에 EU의 일원으로 유럽공동체의 입장에서 G7 프로젝트 추진에 중점을 두고 있는 실정이다.

A.2.4 프랑스

프랑스는 정보화정책 및 전자정부구축이라는 현재의 관심사와 관련하여 이 장에서 다루는 다른 나라들과 구분되는 매우 독특한 양상을 보인다. 어떤 의미에서는 프랑스는 선후진국을 막론하고 가장 먼저 오늘과 같은 정보화를 태동시킨 국가이다. 미니텔이라는 비디오텍스트서비스를 제공하는 TELETEL이 바로 프랑스를 이러한 위치에 놓이게 한 대표적인 정보화기술이다. 이 미니텔은 현재 각국 정부들이 정보통신기반을 정비하는 주된 이유가 되는 일련의 서비스(영화, 홈쇼핑, 홈뱅킹, 비디오게임, 교육, 각종예약, 특수정보제공 등)를 일반가정에 전달하는 기능을 지니고 있다(한국전산원, 1995b: 1). 한편, 미니텔의 보급 및 확산은 현재 인터넷으로 통칭되는 정보기술을 매개로 하는 정보화추세에서 프랑스가 국내외적으로 매우 미묘한 위치에 있게 만들고 있는 것도 현실이다. 여기에 프랑스 전반을 흐르는 정보기술 그 자체에 대한 불신감 및 특히 인터넷에 대한 개념화의 미결로 인해 프랑스의 정보화는 개념적 혼란 속에서 각 부처에 의해 독립적으로 진행되고 있다. 이러한 이유로 인해, 프랑스의 경우 미니텔을 이용한 행정서비스의 전달이 이루어지고 있기는 하지만, 정보화정책을 전자정부와 연관 짓는 정부의 적극적인 행위가 존재하지 않아 보인다.

(1) 정보화 및 전자정부 추진배경

가. 정보화정책의 추진목적

프랑스의 정보화정책은 크게 두 가지의 배경하에서 이루어진 것으로 볼 수 있다. 먼저 프랑스는 미국의 클린턴과 고어에 의해 추진된 국가정보기반구조정책(NII)에 대항하고자 정보화정책을 추진하였다. 프랑스가 미국에 대해 갖는 경쟁의식은 적어도 과학기술 일반에 관한 한 보편화된 현상이다. 첨단기술개발에 있어서 프랑스는 미국기술에 의한 군사적·상업적 지배를 막기 위해 일종의 겸용기술(이 경우 군사적인 목적을 우선하면서 동시에 상업적인 목적을 성취할 수 있는 기술)을 정부주도로 개발하려는 정책을 견지해 온 대표적인 국가로 널리 알려져 있다(Nelson, 1984).[76] 정보화와 관련해서는 항공우주산업, 원자력산업, 통신산업에서와 같은 국가주도의 대규모사업에서와는 달리 비교적 정부는 시장에 적극 개입하지 않고 민간기업을 협력·지원하는 입장을 취하고 있다.[77] 프랑스 정부는 주로 경제적인 관점에서 정보화정책에 접근하고 있다. 이들은 정보시장을 경제성이 있을 뿐만 아니라 프랑스의 정체성 또는 문화적 유산을 보호하기 위한 필수적인 영역으로 간주하는 경향이 있다. 이러한 분위기는 한 프랑스철학자가 TV 대담에서 "어느 날 내가 미국 데이터베이스에 담긴 영어로 쓰인 루브르박물관 안내문을 읽어야 할 것이라는 생각은 나로서는 참을 수 없다"라고 말한 데서 잘 나타나 있다(Vedel in Jeong & Kraemer, 1996: 9, fn. 3). 이러한 경제적 관심과 문화적 관심의 융합은 유로디즈니랜드의 건설에 대한 반발, 미국적 간이음식점인 맥도날드의 파리시 개점에 대한 반발, 그리고 미국과의 음반 등을 둘러싼 지적 재산권문제 등에서 잘 나타나 있다.

둘째, 프랑스의 정보화정책은 단일시장을 향한 유럽연합의 정책에 순응하는 것이었다(Vedel in Jeong & Kraemer, 1996: 10). 한편으로, 유럽연합의 정책에 대한 순응은 유럽연합에서 프랑스가 차지하는 위상이 상대적으로 높기 때문에

---

76) Nelson(1984)은 기술개발에 대한 프랑스의 이러한 형태의 겸용기술개발전략은 프랑스의 첨단기술개발정책의 실패를 초래하였다고 본다. 프랑스와 마찬가지로 미국에 의한 지배를 우려했던 일본의 경우는 궁극적으로는 겸용기술을 개발했지만, 항공기산업을 제외하고 일본의 첨단기술개발의 주안점은 상업성이었고, 개발된 성공적인 상업적 기술로부터 군사기술로 이전되는 spin – in 과정을 밟았다는 점에서 성공적이었던 것으로 평가되고 있다(또한 Samuels, 1993 참조).

77) 이 점은 1994년 12월 19일 열린 '정보의 날' 행사에서 오간 정부와 민간 간의 대화에서 쉽게 발견할 수 있다(한국전산원, 1995).

자연스러운 것일 수도 있다. 다른 한편, 유럽이 하나의 통일된 시장으로서 기능하기 위해서는 범유럽네트워크의 생성 및 발전은 불가결한 것이다. 또한 이러한 네트워크의 발전은 하나로 통일된 유럽의 경제성장, 국제경쟁력 및 고용창출에 필수불가결한 것으로 유럽연합의 백서는 밝히고 있다.

전반적으로 프랑스의 정보화정책은 미래에 주된 현실로서 정보산업이 가져다줄 경제성장, 고용창출, 국가경쟁력이라는 기회를 적극 활용할 뿐 아니라 미국에 의해 주도되고 있는 정보화로 인한 이러한 산업적 가능성의 침식을 방지하고, 유럽통합에도 기여한다는 배경 속에서 추진되고 있다. 프랑스 정보화정책에는 세계시장에서 프랑스 정보산업의 위상을 공고히 하자는 경제적인 고려가 크게 반영되어 있다. 그러면서도, 프랑스의 정보화정책은 대체로 소극적이고 수성적인 성격을 크게 벗어나지 못하고 있다.

나. 정보화정책의 추진연혁

프랑스의 정보화정책의 기원은 미니텔이 개발·보급되기 시작한 1980년대 초로 거슬러 올라갈 수도 있다. 비록 미니텔이 네트워크개념을 도입하고는 있으나, 미니텔은 클린턴-고어의 발표에 의해 보편화된 인터넷에 기초한 멀티미디어 초고속망의 개념과는 다르다. 프랑스에서 정보고속도로개념은 1994년 초 통신부장관에 의해 처음으로 정책 의제화되었다. 이러한 정책적 쟁점화의 결과 Edouard Ballard 수상의 요청으로 전 프랑스텔레콤 사장인 GrardThry 보고서가 1994년 공표되었다. 이 보고서는 기본적으로 뒤에 후술하는 유럽연합의 백서나 Bangemann 보고서의 내용과 그 기본정향을 공유한다. Thry 보고서는 정보고속도로를 위한 세 가지의 내용을 담고 있다. 첫째는 2015년까지 프랑스 내 모든 가정과 회사를 연결시킨다는 것, 둘째는 이러한 연결은 주로 광섬유로 한다는 것, 그리고 새로운 서비스의 시험적 운용과 기술적 문제의 평가를 위해 실험적인 구축작업이 있어야 된다는 것이다. Thry 보고서에 제시된 정책대안들은 부처 간의 의견조정 및 수정을 거친 후인 1994년 10월 정부의 정보고속도로정책으로 발표되었다.

다. 정보화정책의 추진을 위한 기술적 토대

프랑스는 정보기술 및 기타 과학기술분야에 있어서 선도적인 국가 가운데 하나이다. 프랑스의 경우 여러 첨단 정보통신기술의 발전이 존재하고 있지만 그중에서도 가장 두드러지는 것은 시각텍스트서비스기술인 MINITEL이다. 프랑스텔레콤은 1980년대 초반부터 미니텔 단말기를 무상 보급함으로써, 이 비디오텍스트서비스의 보급률을 단계적으로 신장시켜 왔다.

프랑스텔레콤은 공중전화망의 대부분을 광섬유로 교환한다는 계획 아래 1995년부터 매년 35억 달러에서 43억 달러의 설비투자예산을 준비하고 있다. 이 계획에 따르면, 2000년까지 국제선, 국내의 전국간선 및 지역간선 네트워크를 모두 광섬유로 대체한다. 지리적인 이유로 광섬유의 부설이 곤란한 지역을 제외하고, 시내교환국 이상의 네트워크기반에 대해서는 1997년까지 동선케이블의 사용이 금지되고, 1998년까지 마이크로파시스템의 사용이 정지된다. 프랑스 텔레콤은 2000년까지 완전 디지털교환체제를 갖출 계획을 갖고 있다.

라. 정보화정책에 담겨진 미래비전

프랑스정부의 정보화비전은 부재[78]하거나 있다면 명확하지 못한 실정이다. 면담자들의 응답에 따르면, 이러한 상황은 앞서 언급한 정보에 대한 회의감, 인터넷에 대한 인식 미형성, 어떤 의미에서는 인터넷의 이점에 대한 회의, 기존하는 성공적인 미니텔의 존재 등 여러 가지의 요인들에 의해 영향을 받고 있는 것 같다.

이러한 상황 속에서 프랑스의 정보화정책이 제시하는 미래비전은 프랑스 자체의 국가적 비전이라기보다는 물론 Théry 보고서가 있으나 유럽연합의 "성장, 경쟁력 및 고용에 관한 백서"(1993)와 정보기반구조에 초점을 맞춘 유럽연합의 "정보사회에 대한 Bangemann 보고서"(1994)에서 정보화정책의 미래비전을 원용하고 있다.[79]

"성장, 경쟁력 및 고용에 관한 백서"는 회원국들의 고실업율과 경쟁력저하의 주된 원인을 회원국들이 변화하는 기술 및 사회 환경에 구조적으로 충분한 적응노력을 하지 않았기 때문인 것으로 파악한다. 이러한 경제적 위기를 타개하기 위해 이 백서는 범유럽교통 - 자원 - 정보망을 구축하고, 범유럽연구개발 협동노

---

78) 실제로 많은 관계자들은 프랑스정부가 정보화에 대한 비전을 갖고 있다고 생각하지 않았다. 특히 본 연구에서 말하는 전자정부의 비전에 대해서도 마찬가지였다.

79) 프랑스정보화정책의 미래비전을 묻는 질문에 관계자들은 이 두 보고서에 담긴 내용을 프랑스의 미래비전으로 제시하였다. 이에 비해, 프랑스텔레콤의 Thierry Vedel은 프랑스정부의 비전결여를 지적하면서도, 프랑스정부의 비전을 유럽연합적 차원의 것과 프랑스적인 것으로 구분한다.

력의 방향을 재정립할 것을 요구하고 있다. 이 백서에서 제시하고 있는 정보사회의 비전은 크게 세 가지로 요약된다(Vedel in Jeong & Kraemer, 1996). 첫째, 정보사회는 인간이 겪어야 할 피할 수 없는 과정이지, 결코 다음 세기에 대한 기술적인 꿈이 아니라는 것이다. 사실 이러한 과정은 이미 미국에서 나타나기 시작했고 유럽에서도 나타나게 될 것은 분명해진다는 것이다. 둘째, 정보사회는 산업혁명에 필적할 대량적이고도 장기에 걸친 효과를 지닌다는 점이다. 정보화는 회원국들이 현재 당면하고 있는 문제에 대한 해답을 제공할 수 있다는 것이다. 셋째, 다른 주요 경쟁국들과 비교했을 때, 유럽은 통신 산업이나 문화적 다양성에 있어서 비교우위에 있다는 점이다. 유럽연합의 백서에 담긴 이러한 비전은 매우 낙관적이며 결정론적이고 경제학적이라는 비판을 받기도 한다(Vedel in Jeong & Kraemer, 1996).

Bangemann 보고서는 위의 백서에서 요구된 대로 정보사회를 위한 정책우선순위, 절차 및 자원에 대한 구체적인 대안을 마련하는 목적으로 작성된 것이다. 이 보고서는 정보사회에 대한 비전을 유럽공동체에 속한 여러 부류의 집단에 따라 제시하고 있다. 먼저, 유럽시민과 소비자들에 대해서는 "현재와는 실질적으로 차등이 있는 높은 삶의 질과 확대된 서비스선택의 폭을 제공해 주는 보다 시민을 돌보는 사회", 정보내용의 제작자들을 대해서는, "정보사회가 신상품과 서비스를 요구함에 따라 이들의 창의성을 발휘하게 하는 새로운 방법", 유럽의 각 지역을 대해서는, "각 지역의 문화적 전통과 독특성을 발휘케 하는 새로운 기회, 그리고 유럽연합의 물리적 경계지역에 있는 지역에 대해서는 물리적 거리의 최소화", 정부와 행정가들에 대해서는, "시민에 보다 가까이 가고 보다 적은 비용으로, 보다 효율적이고 투명하며, 시민의 욕구에 대응하는 공공서비스", 유럽의 대·중·소기업에 대해서는, "보다 효과적인 관리 및 조직, 훈련 및 기타 서비스에 대한 접근제고, 그리고 고객과 공급자와의 자료 연계를 통한 경쟁력 향상", 유럽의 통신업자들에 대해서는, "새로운 고부가가치서비스의 지속적인 확대공급능력", 그리고 기기 및 소프트웨어 공급자 및 컴퓨터 및 소비자전자제품산업에 대해서는 "국내외에서의 새롭게 성장하는 상품시장"을 제시하고 있다.

마. 정보화정책을 위한 정치적 리더십

정보화정책을 정보고속도로와 관련해 볼 때, 프랑스정부의 정보화정책은 1994년 초 통신부장관의 리더십에 힘입은 바 크다. 그러나 통신부장관의 리더십의 결과로 산출된 Théry 보고서는 부처 간의 이해상충, 특히 프랑스텔레콤의 반대로 인해 정책으로 이어지는 데 상당한 어려움을 겪었다. 다음에서 설명되겠지만, 프랑스의 경우 정보화정책을 담당하는 통일된 기구가 존재하지 않으며, 정보화정책을 결정할 때나 부처 간의 이해충돌이 있을 때 이를 다루는 부처 간 위원회가 있을 뿐이다. 정보화정책에서 수상의 리더십 또한 부재한 것으로 볼 수도 있다. 한 관계자는 "수상은 너무 늙어서……"라는 말로써, 수상의 정보화정책에 대한 개인적 또는 정부 차원적 몰입도나 리더십이 미약하다고 설명한다.

바. 정보화정책의 추진을 위한 정부와 기업 간 관계

다른 산업정책이나 과학기술정책들과는 달리 정보화정책에서 프랑스정부의 역할은 제한적이다. 정보화정책에서의 정부의 적극적 개입은 존재하지 않는다. 프랑스 재무부의 한 관계자는 "인터넷에 관한 한 프랑스에는 정부정책은 없다"고 말하기도 하였다. 즉 정보화정책에 있어서 정부역할은 미니텔사업에서와도 다른 모습을 보이고 있다.

프랑스는 1980년대 선진국에서 뉴미디어물결이 일어났을 때, 공공부문, 특히 프랑스텔레콤, 주도로 여러 개의 사업을 추진하였다. 미니텔사업에 있어서 정부와 민간의 관계는 동반자적 관계였다. 정부는 네트워크의 운영을 담당하고 민간은 주컴퓨터와 응용을 담당하였다. 이러한 정부-민간 합작은 미니텔의 성공에 주된 요인으로 지적되어 왔다. 프랑스텔레콤에 의해 추진된 케이블 TV 사업은 당시의 최첨단 기술을 사용하여 전국에 광섬유의 간선케이블을 그리고 각 지역에 케이블 TV망을 부설하며, 공익사업자인 지역케이블사업자협회(Societes Locales d'Exploitation, SLECs)가 프랑스텔레콤에서 하청받아 사업을 운영함을 골자로 하는 사업이다. 이 케이블 TV 사업의 경우 시장원리가 잘 작동하지 않고 부설비용 및 사업운영비가 높아서 케이블 TV의 보급이 광범위하게 이루어지지 못했던 것으로 평가되고 있다. 1994년 12월 현재 프랑스에서 TV를 보유한 가구 수는 약 2,100만 가구이며, 이 중 150만 가구만이 케이블에 연결되어 있다

(한국전산원, 1995b).

Thry 보고서는 이러한 경험의 바탕 위에서 미니텔사업의 방식을 취할 것을 권고했으나, 프랑스정부가 정보화정책에서 택한 역할은 정보고속도로사업에 정치적 힘을 실어 주고, 행위자들을 동원하고, 이들이 정부규제에 적응하는 과정을 돕는 것이었다(Vedel, in Jeong & Kraemer, 1996). 첫째는 규제를 신축적으로 운용하는 것이다. 이를 통해 정부는 보편적 서비스나 개인비밀의 보호 또는 사회적 결속과 같은 기본적인 원칙을 유지하면서 경쟁을 유발하고자 했다. 둘째, 새로운 시장과 서비스의 창출을 촉진시키는 것이다. 이를 위해 정부가 할 일은 정보고속도로가 발전할 수 있는 고리를 생성해 줄 응용프로그램에 착수하는 것이다. 셋째, 정부의 역할은 정보고속도로와 관련한 쟁점에 대한 공개토론을 조직하는 것이다.

(2) 추진현황

가. 정보화에 대한 공무원과 국민의 태도

프랑스의 경우 공무원들은 인터넷의 중요성을 인식하고 있는 반면, 국민들은 미니텔에 만족하는 경향을 보이고 있다. 관계자들이 공통적으로 지적하는 원인은 첫째, 미니텔은 사용이 용이하다는 것이고, 둘째는 안정성(security)이 보장된다는 것이다.

나. 중앙추진조직의 설립 및 역할

프랑스의 경우 정보화추진과 관련하여 별도의 중앙추진조직이 존재하지 않는다. 프랑스 국가정보화는 각 중앙부처에 의해 독립적으로 이루어진다. 정보화추진과정에서 부처 간 발생하는 갈등의 조정은 수상 직속에 있는 부처 간 조정위원회에 의해서 이루어진다. 이처럼 중앙추진조직이 없이 정부의 정보화노력이 개개 부처 수준에서 추진되는 한편으로, 프랑스정보화의 주된 책임은 산업, 우편·통신부 소속 두 기관인 DGPT와 DGST이 담당한다. DGPT는 통신 분야의 규제정책을 담당하며, DGST는 국내외에서의 프랑스산업의 경쟁력 증진을 담당한다. 이 외에도 문화부와 통신부가 있다. 지금까지 프랑스정보정책의 초점이 정보기반구조를 구축하는 데 있었기 때문에, 이들 두 부처는 지금까지는 정보고속도로에 거의 관여하지 않았다. 프랑스정부가 정보화정책과 관련하여 앞으로 산업에 대한 고려와 함께 문화에 대한 고려도 균형 있게 다루어야 한다는 점에서, 두 부서의 위상이 높아질 가능성도 있다(Vedel, in Jeong & Kraemer, 1996)

(3) 평가

가. 정보화 및 전자정부 추진과정에서 나타난 문제점

프랑스의 정보화정책은 다른 국가들에 비하면 다소 늦었지만 경제적 관심사를 충족시키기 위해 추진되고 있음은 이미 지적한 바와 같다. 다만, 이러한 정보화노력이 전자정부를 향한 행동화로 쉽게 이어질 수 있는 풍토가 되어 있지 못한 듯하다. 프랑스의 관리들과의 면담결과는 이의 원인 중 몇 가지를 제공해 준다.

첫째 원인으로 꼽을 수 있는 것은 프랑스정부의 고위정책결정자들 사이에 정보에 대한 인식이 부재하고 있고 또 그에 대한 경험이 없다는 점이다. 이러한 정보화마인드와 기량의 부족은 일반 공무원사회에 적용되는 현실이다. 한 관계자는 프랑스 공직사회에서 현재 컴퓨터가 활용되는 주된 용도는 문서작성(word – processsing) 수준에 머물러 있다고 말한다.

둘째, 특히 프랑스의 경우 문제시되는 것은 정보에 대한 강한 이데올로기적 불신감이 존재한다는 것이다. 예컨대, 정보기술의(사회적 또는 조직적) 도입은 프랑스인구의 절대다수[80]를 문명의 이기로부터 배제시킬 것이기 때문에, 프랑스 정부는 전통적인 의사소통수단을 고수하는 방향으로 나아간다는 것이다.

셋째, 프랑스에서는 인터넷의 실상이 도대체 무엇인지에 대한 확고한 해답을 갖고 있지 못한 것 같다. 면담에 응한 관리들이나 학자들은 "인터넷이 무엇인지?" 프랑스정부 내에서는 개념정의는 물론 실체 확인이 되지 않고 있는 것으로 말하고 있다.

넷째, 프랑스의 경우 정보화정책을 추진하는 과정에서 나타나는 문제점으로는 중앙의 정보화추진체계가 없다는 것을 우선 지적할 수 있다. 관리들이나 전문가들은 중앙정부의 통일된 정보화추진체계가 없다는 것을 문제시하지 않는 듯한

---

80) 왜냐하면 현재 보급면에서 성공적이라는 미니텔(보급률 35%)도 사실상 전문가들이 주이용자라는 점에선 그 보급정도는 극히 제한적이다.

반응을 면담에서 보여 주었다.

다섯째, 프랑스에서 미니텔의 성공적인 보급은 프랑스의 정보화 특히 인터넷을 기반으로 한 정보화와 관련 몇 가지 장애를 초래하고 있음을 알 수 있다. 이는 기존의 성공적 정보기반의 보유가 자칫 혁신의 걸림돌이 될 수도 있으면서도, 국가 간 정보기술표준화관련 대외협상력을 강화시킬 수도 있다는 점을 시사해 준다. 프랑스에서 미니텔에 대한 평가는 찬반이 있으나, 미니텔의 성공은 분명 현재 젊은층을 중심으로 확산되고 있는 인터넷의 보급 및 적용[81]을 용이치 않게 하는 요인이 되고 있는 듯하다. 마치 "Christmas Gift Effect" 같은 효과와 같은 것으로 보인다.[82] 다른 한편 프랑스는 물론, 유럽 전역에서 각종 예약 등의 주요 서비스매체로 사용되고 있는 미니텔의 확산은 EU와의 정보기반표준화 논의에서 프랑스의 입장을 강화시켜 주는 한 요인이 될 수도 있어 보인다. 한 관계자는 미니텔이 프랑스 정부로 하여금 "Can say no"의 강경입장을 유지케 해 주는 무기가 아닌가는 질문에 수긍한다.

나. 대국민서비스의 구체적인 운용실태 및 그 운용상의 문제점

현재 프랑스정부는 미니텔을 통해 일반 국민에게 정보서비스를 제공하고 있으나, 이것은 전적으로 수동적이고 일방적인 정보전달에 국한되고 있다. 또한 프랑스에서는 프랑스텔레콤의 민영화와 관련하여 통신의 공공서비스(public service)와 보편적 서비스(universal service)를 둘러싼 논쟁이 한창이다. 공공서비스는 정부부문 또는 공공부문이 통신서비스를 제공하는 것인 데 비해, 보편적 서비스는 가능한 한 많은 사람들에게 통신서비스를 제공하는 것을 말한다. 프랑스텔레콤의 한 관계자가 지적하듯이, 과연 공공서비스를 제공할 의무를 갖지 않은 민간회사가 보편적 서비스를 제공할 수 있을 것인지가 중요한 정책쟁점이 되고 있다.

---

81) 프랑스 정부의 정보화 작업은 이러한 교육의 정보기반을 구축하는 쪽에 큰 비중을 두고 있다고 Ms. Catherine 은 말한다.

82) 다만, Vedel은 앞선 한국전산원 보고서에서 미니텔의 사용자층을 다섯 부류로 광범하게 나누고 있지만, 한 관계자는 미니텔의 주 수요층은 전문가들로 보고 있다.

A.2.5 독일

(1) 정보화 및 전자정부 추진배경

다른 나라들과 마찬가지로, 독일 정부 역시 정보사회로의 진전이 21세기 국가발전의 관건이며 국가의 정치·경제·사회·문화 전 부문에 걸쳐 대처해야 할 과제로 제시하고 있다. 기본적으로 독일의 정보화정책은 독일산업의 경쟁력 향상과 기타 EU의 '성장, 경쟁력 및 고용에 관한 백서'에서 권고된 성장과 고용 등의 확보를 정보화 추진의 주요내용으로 하고 있다.

독일의 정보화정책은 1989년 6월의 연방각의에서 결의한 '정보통신기술의 진흥방안'에 기초하고 있다. 여기서 정보기술은 자료처리, 통신기술 및 사무자동화를 포괄하는 광의의 개념으로 파악되었고, 독일정부는 지금과 같이 여러 형태의 정보기술이 단일기술로 융합되는 기술변화에 쉽게 적응하고 있다. 독일정부는 1995년 3월 수상자문기관으로서 연구기술혁신위원회를 설치하였고, 이 위원회의 권고안을 반영하여 1996년 2월 독일정부의 정보화관련 중기계획을 담은 '인포 2000: 독일의 정보사회로 가는 길'이란 보고서를 발표하였다.

(2) 정보화 추진조직 및 비전

1996년 초 독일정부는 정보사회와 관련된 정책분야에서 주요 정책적 방안을 협의하고 수립하기 위해서 차관급의 범부처적인 조정위원회를 구성하였다. 이 조정위원회에는 연방수상청, 외무부, 연방경제부, 연방노동사회질서부, 연방법무부, 연방보건부 등이 포함되어 있다. 이 위원회의 총괄업무는 연방경제부가 담당하며, 미디어법에 관한 문제만은 연방수상청이 주정부들 간의 의견을 조정하고 있다.

행정정보화와 관련하여 독일정부는 정부행정에 정보기술을 도입하는 목적으로 1) 행정성과의 제고, 2) 주민 중심적 공공행정의 강화, 3) 의사소통의 개선, 4) 행정기능의 증대 및 인력정체 또는 인력감소문제를 해결하기 위한 경제성의 제고, 5) 성과 지향적이고 책임성 있는 업무수행을 가능케 하는 근무조건의 개선 등 다섯 가지를 들고 있다(한국전산원, 1997c). 이러한 목적의 실현을 위해 독일정부는 공공행정을 위한 정보기반구조를 구축하기 위해 다음과 같은 중기적인 목표를 설정해 놓고 있다. 1998년까지 전 연방부서를 포괄하는 정보기반구조를 구축하는 것이 그 하나이고, 다른 하나는 2000년까지 지리적 제약을 극복하기 위해 멀티미디어 서비스 및 응용프로그램을 제공한다는 것이다. 특히 후자의 경우, 정부와 의회의 업무를 지원하기 위한 정보체계를 구축하는 것도 포함되고 있으며, 특히 전자문헌보관소의 구축이 우선적인 과제로 선정되었다.

(3) 정보화와 행정개혁의 연계

독일정부는 정보기술을 행정개혁의 중요한 요소로 보고, 작은 정부 및 시민친화적인 정부를 구축하는 데 필수불가결한 요소로 정보기술을 들고 있다. 이러한 정보기술을 이용한 혁신적인 행정의 모형으로서 본과 베를린 간에 구축되고 있는 정보공동체(IVBB)가 제시되고 있다. 이것은 궁극적으로 연방행정부처 전체와 국제적 정보공동체들과도 연계한다는 계획하에 추진되고 있다. 이와 관련하여, 독일의 연방내무부는 연방정보기술보안청의 역할을 확대하여 앞으로 연방행정부서에 정보기술응용프로그램의 도입업무를 담당케 할 계획이다.

A.2.6 일본

(1) 정보화 및 전자정부 추진배경

프랑스와 마찬가지로 일본의 정보화정책 역시 미국이 NII 정책을 발표함으로써 21세기의 국가발전의 관건으로 인식되는 정보화에서 미국에 주도권을 잃은 위기감에서 출발하였다고 보는 것이 보다 정확할 것이다. 비록 후술하듯이 일본의 정보화정책은 다른 여러 사회적인 쟁점들도 포함하고 있으나, 이러한 위기위식으로 인해 일본정보화정책의 주된 초점은 정보산업의 육성, 발전 및 경쟁력 확보에 맞추어지고 있다. 일본이 정보화관련해서 강한 위기의식을 느낀 것은 쉽게 이해될 수 있다. 일본은 이미 70년대 초 이래 줄곧 정부의 과학기술 또는 정보화백서에서 향후의 일본의 국가경쟁력은 지식산업에서 획득될 것이라는 방향제시가 있어 왔다. 이러한 지식산업으로 방향설정은 상당부분 미국을 따라잡으려는 전략의 주요 구성부분이었다. 실제적으로도 1970년대 두 차례에 걸친 석유파동 이후에서 일본이 성장을 구가할 수 있었던 것도 일본특유의 기술예측과 정부의 강력한 산업구조조정노력에 기인한 것이었다. 적어도 상업기술에 관한 한 그리고 부분적으로는 일부 비상업적 기술에 있어서 일본의 대미우월성은 바로 일본이 미래의 길로 설정했던 지식산업, 즉 컴퓨터, 통신, 전자, 광전자분야(optoeleteronic) 관련 기술에 있었다. 미국의 정보화정책은 바로 이러한 지식산업을 포함한 일부 산업에 있어서의 대일경쟁력 저하를 극복하기 위해 국내의 총자원(정부, 기업, 대학)을 경제적 영역 속으로 융합시키려는 노력에서 파생한 것이다.

가. 정보화정책의 추진목적

앞서 지적하였듯이 일본정보화정책이 추구하는 목표는 먼저 지식사회의 건설에서 찾아볼 수 있다. 지식사회건설은 적어도 1970년대 이후 일본의 정부는 물론 사회가 나아갈 길을 제시하는 'Vision Statement'에서 일본의 목표로 줄곧 강조되어 왔다. 일본정부가 '지식사회의 건설'에 대해 부여한 것은 단지 일본사회가 현재보다 한 단계 앞선 지식사회의 단계로 발전하자는 뜻을 담은 것만은 아니다. 그 배면에는 정부의 산업정책적 고려가 강하게 깔려 있었다.

지식사회의 건설이라는 국가목표는 지식산업의 육성·발전이라는 산업정책에 의해 성취될 필요가 있었다. 이는 부존자원이 부족하고, 1970년대 석유파동 속에서 일본이 국가발전을 위해 선택할 수 있었던 유망한 길이었음에 틀림없다. 컴퓨터, 통신 등으로 대변되는 지식산업에 대한 일본정부의 강조는 흑백 TV와 칼라 TV를 비롯한 가전산업분야에서의 대미우세를 이러한 지식산업분야로 확대 적용하려는 시도였다. 이러한 시도는 컴퓨터산업에 대한 대규모의 정부지원 연구개발사업으로 이어졌고, VLSI(Very Large System Integration) 사업이나 제5세대 컴퓨터사업은 당초의 설정된 목표의 달성 여부를 떠나 일본컴퓨터 및 통신 산업의 발전에 결정적인 견인차역할을 하였다. 일본의 정보화정책은 일본의 경제기적을 견인했던 바로 이러한 컴퓨터 및 전자산업을 1990년대 초반의 경기침체에서 재활하도록 자극하는 정책적 수단으로 사용되었다.

1980년대 후반 이미 일본이 세계의 3대 경제 강국으로 부상하면서 서구의 대다수 관측통들과 일본 내 일부 인사들은 일본은 더 이상 '따라잡을' 선도국이 없기 때문에 종전의 '따라잡기' 식 산업정책을 지향할 것이라는 전망도 있었다. 그러나 미국의 클린턴－고어의 NII 계획의 발표는 '일본은 정보기반구조정책과 이를 뒷받침하는 주요 기술에서 미국에 뒤쳐져 있다'는 정보정책의 '따라잡기' 심리를 다시 표출시켰다. 이 점에서 Charmers Johnson이 그의 저서, MITI and Japanese Miracle (1982)과 Who Governs Japan?(1994)에서 비록 일본이 경제적 기적을 이루기는 했지만 일본은 여전히 이러한 유의 '따라잡기'심리에 의해 가동되는 발전주도국가(developmental state)라고 한 것은 일본에 대한 정확한 진단임에 분명하다. 이와 유사한 맥락에서, West, Dedrick & Kraemer(Jeong & Kraemer, 1996)는 미국의 NII계획에 대해 일본이 보인 과민반응을 "외부의 위협을 내부적 무기로 활용"하려는 일본의 의도에 기인하는 것으로 보고 있다.

일본정부는 정보기반구조를 새로운 사회간접자본으로 규정한다. 즉 종래 산업화에 기여한 교량, 고속도로, 공항, 항만 등과 같은 사회간접자본으로는 현재의 일본이 당면하고 있는 문제를 해결할 수 없다는 것이다. 우정성의 자문기구인 전기통신위원회의 임시보고서인 "정보통신을 위한 비전21"에는 일본이 당면한 과제로 인구고령화에 대응, 도시과밀의 시정, 경제구조의 개혁, 편안한 삶의 실현, 국제사회와의 조화, 환경에 대한 배려 등이 지적되고 있다. 정보기반구조는 바로 이러한 일본의 과제를 해결하는 데 적합한 방법으로 간주되고 있다.

나. 정보화정책의 추진연혁

위의 목표를 추진하기 위한 계획으로서 일본 우정성의 자문기구인 전기통신위원회는 1994년 5월 '21세기 지적인 사회를 향한 개혁: 고성능정보통신기반구조의 건설을 위한 사업'이라는 보고서를 발표하였다. 이 답신은 정보통신의 고도화를 위해 2010년까지 33조 엔에서 53조 엔의 예산으로 광통신망을 구축·완료한다는 목표를 설정하였다. 이 보고서는 이를 달성하기 위한 원칙, 추진방법, 일정, 권고사항들을 제시하고 있다.

1994년 8월 일본정부는 고도지식사회구축을 위한 정책을 범정부적 차원에서 검토·추진하기 위한 목적으로 수상을 본부장으로 하고 관방장관, 우정성장관 및 통상성장관을 부본부장으로 하는 '고도정보통신사회 추진본부'를 수상 직속으로 설치하였다. 이 고도정보통신사회 추진본부는 관련 전문가들의 의견을 수렴하여 1995년 2월 '고도정보통신사회를 위한 기본방침'을 결정하였다. 이 지침에서는 공공분야의 정보화, 정보통신고도화를 위한 제반제도의 수정, 정보통신기반의 정비 등을 주요 과제로 제시하였다.

1996년 5월 전기통신위원회는 '고도정보통신사회구축을 향한 정보통신고도화 목표 및 추진시책: 2000년까지의 정보통신고도화 중기계획'을 발표하였다. 이 중기계획에서는 응용프로그램의 개발과 보급, 정보통신기반의 고도화, 정보통신기술의 연구개발, 정보통신 뉴비즈니스의 진흥, 범세계적 정보통신사회의 구축 등 5개의 목표가 선정되었다(한국전산원, 1996d).

일본의 행정정보화 정책은 1994년 12월 25일의 행정개혁개요 중에서 결정한 행정정보화추진기본계획에서 출발한다. 이 계획은 행정에 있어서 정보기술의 중요성을 인정하고 행정업무를 근거리통신망들과 같은 망을 이용하여 전자화함으로써 궁극적으로 종이 없는 전자정부를 실현코자 하는 목표를 설정하고 있다. 계획기간은 1995년에서 1999년까지 5년으로 설정되어 있다. 1995년 2월 확정된 '고도정보통신사회를 위한 기본방침'에 따라 각 부처는 공공분야의 정보화에 관한 실시지침'을 수립하였다. 이 방침에 따라 각 부처 간에 구축되고 있는 LAN을 상호 접속함으로써 부처 간의 정보유통을 원활화하고 고도화하기 위해 인터넷에 기초한 카스미가세키 WAN을 부분적으로 운용하고 있다.

다. 정보화정책에 담겨진 미래비전

정보화정책에 대한 일본의 비전은 한마디로 단정 짓기 곤란하다. 이는 일본의 정보화에 관여하는 주요 부처들이 서로 다른 비전을 제시하고 있기 때문이다. 일본의 정보화정책에 가장 큰 영향을 준 우정성의 통신위원회 보고서, '21세기 지적인 사회를 향한 개혁'(1994. 5. 31.)에 따르면 지적으로 창의력 있는 사회의 건설을 비전으로 제시한다. 이러한 사회는 다음과 같은 여섯 가지의 편익을 가져올 것으로 기대한다.

1 사회고령인구화에 대한 적절한 대응
  1) 노령자의 사회 참여 증진
  2) 노령자를 위한 양로서비스 지원: 예) 노령자를 위한 24시간 가정통신체계

2 도시과밀현상의 해소
  1) 지방의 고용기회 보장: 예) 네트워크화된 회사의 발전
  2) 인구저밀지역의 의료 및 교육 서비스 개선: 예) 원격의료 및 진료체계
  3) 수도권과 타지역간 정보격차의 해소

3 경제구조의 개혁
  1) 정보통신분야에서 새로운 주도산업 육성
  2) 연구개발 및 사무실업무의 효율성 증대: 예) 인터넷의 활용

4 풍요로운 생활양식의 실현
  1) 공공서비스의 간소화: 예) 의료비용부담의 경감, 교통정보체계
  2) 여가의 확대: 예) 스포츠시설의 예약체제, 보다 발전된 오락서비스

5 국제사회와의 조화
  1) 내수지향의 경제로 전환
  2) 국제사회에의 기여: 예) 위성을 통한 국제의료협력

6 환경친화성
  1) 자원대량소비적인 산업구조에서 탈피
  2) 수송대체효과: 예) CO_2 감소효과

라. 정보화정책의 추진을 위한 정부와 기업 간 관계

일반적으로 일본에서 기업과 정부 간의 관계는 상당한 논란의 대상이 되어 왔다. 일본의 정부와 기업관계의 성격은 관찰자들이 어떤 시기의 어떤 산업분야에 초점을 맞추었느냐에 따라 상당히 다른 모습을 지닌다. 통신산업 분야에 관한 한 정부와 기업 간의 관계는 정부는 규제자로서뿐만 아니라 촉진자로서 역할을 하고, 민간기업은 정보기반구조를 건설하고 상업적인 상품을 개발하는 그런 구도에서 진행되었다(West, Dedrick & Kraemer in Jeong & Kraemer, 1996). 정부의 역할 중에서 우정성은 규제자이자 촉진자의 역할을 하였으며, 통산성과 기타 관련 부처들은 주로 촉진자로서의 역할을 담당하였다.

(2) 추진현황

가. 정보화 정책의 최근 동향

일본정부는 근거리통신망이나 광역통신망과 같은 네트워크를 이용한 시스템

구축계획에서 더 나아가, 1997년 8월 일본정부는 구청이나 시청 등의 창구에서 처리하던 주민등록전출입 등 각종 민원을 인터넷으로 처리하는 것 등을 골자로 하는 인터넷 전자정부 계획을 발표하였다.[83] 2002년을 시행년도로 하는 이 계획이 실현되면, 각종 민원서류의 신청 및 교부, 각종 신고 등이 24시간 인터넷 전자우편으로 처리된다.

대장성은 금융체제개혁의 일환으로서 기업정보공개체제(EDINET: Electronic Disclosure for Investor's Network)의 시책안을 발표하였다. 2000년에 본격 실시될 이 체제는 현재 기업이 제출해야 하는 유가증권보고서 등의 서류를 HTML 문서로 작성하여 인터넷으로 제출하게 함으로써 대장성과 기업의 관련 업무를 간소화하고 신속화시킬 것으로 기대하고 있다. EDINET을 통해, 이러한 자료들은 증권거래소 등의 홈페이지에 실려 투자자들이 기업정보를 빠르고 쉽게 무료로 열람할 수 있도록 추진 중이다.

더 나아가 최근 일본의 참의원은 국회의원들의 입법·조사활동의 편의와 국민에 대한 국회정보의 신속한 공개를 위해 2001년까지 WWW을 이용하여 참의원 본회의 의사록 등을 공개하는 체제의 구축을 승인하였다. 이러한 체제를 통해 본회의와 위원회의 의사록과 의안심의경과자료가 데이터베이스화될 것이다. 현재 중의원에서도 참의원과 유사한 홈페이지 구축을 검토하고 있는 것으로 알려지고 있다.

나. 중앙추진조직의 설립 및 역할

일본정부의 정보화 및 전자정부 추진의 중심기관은 1994년 8월 '고도정보통신사회추진본부'이다. 이 고도정보통신사회추진본부는 수상을 본부장으로 하며, 우정성장관과 통상성장관을 부본부장으로 하고 있다. 정보통신관련 주무부처는 우정성이지만, 행정정보화에는 총무청이 관여하고 있고, 정보고속도로의 건설에는 통상성, 대장성 그리고 건설성이 관여한다.

다. 행정개혁과의 결합 정도

일본은 전자정부를 실현하기 위한 기본전략으로 정부와 민간 간의 정보망 구축, 개인식별코드의 도입, 개인정보보호규정의 제정, 각종 절차규정의 개정, 그리고 행정개혁추진과의 연계를 제시하고 있다(문신용, 1996). 1995년 2월에 확

---

83) 경향신문, ≪일본정보통신≫ '인터넷 전자정부' 5년 내 실현, 1997년 8월 5일자.

정・발표된 '고도정보통신사회를 위한 기본계획'에 따르면, 행정정보화를 통해 달성하고자 하는 행정개혁의 목표로 원스톱 행정서비스의 제공, 행정정보의 공개, 효율적인 행정정보수집체계의 정비, 종합적인 행정의사결정지원체계의 형성 등이 제시되고 있다.

(3) 평가

일본의 행정정보화 및 전자정부 추진과정에서 나타난 주된 문제점 가운데 하나는 부처 간에 경쟁 또는 영역갈등이 매우 심하여 상당한 예산의 낭비가 이루어지고 있다는 점이다. 이러한 갈등은 주로 우정성과 통산성, 그리고 NTT 사이에서 나타나고 있다. 이 두 부처 간의 갈등은 새로운 부처영역으로 정보통신을 선택하여 산업정책적 차원에서 영역확장을 꾀하는 통상성과 부처 고유의 영역을 고수하려는 우정성, 여기에 NTT가 가세하여 상당히 복잡한 양상을 띠고 있다. 대장성을 제외하곤 이들 부처들 간의 부처 간 갈등을 조정할 능력을 결여하고 있다. 때로는 대장성의 갈등조정능력도 한계적인 경우가 있다. 예컨대, 1980년대 초 통산성과 우정성 간에 기술개발사업계획을 둘러싸고 벌인 수년간의 부처 간 갈등은 결국 자민당의 중재하에 부분적으로 해소할 수 있었다. 이러한 타협의 결과로 나타난 것이 1984년에 이 두 부처에 의해 공동으로 설립된 KeyTech Center이다.

부분적으로 이러한 부처 간 경쟁으로 인해 앞서 제시한 정보화비전에 담긴 내용들이 어느 정도 일본사회의 욕구를 반영하고 있는지 불투명하다. 또 그러한 비전의 내용들이 어느 정도 실현될 수 있는지도 사실상 판단하기 어렵다. 왜냐하면 상이한 부처들이 정보화에 대한 경쟁적인 미래비전, 그것도 부처중심적인 사고에서 바라본 미래비전을 제시하고 있기 때문이다.

A.2.7 싱가포르

(1) 정보화 및 전자정부 추진배경

싱가포르는 정보화를 80년대 중반부터 본격적으로 추진해 왔으며, 1991년에

IT 2000, 1996년에 Singapore One 등의 계획은 원대하며 구체적이다. 싱가포르는 도시국가로서 교육수준이 높고 자본 투자가 자유로우며 세계적인 무역항으로서 고급인력이 풍부하고 경제적 환경이 매우 우수하다. 따라서 정보화를 통한 국가경쟁력을 높이는 차원을 넘어 21세기의 초일류국가를 목표로 하고 있다.

(2) 정보화 및 전자정부를 추진하기 위한 리더십 및 추진체제

싱가포르의 정보화 및 전자정부의 구축은 지도자의 강력한 리더십에 바탕을 두고 있다. 그리고 적은 인구에 비해 고급의 인력이 풍부한 점을 최대로 활용하여 정부기관, 각종 법령위원회, 사기업 등간의 인력이 공동 활용되고 있으며, 상호 간 협조체제가 긴밀하게 이루어져 있다. 특히 정부, 민간 기업, 기타 업무조직으로 구성된 다양한 법령 위원회(statutory board)들의 역할은 매우 성공적인 것으로 평가되고 있다(Cash et al., 1992).

이 위원회들은 특정 목적을 위해 특별입법으로 제정된 조직이다. 헌법으로 보장된 기관이지만 일반 공무원이 가지고 있는 법적 특권은 없다. 그러나 사업의 추진과 구체적인 업무수행에 있어서 공무원보다 광범위한 재량권을 가지고 있고 융통성을 발휘할 수 있다. 이 위원회들은 공기업적인 성격을 띤 조직으로서, 공공성과 사기업의 경제적 능률성을 동시에 추구하고 있다. 따라서 위원회의 각 기능별 책임자들은 고위공무원, 기업 측 대표, 노조 대표들로 구성되고, 위원장은 국회, 고위 공무원, 혹은 전문가 중에서 관계 상위부처의 장관에 의해 임명된다. 일반업무는 각 부처에서 파견된 공무원들이 처리한다. 그리고 재정관리는 자율적으로 이루어지며, 순이익은 재투자를 위해 각 위원회에서 재투자기금으로 조성할 수 있다. 또한 기타 법적 소송, 계약관계, 재산의 관리, 신규사업, 급여 등에 있어 정부의 간섭을 받지 않는다. 이 법령위원회들은 싱가포르의 경제성장에 큰 기여를 해 왔으며, 정보화와 전자정부 추진과정에서도 핵심적인 역할을 담당하고 있다(Jon et al., 1987).

한편 전자정부에 대해서는 온라인화 및 전산화(computerization) 이상의 의미를 크게 부여하지 않는 것으로 보인다. 실제로 싱가포르에서는 전자정부라는 용어를 사용하지 않고 있다. 그러나 정보화를 통한 고객중심의 정부를 지향하고 있어 전자정부의 형태를 추구하고 있다고 볼 수 있다.

싱가포르의 정보화를 선도하고 있는 NCB(National Computerization Board)는 독립된 법령위원회(statutory board)로 우리나라 정통부수준이상의 규모와 사업을 수행하고 있다. 다시 말하면, 한국의 정보통신부, 한국전산원, 정보문화센터를 합친 성격의 조직이고 조직구성원은 각 분야의 전문가(학계, 기업, 연구기관)와 각 정부기관의 대표로 구성되어 있다. NCB는 우리나라 대덕단지와 비슷한 science park에 있으며 정보관련 외국회사의 대표사무소가 파견되어 있는 CINTECH I, II, III에 분산되어 있다. 따라서 NCB의 사업이 바로 용역업자들과 직접 한 건물에서 진행될 수 있게 되어 있다.

또한 EDB(Economic Development Board)와의 연계가 긴밀하며 모든 사업에 EDB가 관련되어 있다. 그 외에 수상실 산하에 IT 위원회를 비롯한 여러 개의 위원회가 있다. 최근 NCB는 1000명 정도의 IT 전문가들을 NCS(National Computer System Pte Ltd)로 보내어 다운사이징을 하고 있으며, NCB는 마스터플랜과 IT 관련 표준화 및 정책개발 중심의 정부기관으로 변신을 시도하고 있다. 그리고 시스템 개발은 Civil Service Computerization Program(CSCP)에서 NCS로 이관하였다. 또한 GCIO(Government CIO)를 NCB에 배치하여 부처 간의 IT시스템의 통합적 관리를 주요 임무로 부여하고 있다(Year Book, 1997).

(3) 추진전략

싱가포르는 정보화를 통하여 21세기 최고의 정보화 국가를 목표로 하여 적극적으로 정보화를 추진하고 있다. 세계 최대의 무역항이고 외국기업의 투자가 자유로운 경제적 환경과 입지를 갖추고 있기 때문에, 새로운 애플리케이션의 개발이 용이하다. 따라서 주로 정보화는 정부가 주도하면서 외국의 기술과 자본을 최대한 유치하여 함께 개발하는 전략을 펴고 있다. Singapore One, IT 2000 등의 대규모 프로젝트와 각종 애플리케이션 개발 프로젝트들도 이러한 전략을 따른다. 싱가포르는 350만 정도 인구의 도시국가이므로 전문인력이 부족할 수밖에 없다. 따라서 전문인력양성을 중요시하여 해외연수나 파견교육을 통한 고급인력확보에 주력한다.

싱가포르는 특히 국내 및 국제적인 연구기관과 전략적 연대관계를 중요시하고 산·학·연 협력체제가 확립되어 있다. Science Park도 이러한 연대형태로 조성되었다. 싱가포르의 정보화 추진전략은 한마디로 정부, 산업, 교육, 연구기관, 금융, 무역, 국민생활 등 모든 부분을 네트워크로 연결하고 전 국민의 정보화를 통하여 첨단의 도시국가를 건설하는 데 있다.

(4) 최근의 정보화 수준 및 사업추진현황

가. 정보화 수준

1996년 세계 경쟁력 보고서(World Competitiveness Report)에서는 싱가포르의 정보화 수준을 아래와 같이 평가하고 있다.

〈표 2-3〉 싱가포르의 정보화 수준평가(1996년 세계경쟁력보고서)

- IT산업경쟁력: 세계 2위
- 컴퓨터 보급: 세계 2위(인구 천 명당 207대)
- 인터넷 접속: 아시아 1위(인구 천 명당 7.74)
- 컴퓨터 교육수준: 세계 2위(' 96 Global Competitiveness Report)
- hardware, software, IT 서비스 총판매 증가: 34.5% 증가, $6.7 billion ('95 기준) → 수출 (51%) vs. 내수(49%)

나. 기금조성 및 추진사업

정보화를 위한 기금조성은 현재 Cluster Development Fund(CDF)를 통해 200만 달러, Innovation Development Fund(IDF)를 통해 500만 달러를 확보하고 있다(Year Book, 1997). 아래는 각 부문별로 추진되고 있는 사업들이다.

1) 능률적이고 효과적인 정부를 위한 추진사업(싱가포르 One, IT 2000 이외 사업)

- Government Intranet(1996년 6월)

  16,000의 컴퓨터를 안정된 network로 부처와 statutory boards 간 연결하여 공무원들이 각종 정부정보에 대한 온라인 접근과 정보교류가 가능하도록 하였다. 정부정보의 내용은 GCIO 홈페이지, 정부 간행물과 메뉴얼, Staff Welfare & Recreation, News, Newsletters, Singapore Government Directory Interactive,

PS21(Public Service for the 21st century) 등이다.

- Common Software Pool(1995년 11월)

공동 Software개발로 중복개발과 투자를 피하는 것이 목적이며, XtraS, Word Macros, Electronic Leave Applications 등이 있다.

- Public Sector Smart Card(1996년 3월)

공무원을 위한 ID 카드, PS Card라고도 한다. 이 카드는 NETS Cashcard System과도 호환이 가능하여 부처 내에 있는 물건구입, 공중전화, 자동판매기 등에 사용될 수 있다.

- Computerized Investigation Management System(1998년 완성 목표)

경찰의 범죄수사관련 파일과 case에 대한 파일에 대한 온라인 접근.

- Electronic Filing System

사법부와 법률회사 사이의 온라인화 시스템.

2) 대민 서비스의 질을 높이기 위한 사업

- Singapore Government Home Page

현재 구축되어 운영 중.

- Civil Service Recruitment

1995년에 구축하여 1996년에 시범운영. 인터넷을 통한 공무원채용시스템.

- Electronic Procurement System

정부물자 조달 시스템, 1996년 말 구축됨.

- BizCore

1995년부터 운영. 사업관련 등록 온라인화.

- Singapore Titles Automated Registration System(STARS)

토지소유 관련 등록 시스템.

- Business Process Re-engineering

현재 노동부의 Work Permit and Employment Department(WPED)에서 진행 중이며, 30분 이내 대기시간, 접수로부터 1일 이내 업무처리 목표로 하고 있다.

- PI Pupil Registration

1995년부터 구축. 초등학교 1학년 등록상황을 온라인화하는 시스템.

- Information Kiosks

아직 완전히 구축되지는 안 된 상태이며, 현재 시청, 법원, 교통관련 자동 시스템운영국 등에 일부 설치되어 있다.

(5) 평가

싱가포르는 강력한 리더십을 가진 지도자가 있고 정부관료들은 전문성이 뛰어나고 인센티브가 매우 강하다. 또한 자유무역항으로서 첨단기술의 도입과 응용기술의 개발이 타 국가에 비해 매우 용이하다. 그리고 각종 위원회등 공공기관의 구성원이 정부, 대학, 연구기관, 기업의 전문가들로 이루어져 있어서 정부기관에서 일반적으로 나타나는 관료화, 불필요한 절차, 부처이기주의 등의 폐단이 거의 없다. 그 결과 인력의 교류와 파견이 원활하다. 한편 우리나라의 경우와는 다른 소규모의 도시국가이기 때문에 정보화 및 전자정부의 구축이 용이하다는 측면도 있기는 하다. 그러나 반대로 미국의 경우는 인구와 규모면에서 훨씬 크고 정책과정이 복잡하면서도 정보화가 체계적이고 효율적으로 추진되고 있는 것을 보면, 중요한 것은 지도자의 정보화에 대한 비전과 리더십, 강력하면서도 효율적인 추진체제, 전문성을 갖춘 관료집단 등이 존재하느냐의 여부이다. 정보화를 성공적으로 추진하고 있는 국가의 공통점은 이러한 요소들을 충분히 갖추고 있다는 점이다.

A.2.8 말레이시아

인접국가인 싱가포르와 같이 말레이시아도 정보화에 주력하여 국가의 경쟁력을 향상하는 전략을 펴고 있다. 정부는 국정개선 및 관리기획팀(MAMPU: Malaysian Administrative Modernization and Management Planning Unit)을 두어 공공부문의 정보화 사업을 추진해 왔다. 또한 국무총리 관할의 CSL(Civil Service Link, 열린정부)의 설치로 국민에 대한 정보서비스의 질을 높이는 데 주력하고 있다. 정부종합통신망(GITN)과 공공서비스망(PSN)의 구축으로 정보교류 및 온라인 서비스가 가능해졌다. 최근에는 전자정부의 구축과 관련하여 MSC(Multimedia Super Corridor) Flagship Application이 발족되었고 정보화를 행정개혁의 차원으로 끌어올려 추진하고 있다.

(1) 정보화 및 전자정부의 목표 및 비전

말레이시아의 정보화 및 전자정부의 목표는 정부의 업무능력 향상과 국민에 대한 서비스의 개선, 온라인화를 통한 국민, 민간기업, 정부 간의 정보교류의 원활화 등을 통하여 정보화시대의 선두주자의 위치를 확보하는 데 있다.

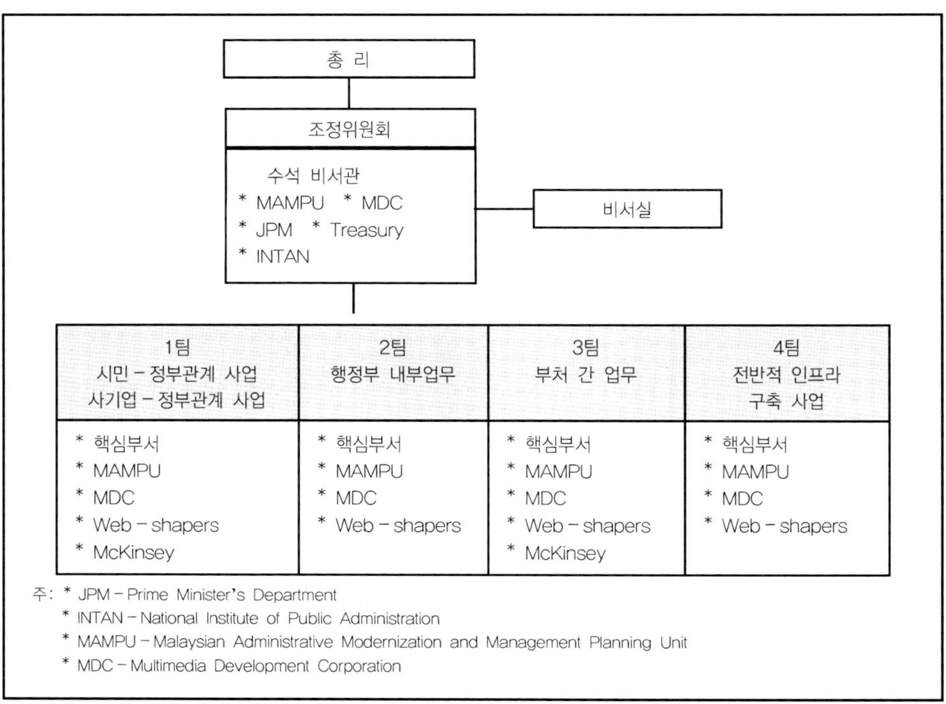

〈그림 2-1〉 정보화 및 전자정부 추진체제

마하티르 총리는 정보화에 대한 신념을 가지고 국민과 민간기업, 그리고 정부가 말레이시아의 국익을 위해 함께 협력하여 국가건설을 하자는 비전을 제시하고 있다. 특히 그는 협력 및 연합(collaboration)을 통한 정보화의 추진을 강조한다. 이를 구체화시키기 위하여 멀티미디어/정보기술을 이용하여 정부개혁을 추진하고, 멀티미디어 산업의 육성을 위한 상호 협조적인 환경을 조성하는 데 주력하고 있다. 또한 국민에게 보다 효과적이고 능률적으로 서비스를 전달하고, 국민의 요구에 대해 적극적으로 응답하는 정부를 구축하는 것이 전자정부의 목표라고 할 수 있다(Electronic Government Flagship Application, 1997).

(2) 추진체제

말레이시아는 마하티르 수상이 직접 정보화를 주도하고 있으며, 수상실 직속 조정위원회와 수석비서관을 두고 있다. 조정위원회에서는 MAMPU와 MDC의 역할이 제일 크고, 4개의 팀으로 이루어져 있다. 각 팀에는 주요부처, MAMPU, MDC와 18명으로 구성된 멀티미디어/정보산업관련 민간기업 문가들과 McKinsey사의 컨설팅 인력들이 자문을 하고 있다.

(3) 정보화 및 전자정부 추진전략 및 현황

말레이시아는 Vision 2020에서 제시한 정보화의 목표를 구체적으로 실현시키기 위하여 MSC(Multimedia Super Corridor)라는 최첨단의 멀티미디어 단지를 조성하려는 원대한 계획을 1997년에 발표하였다. 그리고 MDC(Multimedia Development Corporation)라는 공기업형태의 국영회사를 설립하였다. 이는 국내외 회사와 투자가들에 대한 모든 장벽을 없애고 투자를 유도해서 세계일류의 멀티미디어 단지를 조성하는 데 목적을 두고 있다(MSC, 1997).

가. MSC 사업
1) 개요

MSC 사업은 우선 말레이시아 수도인 쿠알라룸푸르에 인텔리전트 빌딩과(KLCC: Kuala Lumpur City Centre) 수도 남쪽에 국제공항을 건설(KLIA)을 시작으로 본격화되었다. 또한 Putrajaya라는 스마트 도시를 건설하여 행정수도로서 전자정부의 실현을 계획하고 있다. 1998년부터 수상실을 이곳으로 이전하여 총리가 직접 전자정부의 수장이 될 것이다. Cyberjaya는 인텔리전트 도시로서 광속도 네트워크를 기반으로 멀티미디어 산업도시로 육성될 계획(1998년 후반)이다. 또한 R&D의 중심이 될 멀티미디어 대학을 설립(1998년 5월 개교)하여 응용

기술의 개발과 전문 인력을 양성할 계획이다. MSC 사업은 20년이 소요되는 장기적인 사업이며 3단계로 나누어 추진할 계획이다.

2) 투자를 유도하기 위한 법적 근거 마련(Bill of Guarantees)

말레이시아 정부는 MSC에 참여하기를 희망하는 회사들에게 최적의 환경을 마련하기 위해 10개의 핵심안(10-point Bill)을 제시하였다. 이 법안은 멀티미디어 산업을 육성하는 데 걸림돌이 되는 모든 장애를 없애는 매우 적극적인 법안이다. 그 내용은 다음과 같다.

말레이시아 정부는,

① 세계 일류의 물리적 및 정보 인프라를 제공한다.

② 국내외의 지식 노동자의 무제한 고용을 약속한다.

③ MSC사업의 참여권을 가진 회사들의 국내 소유권을 보장한다.

④ 세계 어느 곳에서나 MSC 인프라구축에 필요한 자본의 투자와 기금의 차입을 허용한다.

⑤ 향후 10년간 멀티미디어에 대한 투자와 장비의 수입에 대한 관세와 소득세 등 각종 부과세를 철폐한다.

⑥ 지적 소유권과 사이버법을 철저히 준수한다.

⑦ 인터넷에 대한 검열을 하지 않는다.

⑧ 국제적으로 경쟁력을 갖춘 통신요금을 제공한다.

⑨ 선두기업들에게 MSC를 자국에 연결하여 사용할 수 있는 권한을 부여한다.

⑩ 이 법을 실행시키기 위해 강력한 추진력을 가진 집행기관을 설립하고, 원스톱 창구의 역할을 담당케 한다.

또한 사이버법(Cyberlaws)을 마련하여 시민과 기업의 권리를 보호하고, MSC 사업의 신뢰도를 높이도록 하고 있다. 이 법에는 전자서명, 컴퓨터범죄, 저작권, 원격의료, 전자정부, 멀티미디어와 통신에 관한 내용을 포함하고 있다. 또한 ASEAN 사이버법 연구소와 사이버 중재 법원을 설립하여 아시아에서의 사이버법 체제 시대를 대비하고 있다. 또한 전자정부의 법적 근거를 마련하기 위하여 전자정부법이 의회에 상정되어 있으며 1998년부터 시행될 예정이다.

3) 재정 및 기타 인센티브

· 재정적 인센티브

향후 10년간 소득세 면제, 100퍼센트 투자세 공제, 멀티미디어 장비 수입 무관세.

· R&D 지원기금

말레이시아의 자국의 멀티미디어 기업과 중소기업을 육성하기 위해 2백만 (RM200) 달러를 조성함.

· MESDAQ(Malaysian Exchange of Securities Dealing & Automated Quotation) 첨단기술을 개발할 수 있는 잠재력이 높은 벤처기업을 육성하기 위해 일정한 실적기록이 없이도 주식시장에서의 거래와 점유를 보장하기 위한 제도.

4) 초고속망 건설

1997년부터 2007 사이에 말레이시아의 Telekom 통신회사를 주축으로 약 2천만(US$) 달러를 투자하여 초고속망을 건설할 계획이다.

나. 전자정부 추진(Electronic Government: Flagship Application)

말레이시아는 전자정부를 실현시키기 위해 Flagship Application 프로젝트를 수립하여 우선 5대 정보화 및 온라인화 대상을 시범사업으로 추진하고 있다. 그 대상은 다음과 같다.

· 자동차 면허갱신 및 등록, 보건 및 의료정보 온라인화 등 서비스체제 정보화
· 정부 조달체계 정보화
· 수상실 정보화
· 인적자원관리 정보화
· 기획관리 정보화

전자정부를 구축하는 목적과 내용은 아래와 같다.
1) 전자정부의 목적: 정보기술을 통한 정부개혁

· 고객 지향적 정부

　· 보다 쉬운 접근: 원스톱, 다양한 채널 제공

- 서비스 질의 향상: 보다 안정되고 빠르며 투명한 서비스의 제공
- **효과적이고 능률적인 정부**
  - 행정절차의 개혁: 원활한 정보의 흐름, 투철한 사명감 제고
  - 시스템 개발: 분석, 관리, 정책지원 시스템의 개발
  - 관료의 전문화

2) 전자정부의 방향

말레이시아 정부는 전자정부가 나아가야 할 방향을 다음과 같이 제시하고 있다.
- 관료중심에서 시민중심으로
- 폐쇄된 의사결정에서 투명한 의사결정
- 결과에 대한 철저한 책임
- 객관적이고 논리적 분석에 의한 정책형성 및 결정
- 통제자적 정부에서 지원자적 정부

3) 공공기관/사기업 – 정부 연계 서비스 내용

- Lodgment: 일반국민이나 사업체에서 정부의 서비스가 필요할 때, 그 요청이나 과정단계를 전자적으로 해결
- Payment: 각종 세금이나 벌과금, 기타 서비스료 등을 전자적으로 해결
- Information: 온라인 정부화로 전자적으로 정보 제공
- Communications: 정부와 국민 간의 쌍방매체를 통한 커뮤니케이션.
- Electronic Procurement: 전자적인 조달체제.
- Polling: 인구통계나 서베이를 목적으로 하는 자료의 디지털화.
- Customer Care Management: 원스톱 창구 마련.
- Public Complaint: 국민의 불만이나 고충처리를 위한 단일 interface 제공.

4) 전자정부 모델

전자정부 모델은 고객중심의 정부를 추구하는 것으로서 네트워크를 기반으로 민원과 민간기업에 대한 서비스를 원스톱 및 논스톱 방식으로 제공하는 것이 기본 목적이다. 이 모델은 운영, 기술, 비즈니스의 3가지 차원으로 나누어 설명

하고 있으며, 정부의 멀티미디어와 네트워크 기술을 통하여 창구를 일원화하고 민간기업의 역할을 구체적으로 제시하고 있다는 것이 특징이다.

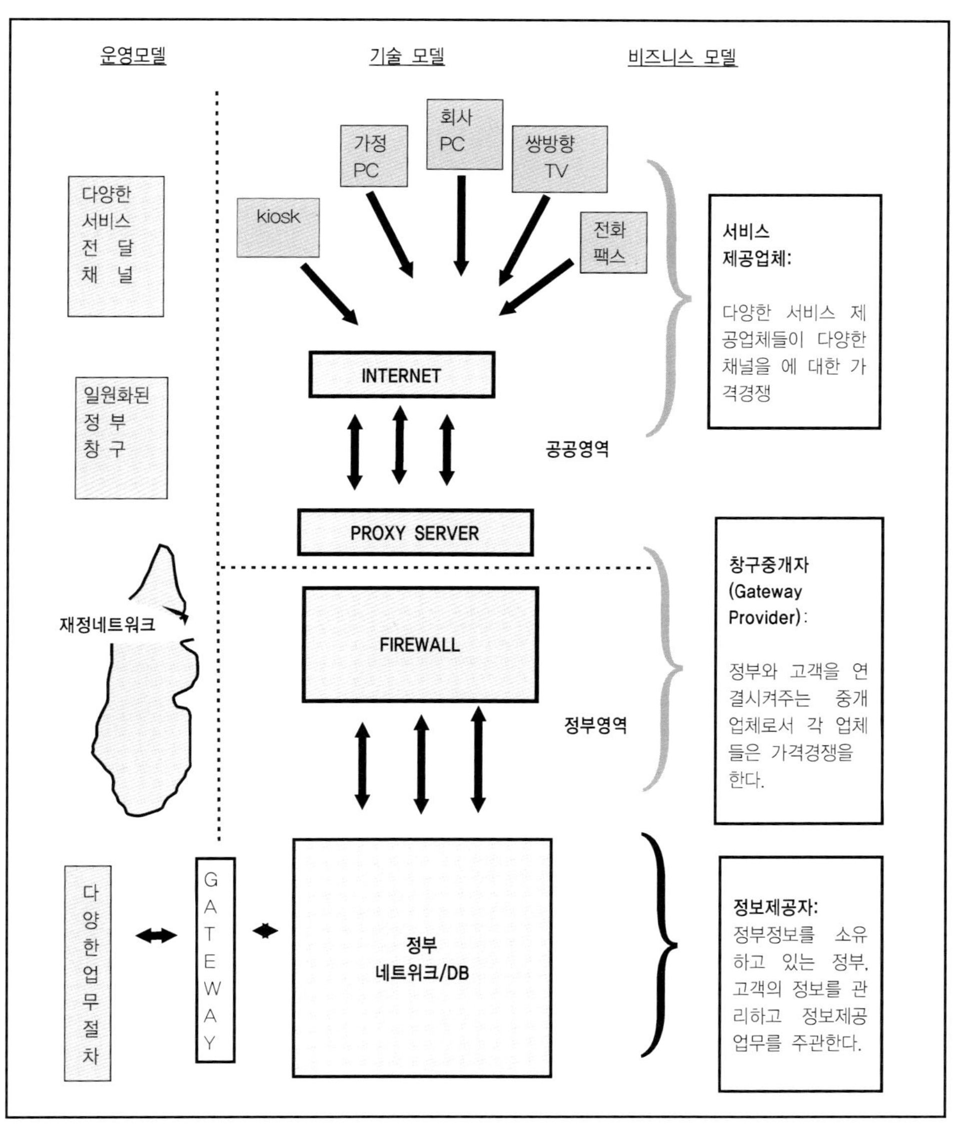

〈그림 2-2〉 전자정부 모델

가) 운영 모델

운영모델에서는 고객이 어떤 절차를 거쳐서 전자정부에 접근하고 서비스를 제공받는가를 제시한다. 절차는 접근 - 입력 - 처리과정 - 최종서비스의 4단계 과정을 거친다.

- 접근(Access): 고객은 사용자 중심의 접속장치(PC, kiosks 등)를 통하여 서비스 제공을 요청한다.
- 입력(Input): 고객은 다양한 언어로 제공되는 정보를 검색하여 필요한 정보를 찾아내고 데이터를 입력한다. 또한 수수료를 지불한다.
- 처리과정(Processing): 최소의 대기시간에 데이터를 업데이트하고 중복 검색을 통하여 정보를 제공한다.
- 최종서비스(Output): 고객은 소프트와 하드카피를 제공받음으로써 서비스의 처리결과를 확인한다.

나) 기술 모델
- 공공영역: 이 공공영역은 전자정부의 최일선으로서 기술적으로 인터넷을 기본 아키텍처로 하고 있다. 서비스 제공업체들은 고객들이 전자정부 서비스 창구에 쉽게 접근할 수 있도록 다양한 서비스전달 채널을 제공하여야 한다.
- 정부영역: 정부영역에서는 전자정부가 시스템, 고객 DB, 네트워크 등 기본적인 기술기반을 갖추고 있어야 한다. 또한 창구중개자들이 정부와 고객들을 연계시킬 수 있도록 APIs(Address Privacy Issues)에 대한 지침을 명확히 제시하여야 한다.
- 창구중개자: 이들의 역할은 공공영역의 고객들과 정부영역의 공공기관을 연결시켜 주는 인터페이스의 제공이다. 각 기관의 성격과 여건에 따라 직접 각 기관에 연결시키는 방법과 현재의 정부네트워크에 연결시키는 간접적인 방법이 있다.
- 보안: Firewall 같은 보안장치가 필요하며, 각 영역들 간에 보안과 공신력을 갖춘 정보의 교류가 이루어져야 한다.
- 재정 영역: 재정영역은 정부와 고객들 간의 정보교류 시 발생하는 지불관계와 관련된 기관들을 의미한다. 서비스제공업체들은 공공영역과 재정영역 사이에 지불관계를 명확히 할 수 있도록 공식적인 통로를 확립하여야 한다.

현재는 일정한 재정담당기관으로부터 서비스제공업체가 공식적인 지불관계 양식을 받아 정부의 현재 서비스제공가격에 기본편의 제공료와 서비스전달 사용료를 첨부하여 재정담당기관에 전자적으로 송부하면 기본편의 제공료 와 서비스전달사용료를 되돌려받는 절차를 고려하고 있다.

다) 비즈니스 모델
- 서비스 제공자: 서비스 제공자는 고객들에게 다양한 정보전달채널을 제공 한다. 전달방식은 PC, kiosks, 전화, 쌍방형 TV 등이다. 정부는 기본 규칙과 기준을 제시하고, 제공업체들은 가격경쟁을 통하여 혁신적인 정보전달채널 을 개발한다.
- 창구 중개자: 창구 중개자는 정부와 고객 간의 정보전달을 중개하는 업체 들로서 업체의 비용으로 네트워크 인터페이스를 개발한다.
- 정보 제공자: 고객에게 다양한 정보전달채널을 통하여 정보를 제공한다. 정 부뿐만 아니라 업체들이 자유경쟁을 통하여 접속장치나 애플리케이션을 개 발하여 정부의 서비스를 대행할 수 있다.

(4) 평가

말레이시아는 위에서 살펴본 바와 같이 정보화 및 전자정부 구축에 대한 비 전이 잘 제시되고 있고, 그 구체적인 실현계획도 방대하고 명확하다. 특히 멀티 미디어 단지 조성을 위한 법적 근거 및 재정적 인센티브가 제시되었고, 전자정 부구축과 관련된 계획 또한 구체적이고 명확하다. 이처럼 적어도 기본추진계획 이나 실행방법이 잘 제시된 이유는 마하티르 총리의 정보화에 대한 신념과 전 폭적인 지지가 뒷받침되었기 때문이다. 지도자가 전문적인 지식을 충분히 가지 고 있고 전문적인 관료들이 존재할 때, 정보화 및 전자정부의 구축은 보다 구체 적이고 현실적으로 추진될 수 있는 것이다.

A.2.9 호주

(1) 개요 및 정보화 추진조직

호주 정부는 1993년 10월에 광대역서비스전문가그룹(BSEG: Broadband Ser-vices Expert Group)을 결성하고 1994년 12월에 Networking Australia's Future를 발표하였다. 이어서 1994년 말 Ministry of Finance의 산하 정보화검토단(Information Technology Review Group)에서 연방정부의 정보기술 도입 및 활용실태를 조사하면서 전자정부를 구축하기 위한 정보화계획이 시작되었다. 1995년 3월 1일, 정보화검토단(ITRG)에서 고객우선주의 - 정부정보화의 과제(Client First: The Challenge for Government Information Technology)를 작성하였는데, 여기에서 정부가 고객 지향적인 서비스 비전을 개발하고 이를 명확히 표현할 것을 주장하였다. 이어서 1997년 8월에 발간된 호주 정보관리조정위원회(IMSC: Infor-mation Management Service Council)의 국가전략자원으로서의 정부정보관리(Management of Government Information as a National Strategic Resource)에서 호주의 정보화 추진 계획 및 구체적인 실행 방안들을 제시하고 있다.

호주 정부는 이러한 정보화 계획을 실천하기 위하여 1996년 8월에 정보정책자문위원회(IPAC: Information Policy Advisory Committee)를 구성하여 수상이 위원장, 통신예술부장관이 부위원장, 각 부처 장관을 위원으로 임명하여 범부처적인 추진기구를 결성하였다. 또한 중앙추진조직으로 정부정보기술실(OGIT: Office of Government Information Technology)을 Ministry of Finance 산하에 두고 그 책임자인 Andy Macdonald를 캐나다로부터 영입하여 장관 직속으로 발령하여 국가정보화책임자(CGIO: Chief Government Information Officer)로 임명하였다. 이처럼 정보화 전담추진조직을 미국의 OMB와 유사한 재무부산하에 두고 있어, 부처의 하위 수준이지만 정보기술과 관련하여서는 예산의 지원 등 전권을 가지고 강력하게 정보화 정책을 추진하고 있다. 특히 같은 영연방 국가의 하나인 캐나다의 정보기술을 활용한 정부서비스 방안(Blueprint for Renewing Govern-ment Services Using Information Technology)을 그 모델로 하여 정보화 정책을 추진하고 있다. 그러나 미국의 경우와 같이 모든 연방 부처에 CIO직제를 두고 있지는 않으며, 국방부와 후생복지부 등의 2개 부처에만 CIO를 임명하여 선도적인 부서(leading Agency)역할을 하도록 하고 있으며 점진적인 추진을 그 목표로 하고 있다.

(2) 정보화의 비전

1997년 8월에 발표된 국가전략자원으로서의 정부정보관리(Management of Government Information as a National Strategic Resource)에서 호주의 정보화에 대한 비전을 상세하게 설명하고 있다. 호주는 국가적으로 전자정부라는 용어보다는 온라인 정부라는 용어를 사용하고 있다. 따라서 정보화의 비전을 Online Government 2000에서 다음과 같이 구체적으로 제시하고 있다.

- 정부, 기업 및 지역공동체를 위한 국가의 전략적 자산으로서의 정보를 충분히 활용하는 정부
- 수준 높은 정책개발 및 끊임없는 서비스 향상을 위해서 정보를 잘 관리하는 정부
- 기관 간의 경계를 뛰어넘어 정보의 공유를 쉽게 만드는 정부
- 공공의 서비스를 위해서 각각의 지역 및 중앙 정부 간에 협력을 장려하기 위하여 정보의 흐름을 개선하는 정부
- 개인의 사생활과 공공의 이익을 보호하는 정부

(3) 추진현황

호주에서의 전자정부 구축은 고객우선주의 개념에서 출발한다. 따라서 "연방정부의 고객은 호주 국민이다"라는 표어로 정보기술을 활용한 정부서비스를 강조하고 있다. 이에 따라 정보기술을 활용하여 정부 고객서비스 전달과정의 효과성을 제고하는 정책 방안들을 추진하고 있다. 특히 국토 면적이 방대함에 따라 인터넷 등을 활용하는 전자정보 제공에도 상당한 비중을 두고 있는 실정이다. 이러한 호주의 정보화 추진 정책을 정보관리의 측면, 범정부적인 정책 추진 및 정부정보의 원격접근 지원 정책 등을 중심으로 살펴보면 다음과 같다.

• 효과적인 정보관리: 호주 정부는 정보서비스를 비용이라기보다 오히려 전략적인 업무자원으로 인식하고 있다. 이를 위해 정부 조직이 정부의 정보자원에 즉시 접근할 수 있는 환경을 조직의 관리자 및 고객들에게 제공하는 것이 중요한 요소이다. 정보접근을 통해 정부기관들은 서비스전달 및 관리를 담당하는 데 있어서는 물론 정책결정과 전문적 자문에 있어서도 우수센터(centres of excellence)로 기능할 수 있게 된다. 또한 정부서비스 제공자들은 정보를 활용하여 부가가치 서비스를 고객에게 제공할 기회를 갖게 된다. 동시에 고객과 고객을 대신하는 대리인들은 나름의 개별정보와 서비스 요구사항을 보다 효율적으로 충족시킬 수 있게 될 것이다.

특히 호주정부는 셀프서비스(Self - Service)정부를 지향하고 있다. 즉 전자은행(electronic banking)의 영향을 받아 편리한 시간에 고객들이 스스로 거래를 처리하는 것과 마찬가지로 행정서비스도 가능한 한 담당 공무원의 개입을 최소화하면서 고객에게 편리한 방식으로 서비스를 제공하며, 또한 응답시간을 단축하고자 하는 것이다. 즉 이제는 과거와 같이 정부가 고객인 국민들을 줄을 세워 기다리게 하는 풍토는 더 이상 용납되지 않는다는 사고가 중요한 것이다. 고객들은 앞으로는 보다 효과적인 방식으로 정부와 상호 작용할 수 있을 것이며, 해당 지식을 겸비한 전문적인 정부서비스 제공자가 제공하는 부가가치서비스 또는 민간부문의 수준과 동일한 서비스를 제공받게 될 것이다.

셀프서비스 정부를 지원하기 위해서는 보다 많은 양의 정보를 온라인으로 입수하는 것이 가능하여야 한다. 또한 정부에 의해 제공되는 정보서비스는 그 어떤 서비스보다도 우수하여야 한다. 이를 위해서는 모든 기관들이 제공되는 정보/서비스의 완전성과 신뢰성을 보장하는 일관된 정보관리전략을 채택하여야 한다. 정부의 정보는 전통적으로 기관차원에서 관리되어 왔으며, 문서중심시스템 및 전자정보관리시스템에 대한 접근은 정보편집과 관련된 해당기관의 공무원이 개입해야 가능했다. 특히 기관 외부로부터의 접근은 많은 비용을 수반하며 해당 시스템의 내용을 활용할 수 있는 직무기술을 갖춘 직원의 활용 여부에 달려 있었다. 결과적으로 연방 정부의 구조 재편에 따라, 효과적인 기관서비스 지침이 존재하지 않을 경우 보다 많은 혼란과 낭비를 초래할 가능성이 존재한다.

정보기술은 이제 정보자원에 대한 저비용 원격접근, 다양한 유형의 정보자원

(문서, 데이터베이스, 사람 등)에 대한 통합인터페이스, 저렴한 비용에 의한 다량의 자료 저장, 전자통신 및 정보공유의 효율성을 보장하는 소프트웨어 등의 많은 가능성을 실제적으로 현실에 구현하고 있다. 이는 정부과정 리엔지니어링을 통해, 정부가 서비스전달, 정책수립, 신규서비스 개발 등의 부문에서 실질적 개선을 도모하면서 정보처리비용도 절감할 수 있는 기회를 갖게 되었음을 의미한다.

• 범정부적인 정책 추진: 정부는 막대한 양의 정보를 보유하는데, 이러한 정부보유정보는 정부가 사회를 대신하여 막대한 비용을 들여, 수집, 처리 보급되는 것이라 할 수 있다. 정보는 정부의 주요 의무사항이며, 단순히 특정 행위나 서비스의 부산물에 불과한 것이 아니다. 정부가 보유한 정보는 정부뿐만 아니라 일반 대중 및 기업, 민간부문 모두에 특별한 가치를 갖는 국가의 전략 자원이라 할 수 있다. 그러나 정부보유정보가 매우 귀중한 자산임에도 불구하고, 불행히도 정부 내외의 많은 잠재적 사용자들은 정보의 존재 사실 자체 혹은 정보 활용법을 숙지하지 못하는 경우가 태반이다. 기관에서 보유하는 정보의 가시성(visibility)과 접근성(accessibility)을 개선하는 것은 그 자체로서도 유익하지만, 동시에 민간부문과의 협력을 통해 혹은 민간부문이 독자적으로 부가가치서비스를 개발하는 기회를 증대시키는 효과를 가져 올 것이다. 단 이러한 정보의 가시성은 보유문서 및 데이터베이스와 관련한 세부정보를 제공하는 기관에서만 성취될 수 있는 것이며, 경우에 따라서는 정부정보의 가용성이 증대되었음을 일반에게 널리 홍보하는 대중교육프로그램이 수반되어야 할 수도 있다.

연방/주/지방정부들은 서로 협력하여 정보사회 발전을 촉진하여야 한다. 이때 이러한 정보사회라 함은 개인과 개인의 대리인들이 자신들이 편리한 때에 원활한 정부의 정보기반을 통해 부가가치정보서비스에 접근하여 정부관련업무를 처리할 수 있는 사회를 일컫는다. 현재 고객입장서 본 정부서비스 및 정보라는 측면에서 접근하는, 새로운 정부서비스전달모형이 대안으로 부상하고 있다. 이런 새로운 대안은 정보의 입수 및 거래에 대한 접근공유 '단일창구(single windows)' 접근방식을 채택하여 개인정보보호 원칙과 보안 요구사항을 만족시키면서 고객이 적절한 일련의 정부서비스에 원활히 접근할 수 있도록 보장하는 것이라 할 수 있다. 예산상의 압력이 증대됨에 따라, 정부기관에서는 서비스전달과정에 대한 재검토를 통해 서비스 전달의 효과성, 효율성을 제고하려는 노력이 지속적으로 경주될 것이다. 따라서 이를 위해서는 각 기관들이 범정부적인 통합 정보관리전략에 적극 동참하는 한편 보다 일관성 있는 접근방식을 채택하여야 할 것이다.

• 정부정보에 대한 원격접근: 정부의 많은 서비스는 고객에 대한 직접적인 정보 전달과정과 관련되어 있으며, 그 밖의 다른 정부서비스들도 지역/지방사무소에 주재하는 직원들이 소속부서/기관의 곳곳에서 생성되는 정부정보를 효과적으로 활용하는지 여부에 간접적으로 의존하고 있다. 이러한 현실을 감안할 때, 호주 정부는 인터넷이 이미 주요한 기반 요소로 활용되어 이러한 원격접근을 촉진하고 있으며, 그 세력 범위와 기능이 확장됨에 따라 장기적인 관점에서는 온라인접근 토대를 구축할 것으로 기대한다.

가정, 도서관, 키오스크(kiosk) 등과 같은 공공접근점에서의 온라인 접근이 가능해짐에 따라 연방정부는 정보접근, 정보처리 등을 수반하는 특정의 서비스전달을 위해 이용되는 지역사회 접근점(POP: Community Points of Presence)을 확장할 수 있게 되었다. 고도로 발달한 온라인망에서는 온라인망의 모든 지점이 잠재적인 연방정부진입점으로 기능할 수 있다. 인터넷 발전은 예전처럼 건물, 관련직원 등의 형태로 이루어지는 접근시설의 구축에 의지하여 접근을 개선시키기보다는, 다양한 조직과 협력하여 연방정부의 고유서비스에 대한 접근을 개선시킬 수 있는 가능성을 연방정부에 시사해 준다.

온라인 접근은 다른 한편으로는 모든 지방사무소에 근무하는 정부공무원들이 중앙사무소에 근무하는 공무원들과 똑같은 범위의 정보 및 지침자료 — 소속기관의 정보 및 타 부처/기관 정보 — 를 활용하게 해 준다. 현재 아마도 단일 기관의 정보는 물론 전체 정부의 정보에 대한 "단일접근을 통한 다중사용(single entry, many uses)"이라는 목표를 달성할 수 있을 것으로 보인다. 따라서 이제는 전체 연방정부를, 개별부처/기관 조직의 변화 양상에 영향을 받는 일 없이 통합적인 방식으로 정보를 관리하는 주체로 인식하는 것이 가능해졌다. 이에 따라 현재 여러 기관들에 분산되어 있는 특정 주제에 관한 정보를 한곳에서 불러들이는 메커니즘을 구축할 수 있게 되었다.

정부는 수많은 책임을 가지고 있으나, 그중에서도 기술에 의해 지원되는 서비스 전달전략이나 업무전략을 수립하는 것이 가장 중요한 정부의 책임이라 할 수 있다. 현재의 계선적 서비스 전달모형에 따르면, 모든 부처는 각자 독자적인 채널을 통해 고객에게 서비스를 전달하게 된다. 그러나 이른바 접근 공유모형이라는 또 다른 방식의 전달모형이 존재하는데, 이는 다음과 같은 특징을 갖고 있다.

▶ 일회처리민원실(one - stop shops)

▶ 일련의 정부서비스 접근을 가능케 하는 종합민원서비스센터

▶ 적재적소에서의, 대상집단에 적절한 서비스 제공

▶ 고객이 원하는 시간과 장소에서 제공되는 접근서비스

현재 호주 정부는 호주정부진입점(Australian Governments' Entry Point)이라는 형태를 통해, 호주 내 제반 정부들에 대한 단일접근창구를 제시하고 있다. 아직까지는 이러한 '단일창구'를 통해 접근 가능한 연방정부의 정보가 다소 제한적임에도 불구하고 이런 개념은 미래에 보다 많은 가능성을 제시해 줄 것이다.

(4) 평가

호주의 정보화정책은 전담 추진조직에 의해 범정부적으로 추진되고 있다. 그러나 정권교체에 따라서 정보화추진 조직이 빈번하게 바뀌기도 하였으며, 중앙정부와 지방 정부와의 개별적인 정보화추진 사례도 나타나고 있다. 또한 정보화를 추진하는 데 있어 특별한 정치적인 배경은 찾아볼 수 없으며, 따라서 전자적인 행정서비스의 전달에 초점을 두어 정책을 진행하고 있다. 구체적인 정책의 추진 시에는 위원회 중심의 전략을 채택하여 부처 이기주의를 극복하고 있으며 따라서 무수히 많은 전문위원회가 정책을 입안하여 추진하고 있다. 특히 과감하게 정부의 정보시스템 기능부문을 외부의 민간회사에 위탁(Outsourcing)하는 전략을 추구하고 있으며 차관급으로 국가정보화를 총괄하는 인물을 외국에서 영입한 사례에서 알 수 있는 것처럼 정보기술의 부문은 인력 충원에 문호를 개방하고 있다. 그러나 호주 역시도 경기하강에 따라 앞으로 3년 안에 30,000명의 공무원을 감축하기로 하여, 현재 공무원들의 사기가 저하되어 있는 상태이므로 표면에 드러나는 업무혁신 정책 등을 수행하지 못하고 있다. 결국 호주 정부는 급격한 정부혁신의 방법보다는 정보기술을 활용한 정부서비스의 전달에 초점을 두어 점진적인 정보화정책을 추구해 나가고 있다.

A.2.10 뉴질랜드

(1) 개요 및 정보화추진조직

뉴질랜드의 정보화추진 현황은 앞에서 살펴본 여러 국가들과 상당한 차이점을 나타내고 있다. 우선 뉴질랜드의 경우에 80년대부터 진행되어 온 행정개혁에서 정보기술의 활용을 거의 찾아볼 수 없다는 점을 고려해야 한다. 일반적으로 미국이 추진하고 있는 것과 같은 정보기술을 활용한 행정개혁의 방법이, 뉴질랜드의 경우에는 전혀 적용되지 않았으며 뉴질랜드의 행정개혁은 정부조직과 예산의 관점에서만 추진되어 왔다. 따라서 정보화 정책의 경우는 최근에 와서야 추진되기 시작하고 있는 실정이다. 또한 호주와도 달리 정부주도로 추진되고 있는 것이 아니라 민간부문에서 정부의 정보화 정책을 주도해 나가고 있다. 물론 뉴질랜드도 정보화정책 정부 부처로 Ministry of Information Technology와 Ministry of Communi−cation이 있으나, 실제적인 정책은 정보기술자문그룹(ITAG: Information Technology Advisory Group)에 의해 제안되고 실행된다. 이러한 정보기술자문그룹의 위원들은 IBM이나 Microsoft 및 ASB Bank 등 민간 기업들의 임직원들로 구성되어 있으므로 결국 뉴질랜드의 정보화 정책은 정부가 아닌 민간 주도로 수행된다고 보아야 할 것이다.

구체적으로 ITAG는 다음과 같은 역할을 수행한다(ITAG, 1997).

- 정부의 정보화 정책결정이나 정보기술의 구매 등에 대하여 정보기술부 장관에게 조언하거나 자문에 응한다.
- 정보기술부가 요청하는 특별한 주제에 대하여 보고서를 작성하여 제출한다.
- 정보산업계의 구성원, 사용자 및 교수들과 광범위한 유대관계를 형성하여 정부와 민간 부문의 연결 기능을 향상시킨다.
- 정부의 정책이 일관성을 유지할 수 있도록 하기 위하여 뉴질랜드의 정보기술에 대한 중장기 전략을 가지고 정부의 자문에 응한다.

(2) 정보화의 비전

특별히 국가적인 차원에서 정보화의 비전을 제시하고 있지는 않으나 ITAG에서 작성한 Impact 2001 － How Information Technology will change New Zealand 라는 보고서에서 정보기술을 활용한 미래의 뉴질랜드 모습을 제시하고 있다. 특히 지식사회에서 정보기술에 대한 교육 및 훈련의 중요성을 강조하고 있다.

(3) 추진현황

뉴질랜드의 경우 전자정부라는 용어를 사용하고 있지 않으며 정부가 아닌 ITAG에서 정보화를 위한 기본 틀을 다음과 같이 7가지로 요약하여 제시하고 있다.

- All school students IT literate: 정부와 산업체 및 사회 모두가 학교에서 정보기술을 교육하는 것에 최선의 지원을 하여, 학교의 졸업생들이 정보기술에 대한 이해를 가지도록 유도한다. 이를 위해 학교는 교과과정을 개편하고 산업체는 장비를 지원한다.
- IT courses available to all: 정보기술에 대해 교육받기를 희망하는 모든 사람들에게 교육의 기회가 주어져야 한다. 이를 위해서는 정부와 산업체 모두가 직원들의 재교육을 평생 교육 기회의 확대라는 측면에서 적극적으로 지원하여야 한다.
- Access to the information superhighway: 뉴질랜드의 모든 국민들은 정보의 격차 없이 지리적인 한계를 극복하고 누구나 정보통신기반에 접근할 수 있도록 한다. 이를 위해서는 정부는 모든 정보의 디지털화 및 전자적인 접근을 보장하며, 기업들은 정보기술을 이용하여 기업의 효율성을 높이는 방안들을 찾아내야 한다.
- Protection of individual rights in the information age: 정보사회에서 제기되는 프라이버시의 침해나 지적 소유권의 문제 등을 적극적으로 보호해 주어야 한다. 이를 위해 정부는 관련 법령을 정비해야 하며 산업체는 이를 지원하여야 한다.
- Access to quality IT for Business: 뉴질랜드의 정보산업이 세계시장에서 경쟁력을 가질 수 있도록 계속해서 노력하여야 한다. 이를 위해 정부는 기업

과 소비자 모두에게 이익이 되도록 개방적이고 경쟁적인 거래 환경을 조성해 주어야 하며, 산업체들로 경쟁력 있는 상품을 공급하여야 한다.

- Advice on IT for Government: 정보기술이 정부에 도입되어 업무처리에서 부터 정책결정에 이르기까지 모든 부문에서 활용되어야 한다. 이를 위해 정부는 정보기술을 고용, 교육, 서비스전달, 국제무역, 정부관리 등의 업무에 전략적으로 도입하여야 하며, 산업체는 정부와 민간 간의 연결 기능을 담당하여야 한다.

- Maximisation of NZ's international IT competitiveness: 뉴질랜드의 모든 정보기술의 활용은 국제적으로 지배적인 정보기술의 표준과 경쟁하거나 양립할 수 있는 수준이 되어야 한다. 이를 위해서는 수출 장벽을 제거하고 국제적인 표준의 채택을 지원하여야 한다.

(4) 평가

뉴질랜드의 정보화 정책은 정부가 주도적으로 추진하는 것이 아니라 민간의 주도로 진행되고 있다. 물론 정보기술과 관련한 부처가 존재하기는 하나 별도의 정보화 추진 조직을 가지고 있지 않다. 특히 정부 부처 간에서 집중적인 일 처리가 수행되는 것이 아니므로 부처별 정보화 예산이나 정보기기의 구매 등이 모두 부처별로 자율적으로 진행되고 있다. 또한 정보화 정책은 Ministry of Commerce에서 ITAG를 통하여 간접적으로 지원하고 있다.

A.3 각국의 정보화 및 전자정부 구축정책 비교 평가

A.3.1 각국의 정보화 및 전자정부 추진배경

(1) 정보화 및 전자정부 추진 목적 및 비전

이 장에서 다룬 국가들은 정보화 및 전자정부정책의 추진목적이라는 관점에서 몇 가지의 국가별 부류로 나누어진다.

한 부류는 초일류국가의 건설을 지향하는 국가군이다. 이러한 부류의 국가군에서 단연 대표적인 국가는 미국이다. 미국은 자국의 국제경쟁력위기를 타개하기 위해 NII를 구축하여 정부－교육－산업연구소－정보 이용자－기타부문의 공급자를 연결시킴으로써 국내의 가용한 과학기술관련 자원을 효율적으로 상품화시키고자 하였다. 사실 미국이 정보기술을 이용하여 이와 같은 네트워크를 형성하게 된 바탕에는 일본의 국가기술혁신체제의 경제적 효과에 대한 긍정적인 평가가 깊게 깔려 있다. 즉 과거의 경쟁적 불리를 정보화를 통해 극복하고 새로운 국제정치경제질서를 확립하자는 원대한 구상 속에서 추진되고 있다. NII 개념은 NPR과 연계됨으로써 그 적용범위가 크게 확대되어 전자정부의 구축으로 이어졌고, 전자정부의 구축은 원스톱 및 논스톱 서비스의 제공, 정부 내 생산성 제고와 대국민 서비스의 획기적인 개선, 보다 적은 비용으로 보다 나은 서비스를 제공하기 위한 행정개혁의 주된 수단으로 인식되었다. 이는 궁극적으로 국가경쟁력을 높이고, 냉전 이후 21세기에 정보력을 바탕으로 미국이 세계의 초일류적 국가로서의 위치를 확고히 하는 데 있다. 싱가포르는 동기는 다르지만 1980년대부터 성공리에 추진해 온 정보화를 통해 원대한 계획을 구상하고 있다. 싱가포르는 기존의 인적, 지리적, 경제적 환경을 최대한도로 활용하여 정보화를 통한 국가경쟁력을 높이는 차원을 넘어 21세기의 초일류국가를 목표로 하고 있다.

미국과 싱가포르의 영향을 받아 다른 국가들은 정보사회의 진전 속에서 국가이익을 유지·확보하려는 노력의 일환으로 정보화 또는 전자정부추진에 가담하고 있다. 이러한 국가 가운데서 미국이 NII 정책을 발표한 이후 21세기의 국가발전의 관건으로 인식되는 정보화에서 미국에 주도권을 잃은 위기의식 속에서 －－적어도 부분적으로는－－ 정보화를 추진한 국가들로 대표적인 예는 일본과 프랑스이다.

일본의 정보화정책은 '지식창조입국'을 그 주된 목표로 내걸고 있으나, 이 목표는 지식사회의 건설이라는 국가목표는 일본정부가 적어도 1970년대부터 표명해 온 지식산업의 육성·발전이라는 산업정책에 의해 성취될 필요가 있었다. 일본의 정보화정책은 일본의 경제기적을 견인했던 바로 이러한 컴퓨터 및 전자산업을 1990년대 초반의 경기침체에서 재활하도록 자극하는 정책적 수단으로 사용되었다. 일본은 이 '지식창조입국' 속에서 정보기반기술이 공공서비스를 간편화하는 효과를 가져올 것으로 기대하였지만, 정보화를 구체적으로 전자정부로 연계시킨 것은 최근의 일이다.

프랑스의 정보화정책은 미래에 주된 현실로서 정보산업이 가져다줄 경제성장, 고용창출, 국가경쟁력이라는 기회를 적극 활용할 뿐 아니라 미국에 의해 주도되고 있는 정보화로 인한 이러한 산업적 가능성의 침식을 방지하고, 유럽통합에도 기여한다는 배경 속에서 추진되고 있다. 프랑스의 정보화정책은 현재 산업의 국제경쟁력 또는 프랑스 문화의 보호에 치중되어 있고, 프랑스에서는 정책적 차원에서 정보화를 전자정부로 확장하려는 노력이 잘 보이지 않는다. 그러면서도 프랑스는 자체적인 정보화 미래비전을 제시하기보다는 유럽연합의 미래비전을 원용하고 있다.

독일정부 역시 정보기술이 국가발전에 갖는 중요성을 인지하여 독일의 산업경쟁력과 기타 성장 및 고용의 측면을 중시한다. 그러면서도, 독일정부는 정보사회로의 진전을 국가의 정치·경제·사회·문화 전 부문에 걸쳐 대처해야 할 과제로 보다 폭넓게 제시한다. 행정정보화와 관련하여 독일정부는 정부행정에 정보기술을 도입함으로써 행정성과의 제고, 주민 중심적 공공행정의 강화, 의사소통의 개선, 행정기능의 증대 및 인력정체 또는 인력감소문제를 해결하기 위한 경제성의 제고, 성과 지향적이고 책임성 있는 업무수행을 가능케 하는 근무조건의 개선 등의 목적을 달성하고자 지향하고 있다.

캐나다 정부의 정보화비전은 앞서 언급한 국가들의 비전이 혼합된 양상을 보이고 있다. 캐나다는 정보화정책의 목적으로 정보산업 육성을 통한 고용창출이라는 경제적 목적과 문화적 정체성 및 적정비용에 의한 보편적 서비스 제공을 지향한다.

프랑스, 일본, 독일 등과는 달리 영국정부는 적어도 외형적으로는 보다 국가위기감에서는 벗어난 입장에서 정보화정책을 추진하고 있다. 영국은 정보화정보화비전으로 정보기술을 활용하여 대민서비스의 전달방식 및 질을 개선하고, 정부의 효율성을 증진시키고자 한다. 이 점에서 비록 국가발전의 필요성을 강하게 표명하기는 하지만, 말레이시아도 영국의 비전과 유사한 내용을 제시하고 있다. 말레이시아는 정부에 보다 쉽게 접근할 수 있고 보다 나은 서비스를 제공하는 고객 지향적 정부 그리고 행정정보의 흐름이 원활하고 전문적인 인력을 통한 효과적이고 능률적인 정부를 정보화 및 전자정부추진의 비전으로 내세우고 있다. 호주는 정부정보관리를 국가의 전략적 자원으로 파악하여, 정보화 및 전자정부의 비전으로 정보의 관리 및 활용을 통해 수준 높은 정책을 개발하고 서비스의 부단한 향상을 도모하며 이를 통해 행정기관은 물론 일반 시민의 이익을 보호·증진하자는 비전을 제시하고 있다. 뉴질랜드의 경우 역시 국가적 차원에서 제시된 비전은 없으나 특히 지식사회에서 정보기술에 대한 교육 및 훈련의 중요성을 강조하고 있다.

(2) 정보화 및 전자정부 추진의 정치적 리더십 및 추진조직

본 장에서 다룬 추진체제는 성격상 위원회조직제도, 정규행정조직, 개별부처 추진제도제도로 대별된다.

위원회조직을 채택하고 있는 국가들은 싱가포르, 말레이시아, 캐나다, 독일 등을 들 수 있다. 위원회제도를 채택하고 있는 국가 중에서도 독특한 제도를 채택하고 있는 국가는 싱가포르이다. 싱가포르의 경우는 특히 정부, 민간 기업, 기타 업무조직으로 구성된 다양한 법령 위원회(statutory board)들의 역할이 두드러지고 있다. 헌법으로 보장된 기관이지만 일반 공무원이 가지고 있는 법적 특권은 없는 반면, 사업의 추진과 구체적인 업무수행에 있어서 공무원보다 광범위한 재량권을 가지고 있고 융통성을 발휘할 수 있다. 위원회의 각 기능별 책임자들은 고위공무원, 기업 측 대표, 노조 대표들로 구성되고, 위원장은 국회, 고위 공무원, 혹은 전문가 중에서 관계 상위부처의 장관에 의해 임명된다. 싱가포르의 정보화를 선도하고 있는 NCB 역시 독립된 법령위원회로서 우리나라 정통부수준이상의 규모와 사업을 수행하고 있다. 조직구성원은 각 분야의 전문가(학계, 기업, 연구기관)와 각 정부기관의 대표로 구성되어 있다. EDB와의 연계가 긴밀하며 모든 사업에 EDB가 관련되어 있다. 그 외에 수상실 산하에 IT 위원회를 비롯한 여러 개의 위원회가 있다.

말레이시아는 마하티르 수상이 직접 정보화를 주도하고 있으며, 수상실 직속 조정위원회와 수석비서관을 두고 있다. 조정위원회에서는 MAMPU와 MDC의 역할이 제일 크고, 4개의 팀으로 이루어져 있다. 각 팀에는 주요부처, MAMPU, MDC와 18명으로 구성된 멀티미디어/정보산업관련 민간기업 문가들과 McKinsey 사의 컨설팅 인력들이 자문을 하고 있다.

캐나다의 경우 IHAC는 통신, 문화 및 정보산업, 연구소, 예술, 교육기관, 소비자 및 노동자 단체들의 대표 29인으로 구성되어 있다. 이 위원회에의 주요 활동은 매년 보고서를 통해 정책을 제시하는 것이다.

1996년 초 독일정부는 정보사회와 관련된 정책분야에서 주요 정책적 방안을 협의하고 수립하기 위해서 차관급의 범부처적인 조정위원회를 구성하였다. 이 조정위원회에는 연방수상청, 외무부, 연방경제부, 연방노동사회질서부, 연방법무부, 연방보건부 등이 포함되어 있다. 이 위원회의 총괄업무는 연방경제부가 담당하며, 미디어법에 관한 문제만은 연방수상청이 주정부들 간의 의견을 조정하고 있다.

정규행정조직제도를 채택한 국가로는 미국, 영국, 일본, 호주 등이 있다. 미국의 전자정부구현을 향한 리더십은 상무성 장관을 팀장으로 하는 IITF에서 발현된다. 이 특별기관은 대통령의 통신/컴퓨팅 기술에 대한 비전을 잘 반영하여 정책화하고 실현시키는 데 그 목적이 있다. 대통령실에 있기 때문에 실질적인 힘을 바탕으로 전체적이고 일관적인 정책을 제시할 수 있으며 정부의 정책적 관점에서 정보기반을 구축하고 발전시킬 수 있다. 현재는 GITS의 인력과의 협력업무까지도 사업의 범위를 확대하고 있다. 리더십 및 추진체제의 측면에서 볼 때, 대통령실의 OMB는 정보화정책의 선도와 조정자로서의 역할을 성공적으로 수행하고 있다고 평가된다.

영국의 CITU는 통신기술이 제공하는 정보와 기회를 정부가 이용할 수 있도록 전략과 정책을 개발하는 목적을 수행하며 이를 위해 공공부문의 컴퓨터관련 정책 및 그 비전을 제시하는 역할을 담당한다. 또한 독립채산제로 운영되는 CCTA로 하여금 집행업무를 관장케 하고 있다.

일본의 고도정보통신사회 추진본부는 본부장인 수상과 부본부장인 관방장관, 우정성장관 및 통상성장관으로 구성된다. 이 추진본부는 관련 전문가들의 의견을 수렴하여 고도지식사회구축을 위한 정책을 범정부적 차원에서 검토·추진하는 것을 목적으로 한다. 그러나 추진분야에 따라 주무부처가 상이하여, 정보통신관련 주무부처는 우정성이지만, 행정정보화에는 총무청이 관여하고 있고, 정보고속도로의 건설에는 통상성, 대장성 그리고 건설성이 관여한다. 이들 부처 간에는 상당한 갈등이 존재한다.

호주 정부는 위원회조직과 정보화전담행정조직을 병행 활용하고 있다. 정보정책의 범부처적 추진기구로는 IPAC이 있으며 이 조직은 자문위원회의 성격을 지닌다. IPAC의 구성은 위원장인 수상과 부위원장인 통신예술부장관 그리고 각 부처 장관으로 이루어져 있다. 중앙추진조직으로서의 OGIT는 부처수준의 재무부에 소속되어 있지만 정보기술과 관련하여서는 예산의 지원 등 전권을 가지고 강력하게 정보화 정책을 추진하고 있다.

정보화를 다루는 행정조직은 존재하지만 통일된 조직이 없이 개별부처차원에서 정보화 또는 전자정부사업이 진행되고 있는 국가군에는 프랑스와 뉴질랜드가 속한다. 프랑스의 경우는 통일된 조직이 없고, 정보화정책을 결정할 때나 부처 간의 이해충돌이 있을 때 이를 다루는 부처 간 위원회가 있을 뿐이다. 정보화정책에서 수상의 리더십 또한 부재한 것으로 볼 수도 있다. 뉴질랜드의 경우는 실제적인 정책은 ITAG에 의해 제안되고 실행된다.

(3) 정부와 기업 간의 관계

정보화 및 전자정부구현을 위한 각국의 노력에서 정부와 시장 간의 관계는 크게 두 가지로 유형화된다. 하나는 싱가포르나 말레이시아와 같이 정부와 기업 간에 긴밀한 관계를 유지하고 있은 국가군이 있다. 특히 싱가포르의 경우 적은 인구에 비해 고급의 인력이 풍부한 점을 최대로 활용하여 정부기관, 각종 법령 위원회, 사기업 등 간의 인력이 공동 활용되고 있으며, 정부, 민간 기업, 기타 업무조직으로 구성된 다양한 법령 위원회(statutory board)들의 역할은 매우 성공적인 것으로 평가되고 있다. 말레이시아에서는 국민과 민간기업, 그리고 정부가 협력 및 연합(colla－boration)을 통한 정보화의 추진을 강조한다. 독일, 호주, 영국, 캐나다, 미국의 경우는 싱가포르나 말레이시아의 경우와는 정도상의 차이가 있으나 응용서비스의 협력개발을 강조하는 경향을 보이고 있다.

이와 반대로 프랑스나 뉴질랜드의 경우는 정부와 기업 간에 싱가포르나 말레이시아와 같은 밀접한 관계는 존재하지 않는다. 프랑스의 경우 다른 기술혁신정책이나 미니텔에 대한 정책과는 달리 정부는 정보고속도로사업에 정치적 힘을 실어 주고, 행위자들을 동원하고, 이들이 정부규제에 적응하는 과정을 돕는 데 그치고 있다. 뉴질랜드의 경우 정보화 정책은 민간의 주도로 진행되고 있으며, Ministry of Commerce에서 ITAG를 통하여 간접적으로 지원하고 있다.

일본의 정부－기업관계는 앞서 말한 두 유형 사이에 속하는 것으로 볼 수 있다. 통신산업분야에 관한 한 정부와 기업 간의 관계는 정부는 규제자로서뿐만 아니라 촉진자로서 역할을 하고, 민간기업은 정보기반구조를 건설하고 상업적인 상품을 개발하는 구도 속에서 진행되었다. 정부의 역할 중에서 우정성은 규제자이자 촉진자의 역할을 하였으며, 통산성과 기타 관련 부처들은 주로 촉진자로서의 역할을 담당하였다.

<표 2－4>는 위의 내용을 요약 정리한 것이다.

〈표 2-4〉 각국의 정보화 및 전자정부추진배경 비교

국가 \ 항목	추진목적 및 비전	리더십 및 추진조직	정부－기업 간 관계
미 국	정보화 및 정보기술을 이용한 행정개혁을 통한 국제경쟁력의 향상, 새로운 국제질서 속에서 초일류 국가의 건설	상무성 장관을 팀장으로 하는 대통령실 소속의 IITF(대통령의 통신/컴퓨팅 기술에 대한 비전을 반영 정책화), 대통령실의 OMB	협력 강조
캐나다	정보산업 육성을 통한 고용창출, 문화적정체성, 적정비용에 의한 보편적 서비스 제공	IHAC, 통신, 문화 및 정보 산업, 연구소, 예술, 교육기관, 소비자 및 노동자 단체들의 대표 29인으로 구성	협력 강조
영 국	대민서비스의 전달방식 및 질 개선, 정부의 효율성을 증진	CITU(정보활용을 위한 전략과 정책 개발 및 공공부문의 컴퓨터관련 정책 및 그 비전 제시), CCTA(집행 업무관장)	협력 강조
프랑스	미국의 NII에 대한 대응 및 유럽연합의 정책에 순응, 자국산업의 보호, 자국문화의 보호, 전자정부나 행정개혁과의 연계성 없음	개별부처에 의한 추진, 수상직속하에 조정위원회, 정치적 리더십 약함	원거리적 접근, 즉 정보화에 대한 정치적 후원, 토론 의장 마련, 규제 환경에의 적응지원
독 일	독일의 산업경쟁력과 기타 성장 및 고용의 측면을 중시, 정부행정에 정보기술을 도입함으로써 행정성과의 제고, 주민 중심적 공공행정의강화, 의사소통의 개선, 행정기능의 증대 및 인력정체 또는 인력감소 문제를 해결하기 위한 경제성의 제고, 성과 지향적이고 책임성 있는 업무수행을 가능케 하는 근무조건 개선	차관급의 범부처적인 조정위원회(정보사회와 관련된 정책분야에서 주요 정책적 방안을 협의·수립), 연방수상청, 외무부, 연방경제부, 연방노동사회질서부, 연방법무부, 연방보건부로 구성	협력 강조

국가 \ 항목	추진목적 및 비전	리더십 및 추진조직	정부-기업 간 관계
일본	미국의 NII추진에 대응, "지식창조입국"이라는 주된 목표하에 지식산업의 육성·발전이라는 산업정책적 요소가미, 정보 기반구조를 신사회간접 자본으로 규정, 최근 정보화를 전자 정부에 연계	고도정보통신사회 추진 본부(본부장 수상), 추진분야에 따라 주무부처가 상이, 정보통신(우정성), 행정정보화(총무청), 정보고속도로건설(통상성, 대장성, 건설성), 부처 간 갈등 심화, 정치적 리더십 약함	규제자와 촉진자
싱가포르	정보화를 통한 초일류국가의 건설	정부, 민간 기업, 기타 업무조직으로 구성된 다양한 법령위원회(statutory board), NCB 역시 독립된 법령위원회로서 우리나라 정통부 수준 이상의 규모와 사업을 수행/각 분야의 전문가(학계, 기업, 연구기관)와 각 정부기관의 대표로 구성	인력의 공동 활용 및 정책개발에 공동 참여
말레이시아	정부에 보다 쉽게 접근할 수 있고 보다 나은 서비스를 제공하는 고객 지향적 정부, 행정정보의 흐름이 원활하고 전문적인 인력을 통한 효과적이고 능률적인 정부의 구현	마하티르 수상이 직접 정보화 주도, 수상실 직속조정위원회와 수석비서관 제도, 조정위원회에서 MAMPU와 MDC의 역할 중요	협력과 연합을 통한 정보화
호주	정부정보관리를 국가의 전략적 자원으로 파악, 정보의 관리 및 활용을 통해 수준 높은 정책개발, 서비스의 부단한 향상 도모, 이를 통해 행정기관은 물론 일반 시민의 이익을 보호·증진	정보정책의 범부처적 추진기구로 IPAC(자문위원회)/위원장은 수상, 부위원장은 통신예술부장관, 위원은 각 부처 장관, 중앙추진조직으로서 재무부산하 OGIT(정보기술과 관련 예산의 지원 등 전권)	협력강조
뉴질랜드	국가적 차원에서 제시된 비전은 없으나, 지식사회에서 정보기술에 대한 교육 및 훈련의 중요성 강조	민간주도	민간주도, 정부의 보조적 지원

(2) 각국의 정보화 및 전자정부 추진현황

앞에서 살펴본 각국의 정보화 및 전자정부 추진현황을 국가별로 비교하여 정리해 보고자 한다. 그 이유는, 우선 정치적으로 또한 문화적으로 상이한 국가들의 주요 추진 요소들을 추출하여 비교 분석함으로써 우리나라의 정책추진 시에 전략적인 시사점을 얻을 수 있기 때문이다. 따라서 주요 추진현황의 비교를 위하여 각국의 중앙추진조직의 설립 유무, 전자정부의 구현을 위한 구체적인 입법 추진 동향, 행정개혁과의 결합 정도, 혁신적인 서비스 제공 모델의 유무 및 추진 정책의 평가 등을 비교하면 다음의 <표 2-5>로 정리될 수 있다.

중앙추진조직의 관점에서는 미국과 영국, 말레이시아 및 독일, 호주 등이 전자정부의 구현을 위해 중앙추진조직을 구성하여 활발하게 사업을 전개하고 있는 상황이다. 또한 행정개혁과의 연계의 측면에서는 미국이 정보기술을 활용한 행정개혁을 추진하고 있으며, 일본의 경우에도 최근에 정부조직의 개편과 함께 행정개혁에 대하여 관심을 나타내고 있다. 혁신적인 서비스 제공 모델의 경우에는 미국이 범부처적으로 정보기술을 활용한 행정서비스를 추진하고 있으며, 싱가포르가 최근에 Singapore One 등 구체적인 프로그램을 추구하고 있다. 또한 말레이시아 역시도 MSC 사업을 통하여 전자정부를 국가경쟁력 향상의 수단으로 인식하고 여러 프로그램들을 진행시키고 있다. 최근의 입법 동향으로는 미국이 통신법, 문서감축법, 정보기술관리혁신법 등을 중심으로 시장 경제와 효율성의 측면에서 적극적으로 추진하고 있으며, 일본도 전자문서나 전자관인에 법적 효력을 부여하는 방안으로 법개정을 서두르고 있다. 특히 말레이시아의 경우에는 전자정부법 및 전자서명법에 이르기까지 포괄적인 법개정 작업을 진행 중이고 독일의 경우 정보통신 서비스법을 제정하여 정보통신관련 요금체계와 방송과 통신에 융합에 따른 구체적인 대안을 제시하였다.

〈표 2-5〉 각국의 정보화 및 전자정부 추진현황 비교

항목 국가	중앙 추진조직	최근의 입법동향	행정개혁 연계정도	서비스 제공모델	프로그램 평가	비고
미 국	IITF 및 NPR	통신법, ITMRA	매우 강함	GSA FACNET	성공적	선도적 추진
캐나다	IHAC	통신법	매우약함	CANARIE	초기단계	미국과 유사함
영 국	CITU CCTA	N/A	약함	Green Paper	적극적 추진단계	전자행정 서비스
프랑스	N/A	N/A	매우 약함	MINITEL 사용	MINITEL 의 한계	EU중심
독 일	조정위원회	정보통신법	보통	정보 공동체	N/A	통일독일 추진
일 본	총무청	전자문서 관련법	약함	카스미카세키WAN	초기단계	부처 간의 갈등
싱가포르	NCB	추진위원회 각종 법률	강함	Singapore One	IT2000과 연계	첨단 도시국가
말레이시아	MAMPU MDC	전자정부법 전자서명법	강함	Vision 2020	범국가적 추진	전자정부 Vision
호 주	OGIT	N/A	약함	Online－Government	CGIO제도	캐나다 사례 추구
뉴질랜드	ITAG	N/A	약함	N/A	부처 자율추진	민간주도

(3) 각국의 정보화 및 전자정부 추진 시의 문제점과 극복방안

앞에서 살펴본 바와 같이, 각 국가별로 정보화와 전자정부의 구축을 위한 정책과 전략은 각 국가의 여건과 환경에 따라 다양하다. 그리고 정보화의 추진과

정에서 전자정부의 구축에 대한 필요성에 대한 인식하고 있지 못하고 있는 국가도 발견할 수 있다.

아래의 <표 2-6>에서는 정보화 및 전자정부의 추진과정에서 나타난 문제점과 그 극복방안을 비교하였다.

아래의 표에서 알 수 있듯이, 전자정부를 적극적으로 추진하고 있는 국가들은 미국, 영국, 일본, 말레이시아 등이다. 그 외의 국가들은 정보화를 경제적 측면에서의 경쟁력향상에 초점을 두고 있는 것으로 파악된다. 정보화를 추진하기 위한 정보화기반의 구축은 미국과 싱가포르를 제외하고는 대체로 초기단계 수준에 머물러 있다. 정보화기반구축을 위한 계획과 구체적인 실현방안은 캐나다, 싱가포르, 말레이시아 등의 국가들에게서 잘 제시되어 있다. 일본의 경우는 부처 간의 경쟁과 갈등이 정보화를 추진하는 데 큰 장애요인으로 등장하였는데, 현재는 행정개혁을 추진하여 이 문제를 해결하려고 있다.

종합적으로 볼 때, 정보화와 전자정부구축의 추진이 비교적 순조롭게 진행되고 있는 국가들은 강력한 리더십이 뒷받침되어 정보화추진체제가 확립되어 있다는 점이 다른 국가들과 비교된다. 이처럼 정보화는 과거 산업사회에서의 발전이나 경제적 성장에 상관없이 보다 적극적으로 정보화를 추진하려는 의지가 있는가의 여부가 중요한 성공요인으로 파악된다.

〈표 2-6〉 각국의 정보화 및 전자정부 추진 시의 문제점과 극복방안 비교

국가 \ 항목	문제점	극복방안	특수한 접근방법의 유무	향후발전계획
미 국	• 분산형으로 인한 정보화 정책의 일관성 결여	• OMB의 통합적 조종자 역할 • 성과중심의 IT평가 • 정보관리기술개선법 제정 • CIO직제 도입	• 성과중심의 IT 평가에 중점	• 미국주도의 EC활성화 • kiosk, WINGS 등 대국민서비스 향상
캐나다	• 정보화기반 취약 • 전자정부추진의지 부족	• 정보고속도로 건설에 주력 • 저렴한 가격에 보편적 서비스제공 • 방송통신의 통합 • 전자상거래 주력	• 다양한 인종과 문화를 바탕으로 컨텐트 육성	• 자유시장체제하에 공정한 경쟁 유도 • 정보화를 통한 고용창출의 극대화
영 국	• 정보화기반 취약 • 구체적인 정보기반구축계획의 부족	• 전자정부 시범사업 추진 • G7프로젝트에 적극참여	• CCTA의 독립 채산제식 운영	• 고객 중심의 전자정부의 구축 • 정부의 체질 개선을 통한 정보화

국가＼항목	문제점	극복방안	특수한 접근방법의 유무	향후발전계획
프랑스	• 강력한 추진체제의 결여 • 정책결정자들의 정보화마인드부족 • 미니텔에 대한 지나친 집착	• 프랑스식의 정보화추진 • 정보고속도로의 적극 추진 • 정부의 역할 강화	• 프랑스식 미니텔 운영	• 프랑스 텔레콤의 민영화 검토 • 보편적 서비스의 강화
독 일	N/A	N/A	N/A	N/A
일 본	• 부처 간의 지나친 경쟁으로 인한 정보화정책의 일관성 결여	• 범부처적 '고도정보통신사회 추진본부' 설치	• 인터넷전자정부 • 기업정보공개 네트워크	• 행정개혁의 차원에서 전자정부 추진 • 2010년까지 광통신망 구축
싱가포르	• 전문인력부족 • 작은 도시국가 • 자체기술개발의 어려움	• 해외 파견교육 중점 • 산학연 협력 체제 • 해외기업투자 자유화 • Science Park 조성	• 위원회 중심의 정보화 • 국제적 연구기관과 전략적 연대 관계	• Singapore One, IT2000 등 첨단의 도시국가 건설
말레이시아	• 전문인력부족 • 정보화기반 취약 • 자체기술개발의 어려움	• MSC멀티미디어 단지 조성 • 해외기업투자 인센티브 제공 • 전자정부의구체적 청사진 제시	• 전자정부모델 제시 • 파격적인 투자인센티브 제공	• 2007년까지 초고속망 건설 • MSC사업계속 추진
호 주	• 정보화추진체제의 잦은 교체 • 정보화기반 취약	• 위원회중심의 전략 • 국가정보화담당자 해외에서 영입 • 정부의 정보 기술 개발 민간 위탁	• 고객중심의 셀프 서비스 정부추진	• 국가전략자원 으로서의 정부정보관리의 계획 추진
뉴질랜드	• 정보화추진체제의 부재 • 행정개혁에서 정보기술의 활용을 중요시 안 함	• ITAG위원회 중심의 정보화 추진 • 주목할 만한 노력은 없음	• 민간주도의 정보화	• Impact 2001의 계획 추진

※ 주: 독일정부의 경우에는 정보화 및 전자정부 구축정책에 대한 구체적인 평가 어려움

〈정보통신관련 법률자료〉

국가정보화 기본법

정보통신망 이용촉진 및 정보보호 등에 관한 법률

전자서명법

통신비밀보호법

정보격차해소에 관한 법률

컴퓨터프로그램 보호법

국가정보화 기본법

법률 제9705호 법제명변경 및 전면개정 2009. 05. 22.("정보화촉진기본법"에서 변경)

제1장 총칙

제1조(목적)

이 법은 국가정보화의 기본 방향과 관련 정책의 수립·추진에 필요한 사항을 규정함으로써 지속 가능한 지식정보사회의 실현에 이바지하고 국민의 삶의 질을 높이는 것을 목적으로 한다.

제2조(기본이념)

이 법은 국가정보화의 추진을 통하여 인간의 존엄을 바탕으로 사회적, 윤리적 가치가 조화를 이루는 지식정보사회를 실현하고 이를 지속적으로 발전시키는 것을 기본 이념으로 한다.

제3조(정의)

이 법에서 사용하는 용어의 뜻은 다음과 같다.
1. "정보"란 특정 목적을 위하여 광(光) 또는 전자적 방식으로 처리되어 부호, 문자, 음성, 음향 및 영상 등으로 표현된 모든 종류의 자료 또는 지식을 말한다.
2. "정보화"란 정보를 생산·유통 또는 활용하여 사회 각 분야의 활동을 가능하게 하거나 그러한 활동의 효율화를 도모하는 것을 말한다.
3. "국가정보화"란 국가기관, 지방자치단체 및 공공기관이 정보화를 추진하거나 사회 각 분야의 활동이 효율적으로 수행될 수 있도록 정보화를 통하여 지원하는 것을 말한다.
4. "지식정보사회"란 정보화를 통하여 지식과 정보가 행정, 경제, 문화, 산업 등 모든 분야에서 가치를 창출하고 발전을 이끌어 가는 사회를 말한다.
5. "정보통신"이란 정보의 수집·가공·저장·검색·송신·수신 및 그 활용, 이에 관련되는 기기(器機)·기술·서비스 및 그 밖에 정보화를 촉진하기 위한 일련의 활동과 수단을 말한다.
6. "정보보호"란 정보의 수집, 가공, 저장, 검색, 송신, 수신 중 발생할 수 있는 정보의 훼손, 변조, 유출 등을 방지하기 위한 관리적·기술적 수단(이하 "정보보호시스템"이라 한다)을 마련하는 것을 말한다.
7. "지식정보자원"이란 국가적으로 보존 및 이용 가치가 있는 자료로서 학술, 문화, 과학기술, 행정 등에 관한 디지털화된 자료나 디지털화의 필요성이 인정되는 자료를 말한다.
8. "정보문화"란 정보기술의 활용 과정에서 형성된 사회구성원들의 행동방식, 가치관, 규범 등의 생활양식을 말한다.
9. "정보격차"란 사회적, 경제적, 지역적 또는 신체적 여건으로 인하여 정보통신서비스에 접근하거나 정보통신서비스를 이용할 수 있는 기회에 차이가 생기는 것을 말한다.
10. "공공기관"이란 다음 각 목의 기관을 말한다.
가. 「공공기관의 운영에 관한 법률」에 따른 공공기관
나. 「지방공기업법」에 따른 지방공사 및

지방공단

다. 특별법에 따라 설립된 특수법인

라. 「초·중등교육법」, 「고등교육법」 및 그 밖의 다른 법률에 따라 설치된 각급 학교

마. 그 밖에 대통령령으로 정하는 법인·기관 및 단체

11. "정보통신망"이란 「전기통신기본법」 제2조제2호에 따른 전기통신설비를 이용하거나 전기통신설비와 컴퓨터 및 컴퓨터의 이용기술을 활용하여 정보를 수집, 가공, 저장, 검색, 송신 또는 수신하는 정보통신체제를 말한다.

12. "정보통신기반"이란 정보통신망과 이에 접속하여 이용되는 정보통신기기, 소프트웨어 및 데이터베이스 등을 말한다.

13. "초고속정보통신망"이란 실시간으로 동영상정보를 주고받을 수 있는 고속·대용량의 정보통신망을 말한다.

14. "광대역통합정보통신망"이란 통신·방송·인터넷이 융합된 멀티미디어 서비스를 언제 어디서나 고속·대용량으로 이용할 수 있는 정보통신망을 말한다.

15. "광대역통합정보통신기반"이란 광대역통합정보통신망과 이에 접속되어 이용되는 정보통신기기·소프트웨어 및 데이터베이스 등을 말한다.

16. "광대역통합연구개발망"이란 광대역통합정보통신망과 관련한 기술 및 서비스를 시험·검증하고 연구개발을 지원하기 위한 정보통신망을 말한다.

제4조(국가정보화 추진의 기본원칙)

① 국가와 지방자치단체는 제2조에 따른 기본이념을 고려하여 국가정보화 추진을 위한 시책을 수립·시행하여야 한다.
② 국가와 지방자치단체는 국가정보화 추진 과정에서 민간과의 협력 체계를 마련하는 등 사회 각 계층의 다양한 의견을 수렴하도록 노력하여야 한다.
③ 국가와 지방자치단체는 국가정보화 추진 과정에서 정보화의 역기능을 방지하기 위한 정보보호, 개인정보 보호 등의 대책을 마련하여야 한다.
④ 국가와 지방자치단체는 국민이 국가정보화의 성과를 보편적으로 누릴 수 있도록 필요한 조치를 하여야 한다.
⑤ 국가와 지방자치단체는 시책 추진에 필요한 재원을 마련하기 위하여 노력하여야 한다.

제5조(다른 법률과의 관계)

① 국가정보화의 추진에 관한 다른 법률을 제정하거나 개정할 때에는 이 법의 목적과 기본이념에 맞도록 노력하여야 한다.
② 국가정보화의 추진에 관하여 다른 법률에 특별한 규정이 있는 경우를 제외하고는 이 법에서 정하는 바에 따른다.

제2장 국가정보화 정책의 수립 및 추진체계

제6조(국가정보화 기본계획의 수립)

① 정부는 국가정보화의 효율적, 체계적 추진을 위하여 5년마다 국가정보화 기본계획(이하 "기본계획"이라 한다)을 수립하여야 한다.
② 기본계획은 행정안전부장관이 국가와 지방자치단체의 부문계획을 종합하여 수립하며, 제9조에 따른 국가정보화전략위원회(이하 "위원회"라 한다)의 심의를 거쳐 확정한다. 기본계획 중 대통령령으로 정하는 중요한 사항을 변경하는 경우에도 또한 같다.

③ 기본계획에는 다음 각 호의 사항이 포함되어야 한다.
1. 국가정보화 정책의 기본 방향 및 중장기 발전방향
2. 행정, 보건, 사회복지, 교육, 문화, 환경, 과학기술 등 공공 분야의 정보화
3. 제16조에 따른 지역정보화
4. 산업·금융 등 민간 분야 정보화의 지원
5. 제2호부터 제4호까지의 사항과 관련된 분야별 정보보호, 국가정보화 기반의 조성 및 고도화
6. 정보문화의 창달 및 정보격차의 해소
7. 개인정보 보호, 건전한 정보통신 윤리 확립, 이용자의 권익보호 및 지적 재산권의 보호
8. 정보의 공동활용 및 표준화
9. 국가정보화와 관련된 법령·제도의 개선
10. 국가정보화와 관련된 국제협력의 활성화
11. 국가정보화와 관련된 재원의 조달 및 운용
12. 그 밖에 국가정보화 추진을 위하여 필요한 사항
④ 행정안전부장관은 위원회의 심의를 거쳐 국가와 지방자치단체의 부문계획의 작성지침을 정하고 이를 관계 기관에 통보할 수 있다.
⑤ 중앙행정기관(대통령 소속 기관 및 국무총리 소속 기관을 포함한다. 이하 같다)의 장과 지방자치단체의 장은 소관 주요 정책을 수립하고 집행을 할 때 제3항 각 호의 사항을 우선적으로 고려하여야 한다.

제7조(국가정보화 시행계획의 수립)

① 중앙행정기관의 장과 지방자치단체의 장은 기본계획에 따라 매년 국가정보화 시행계획(이하 "시행계획"이라 한다)을 수립·시행하여야 한다.
② 중앙행정기관의 장과 지방자치단체의 장은 전년도 시행계획의 추진 실적과 다음 해의 시행계획을 위원회에 제출하여 심의를 받아야 한다. 시행계획 중 대통령령으로 정하는 중요한 사항을 변경하는 경우에도 또한 같다.
③ 위원회는 제2항에 따라 제출된 시행계획을 심의한 후 그 의견을 기획재정부장관에게 제시하여야 한다.
④ 기획재정부장관은 시행계획에 필요한 예산을 편성할 때에는 제3항에 따른 위원회의 의견을 참작하여야 한다.
⑤ 시행계획의 수립 및 시행 등에 필요한 사항은 대통령령으로 정한다.

제8조(국가정보화 정책 등의 조정)

① 중앙행정기관의 장이나 지방자치단체의 장은 다른 중앙행정기관의 장이나 지방자치단체의 장이 수행하는 국가정보화 정책이나 사업 추진이 해당 기관의 국가정보화 정책이나 사업 추진에 지장을 줄 우려가 있다고 인정될 때에는 미리 행정안전부장관과 협의한 후 위원회에 조정을 요청할 수 있다.
② 위원회는 제1항에 따른 조정 요청을 받으면 이를 심의하여 그 조정 결과를 해당 중앙행정기관의 장이나 지방자치단체의 장에게 통보하여야 한다.
③ 해당 중앙행정기관의 장이나 지방자치단체의 장은 특별한 사유가 없으면 제2항에 따라 통보받은 조정 결과를 해당 국가정보화 정책이나 사업 추진에 반영하여야 한다.
④ 조정의 절차와 방법 등에 필요한 사항은 대통령령으로 정한다.

제9조(국가정보화전략위원회)

① 국가정보화 추진과 관련된 사항을 심의하기 위하여 대통령 소속으로 국가정보화전략위원회를 둔다.
② 위원은 위원장 2명을 포함하여 35명 이내로 한다.
③ 위원장은 국무총리와 제3호에 속한 사람 중에서 대통령이 위촉하는 사람이 공동으로 되고, 위원은 다음 각 호의 사람이 된다. 다만, 제1호의 위원은 제10조에서 정한 위원회의 심의사항이 해당 기관의 업무와 관련되어 있어 협조가 필요하거나 그 밖에 필요한 경우에만 위원회에 출석한다.
1. 국회사무총장, 법원행정처장, 헌법재판소사무처장과 중앙선거관리위원회사무총장
2. 중앙행정기관의 장과 지방자치단체의 장 중 대통령령으로 정하는 사람
3. 국가정보화에 관한 전문지식과 경험이 풍부한 사람 중에서 대통령이 위촉하는 사람
④ 제3항제3호에 따른 위원의 임기는 2년으로 하고 1차에 한하여 연임할 수 있다.
⑤ 위원회의 효율적 운영 및 지원을 위하여 간사 1명을 두되, 간사는 행정안전부장관이 된다.
⑥ 위원회에 상정할 안건을 미리 검토하고 위원회가 위임한 안건을 심의하기 위하여 위원회에 국가정보화전략실무위원회(이하 "실무위원회"라 한다)를 두며, 실무위원회 소속으로 안건 심의 등을 지원하기 위하여 분야별 전문위원회를 둔다.
⑦ 위원회의 운영과 실무위원회 및 분야별 전문위원회의 구성과 운영에 필요한 사항은 대통령령으로 정한다.

제10조(위원회의 기능)

위원회는 다음 각 호의 사항을 심의한다.
1. 기본계획 및 시행계획의 수립
2. 기본계획 및 시행계획 중 대통령령으로 정하는 중요한 사항의 변경
3. 제6조제4항에 따른 부문계획의 작성지침
4. 제8조에 따른 국가정보화 정책이나 사업 추진의 조정
5. 기본계획 및 시행계획의 주요 시책에 대한 추진실적 분석 및 점검
6. 제27조제1항에 따른 지식정보자원의 지정
7. 정보문화의 창달 및 정보격차의 해소를 위한 사업의 우선순위 결정
8. 「전자정부법」과 그 밖의 다른 법령에서 위원회의 심의사항으로 정한 사항
9. 중장기 지식정보자원 관리계획
10. 그 밖에 국가정보화의 추진과 관련하여 위원장이 필요하다고 인정하는 사항

제11조(정보화책임관)

① 국가기관과 지방자치단체의 장은 해당 기관의 국가정보화 시책의 효율적인 수립·시행과 국가정보화 사업의 조정 등의 업무를 총괄하는 책임관(이하 "정보화책임관"이라 한다)을 임명할 수 있다.
② 정보화책임관은 해당 기관의 업무와 관련하여 다음 사항을 담당한다.
1. 국가정보화 사업의 총괄조정, 지원 및 평가
2. 국가정보화 정책과 기관 내 다른 정책·계획 등과의 연계·조정
3. 정보기술을 이용한 행정업무의 지원
4. 정보자원의 획득·배분·이용 등의 종합조정 및 체계적 관리와 정보공동활용방안의 수립
5. 정보문화의 창달과 정보격차의 해소

6. 「정보시스템의 효율적 도입 및 운영 등에 관한 법률」 제2조제2호에 따른 정보기술아키텍처(이하 "정보기술아키텍처"라 한다)의 도입·활용
7. 정보화 교육
8. 그 밖에 다른 법령에서 정보화책임관의 업무로 정하는 사항

제12조(정보화책임관 협의회)

① 중앙행정기관 및 지방자치단체는 정보화의 효율적 추진과 필요한 정보의 교류 및 관련 정책의 협의 등을 하기 위하여 제11조에 따라 임명된 정보화책임관으로 구성된 정보화책임관 협의회(이하 이 조에서 "협의회"라 한다)를 구성·운영한다.
② 협의회는 다음 각 호의 사항을 협의한다.
1. 전자정부와 관련된 정책의 수립·시행에 관한 사항
2. 행정정보의 공동이용에 관한 사항
3. 정보기술아키텍처에 관한 사항
4. 정보자원의 체계적 관리 및 표준화에 관한 사항
5. 여러 국가기관, 지방자치단체 및 공공기관(이하 "국가기관 등"이라 한다)이 관련된 전자정부사업, 지역정보화사업, 정보문화 창달 및 정보격차 해소의 추진에 관한 사항
6. 그 밖에 의장이 필요하다고 인정하는 사항
③ 협의회의 의장은 행정안전부장관이 된다. 다만, 의장이 필요하다고 인정하는 경우에는 관계 기관의 정보화책임관을 협의회의 위원으로 추가할 수 있다.
④ 제1항부터 제3항까지에서 규정한 사항 외에 협의회의 운영에 필요한 사항은 대통령령으로 정한다.

제13조(정보화계획의 반영 등)

① 사회간접자본시설사업 및 지역개발사업 등 대통령령으로 정하는 대규모 투자사업을 시행하려는 중앙행정기관의 장과 지방자치단체의 장은 해당 사업계획을 수립·시행할 때에는 정보기술의 활용, 정보통신기반 및 정보통신서비스의 연계이용 등을 위한 정보화계획을 수립하여 최대한 반영하여야 한다.
② 행정안전부장관은 중앙행정기관과 지방자치단체가 제1항에 따른 정보화계획을 효과적으로 수립할 수 있도록 기술 및 인력 등 필요한 사항을 지원할 수 있다.

제14조(정보보호 등)

① 정부는 정보의 안전한 유통을 위하여 정보보호에 필요한 시책을 강구하여야 한다.
② 정부는 암호기술의 개발과 이용을 촉진하고 암호기술을 이용하여 정보통신서비스의 안전을 도모할 수 있는 조치를 강구하여야 한다.[전문개정 99. 1. 21.]

제3장 국가정보화의 추진

제1절 분야별 정보화의 추진

제15조(공공정보화의 추진)

① 국가기관 등은 행정 업무의 효율성 향상과 국민 편익 증진 등을 위하여 행정, 보건, 사회복지, 교육, 문화, 환경, 과학기술 등 소관 업무에 대한 정보화를 추진하여야 한다.
② 국가기관 등은 제1항에 따른 정보화(이하 "공공정보화"라 한다)를 효율적으

로 추진하기 위하여 정보기술아키텍처
를 도입·활용하는 등 필요한 방안을
마련하여야 한다.

제16조(지역정보화의 추진)

① 국가기관과 지방자치단체는 지역 주
민의 삶의 질 향상과 지역 간 균형발전,
정보격차 해소 등을 위하여 하나 또는
여러 개의 지역·도시에 대하여 행정·
생활·산업 등의 분야를 대상으로 하는
정보화를 추진할 수 있다.
② 국가기관과 지방자치단체는 제1항에
따른 정보화(이하 "지역정보화"라 한다)
를 추진하는 경우 지역의 수요와 특성
을 고려하여야 하며, 관계 기관의 의견
을 수렴하고 그 결과를 최대한 반영하
여야 한다.
③ 국가기관은 지방자치단체가 추진하는
지역정보화를 위하여 행정, 재정, 기술
등 필요한 사항을 지원할 수 있다.

제17조(민간 분야 정보화의 지원)

정부는 산업·금융 등 민간 분야의 생
산성 향상과 부가가치 창출 등을 위하
여 기업의 정보화 및 정보통신기반의
구축·이용 등 민간 분야의 정보화에
필요한 사항을 지원할 수 있다.

제18조(지식·정보의 공유·유통)

국가기관 등은 국가정보화의 추진을 통
하여 창출되는 각종 지식과 정보가 사
회 각 분야에 공유·유통될 수 있도록
필요한 기반을 마련하여야 한다.

제19조(민간기관 등과의 협력)

① 국가기관 등은 공공정보화를 추진할
때 민간투자를 적극 유치하고, 관련 민
간사업자와 민간사업자단체에 필요한
지원을 할 수 있다.
② 국가기관 등은 공공정보화를 추진하
기 위하여 대통령령으로 정하는 바에 따
라 민간기관 등과 협의체를 구성·운영
할 수 있다.

제20조(정보통신응용서비스 이용 등의 활
성화)

정부는 인터넷, 원격정보통신서비스 및
전자거래 등 정보통신망을 활용한 응용
서비스의 이용을 활성화하고 우수한 콘
텐츠의 개발을 촉진하기 위한 시책을
마련하여야 한다.

제21조(표준화의 추진)

정부는 국가정보화를 효율적으로 추진
하고 정보의 공동활용을 촉진하며 정보
통신의 효율적 운영 및 호환성 확보 등
을 위하여 표준화를 추진하여야 한다.

제22조(정보통신망의 상호 연동 등)

① 정부는 국가기관과 지방자치단체가 구
축한 정보통신망의 효율적인 운영과 정
보의 공동활용을 촉진하기 위하여 정보
통신망 간 상호 연동에 필요한 시책을
마련하여야 한다.
② 국가기관과 지방자치단체가 정보통신
망을 구축·운영하려는 경우에는 다른
기관의 정보통신망을 공동활용하는 방
안을 우선적으로 마련하여야 한다.

제23조(국가정보화 관련 영역과의 연계)

① 정부는 정보통신산업의 기반조성을 위
하여 필요한 시책을 마련하여야 한다.
② 정부는 정보통신기반을 조기에 구축
하고 사회 각 분야에서 이용을 활성화

하기 위하여 필요한 시책을 마련하여야
한다.

제24조(국제협력)

① 정부는 국가정보화에 관한 국제적 동
향을 파악하고 국제협력을 추진하여야
한다.
② 정부는 국가정보화에 관한 국제협력
을 추진하기 위하여 다음 각 호의 업무
를 할 수 있다.
1. 국가정보화 관련 기술과 인력의 국제
교류 지원
2. 국제표준화와 국제공동연구개발사업
등의 지원
3. 국가정보화와 관련된 국제기구 및 외
국정부와의 협력
4. 국가정보화와 관련된 국제평가
5. 국가정보화와 관련된 민간부문의 국
제협력 지원
6. 정보문화 창달 및 정보격차 해소와 관
련된 국제협력
7. 그 밖에 국제협력과 관련하여 대통령
령으로 정하는 사항

제2절 지식정보자원의 관리 및 활용

제25조(지식정보자원의 관리 등)

① 국가기관과 지방자치단체는 지식정
보자원을 효율적으로 관리하여야 한다.
② 행정안전부장관은 지식정보자원의 효
율적인 수집, 개발 및 활용 등을 촉진하
기 위하여 관계 기관의 장과의 협의 및
위원회의 심의를 거쳐 다음 각 호의 사
항이 포함된 중장기 지식정보자원 관리
계획을 대통령령으로 정하는 바에 따라
수립·시행하여야 한다.
1. 지식정보자원 관리의 기본방향
2. 지식정보자원의 관리 및 활용

3. 지식정보자원의 표준화 및 공동이용
4. 지식정보자원의 유통체계 구축
5. 지식정보자원 관리의 평가
6. 지식정보자원의 관리를 위한 재원 확보
7. 그 밖에 지식정보자원의 효율적인 수
집, 개발 및 활용 등을 위하여 필요한
사항
③ 중앙행정기관의 장과 지방자치단체의
장은 소관 지식정보자원을 효율적으로
관리하고 그 활용을 촉진하기 위하여
적절한 시책을 마련하여야 하며, 행정안
전부장관은 해당 기관의 시책 추진을
효율적으로 지원하기 위한 대책을 마련
하여야 한다.

제26조(지식정보자원의 표준화)

① 행정안전부장관은 지식정보자원의 개
발·활용 및 효율적인 관리를 위하여
다음 각 호의 사항과 관련된 표준화를
추진하여야 한다. 다만, 「산업표준화법」
등 다른 법률에 관련 표준이 있는 경우
에는 그 표준을 따라야 한다.
1. 지식정보자원의 수집, 보존 및 전송
2. 지식정보자원의 공동활용
3. 그 밖에 지식정보자원의 개발·활용 및
효율적인 관리를 위하여 필요한 사항
② 지식정보자원의 표준화에 관한 사항
은 대통령령으로 정한다.

제27조(중요지식정보자원의 지정 및 활용)

① 행정안전부장관은 관계 기관의 장과
의 협의 및 위원회의 심의를 거쳐 지식
정보자원 중에서 보존 및 이용 가치가
높아 특별히 관리할 필요성이 있는 지
식정보자원을 지정할 수 있다.
② 해당 중앙행정기관의 장과 지방자치
단체의 장은 제1항에 따라 지정된 지식
정보자원(이하 "중요지식정보자원"이라

한다)에 대한 디지털화 추진, 중요지식
정보자원의 유통, 표준화 계획 등을 수
립하여 위원회에 보고하여야 한다.
③ 중요지식정보자원을 이용하려는 자
는 보유하고 있는 기관의 장에게 중요
지식정보자원을 제공하여 줄 것을 요청
할 수 있다. 이 경우 제공에 드는 비용
은 제공을 요청하는 자가 부담하게 할
수 있다.
④ 중요지식정보자원의 지정기준, 지정
절차, 관리, 유통 및 제공방법 등에 필
요한 사항은 대통령령으로 정한다.

제28조(전문기관의 지정)

① 행정안전부장관은 지식정보자원의 관
리·유통·활용·표준화 및 중요지식정
보자원의 지정·관리 등을 위한 사업을
효율적으로 추진하기 위하여 전문기관
을 지정할 수 있으며, 전문기관의 업무
수행을 위하여 예산의 범위에서 출연할
수 있다.
② 전문기관의 지정 및 운영에 필요한 사
항은 대통령령으로 정한다.

제4장 국가정보화의 역기능 방지

제1절 정보이용의 건전성·보편성 보장

제29조(정보문화의 창달)

① 국가기관과 지방자치단체는 모든 국
민이 국가정보화의 편익을 누릴 수 있
도록 다음 각 호의 사항을 포함한 정보
문화의 창달 및 확산 시책을 마련하여
야 한다.
1. 정보문화 교육과 관련 인력의 양성
2. 정보문화 창달을 위한 홍보
3. 정보문화 교육 콘텐츠의 개발·보급

4. 정보문화 창달을 위한 사업이나 활동
을 하는 단체에 대한 지원
5. 정보문화의 향유 및 교류 활성화를 위
한 제도와 그 기반조성에 관한 사항
6. 그 밖에 정보문화 창달을 위하여 필
요한 사항
② 행정안전부장관은 관계 중앙행정기관
의 장과 협의하여「유아교육법」제13조
및「초·중등교육법」제23조에 따라 교
육과학기술부장관이 정하는 교육과정의
기준과 내용에 정보문화에 관한 교육내
용이 포함될 수 있도록 노력하여야 한다.

제30조(인터넷 중독의 예방 및 해소)

행정안전부장관은 관계 중앙행정기관의
장과 협의하여 인터넷 등의 지나친 이
용으로 이용자가 일상생활에서 쉽게 회
복할 수 없는 신체적, 정신적, 사회적 기
능의 손상을 입는 것(이하 "인터넷 중
독"이라 한다)을 예방·해소하기 위하
여 필요한 계획을 수립하고 시행하여야
한다.

제31조(정보격차 해소 시책의 마련)

국가기관과 지방자치단체는 모든 국민이
정보통신서비스에 원활하게 접근하고 정
보를 유익하게 활용할 기본적 권리를 실
질적으로 누릴 수 있도록 필요한 시책
을 마련하여야 한다.

제32조(장애인·고령자 등의 정보 접근 및 이용 보장)

① 국가기관 등은 인터넷을 통하여 정보
나 서비스를 제공할 때 장애인·고령자
등이 쉽게 웹사이트를 이용할 수 있도
록 접근성을 보장하여야 한다.
②「정보통신망 이용촉진 및 정보보호

등에 관한 법률」 제2조제3호에 따른 정
보통신서비스 제공자(이하 "정보통신서
비스 제공자"라 한다)는 그 서비스를 제
공할 때 장애인·고령자 등의 접근과
이용의 편익을 증진하기 위하여 노력하
여야 한다.
③ 정보통신 관련 제조업자는 정보통신
기기 및 소프트웨어(이하 "정보통신제
품"이라 한다)를 설계, 제작, 가공할 때
장애인·고령자 등이 쉽게 접근하고 이
용할 수 있도록 노력하여야 한다.
④ 국가기관 등은 정보통신제품을 구매
할 때 장애인·고령자 등의 정보 접근
과 이용 편의를 보장한 정보통신제품을
우선하여 구매하도록 노력하여야 한다.
⑤ 행정안전부장관은 장애인·고령자 등
의 정보 접근 및 이용 편의 증진을 위
한 정보통신서비스 및 정보통신제품 등
의 종류·지침 등을 정하여 고시하여야
한다.

제33조(정보격차의 해소와 관련된 기술 개발 및 보급지원)

① 국가기관과 지방자치단체는 장애인·
고령자 등의 정보 접근 및 이용환경 개
선을 위한 관련 기술을 개발하기 위하
여 필요한 시책을 마련하여야 하며, 행
정안전부장관은 관련 기술의 개발을 지
원할 수 있다.
② 국가기관과 지방자치단체는 다음 각
호의 사업자에게 재정 지원 및 기술적
지원을 할 수 있다.
1. 장애인·고령자 등의 정보 접근 및
이용환경 개선을 위하여 정보통신제품
을 개발·생산하는 사업자
2. 장애인·고령자·농어민·저소득자를
위한 콘텐츠를 제공하는 사업자
3. 제1항에 따른 관련 기술을 개발·보
급하는 사업자

③ 제2항에 따른 지원대상자의 선정·지
원 방법 및 절차 등에 관한 사항은 대
통령령으로 정한다.

제34조(정보통신제품의 지원)

국가기관과 지방자치단체는 다음 각 호
의 어느 하나에 해당하는 사람에게 대
통령령으로 정하는 바에 따라 유상 또
는 무상으로 정보통신제품을 제공할 수
있다.
1. 「장애인복지법」 제2조에 따른 장애인
2. 「국민기초생활 보장법」 제2조제1호에
따른 수급권자
3. 그 밖에 경제적, 지역적, 신체적 또
는 사회적 제약으로 인하여 정보를 이
용하기 어려운 사람으로서 대통령령으
로 정하는 사람

제35조(정보격차해소교육의 시행 등)

① 국가기관과 지방자치단체는 정보격차
의 해소를 위하여 필요한 교육(이하 이
조에서 "정보격차해소교육"이라 한다)을
시행하여야 한다.
② 국가기관과 지방자치단체는 다음 각
호의 어느 하나에 해당하는 사람에 대
한 정보격차해소교육 비용의 전부 또는
일부를 부담할 수 있다.
1. 「장애인복지법」 제2조에 따른 장애
인 중 대통령령으로 정하는 사람
2. 「국민기초생활 보장법」 제2조제2호
에 따른 수급자
3. 「북한이탈주민의 보호 및 정착지원
에 관한 법률」 제2조제1호에 따른 북한
이탈주민
4. 그 밖에 국가의 부담으로 정보격차해
소교육을 할 필요가 있다고 대통령령으
로 정하는 사람
③ 정부는 정보격차해소교육이나 정보격

차해소교육에 필요한 시설의 관리를 위하여 「병역법」 제2조에 따른 공익근무요원 등 필요한 인력을 지원할 수 있다.
④ 정보격차해소교육의 대상 및 종류는 대통령령으로 정한다.

제36조(재원의 조달)

① 국가기관과 지방자치단체는 정보문화의 창달과 정보격차의 해소를 위하여 필요한 재원을 확보하도록 노력하여야 한다.
② 국가기관과 지방자치단체는 정보문화의 창달과 정보격차의 해소를 위하여 국가 예산 또는 지방자치단체의 예산으로 관련 사업을 지원할 수 있다.

제2절 정보이용의 안전성 및 신뢰성 보장

제37조(정보보호 시책의 마련)

① 국가기관과 지방자치단체는 정보를 처리하는 모든 과정에서 정보의 안전한 유통을 위하여 정보보호를 위한 시책을 마련하여야 한다.
② 정부는 암호기술의 개발과 이용을 촉진하고 암호기술을 이용하여 정보통신서비스의 안전을 도모할 수 있는 조치를 마련하여야 한다.

제38조(정보보호시스템에 관한 기준 고시 등)

① 행정안전부장관은 관계 기관의 장과 협의하여 정보보호시스템의 성능과 신뢰도에 관한 기준을 정하여 고시하고, 정보보호시스템을 제조하거나 수입하는 자에게 그 기준을 지킬 것을 권고할 수 있다.
② 행정안전부장관은 유통 중인 정보보호시스템이 제1항에 따른 기준에 미치지 못할 경우에 정보보호시스템의 보완 및 그 밖에 필요한 사항을 권고할 수 있다.
③ 제1항에 따른 기준을 정하기 위한 절차와 제2항에 따른 권고에 관한 사항 및 그 밖에 필요한 사항은 대통령령으로 정한다.

제39조(개인정보 보호 시책의 마련)

국가기관과 지방자치단체는 국가정보화를 추진할 때 인간의 존엄과 가치가 보장될 수 있도록 개인정보 보호를 위한 시책을 마련하여야 한다.

제40조(건전한 정보통신 윤리의 확립)

국가기관과 지방자치단체는 건전한 정보통신 윤리를 확립하기 위하여 미풍양속을 해치는 불건전한 정보의 유통을 방지하고 건강한 국민정서를 함양하며, 불건전한 정보로부터 청소년을 보호하기 위하여 필요한 시책을 마련하여야 한다.

제41조(이용자의 권익 보호 등)

① 국가기관과 지방자치단체는 국가정보화를 추진할 때 이용자의 권익보호를 위하여 다음 각 호의 시책을 마련하여야 한다.
1. 이용자의 권익보호를 위한 홍보·교육 및 연구
2. 이용자의 권익보호를 위한 조직 활동의 지원 및 육성
3. 이용자의 명예·생명·신체 및 재산상의 위해 방지
4. 이용자의 불만 및 피해에 대한 신속·공정한 구제조치
5. 그 밖에 이용자 보호와 관련된 사항

② 정보통신서비스 제공자는 사업을 할 때 이용자를 보호하기 위하여 필요한 조치를 마련하여야 한다.

제42조(지적 재산권의 보호)

정부는 국가정보화를 추진할 때 저작권, 산업재산권 등 지적 재산권이 합리적으로 보호될 수 있도록 필요한 시책을 마련하여야 한다.

제5장 연차보고 등

제43조(연차보고 등)

① 정부는 매년 국가정보화의 동향과 시책에 관한 보고서를 정기국회 개회 전까지 국회에 제출하여야 한다.
② 행정안전부장관은 다음 각 호의 사항에 관한 실태조사를 하고 그 결과를 종합하여 제1항에 따른 보고서에 포함하여야 한다.
1. 지식정보자원 관리의 실태
2. 정보문화 시책의 추진 실태
3. 정보격차의 실태 및 해소 현황
4. 그 밖에 대통령령으로 정하는 사항
③ 제2항에 따른 실태조사에 필요한 사항은 대통령령으로 정한다.

제44조(지표조사)

행정안전부장관은 사회 각 분야의 정보화에 대한 지표를 조사하고 개발하여 보급하여야 한다.

제45조(자료 제출의 요청)

행정안전부장관은 다음 각 호의 사항을 위하여 필요하면 국가기관 등에 자료 제출을 요청할 수 있다.
1. 제6조에 따른 기본계획의 수립 및 변경의 지원
2. 제7조 및 제8조에 따른 시행계획의 심의 및 조정의 지원
3. 제24조에 따른 국제협력
4. 제27조에 따른 중요지식정보자원의 관리
5. 제43조에 따른 연차보고

제46조(권한의 위임 및 위탁)

이 법에 따른 행정안전부장관, 지식경제부장관, 방송통신위원회의 권한은 그 일부를 대통령령으로 정하는 바에 따라 행정안전부나 지식경제부 소속 기관의 장이나 지방자치단체의 장에게 위임하거나 다른 행정기관의 장에게 위탁할 수 있다.

제47조(과태료)

① 제14조제7항을 위반한 자에게는 500만 원 이하의 과태료를 부과한다.
② 제1항에 따른 과태료는 행정안전부장관이 부과·징수한다.

제6장 정보통신기반의 고도화

제48조(전담기관의 지정 등)

① 방송통신위원회는 광대역통합정보통신기반의 원활한 구축과 이용촉진을 위하여 필요한 때에는 홍보, 국제협력, 기술개발 등 그 업무를 전담할 기관(이하 "전담기관"이라 한다)을 분야별로 지정할 수 있다.
② 정부는 광대역통합정보통신기반의 구축 및 이용촉진과 관련된 업무를 수행

하는 데 소요되는 자금을 전담기관에 출연하거나 융자 등을 할 수 있다.
③ 전담기관은 제2항에 따른 자금을 별도로 관리하여야 한다.
④ 전담기관의 지정 및 운영 등에 관하여 필요한 사항은 대통령령으로 정한다.

제49조(초고속국가망의 관리 등)

① 방송통신위원회는 국가재정으로 공공기관과 대통령령으로 정하는 비영리기관(이하 "비영리기관 등"이라 한다)이 이용하는 초고속정보통신망(이하 "초고속국가망"이라 한다)을 구축·관리하거나 제48조에 따라 지정된 전담기관으로 하여금 구축·관리하게 할 수 있다.
② 방송통신위원회는 비영리기관 등이 초고속국가망을 최소의 비용으로 이용할 수 있도록 필요한 시책을 강구하여야 한다.
③ 초고속국가망의 구축·관리에 관하여 필요한 사항은 대통령령으로 정한다.

제50조(광대역통합연구개발망의 구축·관리 등)

① 방송통신위원회는 광대역통합정보통신망의 구축을 촉진하기 위하여 국가재정으로 광대역통합연구개발망을 구축·관리·운영하거나 제48조에 따라 지정된 전담기관으로 하여금 구축·관리·운영하게 할 수 있다.
② 방송통신위원회는 광대역통합정보통신망의 품질관리를 위하여 필요한 시책을 강구하여야 한다.

제51조(광대역통합정보통신망 확충을 위한 협조 등)

① 정부는 광대역통합정보통신망의 원활

한 확충을 위하여 관로·공동구·전주 등(이하 "관로 등"이라 한다)의 시설의 효율적 확충·관리에 필요한 시책을 강구하여야 한다.
② 「전기통신기본법」 제7조에 따른 기간통신사업자, 「방송법」 제2조에 따른 종합유선방송사업자 및 중계유선방송사업자(이하 이 조에서 "기간통신사업자 등"이라 한다)는 도로, 철도, 지하철도, 상·하수도, 전기설비, 전기통신회선설비 등을 건설·운용·관리하는 기관의 장에 대하여 필요한 비용부담을 조건으로 전기통신 선로설비(「방송법」 제80조에 따른 전송·선로설비를 포함한다)의 설치를 위한 관로 등의 건설 또는 대여를 요청할 수 있다.
③ 기간통신사업자 등은 제2항의 기관과 관로 등의 건설 또는 대여에 관한 합의가 이루어지지 아니할 경우 방송통신위원회에 조정을 요청할 수 있다.
④ 방송통신위원회는 제3항에 따른 조정요청을 받아 조정을 할 경우 관계 중앙행정기관의 장과 사전에 협의하여야 한다.
⑤ 제2항부터 제4항까지에 따른 건설 또는 대여의 요청 및 합의와 조정에 관하여 필요한 사항은 대통령령으로 정한다.

부칙 [1995. 8. 4. 제4969호]

제1조(시행일) 이 법은 1996년 1월 1일부터 시행한다.
제2조(다른 법률의 폐지) 정보통신연구·개발에관한법률은 이를 폐지한다.
제3조(경과조치) 이 법 시행으로 폐지하는 정보통신연구·개발에관한법률의 규정에 의한 정보통신진흥기금에 속하는 자산과 채권·채무 기타의 권리·의무는 이 법에 의한 정보화촉진기금이 이를 승계한다.

제4조(다른 법률의 개정) ①기금관리기본법 중 다음과 같이 개정한다.
별표중 제28호를 다음과 같이 한다.
28. 정보화촉진기본법
②전산망보급확장과이용촉진에관한법률 중 다음과 같이 개정한다.
제4조제3항중 "제6조의 규정에 의한 전산망조정위원회의 조정을"을 "정보화촉진기본법 제8조의 규정에 의한 정보화추진위원회의 심의를"로 한다.
제5조 내지 제7조를 삭제한다.
제5조(다른 법령과의 관계) 이 법 시행당시 다른 법령에서 종전의 정보통신연구·개발에관한법률의 규정을 인용하고 있는 경우에 이 법 중 그에 해당하는 내용에 대한 규정이 있는 때에는 종전의 규정에 갈음하여 이 법 또는 이 법의 해당 규정을 인용한 것으로 본다.

부칙 [1999. 1. 21. 제5669호]

제1조(시행일) 이 법은 1999년 7월 1일부터 시행한다. 다만, 제10조, 제35조의2 및 부칙 제2조 내지 제6조의 개정규정은 공포한 날부터 시행한다.
제2조(한국전산원의 설립근거 변경에 따른 경과조치) 부칙 제1조 단서의 개정규정의 시행당시 전산망보급확장과이용촉진에관한법률 제13조의 규정에 의하여 설립된 한국전산원은 이 법에 의하여 설립된 것으로 본다.
제3조 삭제[2002. 12. 18.]
제4조(연구진흥원의 설립준비) ① 정보통신부장관은 부칙 제1조 단서의 개정규정의 시행일전에 5인 이내의 설립위원을 위촉하여 연구진흥원의 설립을 위한 준비행위를 할 수 있다.
② 설립위원은 연구진흥원의 정관을 작성하여 정보통신부장관의 인가를 받아야 한다.

③ 설립당시의 연구진흥원의 원장은 정보통신부장관이 임명한다.
④ 설립위원은 제2항의 규정에 의하여 정관에 대한 정보통신부장관의 인가를 받은 때에는 지체 없이 연구진흥원의 설립등기를 하여야 한다.
⑤ 설립위원은 제4항의 규정에 의한 연구진흥원의 설립등기를 한 후에는 지체없이 연구진흥원의 원장에게 사무를 인계하여야 하며, 사무인계가 끝난 때에는 해촉된 것으로 본다.
제5조(한국전자통신연구원의 권리·의무 승계 등) ① 전기통신기본법 제15조의2의 규정에 의한 한국전자통신연구원(이하 "연구원"이라 한다)의 재산과 권리·의무 중 정보통신부장관이 정하는 재산과 권리·의무는 연구원의 이사회의 의결을 거쳐 연구진흥원의 설립등기와 동시에 연구진흥원이 포괄 승계한다.
② 제1항의 규정에 의하여 연구진흥원에 승계되는 재산의 가액은 연구진흥원의 설립등기일 전일의 장부가액으로 한다.
③ 부칙 제1조 단서의 개정규정의 시행당시 연구원에서 정보통신연구개발관리업무를 수행하는 직원은 연구진흥원의 직원으로 본다.
제6조(다른 법률의 개정) 전산망보급확장과이용촉진에관한법률 중 다음과 같이 개정한다.
제13조 및 제19조의2를 각각 삭제한다.

부칙 [2000. 1. 21. 제6197호(電波法)]

제1조(시행일) 이 법은 2000년 4월 1일부터 시행한다.
제2조 내지 제8조 생략
제9조(다른 법률의 개정) 정보화촉진기본법 중 다음과 같이 개정한다.
제34조제1항에 제3호의2를 다음과 같이 신설한다.

3의2. 전파법 제11조제2항의 규정에 의
한 주파수할당대금 및 동법 제17조제2
항의 규정에 의하여 산정된 금액
제34조제2항에 제3호의2를 다음과 같이
신설한다.
3의2. 전파방송의 연구개발 및 지원사업
제10조 생략

부칙 [2001. 1. 16. 제6360호(정보통신망이용촉진및정보보호등에관한법률)]

제1조(시행일) 이 법은 2001년 7월 1일
부터 시행한다.
제2조 내지 제4조 생략
제5조(다른 법률의 개정) ① 생략
② 정보화촉진기본법 중 다음과 같이 개
정한다.
제14조의2를 삭제한다.
③ 내지 ⑤ 생략
제6조 생략

부칙 [2002. 12. 18. 제6795호(정보격차해소에관한법률)]

제1조(시행일) 이 법은 2003년 1월 1일
부터 시행한다.
제2조 및 제3조 생략
제4조(다른 법률의 개정) 정보화촉진기
본법 중 다음과 같이 개정한다.
제10조제3항제6호를 삭제한다.
법률 제5669호 정보화촉진기본법중개정
법률 부칙 제3조를 삭제한다.

부칙 [2004. 12. 30. 제7265호]

제1조(시행일) 이 법은 2005년 1월 1일
부터 시행한다.
제2조(정보화촉진기금에 관한 경과조치
등) ① 이 법 시행으로 종전의 정보화
촉진기금에 속하는 자산과 채권·채무
그 밖의 권리·의무 중 일반계정에 속
하는 사항은 기업예산회계법 제3조제2
호의 규정에 의한 통신사업특별회계가,
연구개발계정에 속하는 사항은 제33조
의 개정규정에 의한 정보통신진흥기금
이 각각 승계한다.
② 제1항의 규정에 의하여 통신사업특
별회계로 승계되는 사항 중 융자사업으
로 발생된 채권은 통신사업특별회계가
융자한 것으로 보며, 정보통신부장관은
동 채권의 회수가 완료되는 2009년 12
월 31일까지 동 융자사업의 운용관리에
관한 사무를 제35조의2의 규정에 의한
정보통신연구진흥원에 위탁할 수 있다.
제3조(다른 법률의 개정) ① 민·군겸
용기술사업촉진법 중 다음과 같이 개정
한다.
제18조제2호 중 "정보화촉진기금"을 "정
보통신진흥기금"으로 한다.
② 온라인디지털콘텐츠산업발전법중 다
음과 같이 개정한다.
제6조제2항 중 "정보화촉진기금"을 "정
보통신진흥기금"으로 한다.
③ 전파법 중 다음과 같이 개정한다.
제11조제2항 중 "정보화촉진기금(이하
'정보화촉진기금'이라 한다)"을 "정보통
신진흥기금"으로 한다.
④ 정보통신공사업법 중 다음과 같이
개정한다.
제38조제2항 중 "정보화촉진기금"을 "정
보통신진흥기금"으로 한다.

부칙 [2005. 12. 30. 제7814호]

이 법은 공포 후 6개월이 경과한 날부
터 시행한다.

부칙 [2005. 12. 30. 제7816호(정보
시스템의효율적도입및운영등에관한법률)]

제1조(시행일) 이 법은 공포 후 6개월이
경과한 날부터 시행한다. <단서 생략>
제2조 내지 제4조 생략
제5조(다른 법률의 개정) ① 생략
② 정보화촉진기본법 일부를 다음과 같
이 개정한다.
제15조의2를 삭제한다.

부칙 [2006. 10. 4. 제8031호]

제1조(시행일) 이 법은 공포한 날부터 시
행한다. 다만, 제24조의2의 개정규정은 공
포 후 3개월이 경과한 날부터 시행한다.
제2조(한국전산원에 대한 경과조치) 이
법 시행 당시 종전의 규정에 따른 한국
전산원은 제10조의 개정규정에 따라 설
립된 한국정보사회진흥원으로 본다.
제3조(협력진흥원의 설립준비) ① 정보
통신부장관은 이 법의 시행 전에 5인 이
내의 설립위원을 위촉하여 협력진흥원
의 설립을 위한 준비행위를 할 수 있다.
② 설립위원은 협력진흥원의 정관을 작
성하여 정보통신부장관의 인가를 받아
야 한다.
③ 설립위원은 제2항의 규정에 따른 인
가를 받은 때에는 지체 없이 연명으로
협력진흥원의 설립등기를 한 후 원장에
게 사무를 인계하여야 한다.
④ 설립위원은 제3항의 규정에 따른 사
무인계가 끝난 때에는 해촉된 것으로
본다.
제4조(권리·의무의 승계 등) ① 「소프
트웨어산업 진흥법」 제17조의 규정에 따
른 한국소프트웨어진흥원의 재산과 권
리·의무 중 정보통신부장관이 정하는
재산과 권리·의무는 한국소프트웨어진
흥원의 이사회의 의결을 거쳐 협력진흥

원의 설립등기와 동시에 협력진흥원이
포괄 승계한다.
② 이 법 시행 당시 정보화촉진등과 관
련한 국제협력 활동과 정보통신 기업의
해외진출 지원 업무를 수행하는 한국소
프트웨어진흥원의 직원은 협력진흥원의
직원으로 고용된 것으로 본다.
③ 제1항의 규정에 따라 협력진흥원에 승
계되는 재산의 가액은 협력진흥원의 설
립등기일 전일의 장부가액으로 한다.
④ 이 법 시행 당시 정보화촉진등과 관련
한 국제협력 활동과 정보통신 기업의 해
외진출 지원 업무와 관련하여 등기부 그
밖의 공부에 표시된 한국소프트웨어진흥
원의 명의는 협력진흥원의 명의로 본다.
제5조(다른 법률의 개정) ① 정보통신망
이용촉진 및 정보보호 등에 관한 법률
일부를 다음과 같이 개정한다.
제56조제2항 중 "한국전산원"을 "한국
정보사회진흥원"으로 한다.
제60조 중 "한국전산원"을 "한국정보사
회진흥원"으로 한다.
② 전자정부구현을위한행정업무등의전자
화촉진에관한법률 일부를 다음과 같이
개정한다.
제22조제5항 전단 중 "한국전산원"을
"한국정보사회진흥원"으로 한다.
③ 과학기술인공제회법 일부를 다음과
같이 개정한다.
제6조제2항제7호 중 "한국전산원"을 "한
국정보사회진흥원"으로 한다.
제6조(다른 법령과의 관계) 이 법 시행
당시 다른 법령에서 한국전산원을 인용
한 경우에는 한국정보사회진흥원을 인
용한 것으로 본다.

부칙 [2008. 2. 29. 제8852호(정부
조직법)]

제1조(시행일) 이 법은 공포한 날부터

시행한다. 단서 생략
제2조부터 제5조까지 생략
제6조(다른 법률의 개정) ①부터 <433>
까지 생략
<434> 정보화촉진기본법 일부를 다음
과 같이 개정한다.
제2조제6호 중 "정보통신부령"을 "행정
안전부령"으로 한다.
제8조제3항 본문 중 "재정경제부장관"
을 "기획재정부장관"으로 하고, 같은 조
제4항 중 "국무조정실장"을 "국무총리
실장"으로 한다.
제25조 각 호 외의 부분 중 "정보통신
부령"을 "지식경제부령"으로 한다.
제36조 중 "정보통신부장관"을 "행정안
전부장관, 지식경제부장관, 방송통신위원
회"로, "정보통신부"를 "행정안전부나 지
식경제부"로, "위임"을 "위임·위탁"으
로 한다.
제4조제3항·제4항 전단, 제5조제2항·
제5항, 제7조, 제8조제3항 본문, 제9조
의3제2항 및 제15조제1항·제2항 중 "정
보통신부장관"을 각각 "행정안전부장관"
으로 한다.
제22조제1항·제2항, 제22조의2 각 호
외의 부분 본문, 제25조 각 호 외의 부
분, 제35조제1항·제2항 및 제35조의2
제2항제1호 중 "정보통신부장관"을 각
각 "지식경제부장관"으로 한다.
<435>부터 <760>까지 생략
제7조 생략

부칙 [2008. 2. 29. 제8867호(방송통신위원회의 설치 및 운영에 관한 법률)]

제1조(시행일 등) 이 법은 공포한 날부
터 시행한다. <단서 생략>
제2조부터 제6조까지 생략
제7조(다른 법률의 개정) ①부터 <16>
까지 생략

<17> 정보화촉진기본법 일부를 다음과
같이 개정한다.
제27조제4항 중 "정보통신부령"을 "대
통령령"으로 한다.
제28조의2제1항 및 제2항 중 "정보통신
부장관은"을 각각 "방송통신위원회는"
으로 한다.
제32조제3항 중 "정보통신부장관에게"
를 "방송통신위원회에"로 한다.
제27조제1항, 제28조제1항·제2항 및
제32조제4항 중 "정보통신부장관은"을
각각 "방송통신위원회는"으로 한다.
<18>부터 <20>까지 생략
제8조부터 제12조까지 생략

부칙 [2008. 6. 13. 제9128호(전파법)]

제1조(시행일) 이 법은 공포 후 6개월이
경과한 날부터 시행한다. <단서 생략>
제2조 및 제3조 생략
제4조(다른 법률의 개정) ① 정보화촉진
기본법 일부를 다음과 같이 개정한다.
제34조제1항제3호의2 중 "같은 법 제11
조제6항"을 "같은 법 제11조제5항"으로
한다.
② 생략부 칙[2009. 1. 30. 제9369호(산
업기술혁신 촉진법)]
제1조(시행일) 이 법은 공포 후 3개월이
경과한 날부터 시행한다.
제2조부터 제7조까지 생략
제8조(다른 법률의 개정) ①부터 ④까
지 생략
⑤ 정보화촉진기본법 일부를 다음과 같
이 개정한다.
제35조의2제2항제2호 및 제3호를 각각
삭제한다.
제9조 생략부 칙[2009. 4. 22. 제9637호
(정보통신망 이용촉진 및 정보보호 등에
관한 법률)]
제1조(시행일) 이 법은 공포 후 3개월이

경과한 날부터 시행한다.
제2조 및 제3조 생략
제4조(다른 법률의 개정) ① 정보화촉진
기본법 일부를 다음과 같이 개정한다.
제24조의2를 삭제한다.
② 생략
제5조 생략부 칙[2009. 5. 22 제9705호]
제1조(시행일) 이 법은 공포 후 3개월이
경과한 날부터 시행한다. 다만, 제14조
의 개정규정,

부칙 제2조제1호에 따라 폐지되는 「정
보격차해소에 관한 법률」 제16조, 부칙
제3조, 부칙 제6조제2항 및 부칙 제6
조제12항 중 제73조제1항제5호사목의
개정부분은 공포한 날부터 시행한다.

제2조(다른 법률의 폐지) 다음 각 호의
법률은 각각 폐지한다.
1. 정보격차해소에 관한 법률
2. 지식정보자원관리법
제3조(한국정보사회진흥원의 명칭 변경
및 한국정보문화진흥원의 폐지에 따른
경과조치) ① 이 법 시행 당시 종전의
규정에 따른 한국정보사회진흥원은 제
14조의 개정규정에 따라 설립된 정보화
진흥원으로 본다.
② 이 법 시행 당시 한국정보사회진흥
원 및 종전의 「정보격차해소에 관한 법
률」 제16조에 따른 한국정보문화진흥원
(이하 "한국정보문화진흥원"이라 한다)
에 속하였던 모든 재산과 권리·의무는
이 법에 따른 정보화진흥원이 승계한다.
③ 이 법 시행 당시 등기부, 그 밖의 공
부(公簿)에 표시된 한국정보사회진흥원
의 명의 및 한국정보문화진흥원의 명의
는 각각 정보화진흥원의 명의로 본다.
④ 제2항에 따라 정보화진흥원에 승계
되는 재산의 가액은 이 법 시행일 전날

의 장부가액으로 한다.
⑤ 이 법 시행 당시 한국정보사회진흥
원과 한국정보문화진흥원이 행한 행위
또는 한국정보사회진흥원과 한국정보문
화진흥원에 대한 행위는 각각 정보화진
흥원이 행한 행위 또는 정보화진흥원에
대한 행위로 본다.
⑥ 이 법 시행 당시 한국정보사회진흥원
과 한국정보문화진흥원의 직원은 정보
화진흥원의 직원으로 본다.
제4조(벌칙 적용에 관한 경과조치) 이
법 시행 전에 종전의 「지식정보자원 관
리법」을 위반한 행위에 대하여 벌칙을
적용할 때에는 종전의 「지식정보자원 관
리법」에 따른다.
제5조(과태료 적용에 관한 경과조치) 이
법 시행 전의 행위에 대하여 과태료를
적용할 때에는 종전의 규정에 따른다.
제6조(다른 법률의 개정) ① 건설기술관
리법 일부를 다음과 같이 개정한다.
제15조의2제4항 중 "「정보화촉진기본법」
제5조 및 제6조의 규정에 의한 정보화
촉진기본계획 및 정보화촉진시행계획"을
"「국가정보화 기본법」 제6조 및 제7조
에 따른 국가정보화 기본계획 및 국가
정보화 시행계획"으로 하고, 같은 조 제
5항 중 "「정보화촉진기본법」 제8조의 규
정에 의한 정보화추진위원회"를 "「국가
정보화 기본법」 제9조에 따른 국가정보
화전략위원회"로 한다.
② 과학기술인공제회법 일부를 다음과 같
이 개정한다.
제6조제2항제7호 중 "정보화촉진기본법
제10조제1항의 규정에 의하여 설립된
한국정보사회진흥원"을 "「국가정보화 기
본법」 제14조에 따른 한국정보화진흥
원"으로 한다.
③ 법률 제9440호 국가공간정보에 관한
법률 일부를 다음과 같이 개정한다.
제6조제4항 중 "「정보화촉진기본법」에

따른 정보화추진위원회"를 "「국가정보화 기본법」 제9조제1항에 따른 국가정보화전략위원회"로 한다.

④ 사회기반시설에 대한 민간투자법 일부를 다음과 같이 개정한다.

제2조제1호보목을 다음과 같이 한다.

보.「국가정보화 기본법」 제3조제13호에 따른 초고속정보통신망

⑤ 산업입지 및 개발에 관한 법률 일부를 다음과 같이 개정한다.

제2조제3호 중 "「정보화촉진기본법」 제2조제3호의 규정에 의한"을 "「국가정보화 기본법」 제3조제5호에 따른"으로 한다.

⑥ 유비쿼터스도시의 건설 등에 관한 법률 일부를 다음과 같이 개정한다.

제2조제3호나목 중 "「정보화촉진기본법」 제2조제5호"를 "「국가정보화 기본법」 제3조제13호"로, "제5호의2"를 "제14호"로 한다.

제4조제3항 후단 중 "「정보화촉진기본법」 제5조에 따라 수립된 정보화촉진기본계획에 포함된 행정업무 및 지역의 정보화촉진에 관한 부문계획"을 "「국가정보화 기본법」 제6조에 따라 수립된 국가정보화 기본계획에 포함된 행정업무 및 지역의 국가정보화에 관한 부문계획"으로 한다.

⑦ 장애인차별금지 및 권리구제 등에 관한 법률 일부를 다음과 같이 개정한다.

제3조제8호가목 전단 및 같은 호 나목 중 "「정보화촉진기본법」 제2조제1호"를 각각 "「국가정보화 기본법」 제3조제1호"로 하고, 같은 조 제9호 중 "「정보화촉진기본법」 제2조제3호"를 "「국가정보화 기본법」 제3조제5호"로 한다.

⑧ 전기통신사업법 일부를 다음과 같이 개정한다.

제65조제1항제1호 중 "「정보화촉진 기본법」"을 "「국가정보화 기본법」"으로 한다.

⑨ 전자거래기본법 일부를 다음과 같이 개정한다.

제20조제3항 중 "「정보화촉진기본법」 제8조에 따른 정보화추진위원회"를 "「국가정보화 기본법」 제9조에 따른 국가정보화전략위원회"로 한다.

⑩ 전자무역 촉진에 관한 법률 일부를 다음과 같이 개정한다.

제4조제2항 전단 중 "「정보화촉진기본법」 제2조의2의 규정에 의한 정보화촉진 등에 관한 사항은 동법 제8조제1항의 규정에 의한 정보화추진위원회의"를 "「국가정보화 기본법」 제3조제3호에 따른 국가정보화와 관련된 사항은 같은 법 제9조제1항에 따른 국가정보화전략위원회의"로 한다.

⑪ 전자정부법 일부를 다음과 같이 개정한다.

제21조제1항제4호 중 "정보화촉진기본법 제8조의 규정에 의한 정보화추진위원회(이하 "정보화추진위원회"라 한다)"를 "「국가정보화 기본법」 제9조에 따른 국가정보화전략위원회(이하 "정보화전략위원회"라 한다)"로 한다.

제22조제3항, 제45조제1항, 제46조제1항 및 제47조제1항 중 "정보화추진위원회"를 각각 "정보화전략위원회"로 한다.

제22조제5항 중 "정보화촉진기본법 제10조의 규정에 의한 한국정보사회진흥원"을 "「국가정보화 기본법」 제14조에 따른 한국정보화진흥원"으로 한다.

제45조제4항 중 "정보화촉진기본법 제6조의 규정에 의한 정보화촉진시행계획"을 "「국가정보화 기본법」 제7조에 따른 국가정보화 시행계획"으로 한다.

제49조를 삭제한다.

⑫ 조세특례제한법 일부를 다음과 같이 개정한다.

제5조제1항제3호 중 "「정보화촉진기본법」 제2조제4호"를 "「국가정보화 기본

법」 제3조제6호"로 한다.
제73조제1항제5호사목을 다음과 같이 한다.
사. 「국가정보화 기본법」 제14조에 따른 한국정보화진흥원(같은 조 제3항제7호부터 제9호까지의 사업에 지출하는 기부금과 같은 항 제10호 및 제11호의 사업 중 정보문화 및 정보격차의 해소를 위한 사업에 지출하는 기부금만 해당한다)
제7조(다른 법령과의 관계) 이 법 시행 당시 다른 법령에서 종전의 「정보화촉진기본법」, 종전의 「정보격차해소에 관한 법률」 및 종전의 「지식정보자원 관리법」 또는 그 규정을 인용한 경우 이 법 중 그에 해당하는 규정이 있을 때에는 종전의 규정을 갈음하여 이 법 또는 이 법의 해당 규정을 인용한 것으로 본다.

정보통신망 이용촉진 및 정보보호 등에 관한 법률

[시행 2008. 12. 14.] [법률 제9119호, 2008. 6.13, 일부개정]

제1장 총칙

제1조(목적) 이 법은 정보통신망의 이용을 촉진하고 정보통신서비스를 이용하는 자의 개인정보를 보호함과 아울러 정보통신망을 건전하고 안전하게 이용할 수 있는 환경을 조성하여 국민생활의 향상과 공공복리의 증진에 이바지함을 목적으로 한다.
[전문개정 2008. 6. 13.]

제2조 (정의) ① 이 법에서 사용하는 용어의 뜻은 다음과 같다. <개정 2004. 1. 29, 2007. 1. 26, 2007. 12. 21, 2008. 6. 13.>
1. "정보통신망"이란 「전기통신기본법」 제2조제2호에 따른 전기통신설비를 이용하거나 전기통신설비와 컴퓨터 및 컴퓨터의 이용기술을 활용하여 정보를 수집 · 가공 · 저장 · 검색 · 송신 또는 수신하는 정보통신체제를 말한다.
2. "정보통신서비스"란 「전기통신기본법」 제2조제7호에 따른 전기통신역무와 이를 이용하여 정보를 제공하거나 정보의 제공을 매개하는 것을 말한다.
3. "정보통신서비스 제공자"란 「전기통신사업법」 제2조제1항제1호에 따른 전기통신사업자와 영리를 목적으로 전기통신사업자의 전기통신역무를 이용하여 정보를 제공하거나 정보의 제공을 매개하는 자를 말한다.

4. "이용자"란 정보통신서비스 제공자가 제공하는 정보통신서비스를 이용하는 자를 말한다.

5. "전자문서"란 컴퓨터 등 정보처리능력을 가진 장치에 의하여 전자적인 형태로 작성되어 송수신되거나 저장된 문서 형식의 자료로서 표준화된 것을 말한다.

6. "개인정보"란 생존하는 개인에 관한 정보로서 성명·주민등록번호 등에 의하여 특정한 개인을 알아볼 수 있는 부호·문자·음성·음향 및 영상 등의 정보(해당 정보만으로는 특정 개인을 알아볼 수 없어도 다른 정보와 쉽게 결합하여 알아볼 수 있는 경우에는 그 정보를 포함한다)를 말한다.

7. "침해사고"란 해킹, 컴퓨터바이러스, 논리폭탄, 메일폭탄, 서비스 거부 또는 고출력 전자기파 등의 방법으로 정보통신망 또는 이와 관련된 정보시스템을 공격하는 행위를 하여 발생한 사태를 말한다.

8. "정보보호산업"이란 정보보호제품을 개발·생산 또는 유통하는 사업이나 정보보호에 관한 컨설팅 등과 관련된 산업을 말한다.

9. "게시판"이란 그 명칭과 관계없이 정보통신망을 이용하여 일반에게 공개할 목적으로 부호·문자·음성·음향·화상·동영상 등의 정보를 이용자가 게재할 수 있는 컴퓨터 프로그램이나 기술적 장치를 말한다.

10. "통신과금서비스"란 정보통신서비스로서 다음 각 목의 업무를 말한다.

가. 타인이 판매·제공하는 재화 또는 용역(이하 "재화 등"이라 한다)의 대가를 자신이 제공하는 전기통신역무의 요금과 함께 청구·징수하는 업무

나. 타인이 판매·제공하는 재화 등의 대가가 가목의 업무를 제공하는 자의 전기통신역무의 요금과 함께 청구·징

수되도록 거래정보를 전자적으로 송수신하는 것 또는 그 대가의 정산을 대행하거나 매개하는 업무

11. "통신과금서비스제공자"란 제53조에 따라 등록을 하고 통신과금서비스를 제공하는 자를 말한다.

12. "통신과금서비스이용자"란 통신과금서비스제공자로부터 통신과금서비스를 이용하여 재화 등을 구입·이용하는 자를 말한다.

② 이 법에서 사용하는 용어의 뜻은 제1항에서 정하는 것 외에는 「정보화촉진기본법」으로 정하는 바에 따른다. <개정 2008. 6. 13.>

제3조(정보통신서비스 제공자 및 이용자의 책무) ① 정보통신서비스 제공자는 이용자의 개인정보를 보호하고 건전하고 안전한 정보통신서비스를 제공하여 이용자의 권익보호와 정보이용능력의 향상에 이바지하여야 한다.

② 이용자는 건전한 정보사회가 정착되도록 노력하여야 한다.

③ 정부는 정보통신서비스 제공자단체 또는 이용자단체의 개인정보보호 및 정보통신망에서의 청소년 보호 등을 위한 활동을 지원할 수 있다.

[전문개정 2008. 6. 13.]

제4조(정보통신망 이용촉진 및 정보보호 등에 관한 시책의 마련) ① 행정안전부장관, 지식경제부장관 또는 방송통신위원회는 정보통신망의 이용촉진 및 안정적 관리·운영과 이용자의 개인정보보호 등(이하 "정보통신망 이용촉진 및 정보보호 등"이라 한다)을 통하여 정보사회의 기반을 조성하기 위한 시책을 마련하여야 한다.

② 제1항에 따른 시책에는 다음 각 호의 사항이 포함되어야 한다.

1. 정보통신망에 관련된 기술의 개발ㆍ
보급
2. 정보통신망의 표준화
3. 정보내용물 및 제11조에 따른 정보
통신망 응용서비스의 개발 등 정보통신
망의 이용 활성화
4. 정보통신망을 이용한 정보의 공동활
용 촉진
5. 인터넷 이용의 활성화
6. 정보통신망을 통하여 수집ㆍ처리ㆍ
보관ㆍ이용되는 개인정보의 보호 및 그
와 관련된 기술의 개발ㆍ보급
7. 정보통신망에서의 청소년 보호
8. 정보통신망의 안전성 및 신뢰성 제고
9. 그 밖에 정보통신망 이용촉진 및 정
보보호 등을 위하여 필요한 사항
③ 행정안전부장관, 지식경제부장관 또
는 방송통신위원회는 제1항에 따른 시
책을 마련할 때에는 「정보화촉진기본법」
제5조에 따른 정보화촉진기본계획과 연
계되도록 하여야 한다.
[전문개정 2008. 6. 13.]

제5조(다른 법률과의 관계) 정보통신망
이용촉진 및 정보보호 등에 관하여는
다른 법률에서 특별히 규정된 경우 외
에는 이 법으로 정하는 바에 따른다. 다
만, 제7장의 통신과금서비스에 관하여
이 법과 「전자금융거래법」의 적용이 경
합하는 때에는 이 법을 우선 적용한다.
[전문개정 2008. 6. 13.]

제2장 정보통신망의 이용촉진

제6조(기술개발의 추진 등) ① 지식경제
부장관은 정보통신망과 관련된 기술 및
기기의 개발을 효율적으로 추진하기 위
하여 대통령령으로 정하는 바에 따라
관련 연구기관으로 하여금 연구개발ㆍ

기술협력ㆍ기술이전 또는 기술지도 등
의 사업을 하게 할 수 있다.
② 정부는 제1항에 따라 연구개발 등의
사업을 하는 연구기관에는 그 사업에
드는 비용의 전부 또는 일부를 지원할
수 있다.
③ 제2항에 따른 비용의 지급 및 관리 등
에 필요한 사항은 대통령령으로 정한다.
[전문개정 2008. 6. 13.]

제7조(기술관련 정보의 관리 및 보급) ①
지식경제부장관은 정보통신망과 관련된
기술 및 기기에 관한 정보(이하 이 조에
서 "기술관련 정보"라 한다)를 체계적이
고 종합적으로 관리하여야 한다.
② 지식경제부장관은 기술관련 정보를 체
계적이고 종합적으로 관리하기 위하여
필요하면 관계 행정기관 및 국공립 연
구기관 등에 대하여 기술관련 정보와
관련된 자료를 요구할 수 있다. 이 경우
요구를 받은 기관의 장은 특별한 사유
가 없으면 그 요구에 따라야 한다.
③ 지식경제부장관은 기술관련 정보를 신
속하고 편리하게 이용할 수 있도록 그
보급을 위한 사업을 하여야 한다.
④ 제3항에 따라 보급하려는 정보통신망
과 관련된 기술 및 기기의 범위에 관하
여 필요한 사항은 대통령령으로 정한다.
[전문개정 2008. 6. 13.]

제8조(정보통신망의 표준화 및 인증) ①
지식경제부장관은 정보통신망의 이용을
촉진하기 위하여 정보통신망에 관한 표
준을 정하여 고시하고, 정보통신서비스
제공자 또는 정보통신망과 관련된 제품
을 제조하거나 공급하는 자에게 그 표
준을 사용하도록 권고할 수 있다. 다만,
「산업표준화법」 제12조에 따른 한국산
업표준이 제정되어 있는 사항에 대하여
는 그 표준에 따른다.

② 제1항에 따라 고시된 표준에 적합한 정보통신과 관련된 제품을 제조하거나 공급하는 자는 제9조제1항에 따른 인증기관의 인증을 받아 그 제품이 표준에 적합한 것임을 나타내는 표시를 할 수 있다.

③ 제1항 단서에 해당하는 경우로서 「산업표준화법」 제15조에 따라 인증을 받은 경우에는 제2항에 따른 인증을 받은 것으로 본다.

④ 제2항에 따른 인증을 받은 자가 아니면 그 제품이 표준에 적합한 것임을 나타내는 표시를 하거나 이와 비슷한 표시를 하여서는 아니 되며, 이와 비슷한 표시를 한 제품을 판매하거나 판매할 목적으로 진열하여서는 아니 된다.

⑤ 지식경제부장관은 제4항을 위반하여 제품을 판매하거나 판매할 목적으로 진열한 자에게 그 제품을 수거 · 반품하도록 하거나 인증을 받아 그 표시를 하도록 하는 등 필요한 시정조치를 명할 수 있다.

⑥ 제1항부터 제3항까지의 규정에 따른 표준화의 대상 · 방법 · 절차 및 인증표시, 제5항에 따른 수거 · 반품 · 시정 등에 필요한 사항은 지식경제부령으로 정한다.

[전문개정 2008. 6. 13.]

제9조(인증기관의 지정 등) ① 지식경제부장관은 정보통신망과 관련된 제품을 제조하거나 공급하는 자의 제품이 제8조제1항 본문에 따라 고시된 표준에 적합한 제품임을 인증하는 기관(이하 "인증기관"이라 한다)을 지정할 수 있다.

② 지식경제부장관은 인증기관이 다음 각 호의 어느 하나에 해당하면 그 지정을 취소하거나 6개월 이내의 기간을 정하여 업무의 정지를 명할 수 있다. 다만, 제1호에 해당하는 경우에는 그 지정을 취소하여야 한다.

1. 속임수나 그 밖의 부정한 방법으로 지정을 받은 경우

2. 정당한 사유 없이 1년 이상 계속하여 인증업무를 하지 아니한 경우

3. 제3항에 따른 지정기준에 미달한 경우

③ 제1항 및 제2항에 따른 인증기관의 지정기준 · 지정절차, 지정취소 · 업무정지의 기준 등에 필요한 사항은 지식경제부령으로 정한다.

[전문개정 2008. 6. 13.]

제10조(정보내용물의 개발 지원) 정부는 국가경쟁력을 확보하거나 공익을 증진하기 위하여 정보통신망을 통하여 유통되는 정보내용물을 개발하는 자에게 재정 및 기술 등 필요한 지원을 할 수 있다.

[전문개정 2008. 6. 13.]

제11조(정보통신망 응용서비스의 개발 촉진 등) ① 정부는 국가기관 · 지방자치단체 및 공공기관이 정보통신망을 활용하여 업무를 효율화 · 자동화 · 고도화하는 응용서비스(이하 "정보통신망 응용서비스"라 한다)를 개발 · 운영하는 경우 그 기관에 재정 및 기술 등 필요한 지원을 할 수 있다.

② 정부는 민간부문에 의한 정보통신망 응용서비스의 개발을 촉진하기 위하여 재정 및 기술 등 필요한 지원을 할 수 있으며, 정보통신망 응용서비스의 개발에 필요한 기술인력을 양성하기 위하여 다음 각 호의 시책을 마련하여야 한다.

1. 각급 학교나 그 밖의 교육기관에서 시행하는 인터넷 교육에 대한 지원

2. 국민에 대한 인터넷 교육의 확대

3. 정보통신망 기술인력 양성사업에 대한 지원

4. 정보통신망 전문기술인력 양성기관의 설립 · 지원

5. 정보통신망 이용 교육프로그램의 개
발 및 보급 지원
6. 정보통신망 관련 기술자격제도의 정
착 및 전문기술인력 수급 지원
7. 그 밖에 정보통신망 관련 기술인력의
양성에 필요한 사항
[전문개정 2008. 6. 13.]

제12조(정보의 공동활용체제 구축) ① 정
부는 정보통신망을 효율적으로 활용하
기 위하여 정보통신망 상호 간의 연계
운영 및 표준화 등 정보의 공동활용체
제 구축을 권장할 수 있다.
② 정부는 제1항에 따른 정보의 공동활
용체제를 구축하는 자에게 재정 및 기
술 등 필요한 지원을 할 수 있다.
③ 제1항과 제2항에 따른 권장 및 지원
에 필요한 사항은 대통령령으로 정한다.
[전문개정 2008. 6. 13.]

제13조(정보통신망의 이용촉진 등에 관한
사업) ① 지식경제부장관은 공공, 지역,
산업, 생활 및 사회적 복지 등 각 분야
의 정보통신망의 이용촉진과 정보격차의
해소를 위하여 관련 기술·기기 및 응
용서비스의 효율적인 활용·보급을 촉
진하기 위한 사업을 대통령령으로 정하
는 바에 따라 실시할 수 있다.
② 정부는 제1항에 따른 사업에 참여하
는 자에게 재정 및 기술 등 필요한 지
원을 할 수 있다.
[전문개정 2008. 6. 13.]

제14조(인터넷 이용의 확산) 정부는 인터
넷 이용이 확산될 수 있도록 공공 및
민간의 인터넷 이용시설의 효율적 활용
을 유도하고 인터넷 관련 교육 및 홍보
등의 인터넷 이용기반을 확충하며, 지역
별·성별·연령별 인터넷 이용격차를
해소하기 위한 시책을 마련하고 추진하

여야 한다.
[전문개정 2008. 6. 13.]

제15조(인터넷 서비스의 품질 개선) ①
지식경제부장관은 인터넷 서비스 이용
자의 권익을 보호하고 인터넷 서비스의
품질 향상 및 안정적 제공을 보장하기
위한 시책을 마련하여야 한다.
② 지식경제부장관은 제1항에 따른 시책
을 추진하기 위하여 필요하면 정보통신
서비스 제공자단체 및 이용자단체 등의
의견을 들어 인터넷 서비스 품질의 측
정·평가에 관한 기준을 정하여 고시할
수 있다.
③ 정보통신서비스 제공자는 제2항에 따
른 기준에 따라 자율적으로 인터넷 서
비스의 품질 현황을 평가하여 그 결과
를 이용자에게 알려 줄 수 있다.
[전문개정 2008. 6. 13.]

제16조 삭제 〈2004. 1. 29.〉

제17조 삭제 〈2004. 1. 29.〉

제3장 전자문서중계자를 통한 전자
문서의 활용

제18조(전자문서중계자에 의한 문서의 처
리 등) ① 국가기관이나 지방자치단체의
장이 전자문서중계설비를 관리하는 자
(이하 “전자문서중계자”라 한다)를 통하
여 법령에서 규정한 허가·인가·승인·
등록·신고·신청 등(이하 이 조에서
“허가 등”이라 한다)을 전자문서로 처리
하려면 대통령령으로 정하는 바에 따라
대상 업무와 전자문서중계자 등 필요한
사항을 정하고 고시하여야 한다.
② 제1항에 따라 처리되는 전자문서와

그 문서상의 명의인을 표시한 문자 및
「전자서명법」 제2조제3호에 따른 공인
전자서명은 각각 해당 법령에서 정한
문서와 그 문서상의 서명날인으로 본다.
③ 제1항에 따라 허가 등을 전자문서로
처리한 경우에는 해당 법령에서 정한
절차에 따라 처리한 것으로 본다.
④ 전자문서중계자의 지정요건 및 지정
절차에 필요한 사항은 대통령령으로 정
한다.
[전문개정 2008. 6. 13.]

제19조(전자문서의 송수신 시기) ① 전자
문서는 작성자 외의 자 또는 작성자의
대리인 외의 자가 관리하는 컴퓨터에
입력되었을 때에 송신된 것으로 본다.
② 전자문서는 다음 각 호의 어느 하나
에 해당할 때에 수신된 것으로 본다.
1. 수신자가 전자문서를 수신할 컴퓨터
를 지정한 경우에는 지정한 컴퓨터에
입력되었을 때. 다만, 지정한 컴퓨터가
아닌 컴퓨터에 입력되었을 경우에는 수
신자가 전자문서를 출력하였을 때를 말
한다.
2. 수신자가 전자문서를 수신할 컴퓨터
를 지정하지 아니한 경우에는 수신자가
관리하는 컴퓨터에 입력되었을 때
[전문개정 2008. 6. 13.]

제20조(전자문서 내용의 추정 등) ① 전
자문서의 내용에 대하여 당사자 또는
이해관계자 사이에 다툼이 있으면 전자
문서중계자의 컴퓨터의 파일에 기록된
전자문서의 내용대로 작성된 것으로 추
정한다.
② 전자문서중계자는 「공공기록물 관리
에 관한 법률」 제19조에 따라 전자문서
를 보관하여야 한다.
[전문개정 2008. 6. 13.]

제21조(전자문서 등의 공개 제한) 전자문
서중계자는 전자문서중계설비에 의하여
처리되는 전자문서 또는 관련 기록을
적법한 절차에 따르지 아니하거나 전자
문서 발신자 및 수신자의 동의 없이 공
개하여서는 아니 된다.
[전문개정 2008. 6. 13.]

제4장 개인정보의 보호

제1절 개인정보의 수집 · 이용 및 제공 등

제22조(개인정보의 수집 · 이용 동의 등)
① 정보통신서비스 제공자는 이용자의
개인정보를 이용하려고 수집하는 경우
에는 다음 각 호의 모든 사항을 이용자
에게 알리고 동의를 받아야 한다. 다음
각 호의 어느 하나의 사항을 변경하려
는 경우에도 또한 같다.
1. 개인정보의 수집 · 이용 목적
2. 수집하는 개인정보의 항목
3. 개인정보의 보유 · 이용 기간
② 정보통신서비스 제공자는 다음 각
호의 어느 하나에 해당하는 경우에는
제1항에 따른 동의 없이 이용자의 개인
정보를 수집 · 이용할 수 있다.
1. 정보통신서비스의 제공에 관한 계약
을 이행하기 위하여 필요한 개인정보로
서 경제적 · 기술적인 사유로 통상적인 동
의를 받는 것이 뚜렷하게 곤란한 경우
2. 정보통신서비스의 제공에 따른 요금
정산을 위하여 필요한 경우
3. 이 법 또는 다른 법률에 특별한 규정
이 있는 경우
[전문개정 2008. 6. 13.]

제23조(개인정보의 수집 제한 등) ① 정
보통신서비스 제공자는 사상, 신념, 과
거의 병력(병력) 등 개인의 권리 · 이익

이나 사생활을 뚜렷하게 침해할 우려가 있는 개인정보를 수집하여서는 아니 된다. 다만, 제22조제1항에 따른 이용자의 동의를 받거나 다른 법률에 따라 특별히 수집 대상 개인정보로 허용된 경우에는 그 개인정보를 수집할 수 있다.
② 정보통신서비스 제공자는 이용자의 개인정보를 수집하는 경우에는 정보통신서비스의 제공을 위하여 필요한 최소한의 정보를 수집하여야 하며, 필요한 최소한의 정보 외의 개인정보를 제공하지 아니한다는 이유로 그 서비스의 제공을 거부하여서는 아니 된다.
[전문개정 2008. 6. 13.]

제23조의2(주민등록번호 외의 회원가입 방법) ① 정보통신서비스 제공자로서 제공하는 정보통신서비스의 유형별 일일 평균 이용자 수가 대통령령으로 정하는 기준에 해당하는 자는 이용자가 정보통신망을 통하여 회원으로 가입할 경우에 주민등록번호를 사용하지 아니하고도 회원으로 가입할 수 있는 방법을 제공하여야 한다.
② 제1항에 해당하는 정보통신서비스 제공자는 주민등록번호를 사용하는 회원가입 방법을 따로 제공하여 이용자가 회원가입 방법을 선택하게 할 수 있다.
[본조신설 2008. 6. 13.]

제2절 삭제 〈2007. 1. 26.〉

제24조(개인정보의 이용 제한) 정보통신서비스 제공자는 제22조 및 제23조제1항 단서에 따라 수집한 개인정보를 이용자로부터 동의받은 목적이나 제22조제2항 각 호에서 정한 목적과 다른 목적으로 이용하여서는 아니 된다.
[전문개정 2008. 6. 13.]

제24조의2(개인정보의 제공 동의 등) ① 정보통신서비스 제공자는 이용자의 개인정보를 제3자에게 제공하려면 제22조제2항제2호 및 제3호에 해당하는 경우 외에는 다음 각 호의 모든 사항을 이용자에게 알리고 동의를 받아야 한다. 다음 각 호의 어느 하나의 사항이 변경되는 경우에도 또한 같다.
1. 개인정보를 제공받는 자
2. 개인정보를 제공받는 자의 개인정보 이용 목적
3. 제공하는 개인정보의 항목
4. 개인정보를 제공받는 자의 개인정보 보유 및 이용 기간
② 제1항에 따라 정보통신서비스 제공자로부터 이용자의 개인정보를 제공받은 자는 그 이용자의 동의가 있거나 다른 법률에 특별한 규정이 있는 경우 외에는 개인정보를 제3자에게 제공하거나 제공받은 목적 외의 용도로 이용하여서는 아니 된다.
[전문개정 2008. 6. 13.]

제25조(개인정보의 취급위탁) ① 정보통신서비스 제공자와 그로부터 제24조의2제1항에 따라 이용자의 개인정보를 제공받은 자(이하 "정보통신서비스 제공자 등"이라 한다)는 제3자에게 이용자의 개인정보를 수집·보관·처리·이용·제공·관리·파기 등(이하 "취급"이라 한다)을 할 수 있도록 업무를 위탁(이하 "개인정보 취급위탁"이라 한다)하는 경우에는 다음 각 호의 사항 모두를 이용자에게 알리고 동의를 받아야 한다. 다음 각 호의 어느 하나의 사항이 변경되는 경우에도 또한 같다.
1. 개인정보 취급위탁을 받는 자(이하 "수탁자"라 한다)
2. 개인정보 취급위탁을 하는 업무의 내용
② 정보통신서비스 제공자 등은 정보통

신서비스의 제공에 관한 계약을 이행하기 위하여 필요한 경우로서 제1항 각 호의 사항 모두를 제27조의2제1항에 따라 공개하거나 전자우편 등 대통령령으로 정하는 방법에 따라 이용자에게 알린 경우에는 개인정보 취급위탁에 따른 제1항의 고지절차와 동의절차를 거치지 아니할 수 있다. 제1항 각 호의 어느 하나의 사항이 변경되는 경우에도 또한 같다.
③ 정보통신서비스 제공자 등은 개인정보 취급위탁을 하는 경우에는 수탁자가 이용자의 개인정보를 취급할 수 있는 목적을 미리 정하여야 하며, 수탁자는 이 목적을 벗어나서 이용자의 개인정보를 취급하여서는 아니 된다.
④ 정보통신서비스 제공자 등은 수탁자가 이 장의 규정을 위반하지 아니하도록 관리 · 감독하여야 한다.
⑤ 수탁자가 개인정보 취급위탁을 받은 업무와 관련하여 이 장의 규정을 위반하여 이용자에게 손해를 발생시키면 그 수탁자를 손해배상책임에 있어서 정보통신서비스 제공자 등의 소속 직원으로 본다.
[전문개정 2008. 6. 13.]

제26조(영업의 양수 등에 따른 개인정보의 이전) ① 정보통신서비스 제공자 등이 영업의 전부 또는 일부의 양도 · 합병 등으로 그 이용자의 개인정보를 타인에게 이전하는 경우에는 미리 다음 각 호의 사항 모두를 인터넷 홈페이지 게시, 전자우편 등 대통령령으로 정하는 방법에 따라 이용자에게 알려야 한다.
1. 개인정보를 이전하려는 사실
2. 개인정보를 이전받는 자(이하 "영업양수자 등"이라 한다)의 성명(법인의 경우에는 법인의 명칭을 말한다. 이하 이 조에서 같다) · 주소 · 전화번호 및 그 밖의 연락처
3. 이용자가 개인정보의 이전을 원하지 아니하는 경우 그 동의를 철회할 수 있는 방법과 절차
② 영업양수자 등은 개인정보를 이전받으면 지체 없이 그 사실을 인터넷 홈페이지 게시, 전자우편 등 대통령령으로 정하는 방법에 따라 이용자에게 알려야 한다. 다만, 정보통신서비스 제공자 등이 제1항에 따라 그 이전사실을 이미 알린 경우에는 그러하지 아니하다.
③ 영업양수자등은 정보통신서비스 제공자 등이 이용자의 개인정보를 이용하거나 제공할 수 있는 당초 목적의 범위에서만 개인정보를 이용하거나 제공할 수 있다. 다만, 이용자로부터 별도의 동의를 받은 경우에는 그러하지 아니하다.
[전문개정 2008. 6. 13.]

제26조의2(동의를 받는 방법) 제22조제1항, 제23조제1항 단서, 제24조의2제1항 · 제2항, 제25조제1항, 제26조제3항 단서 또는 제63조제2항에 따른 동의(이하 "개인정보 수집 · 이용 · 제공 등의 동의"라 한다)를 받는 방법은 개인정보의 수집매체, 업종의 특성 및 이용자의 수 등을 고려하여 대통령령으로 정한다.
[전문개정 2008. 6. 13.]

제2절 개인정보의 관리 및 파기 등 〈신설 2007. 1. 26.〉

제27조(개인정보 관리책임자의 지정) ① 정보통신서비스 제공자 등은 이용자의 개인정보를 보호하고 개인정보와 관련한 이용자의 고충을 처리하기 위하여 개인정보 관리책임자를 지정하여야 한다. 다만, 종업원 수, 이용자 수 등이 대통령령으로 정하는 기준에 해당하는 정보통신서비스 제공자 등의 경우에는 지

정하지 아니할 수 있다.
② 제1항 단서에 따른 정보통신서비스 제공자 등이 개인정보 관리책임자를 지정하지 아니하는 경우에는 그 사업주 또는 대표자가 개인정보 관리책임자가 된다.
③ 개인정보 관리책임자의 자격요건과 그 밖의 지정에 필요한 사항은 대통령령으로 정한다.
[전문개정 2008. 6. 13.]

제27조의2(개인정보 취급방침의 공개) ① 정보통신서비스 제공자 등은 이용자의 개인정보를 취급하는 경우에는 개인정보 취급방침을 정하여 이용자가 언제든지 쉽게 확인할 수 있도록 대통령령으로 정하는 방법에 따라 공개하여야 한다.
② 제1항에 따른 개인정보 취급방침에는 다음 각 호의 사항이 모두 포함되어야 한다.
1. 개인정보의 수집ㆍ이용 목적, 수집하는 개인정보의 항목 및 수집방법
2. 개인정보를 제3자에게 제공하는 경우 제공받는 자의 성명(법인인 경우에는 법인의 명칭을 말한다), 제공받는 자의 이용 목적과 제공하는 개인정보의 항목
3. 개인정보의 보유 및 이용 기간, 개인정보의 파기절차 및 파기방법(제29조 각 호 외의 부분 단서에 따라 개인정보를 보존하여야 하는 경우에는 그 보존근거와 보존하는 개인정보 항목을 포함한다)
4. 개인정보 취급위탁을 하는 업무의 내용 및 수탁자(해당되는 경우에만 취급방침에 포함한다)
5. 이용자 및 법정대리인의 권리와 그 행사방법
6. 인터넷 접속정보파일 등 개인정보를 자동으로 수집하는 장치의 설치ㆍ운영 및 그 거부에 관한 사항

7. 개인정보 관리책임자의 성명 또는 개인정보보호 업무 및 관련 고충사항을 처리하는 부서의 명칭과 그 전화번호 등 연락처
③ 정보통신서비스 제공자 등은 제1항에 따른 개인정보 취급방침을 변경하는 경우에는 그 이유 및 변경내용을 대통령령으로 정하는 방법에 따라 지체 없이 공지하고, 이용자가 언제든지 변경된 사항을 쉽게 알아볼 수 있도록 조치하여야 한다.
[전문개정 2008. 6. 13.]

제28조(개인정보의 보호조치) ① 정보통신서비스 제공자 등이 개인정보를 취급할 때에는 개인정보의 분실ㆍ도난ㆍ누출ㆍ변조 또는 훼손을 방지하기 위하여 대통령령으로 정하는 기준에 따라 다음 각 호의 기술적ㆍ관리적 조치를 하여야 한다.
1. 개인정보를 안전하게 취급하기 위한 내부관리계획의 수립ㆍ시행
2. 개인정보에 대한 불법적인 접근을 차단하기 위한 침입차단시스템 등 접근통제장치의 설치ㆍ운영
3. 접속기록의 위조ㆍ변조 방지를 위한 조치
4. 개인정보를 안전하게 저장ㆍ전송할 수 있는 암호화기술 등을 이용한 보안조치
5. 백신 소프트웨어의 설치ㆍ운영 등 컴퓨터바이러스에 의한 침해 방지조치
6. 그 밖에 개인정보의 안전성 확보를 위하여 필요한 보호조치
② 정보통신서비스 제공자 등은 이용자의 개인정보를 취급하는 자를 최소한으로 제한하여야 한다.
[전문개정 2008. 6. 13.]

제28조의2(개인정보의 누설금지) ① 이용자의 개인정보를 취급하고 있거나 취급

하였던 자는 직무상 알게 된 개인정보를 훼손·침해 또는 누설하여서는 아니 된다.
② 누구든지 그 개인정보가 누설된 사정을 알면서도 영리 또는 부정한 목적으로 개인정보를 제공받아서는 아니 된다.
[전문개정 2008. 6. 13.]

제29조(개인정보의 파기) 정보통신서비스 제공자등은 다음 각 호의 어느 하나에 해당하는 경우에는 해당 개인정보를 지체 없이 파기하여야 한다. 다만, 다른 법률에 따라 개인정보를 보존하여야 하는 경우에는 그러하지 아니하다.
1. 제22조제1항, 제23조제1항 단서 또는 제24조의2제1항·제2항에 따라 동의를 받은 개인정보의 수집·이용 목적이나 제22조제2항 각 호에서 정한 해당 목적을 달성한 경우
2. 제22조제1항, 제23조제1항 단서 또는 제24조의2제1항·제2항에 따라 동의를 받은 개인정보의 보유 및 이용 기간이 끝난 경우
3. 제22조제2항에 따라 이용자의 동의를 받지 아니하고 수집·이용한 경우에는 제27조의2제2항제3호에 따른 개인정보의 보유 및 이용 기간이 끝난 경우
4. 사업을 폐업하는 경우
[전문개정 2008. 6. 13.]

제3절 이용자의 권리

제30조(이용자의 권리 등) ① 이용자는 정보통신서비스 제공자 등에 대하여 언제든지 개인정보 수집·이용·제공 등의 동의를 철회할 수 있다.
② 이용자는 정보통신서비스 제공자 등에 대하여 본인에 관한 다음 각 호의 어느 하나의 사항에 대한 열람이나 제공을 요구할 수 있고 오류가 있는 경우에는 그 정정을 요구할 수 있다.
1. 정보통신서비스 제공자 등이 가지고 있는 이용자의 개인정보
2. 정보통신서비스 제공자 등이 이용자의 개인정보를 이용하거나 제3자에게 제공한 현황
3. 정보통신서비스 제공자 등에게 개인정보 수집·이용·제공 등의 동의를 한 현황
③ 정보통신서비스 제공자 등은 이용자가 제1항에 따라 동의를 철회하면 지체 없이 수집된 개인정보를 파기하는 등 필요한 조치를 하여야 한다.
④ 정보통신서비스 제공자 등은 제2항에 따라 열람 또는 제공을 요구받으면 지체 없이 필요한 조치를 하여야 한다.
⑤ 정보통신서비스 제공자 등은 제2항에 따라 오류의 정정을 요구받으면 지체 없이 그 오류를 정정하거나 정정하지 못하는 사유를 이용자에게 알리는 등 필요한 조치를 하여야 하고, 필요한 조치를 할 때까지는 해당 개인정보를 이용하거나 제공하여서는 아니 된다. 다만, 다른 법률에 따라 개인정보의 제공을 요청받은 경우에는 그 개인정보를 제공하거나 이용할 수 있다.
⑥ 정보통신서비스 제공자 등은 제1항에 따른 동의의 철회 또는 제2항에 따른 개인정보의 열람·제공 또는 오류의 정정을 요구하는 방법을 개인정보의 수집방법보다 쉽게 하여야 한다.
⑦ 영업양수자 등에 대하여는 제1항부터 제6항까지의 규정을 준용한다. 이 경우 "정보통신서비스 제공자 등"은 "영업양수자 등"으로 본다.
[전문개정 2008. 6. 13.]

제31조(법정대리인의 권리) ① 정보통신서비스 제공자등이 만 14세 미만의 아동으로부터 개인정보 수집·이용·제공

등의 동의를 받으려면 그 법정대리인의
동의를 받아야 한다. 이 경우 정보통신
서비스 제공자는 그 아동에게 법정대리
인의 동의를 받기 위하여 필요한 법정
대리인의 성명 등 최소한의 정보를 요
구할 수 있다.
② 법정대리인은 해당 아동의 개인정보
에 대하여 제30조제1항 및 제2항에 따
른 이용자의 권리를 행사할 수 있다.
③ 제2항에 따른 법정대리인의 동의 철
회, 열람 또는 오류정정의 요구에 관하
여는 제30조제3항부터 제5항까지의 규
정을 준용한다.
[전문개정 2008. 6. 13.]

제32조(손해배상) 이용자는 정보통신서
비스 제공자 등이 이 장의 규정을 위반
한 행위로 손해를 입으면 그 정보통신
서비스 제공자 등에게 손해배상을 청구
할 수 있다. 이 경우 해당 정보통신서비
스 제공자 등은 고의 또는 과실이 없음
을 입증하지 아니하면 책임을 면할 수
없다.
[전문개정 2008. 6. 13.]

제4절 개인정보분쟁조정위원회

제33조(개인정보분쟁조정위원회의 설치 및
구성) ① 개인정보에 관한 분쟁을 조정
하기 위하여 개인정보분쟁조정위원회(이
하 "분쟁조정위원회"라 한다)를 둔다.
② 분쟁조정위원회는 위원장 1명을 포
함한 15명 이내의 위원으로 구성하며,
그중 1명은 상임으로 한다.
③ 위원은 다음 각 호의 어느 하나에 해
당하는 자 중에서 대통령령으로 정하는
바에 따라 행정안전부장관이 임명하거
나 위촉한다. 이 경우 다음 각 호의 어
느 하나에 해당하는 자가 1명 이상 포
함되어야 한다.

1. 대학이나 공인된 연구기관에서 부교
수급 이상 또는 이에 상당하는 직에 있
거나 있었던 자로서 개인정보보호 관련
분야를 전공한 자
2. 4급 이상 공무원(고위공무원단에 속
하는 일반직공무원을 포함한다) 또는 이
에 상당하는 공공기관의 직에 있거나
있었던 자로서 개인정보보호 업무에 관
한 경험이 있는 자
3. 판사·검사 또는 변호사의 자격이 있
는 자
4. 정보통신서비스 이용자단체의 임원직
에 있거나 있었던 자
5. 정보통신서비스 제공자 또는 정보통
신서비스 제공자단체의 임원직에 있거
나 있었던 자
6. 「비영리민간단체 지원법」 제2조에 따
른 비영리민간단체에서 추천한 자
④ 위원의 임기는 3년으로 하고, 연임
할 수 있다.
⑤ 위원장은 위원 중에서 행정안전부장
관이 임명한다.
⑥ 분쟁조정위원회의 업무를 지원하기
위하여 제52조에 따른 한국정보보호진
흥원(이하 제46조의2, 제47조, 제48조의
2, 제48조의3 및 제49조의2에서 "보호
진흥원"이라 한다)에 사무국을 둔다.
[전문개정 2008. 6. 13.]

제33조의2(조정부) ① 분쟁의 조정업무
를 효율적으로 수행하기 위하여 분쟁조
정위원회에 5명 이하의 위원으로 구성
되는 조정부를 두되, 그중 1명은 변호사
의 자격이 있는 자로 한다.
② 분쟁조정위원회는 필요하면 일부 분
쟁을 제1항에 따른 조정부에 맡겨 조정
하게 할 수 있다.
③ 제1항에 따른 조정부의 구성 및 운
영에 필요한 사항은 행정안전부령으로
정한다.

[전문개정 2008. 6. 13.]

제34조(위원의 신분보장) 위원은 자격정지 이상의 형을 선고받거나 심신상의 장애로 직무를 수행할 수 없는 경우 외에는 그의 의사에 반하여 면직되거나 해촉 되지 아니한다.
[전문개정 2008. 6. 13.]

제35조(위원의 제척·기피·회피) ① 위원은 다음 각 호의 어느 하나에 해당되면 해당 분쟁조정 청구사건(이하 이 조에서 "사건"이라 한다)의 심의·의결에서 제척된다.
1. 위원 또는 그 배우자나 배우자이었던 자가 해당 사건의 당사자가 되거나 그 사건에 관하여 공동권리자 또는 공동의무자의 관계에 있는 경우
2. 위원이 해당 사건의 당사자와 친족관계에 있거나 있었던 경우
3. 위원이 해당 사건에 관하여 증언이나 감정을 한 경우
4. 위원이 해당 사건에 관하여 당사자의 대리인 또는 임직원으로서 관여하거나 관여하였던 경우
② 당사자는 위원에게 심의·의결의 공정을 기대하기 어려운 사정이 있으면 분쟁조정위원회에 기피신청을 할 수 있다. 이 경우 분쟁조정위원회는 기피신청이 타당하다고 인정하는 경우에는 기피의 결정을 한다.
③ 위원이 제1항 또는 제2항의 사유에 해당하면 스스로 그 사건의 심의·의결에서 회피할 수 있다.
[전문개정 2008. 6. 13.]

제36조(분쟁의 조정) ① 개인정보와 관련한 분쟁의 조정을 원하는 자는 분쟁조정위원회에 분쟁의 조정을 신청할 수 있다.

② 제1항에 따른 분쟁의 조정신청을 받은 분쟁조정위원회는 신청을 받은 날부터 60일 이내에 심사하여 조정안을 작성하여야 한다. 다만, 부득이한 사정이 있는 경우에는 분쟁조정위원회의 의결로 그 기간을 연장할 수 있다.
③ 제2항 단서에 따라 기간을 연장한 경우에는 기간연장의 사유나 그 밖의 기간연장에 대한 사항을 신청인에게 알려야 한다.
[전문개정 2008. 6. 13.]

제37조(자료요청 등) ① 분쟁조정위원회는 분쟁조정을 위하여 필요한 자료의 제공을 분쟁당사자에게 요청할 수 있다. 이 경우 그 분쟁당사자는 정당한 사유가 없으면 요청에 따라야 한다.
② 분쟁조정위원회는 필요하다고 인정하면 분쟁당사자나 참고인을 분쟁조정위원회에 출석하도록 하여 그 의견을 들을 수 있다.
[전문개정 2008. 6. 13.]

제38조(조정의 효력) ① 분쟁조정위원회는 제36조제2항에 따라 조정안을 작성하면 지체 없이 각 당사자에게 제시하여야 한다.
② 제1항에 따라 조정안을 제시받은 당사자는 제시받은 날부터 15일 이내에 조정안의 수락 여부를 분쟁조정위원회에 통보하여야 한다.
③ 당사자가 조정안을 수락하면 분쟁조정위원회는 즉시 조정서를 작성하여야 하며, 위원장 및 각 당사자는 그 조정서에 기명날인하여야 한다.
④ 당사자가 제3항에 따라 조정안을 수락하고 조정서에 기명날인을 하면 당사자 간에 조정서와 같은 내용의 합의가 성립된 것으로 본다.
[전문개정 2008. 6. 13.]

제39조(조정의 거부 및 중지) ① 분쟁조정위원회는 분쟁의 성질상 분쟁조정위원회에서 조정하는 것이 적합하지 아니하다고 인정하거나 부정한 목적으로 신청되었다고 인정하는 경우에는 그 조정을 거부할 수 있다. 이 경우 조정거부의 사유 등을 신청인에게 알려야 한다.
② 분쟁조정위원회는 신청된 조정사건에 대한 처리절차를 진행하던 중에 한쪽 당사자가 소(소)를 제기하면 그 조정의 처리를 중지하고 이를 당사자에게 알려야 한다.
[전문개정 2008. 6. 13.]

제40조(조정절차 등) 제36조부터 제39조까지의 규정에서 정한 것 외에 분쟁의 조정방법·조정절차 및 조정업무의 처리 등에 필요한 사항은 대통령령으로 정한다.
[전문개정 2008. 6. 13.]

제5장 정보통신망에서의 이용자 보호 등 〈개정 2007. 1. 26.〉

제41조(청소년 보호를 위한 시책의 마련 등) ① 방송통신위원회는 정보통신망을 통하여 유통되는 음란·폭력정보 등 청소년에게 해로운 정보(이하 "청소년유해정보"라 한다)로부터 청소년을 보호하기 위하여 다음 각 호의 시책을 마련하여야 한다.
1. 내용 선별 소프트웨어의 개발 및 보급
2. 청소년 보호를 위한 기술의 개발 및 보급
3. 청소년 보호를 위한 교육 및 홍보
4. 그 밖에 청소년 보호를 위하여 대통령령으로 정하는 사항
② 방송통신위원회는 제1항에 따른 시책을 추진할 때에는 「방송통신위원회의 설치 및 운영에 관한 법률」 제18조에 따른 방송통신심의위원회(이하 "심의위원회"라 한다), 정보통신서비스 제공자단체·이용자단체, 그 밖의 관련 전문기관이 실시하는 청소년 보호를 위한 활동을 지원할 수 있다.
[전문개정 2008. 6. 13.]

제42조(청소년유해매체물의 표시) 전기통신사업자의 전기통신역무를 이용하여 일반에게 공개를 목적으로 정보를 제공하는 자(이하 "정보제공자"라 한다) 중 「청소년보호법」 제7조제4호에 따른 매체물로서 같은 법 제2조제3호에 따른 청소년유해매체물을 제공하려는 자는 대통령령으로 정하는 표시방법에 따라 그 정보가 청소년유해매체물임을 표시하여야 한다.
[전문개정 2008. 6. 13.]

제42조의2(청소년유해매체물의 광고금지) 누구든지 「청소년보호법」 제7조제4호에 따른 매체물로서 같은 법 제2조제3호에 따른 청소년유해매체물을 광고하는 내용의 정보를 정보통신망을 이용하여 부호·문자·음성·음향·화상 또는 영상 등의 형태로 같은 법 제2조제1호에 따른 청소년에게 전송하거나 청소년 접근을 제한하는 조치 없이 공개적으로 전시하여서는 아니 된다.
[전문개정 2008. 6. 13.]

제42조의3(청소년 보호 책임자의 지정 등) ① 정보통신서비스 제공자 중 일일 평균 이용자의 수, 매출액 등이 대통령령으로 정하는 기준에 해당하는 자는 정보통신망의 청소년유해정보로부터 청소년을 보호하기 위하여 청소년 보호 책임자를 지정하여야 한다.

② 청소년 보호 책임자는 해당 사업자의 임원 또는 청소년 보호와 관련된 업무를 담당하는 부서의 장에 해당하는 지위에 있는 자 중에서 지정한다.
③ 청소년 보호 책임자는 정보통신망의 청소년유해정보를 차단·관리하고, 청소년유해정보로부터의 청소년 보호계획을 수립하는 등 청소년 보호업무를 하여야 한다.
④ 제1항에 따른 청소년 보호 책임자의 지정에 필요한 사항은 대통령령으로 정한다.
[전문개정 2008. 6. 13.]

제43조(영상 또는 음향정보 제공사업자의 보관의무) ① 「청소년보호법」 제7조제4호에 따른 매체물로서 같은 법 제2조제3호에 따른 청소년유해매체물을 이용자의 컴퓨터에 저장 또는 기록되지 아니하는 방식으로 제공하는 것을 영업으로 하는 정보제공자 중 대통령령으로 정하는 자는 해당 정보를 보관하여야 한다.
② 제1항에 따른 정보제공자가 해당 정보를 보관하여야 할 기간은 대통령령으로 정한다.
[전문개정 2008. 6. 13.]

제44조(정보통신망에서의 권리보호) ① 이용자는 사생활 침해 또는 명예훼손 등 타인의 권리를 침해하는 정보를 정보통신망에 유통시켜서는 아니 된다.
② 정보통신서비스 제공자는 자신이 운영·관리하는 정보통신망에 제1항에 따른 정보가 유통되지 아니하도록 노력하여야 한다.
③ 방송통신위원회는 정보통신망에 유통되는 정보로 인한 사생활 침해 또는 명예훼손 등 타인에 대한 권리침해를 방지하기 위하여 기술개발·교육·홍보 등에 대한 시책을 마련하고 이를 정보

통신서비스 제공자에게 권고할 수 있다.
[전문개정 2008. 6. 13.]

제44조의2(정보의 삭제요청 등) ① 정보통신망을 통하여 일반에게 공개를 목적으로 제공된 정보로 사생활 침해나 명예훼손 등 타인의 권리가 침해된 경우 그 침해를 받은 자는 해당 정보를 취급한 정보통신서비스 제공자에게 침해사실을 소명하여 그 정보의 삭제 또는 반박내용의 게재(이하 "삭제 등"이라 한다)를 요청할 수 있다.
② 정보통신서비스 제공자는 제1항에 따른 해당 정보의 삭제 등을 요청받으면 지체 없이 삭제·임시조치 등의 필요한 조치를 하고 즉시 신청인 및 정보게재자에게 알려야 한다. 이 경우 정보통신서비스 제공자는 필요한 조치를 한 사실을 해당 게시판에 공시하는 등의 방법으로 이용자가 알 수 있도록 하여야 한다.
③ 정보통신서비스 제공자는 자신이 운영·관리하는 정보통신망에 제42조에 따른 표시방법을 지키지 아니하는 청소년유해매체물이 게재되어 있거나 제42조의2에 따른 청소년 접근을 제한하는 조치 없이 청소년유해매체물을 광고하는 내용이 전시되어 있는 경우에는 지체 없이 그 내용을 삭제하여야 한다.
④ 정보통신서비스 제공자는 제1항에 따른 정보의 삭제요청에도 불구하고 권리의 침해 여부를 판단하기 어렵거나 이해당사자 간에 다툼이 예상되는 경우에는 해당 정보에 대한 접근을 임시적으로 차단하는 조치(이하 "임시조치"라 한다)를 할 수 있다. 이 경우 임시조치의 기간은 30일 이내로 한다.
⑤ 정보통신서비스 제공자는 필요한 조치에 관한 내용·절차 등을 미리 약관에 구체적으로 밝혀야 한다.

⑥ 정보통신서비스 제공자는 자신이 운영·관리하는 정보통신망에 유통되는 정보에 대하여 제2항에 따른 필요한 조치를 하면 이로 인한 배상책임을 줄이거나 면제받을 수 있다.
[전문개정 2008. 6. 13.]

제44조의3(임의의 임시조치) ① 정보통신서비스 제공자는 자신이 운영·관리하는 정보통신망에 유통되는 정보가 사생활 침해 또는 명예훼손 등 타인의 권리를 침해한다고 인정되면 임의로 임시조치를 할 수 있다.
② 제1항에 따른 임시조치에 관하여는 제44조의2제2항 후단, 제4항 후단 및 제5항을 준용한다.
[전문개정 2008. 6. 13.]

제44조의4(자율규제) 정보통신서비스 제공자단체는 이용자를 보호하고 안전하며 신뢰할 수 있는 정보통신서비스를 제공하기 위하여 정보통신서비스 제공자 행동강령을 정하여 시행할 수 있다.
[전문개정 2008. 6. 13.]

제44조의5(게시판 이용자의 본인 확인) ① 다음 각 호의 어느 하나에 해당하는 자가 게시판을 설치·운영하려면 그 게시판 이용자의 본인 확인을 위한 방법 및 절차의 마련 등 대통령령으로 정하는 필요한 조치(이하 "본인확인조치"라 한다)를 하여야 한다.
1. 국가기관, 지방자치단체, 「공공기관의 운영에 관한 법률」 제5조제3항에 따른 공기업·준정부기관 및 「지방공기업법」에 따른 지방공사·지방공단(이하 "공공기관 등"이라 한다)
2. 정보통신서비스 제공자로서 제공하는 정보통신서비스의 유형별 일일 평균 이용자 수가 10만 명 이상이면서 대통

령령으로 정하는 기준에 해당되는 자
② 방송통신위원회는 제1항제2호에 따른 기준에 해당되는 정보통신서비스 제공자가 본인확인조치를 하지 아니하면 본인확인조치를 하도록 명령할 수 있다.
③ 정부는 제1항에 따른 본인 확인을 위하여 안전하고 신뢰할 수 있는 시스템을 개발하기 위한 시책을 마련하여야 한다.
④ 공공기관등 및 정보통신서비스 제공자가 선량한 관리자의 주의로써 제1항에 따른 본인확인조치를 한 경우에는 이용자의 명의가 제3자에 의하여 부정 사용됨에 따라 발생한 손해에 대한 배상책임을 줄이거나 면제받을 수 있다.
[전문개정 2008. 6. 13.]

제44조의6(이용자 정보의 제공청구) ① 특정한 이용자에 의한 정보의 게재나 유통으로 사생활 침해 또는 명예훼손 등 권리를 침해당하였다고 주장하는 자는 민·형사상의 소를 제기하기 위하여 침해사실을 소명하여 제44조의10에 따른 명예훼손 분쟁조정부에 해당 정보통신서비스 제공자가 보유하고 있는 해당 이용자의 정보(민·형사상의 소를 제기하기 위한 성명·주소 등 대통령령으로 정하는 최소한의 정보를 말한다)를 제공하도록 청구할 수 있다.
② 명예훼손 분쟁조정부는 제1항에 따른 청구를 받으면 해당 이용자와 연락할 수 없는 등의 특별한 사정이 있는 경우 외에는 그 이용자의 의견을 들어 정보제공 여부를 결정하여야 한다.
③ 제1항에 따라 해당 이용자의 정보를 제공받은 자는 해당 이용자보를 민·형사상의 소를 제기하기 위한 목적 외의 목적으로 사용하여서는 아니 된다.
④ 그 밖의 이용자 정보 제공청구의 내용과 절차에 필요한 사항은 대통령령으로 정한다.

제44조의7 (불법정보의 유통금지 등) ①
누구든지 정보통신망을 통하여 다음 각
호의 어느 하나에 해당하는 정보를 유
통하여서는 아니 된다.
1. 음란한 부호·문언·음향·화상 또
는 영상을 배포·판매·임대하거나 공
공연하게 전시하는 내용의 정보
2. 사람을 비방할 목적으로 공공연하게
사실이나 거짓의 사실을 드러내어 타인
의 명예를 훼손하는 내용의 정보
3. 공포심이나 불안감을 유발하는 부호·
문언·음향·화상 또는 영상을 반복적
으로 상대방에게 도달하도록 하는 내용
의 정보
4. 정당한 사유 없이 정보통신시스템, 데
이터 또는 프로그램 등을 훼손·멸실·
변경·위조하거나 그 운용을 방해하는
내용의 정보
5. 「청소년보호법」에 따른 청소년유해
매체물로서 상대방의 연령 확인, 표시의
무 등 법령에 따른 의무를 이행하지 아
니하고 영리를 목적으로 제공하는 내용
의 정보
6. 법령에 따라 금지되는 사행행위에 해
당하는 내용의 정보
7. 법령에 따라 분류된 비밀 등 국가기
밀을 누설하는 내용의 정보
8. 「국가보안법」에서 금지하는 행위를
수행하는 내용의 정보
9. 그 밖에 범죄를 목적으로 하거나 교
사(교사) 또는 방조하는 내용의 정보
② 방송통신위원회는 제1항제1호부터
제6호까지의 정보에 대하여는 심의위원
회의 심의를 거쳐 정보통신서비스 제공
자 또는 게시판 관리·운영자로 하여금
그 취급을 거부·정지 또는 제한하도록
명할 수 있다. 다만, 제1항제2호 및 제3
호에 따른 정보의 경우에는 해당 정보

로 인하여 피해를 받은 자가 구체적으
로 밝힌 의사에 반하여 그 취급의 거부·
정지 또는 제한을 명할 수 없다.
③ 방송통신위원회는 제1항제7호부터 제
9호까지의 정보가 다음 각 호의 모두에
해당하는 경우에는 정보통신서비스 제
공자 또는 게시판 관리·운영자에게 해
당 정보의 취급을 거부·정지 또는 제
한하도록 명하여야 한다.
1. 관계 중앙행정기관의 장의 요청이 있
었을 것
2. 제1호의 요청을 받은 날부터 7일 이
내에 심의위원회의 심의를 거친 후 「방
송통신위원회의 설치 및 운영에 관한
법률」 제21조제4호에 따른 시정 요구를
하였을 것
3. 정보통신서비스 제공자나 게시판 관
리·운영자가 시정 요구에 따르지 아니
하였을 것
④ 방송통신위원회는 제2항 및 제3항에
따른 명령의 대상이 되는 정보통신서비
스 제공자, 게시판 관리·운영자 또는
해당 이용자에게 미리 의견제출의 기회
를 주어야 한다. 다만, 다음 각 호의 어
느 하나에 해당하는 경우에는 의견제출
의 기회를 주지 아니할 수 있다.
1. 공공의 안전 또는 복리를 위하여 긴
급히 처분을 할 필요가 있는 경우
2. 의견청취가 뚜렷이 곤란하거나 명백
히 불필요한 경우로서 대통령령으로 정
하는 경우
3. 의견제출의 기회를 포기한다는 뜻을
명백히 표시한 경우

제44조의8 삭제 〈2008. 2. 29.〉

제44조의9 삭제 〈2008. 2. 29.〉

제44조의10(명예훼손 분쟁조정부) ① 심

의위원회는 정보통신망을 통하여 유통되는 정보 중 사생활의 침해 또는 명예훼손 등 타인의 권리를 침해하는 정보와 관련된 분쟁의 조정업무를 효율적으로 수행하기 위하여 5명 이하의 위원으로 구성된 명예훼손 분쟁조정부를 두되, 그중 1명 이상은 변호사의 자격이 있는 자로 한다.
② 명예훼손 분쟁조정부의 위원은 심의위원회의 위원장이 심의위원회의 동의를 받아 위촉한다.
③ 명예훼손 분쟁조정부의 분쟁조정절차 등에 관하여는 제33조의2제2항, 제35조부터 제39조까지의 규정을 준용한다. 이 경우 "분쟁조정위원회"는 "심의위원회"로, "개인정보와 관련한 분쟁"은 "정보통신망을 통하여 유통되는 정보 중 사생활의 침해 또는 명예훼손 등 타인의 권리를 침해하는 정보와 관련된 분쟁"으로 본다.
④ 명예훼손 분쟁조정부의 설치ㆍ운영 및 분쟁조정 등에 관하여 그 밖의 필요한 사항은 대통령령으로 정한다.
[전문개정 2008. 6. 13.]

제6장 정보통신망의 안정성 확보 등

제45조(정보통신망의 안정성 확보 등) ① 정보통신서비스 제공자는 정보통신서비스의 제공에 사용되는 정보통신망의 안정성 및 정보의 신뢰성을 확보하기 위한 보호조치를 하여야 한다.
② 방송통신위원회는 제1항에 따른 보호조치의 구체적 내용을 정한 정보보호조치 및 안전진단의 방법ㆍ절차ㆍ수수료에 관한 지침(이하 "정보보호지침"이라 한다)을 정하여 고시하고 정보통신서비스 제공자에게 이를 지키도록 권고할 수 있다.

③ 정보보호지침에는 다음 각 호의 사항이 포함되어야 한다.
1. 정당한 권한이 없는 자가 정보통신망에 접근ㆍ침입하는 것을 방지하거나 대응하기 위한 정보보호시스템의 설치ㆍ운영 등 기술적ㆍ물리적 보호조치
2. 정보의 불법 유출ㆍ변조ㆍ삭제 등을 방지하기 위한 기술적 보호조치
3. 정보통신망의 지속적인 이용이 가능한 상태를 확보하기 위한 기술적ㆍ물리적 보호조치
4. 정보통신망의 안정 및 정보보호를 위한 인력ㆍ조직ㆍ경비의 확보 및 관련 계획수립 등 관리적 보호조치
[전문개정 2008. 6. 13.]

제45조의2 삭제 〈2007. 1. 26.〉

제46조(집적된 정보통신시설의 보호) ① 타인의 정보통신서비스 제공을 위하여 집적된 정보통신시설을 운영ㆍ관리하는 사업자(이하 "집적정보통신시설 사업자"라 한다)는 정보통신시설을 안정적으로 운영하기 위하여 대통령령으로 정하는 바에 따른 보호조치를 하여야 한다.
② 집적정보통신시설 사업자는 집적된 정보통신시설의 멸실, 훼손, 그 밖의 운영장애로 발생한 피해를 보상하기 위하여 대통령령으로 정하는 바에 따라 보험에 가입하여야 한다.
[전문개정 2008. 6. 13.]

제46조의2(집적정보통신시설 사업자의 긴급대응) ① 집적정보통신시설 사업자는 다음 각 호의 어느 하나에 해당하는 경우에는 이용약관으로 정하는 바에 따라 해당 서비스의 전부 또는 일부의 제공을 중단할 수 있다.
1. 집적정보통신시설을 이용하는 자(이하 "시설이용자"라 한다)의 정보시스템

에서 발생한 이상 현상으로 다른 시설
이용자의 정보통신망 또는 집적된 정보
통신시설의 정보통신망에 심각한 장애
를 발생시킬 우려가 있다고 판단되는
경우
2. 외부에서 발생한 침해사고로 집적된
정보통신시설에 심각한 장애가 발생할
우려가 있다고 판단되는 경우
3. 중대한 침해사고가 발생하여 방송통
신위원회나 보호진흥원이 요청하는 경
우
② 집적정보통신시설 사업자는 제1항에
따라 해당 서비스의 제공을 중단하는
경우에는 중단사유, 발생일시, 기간 및
내용 등을 구체적으로 밝혀 시설이용자
에게 즉시 알려야 한다.
③ 집적정보통신시설 사업자는 중단사
유가 없어지면 즉시 해당 서비스의 제
공을 재개하여야 한다.
[전문개정 2008. 6. 13.]

제46조의3(정보보호 안전진단) ① 다음
각 호의 어느 하나에 해당하는 자는 방
송통신위원회가 안전진단을 수행할 수
있다고 인정한 자(이하 "안전진단 수행
기관"이라 한다)로부터 자신의 정보통신
망 또는 집적정보통신시설에 대하여 매
년 정보보호지침에 따른 정보보호 안전
진단을 받아야 한다. 이 경우 안전진단
수행기관은 15명 이상의 정보보호 기술
인력을 보유하고 최근 3년 이내에 정보
보호컨설팅을 수행한 실적이 있는 법인
이어야 한다.
1. 「전기통신사업법」 제2조제1항제1호에
따른 전기통신사업자로서 전국적으로 정
보통신망서비스를 제공하는 자(이하 "주
요정보통신서비스 제공자"라 한다)
2. 집적정보통신시설 사업자
3. 정보통신서비스 제공자로서 매출액,
이용자 수 등이 대통령령으로 정하는

기준에 해당하는 자
② 제1항에 따라 정보보호 안전진단을
받는 사업자는 관련 정보의 제공 및 시
설·장소에의 출입 허용 등 안전진단
수행기관의 정보보호 안전진단 업무에
협력하고, 대통령령으로 정하는 바에 따
라 정보보호 안전진단의 결과를 방송통
신위원회에 제출하여야 한다.
③ 제1항에 따라 정보보호 안전진단을
받아야 하는 사업자가 「정보통신기반 보
호법」 제9조에 따라 취약점의 분석·평
가를 받거나 제47조에 따른 정보보호
관리체계의 인증을 받으면 그 분석·평
가를 받거나 인증을 받은 해당 연도에
는 제1항에 따른 정보보호 안전진단을
받은 것으로 본다.
④ 안전진단 수행기관은 제1항에 따른
정보보호 안전진단을 받은 사업자에게
안전진단의 결과에 따라 정보보호조치
의 개선을 권고할 수 있다.
⑤ 안전진단 수행기관은 제4항에 따라
정보보호조치의 개선을 권고하였으면 그
권고내용 및 처리 결과를 방송통신위원
회에 통보하여야 한다.
⑥ 방송통신위원회는 제2항에 따라 제출
된 정보보호 안전진단의 결과와 제5항
에 따른 통보내용에 따라 필요하면 정
보보호 안전진단을 받은 사업자에게 정
보보호조치에 관한 개선명령을 할 수
있다.
⑦ 제1항에 따른 정보보호 안전진단의
방법·절차·수수료, 안전진단 수행기
관의 인정절차, 정보보호 기술인력의 자
격기준, 정보보호컨설팅 수행실적, 그 밖
에 필요한 사항은 대통령령으로 정한다.
⑧ 방송통신위원회는 제1항제3호의 요
건에 해당하는지를 확인하기 위하여 필
요하면 관계 행정기관, 관련 자료 보유
기관 또는 정보통신서비스 제공자에 대
하여 필요한 자료의 제공 또는 사실의

확인을 요청할 수 있다.
[전문개정 2008. 6. 13.]

제47조(정보보호 관리체계의 인증) ① 정보통신망의 안정성 및 신뢰성을 확보하기 위하여 기술적·물리적 보호조치를 포함한 종합적 관리체계(이하 "정보보호 관리체계"라 한다)를 수립·운영하고 있는 자는 정보보호 관리체계가 제2항에 따라 방송통신위원회가 고시한 기준에 적합한지에 관하여 방송통신위원회나 보호진흥원이 지정하는 기관(이하 "정보보호 관리체계 인증기관"이라 한다)으로부터 인증을 받을 수 있다.
② 방송통신위원회는 제1항에 따른 인증에 관한 정보보호 관리기준 등 필요한 기준을 정하여 고시할 수 있다.
③ 제1항에 따라 정보보호 관리체계의 인증을 받은 자는 대통령령으로 정하는 바에 따라 인증의 내용을 표시하거나 홍보할 수 있다.
④ 제1항에 따른 인증의 방법·절차와 그 밖에 필요한 사항은 대통령령으로 정한다.
⑤ 정보보호 관리체계 인증기관 지정의 기준·절차·유효기간 등에 필요한 사항은 대통령령으로 정한다.
[전문개정 2008. 6. 13.]

제47조의2(정보보호 관리체계 인증기관의 지정취소 등) ① 방송통신위원회는 제47조에 따라 정보보호 관리체계 인증기관으로 지정받은 법인 또는 단체가 다음 각 호의 어느 하나에 해당하면 그 지정을 취소하거나 1년 이내의 기간을 정하여 해당 업무의 전부 또는 일부의 정지를 명할 수 있다. 다만, 제1호나 제2호에 해당하는 경우에는 그 지정을 취소하여야 한다.
1. 거짓이나 그 밖의 부정한 방법으로 정보보호 관리체계 인증기관의 지정을 받은 경우
2. 업무정지 기간 중에 인증을 한 경우
3. 정당한 사유 없이 인증을 하지 아니한 경우
4. 제47조제4항을 위반하여 인증을 한 경우
5. 제47조제5항에 따른 지정기준에 적합하지 아니하게 된 경우
② 제1항에 따른 지정취소 및 업무정지 등에 필요한 사항은 대통령령으로 정한다.
[전문개정 2008. 6. 13.]

제47조의3(이용자의 정보보호) ① 정부는 이용자의 정보보호에 필요한 기준을 정하여 이용자에게 권고하고, 침해사고의 예방 및 확산 방지를 위하여 취약점 점검, 기술 지원 등 필요한 조치를 할 수 있다.
② 주요정보통신서비스 제공자는 정보통신망에 중대한 침해사고가 발생하여 자신의 서비스를 이용하는 이용자의 정보시스템 또는 정보통신망 등에 심각한 장애가 발생할 가능성이 있으면 이용약관으로 정하는 바에 따라 그 이용자에게 보호조치를 취하도록 요청하고, 이를 이행하지 아니하는 경우에는 해당 정보통신망으로의 접속을 일시적으로 제한할 수 있다.
③ 「소프트웨어산업 진흥법」 제2조에 따른 소프트웨어사업자는 보안에 관한 취약점을 보완하는 프로그램을 제작하였을 때에는 보호진흥원에 알려야 하고, 그 소프트웨어 사용자에게는 제작한 날부터 1개월 이내에 2회 이상 알려야 한다.
④ 제2항에 따른 보호조치의 요청 등에 관하여 이용약관으로 정하여야 하는 구체적인 사항은 대통령령으로 정한다.
[전문개정 2008. 6. 13.]

제48조(정보통신망 침해행위 등의 금지)
① 누구든지 정당한 접근권한 없이 또
는 허용된 접근권한을 넘어 정보통신망
에 침입하여서는 아니 된다.
② 누구든지 정당한 사유 없이 정보통
신시스템, 데이터 또는 프로그램 등을
훼손·멸실·변경·위조하거나 그 운용
을 방해할 수 있는 프로그램(이하 "악성
프로그램"이라 한다)을 전달 또는 유포
하여서는 아니 된다.
③ 누구든지 정보통신망의 안정적 운영을
방해할 목적으로 대량의 신호 또는 데
이터를 보내거나 부정한 명령을 처리하
도록 하는 등의 방법으로 정보통신망에
장애가 발생하게 하여서는 아니 된다.
[전문개정 2008. 6. 13.]

제48조의2(침해사고의 대응 등) ① 방송
통신위원회는 침해사고에 적절히 대응하
기 위하여 다음 각 호의 업무를 수행하
고, 필요하면 업무의 전부 또는 일부를
보호진흥원이 수행하도록 할 수 있다.
1. 침해사고에 관한 정보의 수집·전파
2. 침해사고의 예보·경보
3. 침해사고에 대한 긴급조치
4. 그 밖에 대통령령으로 정하는 침해사
고 대응조치
② 다음 각 호의 어느 하나에 해당하는
자는 대통령령으로 정하는 바에 따라
침해사고의 유형별 통계, 해당 정보통신
망의 소통량 통계 및 접속경로별 이용
통계 등 침해사고 관련 정보를 방송통
신위원회나 보호진흥원에 제공하여야
한다.
1. 주요정보통신서비스 제공자
2. 집적정보통신시설 사업자
3. 그 밖에 정보통신망을 운영하는 자로
서 대통령령으로 정하는 자
③ 보호진흥원은 제2항에 따른 정보를
분석하여 방송통신위원회에 보고하여야

한다.
④ 방송통신위원회는 제2항에 따라 정
보를 제공하여야 하는 사업자가 정당한
사유 없이 정보의 제공을 거부하거나 거
짓 정보를 제공하면 상당한 기간을 정하
여 그 사업자에게 시정을 명할 수 있다.
⑤ 방송통신위원회나 보호진흥원은 제2
항에 따라 제공받은 정보를 침해사고의
대응을 위하여 필요한 범위에서만 정당
하게 사용하여야 한다.
⑥ 방송통신위원회나 보호진흥원은 침
해사고의 대응을 위하여 필요하면 제2
항 각 호의 어느 하나에 해당하는 자에
게 인력지원을 요청할 수 있다.
[전문개정 2008. 6. 13.]

제48조의3(침해사고의 신고 등) ① 다음
각 호의 어느 하나에 해당하는 자는 침
해사고가 발생하면 즉시 그 사실을 방
송통신위원회나 보호진흥원에 신고하여
야 한다. 이 경우 「정보통신기반 보호법」
제13조제1항에 따른 통지가 있으면 전
단에 따른 신고를 한 것으로 본다.
1. 정보통신서비스 제공자
2. 집적정보통신시설 사업자
② 방송통신위원회나 보호진흥원은 제1
항에 따라 침해사고의 신고를 받거나 침
해사고를 알게 되면 제48조의2제1항 각
호에 따른 필요한 조치를 하여야 한다.
[전문개정 2008. 6. 13.]

제48조의4(침해사고의 원인 분석 등) ①
정보통신서비스 제공자 등 정보통신망
을 운영하는 자는 침해사고가 발생하면
침해사고의 원인을 분석하고 피해의 확
산을 방지하여야 한다.
② 방송통신위원회는 정보통신서비스 제
공자의 정보통신망에 중대한 침해사고
가 발생하면 피해 확산 방지, 사고대응,
복구 및 재발 방지를 위하여 정보보호

에 전문성을 갖춘 민·관합동조사단을 구성하여 그 침해사고의 원인 분석을 할 수 있다.
③ 방송통신위원회는 제2항에 따른 침해사고의 원인을 분석하기 위하여 필요하다고 인정하면 정보통신서비스 제공자와 집적정보통신시설 사업자에게 정보통신망의 접속기록 등 관련 자료의 보전을 명할 수 있다.
④ 방송통신위원회는 침해사고의 원인을 분석하기 위하여 필요하면 정보통신서비스 제공자와 집적정보통신시설 사업자에게 침해사고 관련 자료의 제출을 요구할 수 있으며, 제2항에 따른 민·관합동조사단에게 관계인의 사업장에 출입하여 침해사고 원인을 조사하도록 할 수 있다. 다만, 「통신비밀보호법」 제2조제11호에 따른 통신사실확인자료에 해당하는 자료의 제출은 같은 법으로 정하는 바에 따른다.
⑤ 방송통신위원회나 민·관합동조사단은 제4항에 따라 제출받은 자료와 조사를 통하여 알게 된 정보를 침해사고의 원인 분석 및 대책 마련 외의 목적으로는 사용하지 못하며, 원인 분석이 끝난 후에는 즉시 파기하여야 한다.
⑥ 제2항에 따른 민·관합동조사단의 구성과 제4항에 따라 제출된 침해사고 관련 자료의 보호 등에 필요한 사항은 대통령령으로 정한다.
[전문개정 2008. 6. 13.]

제49조(비밀 등의 보호) 누구든지 정보통신망에 의하여 처리·보관 또는 전송되는 타인의 정보를 훼손하거나 타인의 비밀을 침해·도용 또는 누설하여서는 아니 된다.
[전문개정 2008. 6. 13.]

제49조의2(속이는 행위에 의한 개인정보의 수집금지 등) ① 누구든지 정보통신망을 통하여 속이는 행위로 다른 사람의 정보를 수집하거나 다른 사람이 정보를 제공하도록 유인하여서는 아니 된다.
② 정보통신서비스 제공자는 제1항을 위반한 사실을 발견하면 즉시 방송통신위원회나 보호진흥원에 신고하여야 한다.
③ 방송통신위원회나 보호진흥원은 제2항에 따른 신고를 받거나 제1항을 위반한 사실을 알게 되면 다음 각 호의 필요한 조치를 하여야 한다.
1. 위반 사실에 관한 정보의 수집·전파
2. 유사 피해에 대한 예보·경보
3. 정보통신서비스 제공자에 대한 접속경로의 차단요청 등 피해 확산을 방지하기 위한 긴급조치
[전문개정 2008. 6. 13.]

제50조(영리목적의 광고성 정보 전송 제한) ① 누구든지 전자우편이나 그 밖에 대통령령으로 정하는 매체를 이용하여 수신자의 명시적인 수신거부의사에 반하는 영리목적의 광고성 정보를 전송하여서는 아니 된다.
② 수신자의 전화·모사전송기기에 영리목적의 광고성 정보를 전송하려는 자는 그 수신자의 사전 동의를 받아야 한다. 다만, 다음 각 호의 어느 하나에 해당하는 경우에는 사전 동의를 받지 아니한다.
1. 재화 등의 거래관계를 통하여 수신자로부터 직접 연락처를 수집한 자가 그가 취급하는 재화 등에 대한 영리목적의 광고성 정보를 전송하려는 경우
2. 「전자상거래 등에서의 소비자보호에 관한 법률」 제13조제1항에 따른 광고 및 「방문판매 등에 관한 법률」 제6조제3항에 따른 전화권유의 경우
③ 오후 9시부터 그 다음 날 오전 8시까지의 시간에 수신자의 전화·모사전

송기기에 영리목적의 광고성 정보를 전송하려는 자는 제2항에도 불구하고 그 수신자로부터 별도의 사전 동의를 받아야 한다.

④ 영리목적의 광고성 정보를 전자우편이나 그 밖에 대통령령으로 정하는 매체를 이용하여 전송하는 자는 대통령령으로 정하는 바에 따라 다음 각 호의 사항을 광고성 정보에 구체적으로 밝혀야 한다.

1. 전송정보의 유형 및 주요 내용

2. 전송자의 명칭 및 연락처

3. 전자우편주소를 수집한 출처(전자우편으로 전송하는 경우에만 해당한다)

4. 수신거부의 의사표시를 쉽게 할 수 있는 조치 및 방법에 관한 사항

⑤ 영리목적의 광고성 정보를 수신자의 전화·모사전송기기에 전송하는 자는 대통령령으로 정하는 바에 따라 다음 각 호의 사항을 광고성 정보에 구체적으로 밝혀야 한다.

1. 전송자의 명칭 및 연락처

2. 수신동의의 철회 의사표시를 쉽게 할 수 있는 조치 및 방법에 관한 사항

⑥ 영리를 목적으로 광고를 전송하는 자는 다음 각 호의 어느 하나에 해당하는 기술적 조치를 하여서는 아니 된다.

1. 광고성 정보 수신자의 수신거부 또는 수신동의의 철회를 회피·방해하는 조치

2. 숫자·부호 또는 문자를 조합하여 전화번호·전자우편주소 등 수신자의 연락처를 자동으로 만들어 내는 조치

3. 영리목적의 광고성 정보를 전송할 목적으로 전자우편주소를 자동으로 등록하는 조치

4. 광고성 정보 전송자의 신원이나 광고 전송 출처를 감추기 위한 각종 조치

⑦ 영리목적으로 광고성 정보를 전송하는 자는 수신자가 수신거부나 수신동의의 철회를 할 때 발생하는 전화요금 등

의 금전적 비용을 수신자가 부담하지 아니하도록 대통령령으로 정하는 바에 따라 필요한 조치를 하여야 한다.
[전문개정 2008. 6. 13.]

제50조의2(전자우편주소의 무단 수집행위 등 금지) ① 누구든지 인터넷 홈페이지 운영자 또는 관리자의 사전 동의 없이 인터넷 홈페이지에서 자동으로 전자우편주소를 수집하는 프로그램이나 그 밖의 기술적 장치를 이용하여 전자우편주소를 수집하여서는 아니 된다.

② 누구든지 제1항을 위반하여 수집된 전자우편주소를 판매·유통하여서는 아니 된다.

③ 누구든지 제1항과 제2항에 따라 수집·판매 및 유통이 금지된 전자우편주소임을 알면서 이를 정보 전송에 이용하여서는 아니 된다.
[전문개정 2008. 6. 13.]

제50조의3(영리목적의 광고성 정보 전송의 위탁 등) ① 영리목적의 광고성 정보의 전송을 타인에게 위탁한 자는 그 업무를 위탁받은 자가 제50조 및 제50조의2를 위반하지 아니하도록 관리·감독하여야 한다.

② 제1항에 따라 영리목적의 광고성 정보의 전송을 위탁받은 자는 그 업무와 관련한 법을 위반하여 발생한 손해의 배상책임에 있어 정보 전송을 위탁한 자의 소속 직원으로 본다.
[전문개정 2008. 6. 13.]

제50조의4(정보 전송 역무 제공 등의 제한) ① 정보통신서비스 제공자는 다음 각 호의 어느 하나에 해당하는 경우에 해당 역무의 제공을 거부하는 조치를 할 수 있다.

1. 광고성 정보의 전송 또는 수신으로

역무의 제공에 장애가 일어나거나 일어
날 우려가 있는 경우
2. 이용자가 광고성 정보의 수신을 원하
지 아니하는 경우
3. 이용계약을 통하여 해당 정보통신서
비스 제공자가 이용자에게 제공하는 서
비스가 불법 광고성 정보 전송에 이용
되고 있는 경우
② 정보통신서비스 제공자는 제1항에
따른 거부조치를 하려면 해당 역무 제
공의 거부에 관한 사항을 그 역무의 이
용자와 체결하는 정보통신서비스 이용
계약의 내용에 포함하여야 한다.
③ 정보통신서비스 제공자는 제1항에 따
라 거부조치를 하려면 그 역무를 제공
받는 이용자 등 이해관계인에게 그 사
실을 알려야 한다. 다만, 미리 알리는
것이 곤란한 경우에는 거부조치를 한
후 지체 없이 알려야 한다.
[전문개정 2008. 6. 13.]

제50조의5(영리목적의 광고성 프로그램 등의 설치)
정보통신서비스 제공자는 영리
목적의 광고성 정보가 보이도록 하거나
개인정보를 수집하는 프로그램을 이용
자의 컴퓨터나 그 밖에 대통령령으로
정하는 정보처리장치에 설치하려면 이
용자의 동의를 받아야 한다. 이 경우 해
당 프로그램의 용도와 삭제방법을 고지
하여야 한다.
[전문개정 2008. 6. 13.]

제50조의6(영리목적의 광고성 정보 전송차단 소프트웨어의 보급 등)
① 방송통신
위원회는 수신자가 제50조를 위반하여
전송되는 영리목적의 광고성 정보를 편
리하게 차단하거나 신고할 수 있는 소
프트웨어나 컴퓨터프로그램을 개발하여
보급할 수 있다.
② 방송통신위원회는 제1항에 따른 전

송차단, 신고 소프트웨어 또는 컴퓨터프
로그램의 개발과 보급을 촉진하기 위하
여 관련 공공기관·법인·단체 등에 필
요한 지원을 할 수 있다.
③ 방송통신위원회는 정보통신서비스 제
공자의 전기통신역무가 제50조를 위반
하여 발송되는 영리목적의 광고성 정보
전송에 이용되면 수신자 보호를 위하여
기술개발·교육·홍보 등 필요한 조치
를 할 것을 정보통신서비스 제공자에게
권고할 수 있다.
④ 제1항에 따른 개발·보급의 방법과
제2항에 따른 지원에 필요한 사항은 대
통령령으로 정한다.
[전문개정 2008. 6. 13.]

제50조의7(영리목적의 광고성 정보 게시의 제한)
① 누구든지 인터넷 홈페이지
운영자 또는 관리자가 구체적으로 밝힌
거부의사에 반하여 영리목적의 광고성
정보를 인터넷 홈페이지에 게시하여서
는 아니 된다.
② 인터넷 홈페이지 운영자 또는 관리
자는 제1항을 위반하여 게시된 영리목
적의 광고성 정보를 삭제하는 등의 조
치를 할 수 있다.
[전문개정 2008. 6. 13.]

제50조의8(불법행위를 위한 광고성 정보 전송금지)
누구든지 정보통신망을 이용
하여 이 법 또는 다른 법률에서 금지하
는 재화 또는 서비스에 대한 광고성 정
보를 전송하여서는 아니 된다.
[전문개정 2008. 6. 13.]

제51조(중요 정보의 국외유출 제한 등)
① 정부는 국내의 산업·경제 및 과학기술
등에 관한 중요 정보가 정보통신망을 통
하여 국외로 유출되는 것을 방지하기 위
하여 정보통신서비스 제공자 또는 이용

자에게 필요한 조치를 하도록 할 수 있다.
② 제1항에 따른 중요 정보의 범위는 다음 각 호와 같다.
1. 국가안전보장과 관련된 보안정보 및 주요 정책에 관한 정보
2. 국내에서 개발된 첨단과학 기술 또는 기기의 내용에 관한 정보
③ 정부는 제2항 각 호에 따른 정보를 취급하는 정보통신서비스 제공자에게 다음 각 호의 조치를 하도록 할 수 있다.
1. 정보통신망의 부당한 이용을 방지할 수 있는 제도적·기술적 장치의 설정
2. 정보의 불법파괴 또는 불법조작을 방지할 수 있는 제도적·기술적 조치
3. 정보통신서비스 제공자가 취급 중 알게 된 중요 정보의 누출을 방지할 수 있는 조치
[전문개정 2008. 6. 13.]

제52조(한국정보보호진흥원) ① 정부는 정보의 안전한 유통을 위한 정보보호에 필요한 시책을 효율적으로 추진하기 위하여 한국정보보호진흥원(이하 "보호진흥원"이라 한다)을 설립한다.
② 보호진흥원은 법인으로 한다.
③ 보호진흥원은 다음 각 호의 사업을 한다.
1. 정보보호를 위한 정책 및 제도의 조사·연구
2. 정보화의 역기능에 대한 분석 및 대책 연구
3. 정보보호에 관한 홍보 및 교육·훈련
4. 정보보호시스템의 연구·개발 및 시험·평가
5. 정보보호시스템의 성능과 신뢰도에 관한 기준 제정 및 표준화 지원
6. 정보통신서비스 제공자 등에 대한 정보보호 안전진단의 지원
7. 정보보호를 위한 암호기술 개발
8. 개인정보보호를 위한 대책의 연구 및 보호기술의 개발·보급 지원
9. 분쟁조정위원회의 운영 지원과 개인정보침해 신고센터의 운영
10. 불법전송광고와 관련된 고충의 상담·처리
11. 정보시스템 침해사고 처리 및 대응체계 운영
12. 침해사고의 원인 분석 지원
13. 「전자서명법」 제25조제1항에 따른 전자서명인증관리
14. 제1호부터 제13호까지의 사업에 부수되는 사업
15. 그 밖에 이 법 또는 다른 법령에 따라 보호진흥원의 업무로 정하거나 위탁한 사업이나 행정안전부장관 또는 방송통신위원회로부터 위탁받은 사업
④ 정부는 보호진흥원이 사업을 수행하는 데에 필요한 경비를 충당하기 위하여 출연할 수 있다.
⑤ 보호진흥원에 관하여 이 법에서 정하지 아니한 사항에 대하여는 「민법」의 재단법인에 관한 규정을 준용한다.
⑥ 보호진흥원이 아닌 자는 한국정보보호진흥원의 명칭을 사용하지 못한다.
⑦ 보호진흥원의 운영 및 업무수행에 필요한 사항은 대통령령으로 정한다.
[전문개정 2008. 6. 13.]

제7장 통신과금서비스 〈신설 2007. 12. 21.〉

제53조(통신과금서비스제공자의 등록 등) ① 통신과금서비스를 제공하려는 자는 대통령령으로 정하는 바에 따라 다음 각 호의 사항을 갖추어 방송통신위원회에 등록하여야 한다. <개정 2008. 2. 29.>
1. 재무건전성
2. 통신과금서비스이용자보호계획

3. 업무를 수행할 수 있는 인력과 물적 설비

4. 사업계획서

② 제1항에 따라 등록할 수 있는 자는 「상법」 제170조에 따른 회사 또는 「민법」 제32조에 따른 법인으로서 자본금·출자총액 또는 기본재산이 5억 원 이상의 범위에서 대통령령으로 정하는 금액 이상이어야 한다.

③ 통신과금서비스제공자는 「전기통신사업법」 제21조에도 불구하고 부가통신사업자의 신고를 하지 아니할 수 있다.

④ 「전기통신사업법」 제22조 및 제25조부터 제27조까지의 규정은 통신과금서비스제공자의 등록사항의 변경, 사업의 양도·양수 또는 합병·상속, 사업의 승계, 사업의 휴지·폐지·해산 등에 준용한다. 이 경우 "제19조의 규정에 의하여 별정통신사업의 등록을 한 자" 및 "별정통신사업자"는 "통신과금서비스제공자"로 보고, "별정통신사업"은 "통신과금서비스제공업"으로 본다.

⑤ 제1항에 따른 등록의 세부요건, 절차, 그 밖에 필요한 사항은 대통령령으로 정한다.

[본조신설 2007. 12. 21.]

[종전 제53조는 제62조로 이동 <2007. 12. 21.>]

제54조(등록의 결격사유) 다음 각 호의 어느 하나에 해당하는 자는 제53조에 따른 등록을 할 수 없다. <개정 2008. 2. 29.>

1. 제53조제4항에 따라 사업을 폐지한 날부터 1년이 지나지 아니한 법인 및 그 사업이 폐지될 당시 그 법인의 대주주(대통령령으로 정하는 출자자를 말한다. 이하 같다)이었던 자로서 그 폐지일부터 1년이 지나지 아니한 자

2. 제55조제1항에 따라 등록이 취소된

날부터 3년이 지나지 아니한 법인 및 그 취소 당시 그 법인의 대주주이었던 자로서 그 취소가 된 날부터 3년이 지나지 아니한 자

3. 「채무자 회생 및 파산에 관한 법률」에 따른 회생절차 중에 있는 법인 및 그 법인의 대주주

4. 금융거래 등 상거래에 있어서 약정한 기일 내에 채무를 변제하지 아니한 자로서 방송통신위원회가 정하는 자

5. 제1호부터 제4호까지의 규정에 해당하는 자가 대주주인 법인

[본조신설 2007. 12. 21.]

[종전 제54조는 제63조로 이동 <2007. 12. 21.>]

제55조(등록의 취소명령 등) ① 방송통신위원회는 통신과금서비스제공자가 다음 각 호의 어느 하나에 해당하는 때에는 등록을 취소하거나 1년 이내의 기간을 정하여 사업의 정지를 명할 수 있다. 다만, 제1호에 해당하는 때에는 등록을 취소하여야 한다. <개정 2008. 2. 29.>

1. 거짓이나 그 밖의 부정한 방법으로 등록을 한 때

2. 제53조제1항에 따라 등록한 날부터 1년 이내에 사업을 개시하지 아니하거나 1년 이상 계속하여 휴업한 때

② 제1항에 따른 처분의 기준, 절차, 그 밖에 필요한 사항은 대통령령으로 정한다.

[본조신설 2007. 12. 21.]

[종전 제55조는 제64조로 이동 <2007. 12. 21.>]

제56조(약관의 신고 등) ① 통신과금서비스제공자는 통신과금서비스에 관한 약관을 정하여 방송통신위원회에 신고(변경신고를 포함한다)하여야 한다. <개정 2008. 2. 29.>

② 방송통신위원회는 제1항에 따른 약

관이 통신과금서비스이용자의 이익을 침해할 우려가 있다고 판단되는 경우에는 통신과금서비스제공자에게 약관의 변경을 권고할 수 있다. <개정 2008. 2. 29.>
[본조신설 2007. 12. 21.]
[종전 제56조는 제65조로 이동 <2007. 12. 21.>]

제57조(통신과금서비스의 안전성 확보 등)

① 통신과금서비스제공자는 통신과금서비스가 안전하게 제공될 수 있도록 선량한 관리자로서의 주의를 다하여야 한다.
② 통신과금서비스제공자는 통신과금서비스를 통한 거래의 안전성과 신뢰성을 확보하기 위하여 대통령령으로 정하는 바에 따라 업무처리지침의 제정 및 회계처리 구분 등의 관리적 조치와 정보보호시스템 구축 등의 기술적 조치를 하여야 한다.
[본조신설 2007. 12. 21.]
[종전 제57조는 제66조로 이동 <2007. 12. 21.>]

제58조(통신과금서비스이용자의 권리 등)

① 통신과금서비스제공자는 재화등의 판매·제공의 대가를 청구할 때에 통신과금서비스이용자에게 구매·이용 내역, 이의신청의 방법 등 대통령령으로 정하는 사항을 고지하여야 한다.
② 통신과금서비스제공자는 통신과금서비스이용자가 구매·이용 내역을 확인할 수 있는 방법을 제공하여야 하며, 통신과금서비스이용자가 구매·이용 내역에 관한 서면(전자문서를 포함한다. 이하 같다)을 요청하는 경우에는 그 요청을 받은 날부터 2주 이내에 이를 제공하여야 한다.
③ 통신과금서비스이용자는 통신과금서비스가 자신의 의사에 반하여 제공되었음을 안 때에는 통신과금서비스제공자에게 이에 대한 정정을 요구할 수 있으며(통신과금서비스이용자의 고의 또는 중과실이 있는 경우는 제외한다), 통신과금서비스제공자는 그 정정 요구를 받은 날부터 2주 이내에 처리 결과를 알려 주어야 한다.
④ 통신과금서비스제공자는 통신과금서비스에 관한 기록을 5년 이내의 범위에서 대통령령으로 정하는 기간 동안 보존하여야 한다.
⑤ 제2항에 따라 통신과금서비스제공자가 제공하여야 하는 구매·이용내역의 대상기간, 종류 및 범위, 제4항에 따라 통신과금서비스제공자가 보존하여야 하는 기록의 종류 및 보존방법 등에 관한 사항은 대통령령으로 정한다.
[본조신설 2007. 12. 21.]
[종전 제58조는 제67조로 이동 <2007. 12. 21.>]

제59조(분쟁해결 등)

① 통신과금서비스제공자는 통신과금서비스에 있어서 이용자의 권익을 보호하기 위하여 자율적인 분쟁해결 등을 시행하는 기관 또는 단체를 설치·운영할 수 있다.
② 통신과금서비스제공자는 대통령령으로 정하는 바에 따라 통신과금서비스와 관련한 통신과금서비스이용자의 이의신청 및 권리구제를 위한 절차를 마련하여야 한다.
[본조신설 2007. 12. 21.]
[종전 제59조는 제68조로 이동 <2007. 12. 21.>]

제60조 (손해배상 등)

① 통신과금서비스제공자는 통신과금서비스를 제공함에 있어서 통신과금서비스이용자에게 손해가 발생한 경우에 그 손해를 배상하여야 한다. 다만, 그 손해의 발생이 통신과금서비스이용자의 고의 또는 중과실로 인한 경우에는 그러하지 아니하다.

② 제1항에 따른 손해배상을 함에 있어서는 손해배상을 받을 자와 협의하여야 한다.
③ 제2항에 따른 손해배상에 관한 협의가 성립되지 아니하거나 협의를 할 수 없는 경우에는 당사자는 방송통신위원회에 재정을 신청할 수 있다. <개정 2008. 2. 29.>
[본조신설 2007. 12. 21.]
[종전 제60조는 제69조로 이동 <2007. 12. 21.>]

제61조(통신과금서비스의 이용제한) 방송통신위원회는 통신과금서비스제공자에게 다음 각 호의 어느 하나에 해당하는 자에 대한 서비스의 제공을 거부, 정지 또는 제한하도록 명할 수 있다. <개정 2008. 2. 29.>
1. 「청소년보호법」 제17조를 위반하여 청소년유해매체물을 청소년에게 판매ㆍ대여ㆍ제공하는 자
2. 다음 각 목의 어느 하나에 해당하는 수단을 이용하여 통신과금서비스이용자로 하여금 재화 등을 구매ㆍ이용하게 함으로써 통신과금서비스이용자의 이익을 현저하게 저해하는 자
가. 제50조를 위반한 영리목적의 광고성 정보 전송
나. 통신과금서비스이용자에 대한 기망 또는 부당한 유인
3. 이 법 또는 다른 법률에서 금지하는 재화 등을 판매ㆍ제공하는 자
[본조신설 2007. 12. 21.]
[종전 제61조는 제70조로 이동 <2007. 12. 21.>]

제8장 국제협력 〈신설 2007. 12. 21.〉

제62조(국제협력) 정부는 다음 각 호의 사항을 추진할 때 다른 국가 또는 국제기구와 상호 협력하여야 한다.

1. 개인정보의 국가 간 이전 및 개인정보의 보호에 관련된 업무
2. 정보통신망에서의 청소년 보호를 위한 업무
3. 정보통신망의 안전성을 침해하는 행위를 방지하기 위한 업무
4. 그 밖에 정보통신서비스의 건전하고 안전한 이용에 관한 업무
[전문개정 2008. 6. 13.]

제63조(국외 이전 개인정보의 보호) ① 정보통신서비스 제공자 등은 이용자의 개인정보에 관하여 이 법을 위반하는 사항을 내용으로 하는 국제계약을 체결하여서는 아니 된다.
② 정보통신서비스 제공자 등은 이용자의 개인정보를 국외로 이전하려면 이용자의 동의를 받아야 한다.
③ 정보통신서비스 제공자 등은 제2항에 따른 동의를 받으려면 미리 다음 각 호의 사항 모두를 이용자에게 고지하여야 한다.
1. 이전되는 개인정보 항목
2. 개인정보가 이전되는 국가, 이전일시 및 이전방법
3. 개인정보를 이전받는 자의 성명(법인인 경우에는 그 명칭 및 정보관리책임자의 연락처를 말한다)
4. 개인정보를 이전받는 자의 개인정보 이용목적 및 보유ㆍ이용 기간
④ 정보통신서비스 제공자 등은 제2항에 따른 동의를 받아 개인정보를 국외로 이전하는 경우 대통령령으로 정하는 바에 따라 보호조치를 하여야 한다.
[전문개정 2008. 6. 13.]

제9장 보칙 〈신설 2007. 12. 21.〉

제64조(자료의 제출 등) ① 행정안전부장

관 또는 방송통신위원회는 다음 각 호의 어느 하나에 해당하는 경우에는 정보통신서비스 제공자등(제67조에 따라 준용되는 자를 포함한다. 이하 이 조에서 같다)에게 관계 물품·서류 등을 제출하게 할 수 있다.
1. 이 법에 위반되는 사항을 발견하거나 혐의가 있음을 알게 된 경우
2. 이 법의 위반에 대한 신고를 받거나 민원이 접수된 경우
3. 그 밖에 이용자 보호를 위하여 필요한 경우로서 대통령령으로 정하는 경우
② 방송통신위원회는 이 법을 위반하여 영리목적 광고성 정보를 전송한 자에게 다음 각 호의 조치를 하기 위하여 정보통신서비스 제공자 등에게 해당 광고성 정보 전송자의 성명·주소·주민등록번호·이용기간 등에 대한 자료의 열람이나 제출을 요청할 수 있다.
1. 제4항에 따른 시정조치
2. 제76조에 따른 과태료 부과
3. 그 밖에 이에 준하는 조치
③ 행정안전부장관 또는 방송통신위원회는 정보통신서비스 제공자 등이 제1항 및 제2항에 따른 자료를 제출하지 아니하거나 이 법을 위반한 사실이 있다고 인정되면 소속 공무원에게 정보통신서비스 제공자 등의 사업장에 출입하여 업무상황, 장부 또는 서류 등을 검사하도록 할 수 있다.
④ 행정안전부장관 또는 방송통신위원회는 이 법을 위반한 정보통신서비스 제공자 등에게 해당 위반행위의 중지나 시정을 위하여 필요한 시정조치를 명할 수 있고, 시정조치의 명령을 받은 정보통신서비스 제공자 등에게 시정조치의 명령을 받은 사실을 공표하도록 할 수 있다. 이 경우 공표의 방법·기준 및 절차 등에 필요한 사항은 대통령령으로 정한다.
⑤ 행정안전부장관 또는 방송통신위원회는 제4항에 따라 필요한 시정조치를 명한 경우에는 시정조치를 명한 사실을 공개할 수 있다. 이 경우 공개의 방법·기준 및 절차 등에 필요한 사항은 대통령령으로 정한다.
⑥ 행정안전부장관 또는 방송통신위원회가 제1항 및 제2항에 따라 자료 등의 제출 또는 열람을 요구할 때에는 요구사유, 법적 근거, 제출시한 또는 열람일시, 제출·열람할 자료의 내용 등을 구체적으로 밝혀 서면(전자문서를 포함한다)으로 알려야 한다.
⑦ 제3항에 따른 검사를 하는 경우에는 검사 시작 7일 전까지 검사일시, 검사이유 및 검사내용 등에 대한 검사계획을 해당 정보통신서비스 제공자 등에게 알려야 한다. 다만, 긴급한 경우나 사전통지를 하면 증거인멸 등으로 검사목적을 달성할 수 없다고 인정하는 경우에는 그 검사계획을 알리지 아니한다.
⑧ 제3항에 따라 검사를 하는 공무원은 그 권한을 표시하는 증표를 지니고 이를 관계인에게 내보여야 하며, 출입할 때 성명·출입시간·출입목적 등이 표시된 문서를 관계인에게 내주어야 한다.
⑨ 행정안전부장관 또는 방송통신위원회는 제1항부터 제3항까지의 규정에 따라 자료 등을 제출받거나 열람 또는 검사한 경우에는 그 결과(조사 결과 시정조치명령 등의 처분을 하려는 경우에는 그 처분의 내용을 포함한다)를 해당 정보통신서비스 제공자 등에게 서면으로 알려야 한다.
⑩ 행정안전부장관 또는 방송통신위원회는 제1항부터 제4항까지의 규정에 따른 자료의 제출 요구 및 검사 등을 위하여 보호진흥원의 장에게 기술적 자문을 하거나 그 밖에 필요한 지원을 요청할 수 있다.
⑪ 제1항부터 제3항까지의 규정에 따른

자료 등의 제출 요구, 열람 및 검사 등은 이 법의 시행을 위하여 필요한 최소한의 범위에서 하여야 하며 다른 목적을 위하여 남용하여서는 아니 된다.
[전문개정 2008. 6. 13.]

제64조의2(자료 등의 보호 및 폐기) ① 행정안전부장관 또는 방송통신위원회는 정보통신서비스 제공자 등으로부터 제64조에 따라 제출되거나 수집된 서류·자료 등에 대한 보호 요구를 받으면 이를 제3자에게 제공하거나 일반에게 공개하여서는 아니 된다.
② 행정안전부장관 또는 방송통신위원회는 정보통신망을 통하여 자료의 제출 등을 받은 경우나 수집한 자료 등을 전자화한 경우에는 개인정보·영업비밀 등이 유출되지 아니하도록 제도적·기술적 보안조치를 하여야 한다.
③ 행정안전부장관 또는 방송통신위원회는 다른 법률에 특별한 규정이 있는 경우 외에 다음 각 호의 어느 하나에 해당하는 사유가 발생하면 제64조에 따라 제출되거나 수집된 서류·자료 등을 즉시 폐기하여야 한다. 제65조에 따라 행정안전부장관, 지식경제부장관 또는 방송통신위원회의 권한의 전부 또는 일부를 위임 또는 위탁받은 자도 또한 같다.
1. 제64조에 따른 자료제출 요구, 출입검사, 시정명령 등의 목적이 달성된 경우
2. 제64조제4항에 따른 시정조치명령에 불복하여 행정심판이 청구되거나 행정소송이 제기된 경우에는 해당 행정쟁송절차가 끝난 경우
3. 제76조제4항에 따른 과태료 처분이 있고 이에 대한 이의제기가 없는 경우에는 같은 조 제5항에 따른 이의제기기간이 끝난 경우
4. 제76조제4항에 따른 과태료 처분에 대하여 이의제기가 있는 경우에는 해당

관할 법원에 의한 비송사건절차가 끝난 경우
[전문개정 2008. 6. 13.]

제64조의3(과징금의 부과 등) ① 방송통신위원회는 다음 각 호의 어느 하나에 해당하는 행위가 있는 경우에는 해당 전기통신사업자에게 위반행위와 관련한 매출액의 100분의 1 이하에 해당하는 금액을 과징금으로 부과할 수 있다. 다만, 제6호에 해당하는 행위가 있는 경우에는 1억 원 이하의 과징금을 부과할 수 있다.
1. 제22조제1항을 위반하여 이용자의 동의를 받지 아니하고 개인정보를 수집한 경우
2. 제23조제1항을 위반하여 이용자의 동의를 받지 아니하고 개인의 권리·이익이나 사생활을 뚜렷하게 침해할 우려가 있는 개인정보를 수집한 경우
3. 제24조를 위반하여 개인정보를 이용한 경우
4. 제24조의2를 위반하여 개인정보를 제3자에게 제공한 경우
5. 제25조제1항을 위반하여 이용자의 동의를 받지 아니하고 개인정보 취급위탁을 한 경우
6. 제28조제1항제2호부터 제5호까지의 조치를 하지 아니하여 이용자의 개인정보를 분실·도난·누출·변조 또는 훼손한 경우
7. 제31조제1항을 위반하여 법정대리인의 동의를 받지 아니하고 만 14세 미만인 아동의 개인정보를 수집한 경우
② 제1항에 따른 과징금을 부과하는 경우 전기통신사업자가 매출액 산정자료의 제출을 거부하거나 거짓의 자료를 제출한 경우에는 해당 전기통신사업자와 비슷한 규모의 전기통신사업자의 재무제표 등 회계자료와 가입자 수 및 이용요

금 등 영업현황 자료에 근거하여 매출액을 추정할 수 있다. 다만, 매출액이 없거나 매출액의 산정이 곤란한 경우로서 대통령령으로 정하는 경우에는 4억원 이하의 과징금을 부과할 수 있다.
③ 방송통신위원회는 제1항에 따른 과징금을 부과하려면 다음 각 호의 사항을 고려하여야 한다.
1. 위반행위의 내용 및 정도
2. 위반행위의 기간 및 횟수
3. 위반행위로 인하여 취득한 이익의 규모
④ 제1항에 따른 과징금은 제3항을 고려하여 산정하되, 구체적인 산정기준과 산정절차는 대통령령으로 정한다.
⑤ 방송통신위원회는 제1항에 따른 과징금을 내야 할 자가 납부기한까지 이를 내지 아니하면 납부기한의 다음 날부터 내지 아니한 과징금의 연 100분의 6에 해당하는 가산금을 징수한다.
⑥ 방송통신위원회는 제1항에 따른 과징금을 내야 할 자가 납부기한까지 이를 내지 아니한 경우에는 기간을 정하여 독촉을 하고, 그 지정된 기간에 과징금과 제5항에 따른 가산금을 내지 아니하면 국세 체납처분의 예에 따라 징수한다.
⑦ 법원의 판결 등의 사유로 제1항에 따라 부과된 과징금을 환급하는 경우에는 과징금을 낸 날부터 환급하는 날까지 연 100분의 6에 해당하는 환급가산금을 지급하여야 한다.
[본조신설 2008. 6. 13.]

제65조(권한의 위임ㆍ위탁) ① 이 법에 따른 행정안전부장관, 지식경제부장관 또는 방송통신위원회의 권한은 대통령령으로 정하는 바에 따라 그 일부를 그 소속 기관의 장 또는 체신청장에게 위임ㆍ위탁할 수 있다.
② 지식경제부장관은 제13조에 따른 정보통신망의 이용촉진 등에 관한 사업을 대통령령으로 정하는 바에 따라 「정보화촉진기본법」 제10조에 따른 한국정보사회진흥원에 위탁할 수 있다.
③ 행정안전부장관 또는 방송통신위원회는 제64조제1항 및 제2항에 따른 자료의 제출 요구 및 검사에 관한 업무를 대통령령으로 정하는 바에 따라 보호진흥원에 위탁할 수 있다.
④ 제3항에 따른 보호진흥원의 직원에게는 제64조제8항을 준용한다.
[전문개정 2008. 6. 13.]

제65조의2 삭제 〈2005. 12. 30.〉

제66조(비밀유지 등) 다음 각 호의 어느 하나에 해당하는 업무에 종사하는 자 또는 종사하였던 자는 그 직무상 알게 된 비밀을 타인에게 누설하거나 직무 외의 목적으로 사용하여서는 아니 된다. 다만, 다른 법률에 특별한 규정이 있는 경우에는 그러하지 아니하다.
1. 제33조에 따른 분쟁조정위원회의 분쟁조정 업무
2. 제47조에 따른 정보보호 관리체계 인증 업무
3. 제52조제3항제4호에 따른 정보보호 시스템의 평가 업무
4. 제46조의3에 따른 정보보호 안전진단 업무
5. 제44조의10에 따른 명예훼손 분쟁조정부의 분쟁조정 업무
[전문개정 2008. 6. 13.]

제67조(정보통신서비스 제공자 외의 자에 대한 준용) ① 정보통신서비스 제공자 외의 자로서 재화 등을 제공하는 자 중 대통령령으로 정하는 자가 자신이 제공하는 재화 등을 제공받는 자의 개인정보를 수집ㆍ이용 또는 제공하는 경우에

는 제22조, 제23조, 제23조의2, 제24조, 제24조의2, 제25조, 제26조, 제26조의2, 제27조, 제27조의2, 제28조, 제28조의2 및 제29조부터 제32조까지의 규정을 준용한다. 이 경우 "정보통신서비스 제공자" 또는 "정보통신서비스 제공자 등"은 "재화 등을 제공하는 자"로, "이용자"는 "재화 등을 제공받는 자"로 본다. 또한 제22조, 제23조, 제23조의2, 제24조, 제24조의2, 제25조, 제26조, 제26조의2, 제27조, 제27조의2, 제28조, 제28조의2 및 제29조부터 제32조까지의 규정을 준용하는 자에 대하여는 제27조제1항·제3항, 제27조의2제1항·제3항 및 제28조제1항에 따른 기준, 방법 등 세부사항을 행정안전부령으로 정한다.
② 제25조제1항에 따른 수탁자에 관하여는 제22조, 제23조, 제23조의2, 제24조, 제24조의2, 제26조, 제26조의2, 제27조, 제27조의2, 제28조, 제28조의2 및 제29조부터 제31조까지의 규정을 준용한다.
[전문개정 2008. 6. 13.]

제68조(한국정보통신산업협회) ① 정보통신서비스 제공자 및 정보통신망과 관련된 사업을 경영하는 자는 정보통신망 이용촉진 및 정보보호 등을 위하여 대통령령으로 정하는 바에 따라 방송통신위원회의 인가를 받아 한국정보통신산업협회(이하 "협회"라 한다)를 설립할 수 있다.
② 협회는 법인으로 한다.
③ 협회에 관하여 이 법에서 정한 것 외에는 「민법」 중 사단법인에 관한 규정을 준용한다.
④ 정부는 협회의 사업수행을 위하여 필요하면 예산의 범위에서 보조금을 지급할 수 있다.
⑤ 협회의 사업 및 감독 등에 필요한 사항은 대통령령으로 정한다.
[전문개정 2008. 6. 13.]

제68조의2(한국정보보호산업협회의 설립) ① 정보보호에 관련된 사업을 경영하는 자는 정보보호산업을 건전하게 발전시키고 국가산업 전반의 정보보호 수준을 높이기 위하여 지식경제부장관의 인가를 받아 한국정보보호산업협회를 설립할 수 있다.
② 한국정보보호산업협회는 법인으로 한다.
③ 한국정보보호산업협회의 인가절차·사업 및 감독 등에 필요한 사항은 대통령령으로 정한다.
④ 한국정보보호산업협회에 관하여 이 법에서 정한 것 외에는 「민법」 중 사단법인에 관한 규정을 준용한다.
[전문개정 2008. 6. 13.]

제69조(벌칙 적용 시의 공무원 의제) 행정안전부장관, 지식경제부장관 또는 방송통신위원회가 제65조제2항 및 제3항에 따라 위탁한 업무에 종사하는 한국정보사회진흥원과 보호진흥원의 임직원은 「형법」 제129조부터 제132조까지의 규정에 따른 벌칙을 적용할 때에는 공무원으로 본다.
[전문개정 2008. 6. 13.]

제10장 벌칙 〈신설 2007. 12. 21.〉

제70조(벌칙) ① 사람을 비방할 목적으로 정보통신망을 통하여 공공연하게 사실을 드러내어 다른 사람의 명예를 훼손한 자는 3년 이하의 징역이나 금고 또는 2천만 원 이하의 벌금에 처한다.
② 사람을 비방할 목적으로 정보통신망을 통하여 공공연하게 거짓의 사실을 드러내어 다른 사람의 명예를 훼손한 자는 7년 이하의 징역, 10년 이하의 자격정지 또는 5천만 원 이하의 벌금에 처한다.

③ 제1항과 제2항의 죄는 피해자가 구체적으로 밝힌 의사에 반하여 공소를 제기할 수 없다.
[전문개정 2008. 6. 13.]

제71조(벌칙) 다음 각 호의 어느 하나에 해당하는 자는 5년 이하의 징역 또는 5천만 원 이하의 벌금에 처한다.
1. 제22조제1항(제67조에 따라 준용되는 경우를 포함한다)을 위반하여 이용자의 동의를 받지 아니하고 개인정보를 수집한 자
2. 제23조제1항(제67조에 따라 준용되는 경우를 포함한다)을 위반하여 이용자의 동의를 받지 아니하고 개인의 권리·이익이나 사생활을 뚜렷하게 침해할 우려가 있는 개인정보를 수집한 자
3. 제24조, 제24조의2제1항 및 제2항 또는 제26조제3항(제67조에 따라 준용되는 경우를 포함한다)을 위반하여 개인정보를 이용하거나 제3자에게 제공한 자 및 그 사정을 알면서도 영리 또는 부정한 목적으로 개인정보를 제공받은 자
4. 제25조제1항(제67조에 따라 준용되는 경우를 포함한다)을 위반하여 이용자의 동의를 받지 아니하고 개인정보 취급위탁을 한 자
5. 제28조의2제1항(제67조에 따라 준용되는 경우를 포함한다)을 위반하여 이용자의 개인정보를 훼손·침해 또는 누설한 자
6. 제28조의2제2항을 위반하여 그 개인정보가 누설된 사정을 알면서도 영리 또는 부정한 목적으로 개인정보를 제공받은 자
7. 제30조제5항(제30조제7항, 제31조제3항 및 제67조에 따라 준용되는 경우를 포함한다)을 위반하여 필요한 조치를 하지 아니하고 개인정보를 제공하거나 이용한 자
8. 제31조제1항(제67조에 따라 준용되는 경우를 포함한다)을 위반하여 법정대리인의 동의를 받지 아니하고 만 14세 미만인 아동의 개인정보를 수집한 자
9. 제48조제2항을 위반하여 악성프로그램을 전달 또는 유포한 자
10. 제48조제3항을 위반하여 정보통신망에 장애가 발생하게 한 자
11. 제49조를 위반하여 타인의 정보를 훼손하거나 타인의 비밀을 침해·도용 또는 누설한 자
[전문개정 2008. 6. 13.]

제72조(벌칙) ① 다음 각 호의 어느 하나에 해당하는 자는 3년 이하의 징역 또는 3천만 원 이하의 벌금에 처한다.
1. 제48조제1항을 위반하여 정보통신망에 침입한 자
2. 제49조의2제1항을 위반하여 다른 사람의 개인정보를 수집한 자
3. 제53조제1항에 따른 등록을 하지 아니하고 그 업무를 수행한 자
4. 다음 각 목의 어느 하나에 해당하는 행위를 통하여 자금을 융통하여 준 자 또는 이를 알선한 자
가. 재화 등의 판매·제공을 가장하거나 실제 매출금액을 초과하여 통신과금서비스에 의한 거래를 하거나 이를 대행하게 하는 행위
나. 통신과금서비스이용자로 하여금 통신과금서비스에 의하여 재화 등을 구매·이용하도록 한 후 통신과금서비스이용자가 구매·이용한 재화 등을 할인하여 매입하는 행위
5. 제66조를 위반하여 직무상 알게 된 비밀을 타인에게 누설하거나 직무 외의 목적으로 사용한 자
② 제1항제1호의 미수범은 처벌한다.
[전문개정 2008. 6. 13.]

제73조(벌칙) 다음 각 호의 어느 하나에 해당하는 자는 2년 이하의 징역 또는 1천만 원 이하의 벌금에 처한다.

1. 제28조제1항제2호부터 제5호까지(제67조에 따라 준용되는 경우를 포함한다)의 규정에 따른 기술적·관리적 조치를 하지 아니하여 이용자의 개인정보를 분실·도난·누출·변조 또는 훼손한 자

2. 제42조를 위반하여 청소년유해매체물임을 표시하지 아니하고 영리를 목적으로 제공한 자

3. 제42조의2를 위반하여 청소년유해매체물을 광고하는 내용의 정보를 청소년에게 전송하거나 청소년 접근을 제한하는 조치 없이 공개적으로 전시한 자

4. 제44조의6제3항을 위반하여 이용자의 정보를 민·형사상의 소를 제기하는 것 외의 목적으로 사용한 자

5. 제44조의7제2항 및 제3항에 따른 방송통신위원회의 명령을 이행하지 아니한 자

6. 제48조의4제3항에 따른 명령을 위반하여 관련 자료를 보전하지 아니한 자

7. 제49조의2제1항을 위반하여 개인정보의 제공을 유인한 자

8. 제61조에 따른 명령을 이행하지 아니한 자

[전문개정 2008. 6. 13.]

제74조(벌칙) ① 다음 각 호의 어느 하나에 해당하는 자는 1년 이하의 징역 또는 1천만 원 이하의 벌금에 처한다.

1. 제8조제4항을 위반하여 비슷한 표시를 한 제품을 표시·판매 또는 판매할 목적으로 진열한 자

2. 제44조의7제1항제1호를 위반하여 음란한 부호·문언·음향·화상 또는 영상을 배포·판매·임대하거나 공공연하게 전시한 자

3. 제44조의7제1항제3호를 위반하여 공

포심이나 불안감을 유발하는 부호·문언·음향·화상 또는 영상을 반복적으로 상대방에게 도달하게 한 자

4. 제50조제6항을 위반하여 기술적 조치를 한 자

5. 제50조의2를 위반하여 전자우편주소를 수집·판매·유통하거나 정보 전송에 이용한 자

6. 제50조의8을 위반하여 광고성 정보를 전송한 자

7. 제53조제4항을 위반하여 등록사항의 변경등록 또는 사업의 양도·양수 또는 합병·상속의 신고를 하지 아니한 자

② 제1항제3호의 죄는 피해자가 구체적으로 밝힌 의사에 반하여 공소를 제기할 수 없다.

[전문개정 2008. 6. 13.]

제75조(양벌규정) ① 법인의 대표자, 대리인, 사용인, 그 밖의 종업원이 그 법인의 업무에 관하여 제71조부터 제73조까지 또는 제74조제1항의 위반행위를 하면 그 행위자를 벌할 뿐만 아니라 그 법인에도 해당 조문의 벌금형을 과(과)한다.

② 개인의 대리인, 사용인, 그 밖의 종업원이 그 개인의 업무에 관하여 제71조부터 제73조까지 또는 제74조제1항의 위반행위를 하면 그 행위자를 벌할 뿐만 아니라 그 개인에게도 해당 조문의 벌금형을 과한다.

[전문개정 2008. 6. 13.]

제76조(과태료) ① 다음 각 호의 어느 하나에 해당하는 자와 제7호부터 제11호까지의 경우에 해당하는 행위를 하도록 한 자에게는 3천만 원 이하의 과태료를 부과한다.

1. 제23조제2항(제67조에 따라 준용되는 경우를 포함한다)을 위반하여 서비스의 제공을 거부한 자

2. 제23조의2를 위반하여 필요한 조치를 하지 아니한 자

3. 제28조제1항제1호 및 제6호(제67조에 따라 준용되는 경우를 포함한다)에 따른 기술적·관리적 조치를 하지 아니한 자

4. 제29조 본문(제67조에 따라 준용되는 경우를 포함한다)을 위반하여 개인정보를 파기하지 아니한 자

5. 제30조제3항·제4항 및 제6항(제30조제7항, 제31조제3항 및 제67조에 따라 준용되는 경우를 포함한다)을 위반하여 필요한 조치를 하지 아니한 자

6. 제44조의5제2항에 따른 방송통신위원회의 명령을 이행하지 아니한 자

7. 제50조제1항부터 제3항까지의 규정을 위반하여 영리 목적의 광고성 정보를 전송한 자

8. 제50조제4항 또는 제5항을 위반하여 광고성 정보를 전송할 때 밝혀야 하는 사항을 밝히지 아니하거나 거짓으로 밝힌 자

9. 제50조제7항을 위반하여 비용을 수신자에게 부담하도록 한 자

10. 제50조의5를 위반하여 이용자의 동의를 받지 아니하고 프로그램을 설치한 자

11. 제50조의7제1항을 위반하여 인터넷 홈페이지에 영리목적의 광고성 정보를 게시한 자

12. 제71조부터 제74조까지, 제1호부터 제11호까지 및 제2항의 위반행위를 하여 제64조제4항에 따른 행정안전부장관 또는 방송통신위원회의 시정조치 명령을 이행하지 아니한 자

② 다음 각 호의 어느 하나에 해당하는 자에게는 2천만 원 이하의 과태료를 부과한다.

1. 제25조제2항(제67조에 따라 준용되는 경우를 포함한다)을 위반하여 이용자에게 개인정보 취급위탁에 관한 사항을 공개하지 아니하거나 알리지 아니한 자

2. 제26조제1항 및 제2항(제67조에 따라 준용되는 경우를 포함한다)을 위반하여 이용자에게 개인정보의 이전사실을 알리지 아니한 자

3. 제27조제1항(제67조에 따라 준용되는 경우를 포함한다)을 위반하여 개인정보 관리책임자를 지정하지 아니한 자

4. 제27조의2제1항(제67조에 따라 준용되는 경우를 포함한다)을 위반하여 개인정보 취급방침을 공개하지 아니한 자

③ 다음 각 호의 어느 하나에 해당하는 자에게는 1천만 원 이하의 과태료를 부과한다.

1. 제20조제2항을 위반하여 전자문서를 보관하지 아니한 자

2. 제21조를 위반하여 전자문서를 공개한 자

3. 제42조의3제1항을 위반하여 청소년 보호 책임자를 지정하지 아니한 자

4. 제43조를 위반하여 정보를 보관하지 아니한 자

5. 제46조제2항을 위반하여 보험에 가입하지 아니한 자

6. 제46조의3제1항을 위반하여 정보보호 안전진단을 받지 아니한 자

7. 제46조의3제2항을 위반하여 정보보호 안전진단의 결과를 제출하지 아니하거나 거짓으로 제출한 자

8. 제46조의3제5항에 따른 권고 내용 또는 처리 결과를 거짓으로 통보한 자

9. 제46조의3제6항에 따른 개선명령을 이행하지 아니한 자

10. 제47조의3제3항을 위반하여 소프트웨어 사용자에게 알리지 아니한 자

11. 제48조의2제4항에 따른 시정명령을 이행하지 아니한 자

12. 제48조의4제4항에 따른 사업장 출입 및 조사를 방해하거나 거부 또는 기피한 자

13. 제52조제6항을 위반하여 정보보호

진흥원의 명칭을 사용한 자
14. 제53조제4항을 위반하여 사업의 휴지ㆍ폐지ㆍ해산의 신고를 아니한 자
15. 제56조제1항을 위반하여 약관을 신고하지 아니한 자
16. 제57조제2항을 위반하여 관리적 조치 또는 기술적 조치를 하지 아니한 자
17. 제58조제1항을 위반하여 구매ㆍ이용 내역 및 이의신청의 방법 등 대통령령으로 정하는 사항을 통신과금서비스이용자에게 고지하지 아니한 자
18. 제58조제2항을 위반하여 통신과금서비스이용자가 구매ㆍ이용 내역을 확인할 수 있는 방법을 제공하지 아니하거나 통신과금서비스이용자의 제공 요청에 응하지 아니한 자
19. 제58조제3항을 위반하여 통신과금서비스이용자의 요청에 대한 처리 결과를 통신과금서비스이용자에게 알려 주지 아니한 자
20. 제58조제4항을 위반하여 통신과금서비스에 관한 기록을 보존하지 아니한 자
21. 제59조제2항을 위반하여 통신과금서비스이용자의 이의신청 및 권리구제를 위한 절차를 마련하지 아니한 자
22. 제64조제1항에 따른 관계 물품ㆍ서류 등을 제출하지 아니하거나 거짓으로 제출한 자
23. 제64조제2항에 따른 자료의 열람ㆍ제출요청에 따르지 아니한 자
24. 제64조제3항에 따른 출입ㆍ검사를 거부ㆍ방해 또는 기피한 자
④ 제1항부터 제3항까지의 과태료는 대통령령으로 정하는 바에 따라 행정안전부장관 또는 방송통신위원회가 부과ㆍ징수한다.
⑤ 제4항에 따른 과태료 처분에 불복하는 자는 그 처분을 고지받은 날부터 30일 이내에 행정안전부장관 또는 방송통신위원회에 이의를 제기할 수 있다.

⑥ 제4항에 따라 과태료 처분을 받은 자가 제5항에 따라 이의를 제기하면 행정안전부장관 또는 방송통신위원회는 지체 없이 관할 법원에 그 사실을 통보하여야 하며, 그 통보를 받은 관할 법원은 「비송사건절차법」에 따른 과태료 재판을 한다.
⑦ 제5항에 따른 기간에 이의를 제기하지 아니하고 과태료를 내지 아니하면 국세 체납처분의 예에 따라 징수한다.
[전문개정 2008. 6. 13.]

부칙 〈제6360호, 2001. 1. 16.〉

제1조(시행일) 이 법은 2001년 7월 1일부터 시행한다.
제2조(한국정보보호센터의 설립근거와 명칭의 변경에 따른 경과조치) ① 이 법 시행당시 정보화촉진기본법 제14조의2의 규정에 의하여 설립된 한국정보보호센터는 이 법 제52조의 규정에 의한 한국정보보호진흥원으로 본다.
② 이 법 시행당시 한국정보보호센터가 행한 행위 그 밖의 법률관계에 있어서 한국정보보호센터는 이를 보호진흥원으로 본다.
③ 이 법 시행당시 등기부 그 밖의 공부상 한국정보보호센터의 명의는 이를 한국정보보호진흥원으로 본다.
제3조(한국정보통신진흥협회의 명칭변경에 따른 경과조치) ① 이 법 시행당시 한국정보통신진흥협회는 이를 한국정보통신산업협회로 본다.
② 이 법 시행당시 한국정보통신진흥협회가 행한 행위 그 밖의 법률관계에 있어서 한국정보통신진흥협회는 이를 협회로 본다.
③ 이 법 시행당시 등기부 그 밖의 공부상 한국정보통신진흥협회의 명의는 이를 한국정보통신산업협회로 본다.

제4조(벌칙의 적용에 관한 경과조치) 이
법 시행 전의 행위에 관한 벌칙의 적용
에 있어서는 종전의 규정에 의한다.
제5조(다른 법률의 개정) ① 전기통신기
본법중 다음과 같이 개정한다.
제48조의2를 삭제한다.
② 정보화촉진기본법 중 다음과 같이 개
정한다.
제14조의2를 삭제한다.
③ 전기통신사업법중 다음과 같이 개정
한다.
제15조제1항제6호, 제28조제1항제7호·
제2항제5호, 제65조제1항제1호 및 제68
조제2항 중 "정보통신망이용촉진등에관
한법률"을 각각 "정보통신망이용촉진및
정보보호등에관한법률"로 한다.
④ 전자서명법 중 다음과 같이 개정한다.
제8조제1항 중 "정보화촉진기본법 제14
조의2의 규정에 의한 한국정보보호센터
(이하 '보호센터'라 한다)로부터"를 "정
보통신망이용촉진및정보보호등에관한법
률 제52조의 규정에 의한 한국정보보호
진흥원(이하 '보호진흥원'이라 한다)으
로부터"로 한다.
제10조제4항 및 제21조제3항 중 "보호
센터"를 각각 "보호진흥원"으로 한다.
제16조제1항제5호 중 "보호센터가"를 "보
호진흥원이"로 한다.
제16조제3항 중 "보호센터로"를 "보호
진흥원으로"로 한다.
제21조제4항 및 제21조제5항 중 "보호센
터는"을 각각 "보호진흥원은"으로 한다.
제25조제1항 중 "보호센터는"을 "보호진
흥원은"으로 하고, 동조제2항 중 "'보호
센터'로"를 "'보호진흥원'으로"로 한다.
⑤ 사회간접자본시설에대한민간투자법 중
다음과 같이 개정한다.
제2조제1호 너목을 다음과 같이 한다.
너. 정보통신망이용촉진및정보보호등에관
한법률 제2조제1항제1호의 규정에 의한

정보통신망
제2조제13호 서목을 다음과 같이 한다.
서. 정보통신망이용촉진및정보보호등에관
한법률
제6조(다른 법령과의 관계) 이 법 시행
당시 다른 법령에서 종전의 정보통신망
이용촉진등에관한법률 또는 그 규정을
인용하고 있는 경우 이 법에 그에 해당하
는 규정이 있는 때에는 이 법 또는 이
법의 해당규정을 인용한 것으로 본다.

부칙(전자서명법) 〈제6585호, 2001. 12. 31.〉

제1조(시행일) 이 법은 2002년 4월 1일
부터 시행한다.
제2조 및 제3조 생략
제4조(다른 법률의 개정) ① 정보통신망
이용촉진및정보보호등에관한법률 중 다
음과 같이 개정한다.
제18조제2항의 "전자서명(작성자를 알
아볼 수 있고 문서의 변경 여부를 확인
할 수 있는 것을 말한다)"을 "전자서명
법 제2조제3호의 규정에 의한 공인전자
서명"으로 한다.
② 생략

부칙 〈제6797호, 2002. 12. 18.〉

① (시행일) 이 법은 공포 후 1월이 경
과한 날부터 시행한다. 다만, 제50조제2
항·제5항, 제56조제3항·제4항, 제60
조 및 제67조제1항(제15호의2 및 제15
호의5의 규정에 한한다)의 개정규정은
공포 후 6월이 경과한 날부터 시행한다.
② (과태료의 적용에 관한 경과조치) 이
법 시행 전의 위반행위에 대한 과태료
의 적용에 있어서는 종전의 규정에 의
한다.

부칙 〈제7139호, 2004. 1. 29.〉

① (시행일) 이 법은 공포한 날부터 시
행한다. 다만, 제28조·제45조제4항·
제46조의3·제47조의2제4항 및 제48조
의4제6항의 개정규정은 공포 후 6월이
경과한 날부터 시행한다.
② (과태료의 적용에 관한 경과조치) 이
법 시행 전의 위반행위에 대한 과태료
의 적용에 있어서는 종전의 규정에 의
한다.

부칙(인터넷주소자원에관한법률) 〈제
7142호, 2004. 1. 29.〉

제1조(시행일) 이 법은 공포 후 6월이
경과한 날부터 시행한다.
제2조 및 제3조 생략
제4조(다른 법률의 개정) 정보통신망이
용촉진및정보보호등에관한법률 중 다음
과 같이 개정한다.
제16조·제17조 및 제53조제1호를 각
각 삭제한다.

부칙 〈제7262호, 2004. 12. 30.〉

이 법은 공포 후 3월이 경과한 날부터
시행한다.
부칙(국가공무원법) ＜제7796호, 2005.
12. 29.＞
제1조(시행일) 이 법은 2006년 7월 1일
부터 시행한다.
제2조 내지 제5조 생략
제6조(다른 법률의 개정) ① 내지 ＜54＞
생략
＜55＞정보통신망이용촉진및정보보호등
에관한법률 일부를 다음과 같이 한다.
제33조제3항제2호 중 "4급 이상 공무
원"을 "4급 이상 공무원(고위공무원단

에 속하는 일반직공무원을 포함한다)"으
로 한다.
＜56＞ 내지 ＜68＞ 생략

부칙 〈제7812호, 2005. 12. 30.〉

이 법은 공포 후 3개월이 경과한 날부
터 시행한다.

부칙 〈제7917호, 2006. 3. 24.〉

① (시행일) 이 법은 공포 후 3개월이
경과한 날부터 시행한다.
② (정보보호 안전진단에 관한 경과조
치) 이 법 시행 전에 「정보통신기반 보
호법」 제17조의 규정에 의한 정보보호
컨설팅전문업체가 정보보호 안전전단
업무를 시작한 경우에는 제46조의3제1
항의 개정규정에 불구하고 종전의 규정
에 따라 정보보호 안전진단 업무를 계
속하여 수행할 수 있다.

부칙 〈제8030호, 2006. 10. 4.〉

이 법은 공포 후 3개월이 경과한 날부
터 시행한다.

부칙(정보화촉진기본법)〈제8031호,
2006. 10. 4.〉

제1조(시행일) 이 법은 공포한 날부터
시행한다. ＜단서 생략＞
제2조 내지 제4조 생략
제5조 (다른 법률의 개정) ① 정보통신
망 이용촉진 및 정보보호 등에 관한 법
률 일부를 다음과 같이 개정한다.
제56조제2항 중 "한국전산원"을 "한국
정보사회진흥원"으로 한다.

제60조 중 "한국전산원"을 "한국정보사회진흥원"으로 한다.

② 및 ③ 생략

제6조 생략

부칙 〈제8289호, 2007. 1. 26.〉

제1조(시행일) 이 법은 공포 후 6개월이 경과한 날부터 시행한다.

제2조(불법통신의 금지 등에 관한 경과조치) 이 법 시행 전에 「전기통신사업법」 제53조의 규정에 따라 정보통신부장관이 행한 전기통신 취급에 대한 거부·정지 또는 제한의 명령은 이를 이 법 제44조의7의 개정규정에 따라 행한 것으로 본다.

제3조(정보통신윤리위원회 설치근거 변경에 따른 경과조치) ① 이 법 시행 당시 종전의 「전기통신사업법」 제53조의2의 규정에 따라 설치된 정보통신윤리위원회는 이 법 제44조의8의 개정규정에 따라 설치된 정보통신윤리위원회로 본다.

② 이 법 시행 전에 종전의 규정에 따른 정보통신윤리위원회가 행한 행위 또는 정보통신윤리위원회에 대하여 행한 행위 그 밖의 법률관계는 이 법 제44조의8의 개정규정에 따른 정보통신윤리위원회가 행한 행위 또는 정보통신윤리위원회에 대하여 행한 행위 그 밖의 법률관계로 본다.

제4조(개인정보수집·이용·제공 등에 관한 경과조치) ① 이 법 시행 당시 종전의 제22조·제23조·제24조 또는 제54조의 규정에 따라 개인정보수집·이용·제공 등에 대한 이용자의 동의를 얻은 경우에는 제22조·제23조·제24조·제24조의2 또는 제54조의 개정규정에 따라 적법하게 동의를 얻은 것으로 본다.

② 이 법 시행 당시 종전의 제25조의 규정에 따라 적법하게 개인정보취급위탁을 한 경우에는 제25조제1항의 개정규정에 따라 적법하게 동의를 얻은 것으로 본다.

③ 이 법 시행 당시 종전의 제26조의 규정에 따라 정보통신서비스제공자등의 권리·의무를 승계한 자가 이용자의 동의를 얻어 개인정보를 이용하거나 제공한 행위는 제26조제3항의 개정규정에 따라 적법하게 동의를 얻은 것으로 본다.

제5조(벌칙의 적용에 관한 경과조치) 이 법 시행 전의 행위에 관한 벌칙의 적용에 있어서는 종전의 규정에 따른다.

제6조(다른 법률의 개정) 전기통신사업법 일부를 다음과 같이 개정한다.

제53조 및 제53조의2를 각각 삭제한다.

제71조제8호 중 "제53조제2항 또는 제55조의 규정에 의한"을 "제55조의 규정에 따른"으로 한다.

부칙(산업표준화법) 〈제8486호, 2007. 5. 25.〉

제1조(시행일) 이 법은 공포 후 1년이 경과한 날부터 시행한다.

제2조부터 제8조까지 생략

제9조(다른 법률의 개정) ①부터 ⑭까지 생략

⑮ 정보통신망 이용촉진 및 정보보호 등에 관한 법률 일부를 다음과 같이 개정한다.

제8조제1항 단서 중 "「산업표준화법」 제10조의 규정에 따른 한국산업규격이 제정되어 있는 사항에 대하여는 그 규격"을 "「산업표준화법」 제12조에 따른 한국산업표준이 제정되어 있는 사항에 대하여는 그 표준"으로 하고, 같은 조 제3항 중 "「산업표준화법」 제11조 내지 제13조의 규정에 따라 한국산업규격표시의 인증"을 "「산업표준화법」 제15조에 따라 인증"으로 한다.

<16>부터 <22>까지 생략
제10조 생략

부칙 〈제8778호, 2007. 12. 21.〉

제1조(시행일) 이 법은 공포 후 3개월이 경과한 날부터 시행한다.
제2조(통신과금서비스제공자의 등록에 관한 경과조치) ① 이 법 시행 당시 통신과금서비스를 제공하고 있는 자는 이 법 시행일부터 3개월 이내에 제53조제1항의 개정규정에 따라 정보통신부장관에게 등록하여야 한다.
② 이 법 시행 당시 「전자금융거래법」 제28조제2항에 따라 등록을 한 통신과금서비스제공자는 이 법 시행일부터 3개월 이내에 해당 등록사실을 증명하는 서면을 정보통신부장관에게 제출하여야 한다.
③ 제2항에 따라 서면을 제출한 자는 제53조제1항의 개정규정에 따라 등록한 것으로 본다.

부칙(정부조직법) 〈제8852호, 2008. 2. 29.〉

제1조(시행일) 이 법은 공포한 날부터 시행한다. 다만, ……<생략>……, 부칙 제6조에 따라 개정되는 법률 중 이 법의 시행 전에 공포되었으나 시행일이 도래하지 아니한 법률을 개정한 부분은 각각 해당 법률의 시행일부터 시행한다.
제2조부터 제5조까지 생략
제6조(다른 법률의 개정) ①부터 <431>까지 생략
<432> 정보통신망 이용촉진 및 정보보호 등에 관한 법률 일부를 다음과 같이 개정한다.
제6조제1항, 제7조제1항·제2항 전단·제3항, 제8조제1항 본문·제5항, 제9조제1항·제9조제2항 각 호 외의 부분 본문, 제13조제1항, 제15조제1항·제2항, 제56조제2항, 제59조의2제1항 중 "정보통신부장관"을 각각 "지식경제부장관"으로 한다.
제8조제6항 및 제9조제3항 중 "정보통신부령"을 각각 "지식경제부령"으로 한다.
제33조의2제3항 중 "정보통신부령"을 "행정안전부령"으로 한다.
제33조제3항 각 호외의 부분 전단·제5항 중 "정보통신부장관"을 각각 "행정안전부장관"으로 한다.
<433> 정보통신망 이용촉진 및 정보보호 등에 관한 법률 일부개정법률 일부를 다음과 같이 개정한다.(시행일 2008. 3. 22.)
제68조의2제1항 중 "정보통신부장관"을 "지식경제부장관"으로 한다.
<434>부터 <760>까지 생략
제7조 생략

부칙(방송통신위원회의 설치 및 운영에 관한 법률) 〈제8867호, 2008. 2. 29.〉

제1조(시행일 등) 이 법은 공포한 날부터 시행한다. <단서 생략>
제2조부터 제6조까지 생략
제7조(다른 법률의 개정) ①부터 ⑭까지 생략
⑮ 정보통신망 이용촉진 및 정보보호 등에 관한 법률 일부를 다음과 같이 개정한다.
제4조제1항 및 제3항 중 "정보통신부장관은"을 각각 "행정안전부장관, 지식경제부장관 또는 방송통신위원회는"으로 한다.
제41조제2항 및 제44조의7제2항 본문 중 "제44조의8의 규정에 따른 정보통신윤리위원회"를 각각 "「방송통신위원회

의 설치 및 운영에 관한 법률」 제18조
에 따른 방송통신심의위원회"로 한다.
제44조의7제3항 중 "정보통신윤리위원
회의 심의를 거친 후 제44조의9제1항제
3호의 규정에 따른"을 "「방송통신위원
회의 설치 및 운영에 관한 법률」 제18
조에 따른 방송통신심의위원회의 심의
를 거친 후 같은 법 제21조제4호에 따
른"으로 한다.
제44조의10제1항 중 "윤리위원회는 제
44조의9제1항제4호의 분쟁조정업무를 효
율적으로 수행하기 위하여"를 "「방송통
신위원회의 설치 및 운영에 관한 법률」
제18조에 따른 방송통신심의위원회(이
하 '심의위원회'라 한다)는 정보통신망
을 통하여 유통되는 정보 중 사생활의
침해 또는 명예훼손 등 타인의 권리를
침해하는 정보와 관련된 분쟁의 조정업
무를 효율적으로 수행하기 위하여"로
하고, 같은 조 제2항 중 "윤리위원회의
위원장이 윤리위원회의 동의를 얻어"를
"심의위원회의 위원장이 심의위원회의
동의를 얻어"로 하고, 같은 조 제3항 중
"이 경우 '분쟁조정위원회'는 '윤리위원
회'로, '개인정보와 관련한 분쟁'은 '제
44조의9제1항제4호의 규정에 따른 분
쟁'으로 본다."를 "이 경우 '분쟁조정위
원회'는 '심의위원회'로, '개인정보와 관
련한 분쟁'은 '정보통신망을 통하여 유
통되는 정보 중 사생활의 침해 또는 명
예훼손 등 타인의 권리를 침해하는 정
보와 관련된 분쟁'으로 본다."로 한다.
제47조제1항 중 "정보통신부장관이"를
"방송통신위원회가"로 한다.
제48조의2제3항 중 "정보통신부장관에
게"를 "방송통신위원회에"로 한다.
제56조제1항 중 "정보통신부장관"을 "행
정안전부장관, 지식경제부장관 또는 방
송통신위원회"로 하고, "대통령령이 정
하는 바에 의하여 그 소속기관의 장 또

는 「전기통신기본법」 제37조의 규정에
따른 통신위원회에 위임할 수 있다"를
"대통령령이 정하는 바에 의하여 그 소
속기관의 장 또는 체신청장에게 위임·
위탁할 수 있다"로 하며, 제55조의2제3
항 후단 "정보통신부장관의"를 "행정안
전부장관, 지식경제부장관 또는 방송통
신위원회"로 한다.
제57조제5호를 삭제한다.
제60조 중 "정보통신부장관이"를 "행정
안전부장관, 지식경제부장관 또는 방송
통신위원회가"로 한다.
제41조제1항 각 호 외의 부분·제2항,
제44조제3항, 제44조의5제2항, 제44조의
7제2항 본문·제3항·제4항 각 호 외
의 부분 본문, 제45조제2항, 제46조의2
제1항제3호, 제46조의3제1항 각 호 외
의 부분·제2항·제5항·제6항·제8항,
제48조의2제2항 각 호 외의 부분·제5
항·제6항, 제48조의3제1항 각 호 외의
부분 전단·제2항, 제48조의4제5항, 제
49조의2제2항·제3항 본문, 제50조의6
제1항부터 제3항까지, 제59조제1항, 제
64조제4호 및 제67조제1항제1호 중 "정
보통신부장관"을 각각 "방송통신위원
회"로 한다.
제44조의8·제44조의9를 각각 삭제한다.
제27조제1항단서·제3항, 제27조의2제1
항·제3항, 제28조제1항, 제46조제1항·
제2항, 제46조의3제1항제3호·제2항·제
7항, 제47조제3항·제4항, 제47조의2제
2항, 제47조의3제4항, 제48조의2제2항 각
호 외의 부분, 제48조의4제6항·제50조
의6제4항, 제54조제4항, 및 제55조제5
항 후단 중 "정보통신부령"을 각각 "대
통령령"으로 한다.
제47조제2항, 제47조의2제1항, 제48조
의2제1항 각 호 외의 부분·제4항, 제
48조의4제2항·제3항·제4항 본문 및
제55조제2항 각 호 외의 부분 중 "정보

통신부장관은”을 각각 “방송통신위원회
는”으로 한다.
제47조의3제1항 및 제51조제1항·제3
항 각 호 외의 부분 중 “정보통신부장
관은”을 각각 “정부는”으로 한다.
제55조제1항 각 호 외의 부분·제3항·
제4항·제5항전단·제9항·제10항 및 제
55조의2제1항·제2항·제3항 각 호 외
의 부분 전단, 제56조제3항 및 제67조
제5항 중 “정보통신부장관은”을 각각
“행정안전부장관 또는 방송통신위원회
는”으로 한다.
제55조제6항 및 제67조제3항 중 “정보
통신부장관이”를 각각 “행정안전부장관
또는 방송통신위원회가”로 한다.
제67조제4항 중 “정보통신부장관에게”
를 “행정안전부장관 또는 방송통신위원
회에”로 한다.
제52조제3항제12호 중 “정보통신부장관
으로부터”를 “행정안전부장관 또는 방
송통신위원회로부터”로 한다.
제58조제1항을 다음과 같이 한다.
① 제22조 내지 제32조의 규정은 정보
통신서비스제공자외의 자로서 재화 또
는 용역을 제공하는 자중 대통령령이 정
하는 자가 자신이 제공하는 재화 또는
용역을 제공받는 자의 개인정보를 수
집·이용 또는 제공하는 경우에 이를
준용한다. 이 경우 “정보통신서비스제공
자” 또는 “정보통신서비스제공자 등”은
“재화 또는 용역을 제공하는 자”로, “이
용자”는 “재화 또는 용역을 제공받는
자”로 본다. 또한 제22조 내지 제32조
의 규정을 준용하는 자에 대해서는 제
27조제1항 및 제3항, 제27조의2 제1항
및 제3항, 제28조제1항의 규정에 따른
기준, 방법 등 세부사항을 행정안전부령
으로 정한다.
<16> 법률 제8778호 정보통신망 이용
촉진 및 정보보호 등에 관한 법률 일부

개정법률 일부를 다음과 같이 개정한다.
제54조제4호 중 “정보통신부장관이”를
각각 “방송통신위원회가”로 한다.
제60조제3항 중 “「전기통신기본법」 제
37조에 따른 통신위원회”를 “방송통신
위원회”로 한다.
제66조제5호를 삭제한다.
제68조제1항 중 “정보통신부장관”을 “방
송통신위원회”로 한다.
제53조제1항 각 호 외의 부분 및 제56
조제1항 중 “정보통신부장관에게”를 각
각 “방송통신위원회에”로 한다.
제55조제1항 각 호 외의 부분 본문, 제
56조제2항 및 제61조 각 호 외의 부분
중 “정보통신부장관은”을 각각 “방송통
신위원회는”으로 한다.
<17>부터 <20>까지 생략
제8조부터 제12조까지 생략

부칙 〈제9119호, 2008. 6. 13.〉

①(시행일) 이 법은 공포 후 6개월이 경
과한 날부터 시행한다.
②(벌칙 및 과태료의 적용에 관한 경과
조치) 이 법 시행 전의 행위에 관한 벌
칙 및 과태료의 적용은 종전의 규정에
따른다.

전자서명법

법률 제9208호 일부개정 2008. 12. 26.

제1장 총칙

제1조(목적)

이 법은 전자문서의 안전성과 신뢰성을 확보하고 그 이용을 활성화하기 위하여 전자서명에 관한 기본적인 사항을 정함으로써 국가사회의 정보화를 촉진하고 국민생활의 편익을 증진함을 목적으로 한다.
[[시행일 99. 7. 1.]]

제2조(정의)

이 법에서 사용하는 용어의 정의는 다음과 같다.
1. "전자문서"라 함은 정보처리시스템에 의하여 전자적 형태로 작성되어 송신 또는 수신되거나 저장된 정보를 말한다.
2. "전자서명"이라 함은 서명자를 확인하고 서명자가 당해 전자문서에 서명을 하였음을 나타내는 데 이용하기 위하여 당해 전자문서에 첨부되거나 논리적으로 결합된 전자적 형태의 정보를 말한다.
3. "공인전자서명"이라 함은 다음 각목의 요건을 갖추고 공인인증서에 기초한 전자서명을 말한다.
가. 전자서명생성정보가 가입자에게 유일하게 속할 것
나. 서명 당시 가입자가 전자서명생성정보를 지배·관리하고 있을 것
다. 전자서명이 있은 후에 당해 전자서명에 대한 변경 여부를 확인할 수 있을 것
라. 전자서명이 있은 후에 당해 전자문서의 변경여부를 확인할 수 있을 것
4. "전자서명생성정보"라 함은 전자서명을 생성하기 위하여 이용하는 전자적 정보를 말한다.
5. "전자서명검증정보"라 함은 전자서명을 검증하기 위하여 이용하는 전자적 정보를 말한다.
6. "인증"이라 함은 전자서명생성정보가 가입자에게 유일하게 속한다는 사실을 확인하고 이를 증명하는 행위를 말한다.
7. "인증서"라 함은 전자서명생성정보가 가입자에게 유일하게 속한다는 사실 등을 확인하고 이를 증명하는 전자적 정보를 말한다.
8. "공인인증서"라 함은 제15조의 규정에 따라 공인인증기관이 발급하는 인증서를 말한다.
9. "공인인증업무"라 함은 공인인증서의 발급, 인증관련 기록의 관리 등 공인인증역무를 제공하는 업무를 말한다.
10. "공인인증기관"이라 함은 공인인증역무를 제공하기 위하여 제4조의 규정에 의하여 지정된 자를 말한다.
11. "가입자"라 함은 공인인증기관으로부터 전자서명생성정보를 인증받은 자를 말한다.
12. "서명자"라 함은 전자서명생성정보를 보유하고 자신이 직접 또는 타인을 대리하여 서명을 하는 자를 말한다.
13. "개인정보"라 함은 생존하고 있는 개인에 관한 정보로서 성명·주민등록번호 등에 의하여 당해 개인을 알아볼 수 있는 부호·문자·음성·음향·영상 및 생체특성 등에 관한 정보(당해 정보만으로는 특정 개인을 알아볼 수 없는 경우

에도 다른 정보와 용이하게 결합하여 알아볼 수 있는 것을 포함한다)를 말한다. [전문개정 2001. 12. 31.] [[시행일 2002. 4. 1.]

제3조(전자서명의 효력 등)

① 다른 법령에서 문서 또는 서면에 서명, 서명날인 또는 기명날인을 요하는 경우 전자문서에 공인전자서명이 있는 때에는 이를 충족한 것으로 본다.[개정 2001. 12. 31.] [[시행일 2002. 4. 1.]]
② 공인전자서명이 있는 경우에는 당해 전자서명이 서명자의 서명, 서명날인 또는 기명날인이고, 당해 전자문서가 전자서명된 후 그 내용이 변경되지 아니하였다고 추정한다.[개정 2001. 12. 31.]
③ 공인전자서명외의 전자서명은 당사자 간의 약정에 따른 서명, 서명날인 또는 기명날인으로서의 효력을 가진다.[신설 2001. 12. 31.] [[시행일 2002. 4. 1.]]
[본조제목개정 2001. 12. 31.]

제4조(공인인증기관의 지정)

① 행정안전부장관은 공인인증업무(이하 "인증업무"라 한다)를 안전하고 신뢰성 있게 수행할 능력이 있다고 인정되는 자를 공인인증기관으로 지정할 수 있다. [개정 2001. 12. 31, 2008. 2. 29. 제8852호(정부조직법)]
② 공인인증기관으로 지정받을 수 있는 자는 국가기관·지방자치단체 또는 법인에 한한다.
③ 공인인증기관으로 지정받고자 하는 자는 대통령령이 정하는 기술능력·재정능력·시설 및 장비 기타 필요한 사항을 갖추어야 한다.
④ 행정안전부장관은 제1항에 따라 공인인증기관을 지정하는 경우 공인인증시장의 건전한 발전 등을 위하여 국가기관, 지방자치단체 또는 비영리법인과 특별법에 의하여 설립된 법인에 대하여는 설립목적에 따라 인증업무의 영역을 구분하여 지정할 수 있다. [신설 2005. 12. 30, 2008. 2. 29. 제8852호(정부조직법)]
⑤ 공인인증기관의 지정절차 기타 필요한 사항은 대통령령으로 정한다. [개정 2005. 12. 30.]

제5조(결격사유)

다음 각 호의 1에 해당하는 자는 공인인증기관으로 지정받을 수 없다. [개정 2005. 3. 31. 법률제7428호(채무자 회생 및 파산에 관한 법률)] [[시행일 2006. 4. 1.]]
1. 임원 중 다음 각목의 1에 해당하는 자가 있는 법인
가. 금치산자·한정치산자 또는 파산선고를 받은 자로서 복권되지 아니한 자
나. 금고 이상의 실형의 선고를 받고 그 집행이 종료(집행이 종료된 것으로 보는 경우를 포함한다)되거나 집행이 면제된 날부터 2년이 경과되지 아니한 자
다. 금고 이상의 형의 집행유예의 선고를 받고 그 집행유예기간 중에 있는 자
라. 법원의 판결 또는 다른 법률에 의하여 자격이 상실 또는 정지된 자
마. 제12조의 규정에 의하여 지정이 취소된 법인의 취소당시의 임원이었던 자(취소된 날부터 2년이 경과되지 아니한 자에 한한다)
2. 제12조의 규정에 의하여 지정이 취소된 후 2년이 경과되지 아니한 법인 [[시행일 99. 7. 1.]]

제6조(공인인증업무준칙 등)

① 공인인증기관은 인증업무를 개시하기

전에 다음 각 호의 사항이 포함된 공인인증업무준칙(이하 "인증업무준칙"이라 한다)을 작성하여 행정안전부장관에게 신고하여야 한다. [개정 2001. 12. 31, 2005. 12. 30, 2008. 2. 29. 제8852호(정부조직법)]
1. 인증업무의 종류
2. 인증업무의 수행방법 및 절차
3. 공인인증역무(이하 "인증역무"라 한다)의 이용조건
4. 기타 인증업무의 수행에 관하여 필요한 사항
② 공인인증기관은 인증업무준칙을 행정안전부장관이 정하여 고시하는 공인인증업무준칙 작성표준과 제8조의 규정에 의한 전자서명인증업무지침에 따라 작성하여야 한다. [신설 2005. 12. 30, 2008. 2. 29. 제8852호(정부조직법)]
③ 공인인증기관은 제1항의 규정에 의하여 신고한 사항을 변경하는 경우 행정안전부령이 정하는 기간 내에 이를 행정안전부장관에게 신고하여야 한다. [신설 2001. 12. 31, 2005. 12. 30, 2008. 2. 29. 제8852호(정부조직법)]
④ 행정안전부장관은 인증업무의 안전성과 신뢰성 확보 및 가입자의 이익 보호를 위하여 제1항의 규정에 따라 신고한 인증업무준칙의 내용이 행정안전부장관이 정하여 고시하는 공인인증업무준칙 작성표준과 제8조제1항의 규정에 따른 전자서명인증업무지침에 위반되는 경우 상당한 기간을 정하여 당해공인인증기관에게 인증업무준칙의 변경을 명할 수 있다. [개정 2001. 12. 31, 2005. 12. 30, 2008. 2. 29. 제8852호(정부조직법)]
⑤ 공인인증기관은 인증업무준칙이 정한 사항을 성실히 준수하여야 한다. [신설 2001. 12. 31, 2005. 12. 30.]
[본조제목개정 2001. 12. 31.]

제7조 (인증역무의 제공 등)

① 공인인증기관은 정당한 사유 없이 인증역무의 제공을 거부하여서는 아니 된다.
② 공인인증기관은 가입자 또는 인증역무 이용자를 부당하게 차별하여서는 아니 된다. [[시행일 99. 7. 1.]]

제8조(공인인증기관의 업무수행)

① 행정안전부장관은 인증업무의 안전성과 신뢰성 확보를 위하여 공인인증기관이 인증업무수행에 있어 지키어야 할 구체적 사항을 전자서명인증업무지침으로 정하여 고시할 수 있다. [개정 2008. 2. 29. 제8852호(정부조직법)]
② 제1항의 규정에 의한 전자서명인증업무지침에는 다음 각 호의 사항이 포함되어야 한다. [신설 2005. 12. 30.]
1. 공인인증서의 관리에 관한 사항
2. 전자서명생성정보의 관리에 관한 사항
3. 공인인증기관 시설의 보호에 관한 사항
4. 그 밖에 인증업무 및 운영관리에 관한 사항
[전문개정 2001. 12. 31.]

제9조(인증업무의 양수 등)

① 공인인증기관은 다른 공인인증기관의 인증업무를 양수하거나 다른 공인인증기관인 법인을 합병하고자 하는 경우에는 행정안전부령이 정하는 바에 따라 행정안전부장관에게 신고하여야 한다. [개정 2008. 2. 29. 제8852호(정부조직법)]
② 제1항의 규정에 의하여 인증업무를 양수한 공인인증기관 또는 합병한 경우의 합병 후 존속하는 법인이나 합병으로 설립된 법인은 종전의 공인인증기관의 지위를 승계한다.

제2장 공인인증서 [개정 2001. 12. 31.]

제3장 공인인증기관

제10조(인증업무의 휴지·폐지 등)

① 공인인증기관이 인증업무의 전부 또는 일부를 휴지하고자 하는 때에는 휴지기간을 정하여 휴지하고자 하는 날의 30일 전까지 이를 가입자에게 통보하고 행정안전부장관에게 신고하여야 한다. 이 경우 휴지기간은 6월을 초과할 수 없다. [개정 2008. 2. 29. 제8852호(정부조직법)]
② 공인인증기관이 인증업무를 폐지하고자 하는 때에는 폐지하고자 하는 날의 60일 전까지 이를 가입자에게 통보하고 행정안전부장관에게 신고하여야 한다. [개정 2008. 2. 29. 제8852호(정부조직법)]
③ 제2항의 규정에 의하여 신고한 공인인증기관은 가입자의 공인인증서와 그 효력정지 및 폐지에 관한 기록(이하 "가입자인증서 등"이라 한다)을 다른 공인인증기관에게 인계하여야 한다. 다만, 부득이한 사유로 인하여 가입자인증서 등을 인계할 수 없는 경우에는 그 사실을 행정안전부장관에게 지체 없이 신고하여야 한다. [개정 2001. 12. 31, 2008. 2. 29. 제8852호(정부조직법)]
④ 행정안전부장관은 제3항 단서의 규정에 의하여 신고를 받은 때에는 「정보통신망 이용촉진 및 정보보호 등에 관한 법률」 제52조의 규정에 의한 한국정보보호진흥원(이하 "보호진흥원"이라 한다)에 대하여 당해 공인인증기관의 가입자인증서 등을 인수하도록 명할 수 있다. [개정 2001. 1. 16, 2001. 12. 31, 2005. 12. 30, 2008. 2. 29. 제8852호(정부조직법)]
⑤ 제1항 내지 제4항의 규정에 의한 인증업무의 휴지 또는 폐지의 신고 및 가입자인증서 등의 인계·인수 등에 관하여 필요한 사항은 행정안전부령으로 정한다. [개정 2001. 12. 31, 2008. 2. 29. 제8852호(정부조직법)]

제11조(시정명령)

행정안전부장관은 공인인증기관이 다음 각 호의 어느 하나에 해당하는 경우에는 기간을 정하여 시정조치를 명할 수 있다. [개정 2001. 12. 31, 2005. 12. 30, 2008. 2. 29. 제8852호(정부조직법)]
1. 삭제 [2005. 12. 30.]
2. 공인인증기관으로 지정을 받은 후 제4조제3항의 규정에 의하여 공인인증기관이 갖추어야 할 사항을 갖추지 아니한 경우
3. 임원이 제5조제1호 각목에 해당하게 된 경우
4. 제6조의 규정에 의한 신고 또는 변경신고를 하지 아니하거나 신고한 인증업무준칙을 준수하지 아니한 경우
5. 제7조의 규정에 위반하여 인증역무의 제공을 거부하거나 가입자 또는 인증역무 이용자를 부당하게 차별한 경우
5의2. 제8조의 규정에 위반하여 전자서명인증업무지침에서 정한 사항을 준수하지 아니한 경우
6. 제9조제1항의 규정에 위반하여 인증업무의 양수나 공인인증기관 합병의 신고를 하지 아니한 경우
7. 제10조의 규정에 위반하여 인증업무 휴지 또는 폐지의 통보나 신고를 하지 아니하거나 인증업무폐지 시 가입자인증서 등을 인계하지 아니한 경우

8. 제12조제2항의 규정에 위반하여 지정이 취소된 공인인증기관이 가입자인증서 등을 인계하지 아니하거나 신고하지 아니한 경우
9. 제14조제1항의 규정에 의한 자료를 제출하지 아니한 경우
9의2. 제15조제1항 후단의 규정에 따른 신원확인을 하지 아니한 경우
10. 제17조의 규정에 위반하여 공인인증서의 효력을 정지 또는 회복하지 아니하거나 그 사실을 확인할 수 있는 조치를 취하지 아니한 경우
11. 제18조의 규정에 위반하여 공인인증서를 폐지하지 아니하거나 그 사실을 확인할 수 있는 조치를 취하지 아니한 경우
11의2. 제18조의3의 규정에 위반하여 인증업무와 관련된 시설의 안전성 확보를 위한 보호조치를 취하지 아니한 경우
12. 제22조의3제1항의 규정에 따른 인증업무를 제공하는 정보처리시스템의 장애발생 신고를 하지 아니한 경우
13. 제26조제2항의 규정에 따른 보험에 가입하지 아니한 경우

제12조(인증업무의 정지 및 지정취소 등)

① 행정안전부장관은 공인인증기관이 다음 각 호의 1에 해당하는 경우에는 6월 이내의 기간을 정하여 인증업무의 전부 또는 일부의 정지를 명하거나 지정을 취소할 수 있다. 다만, 제1호 및 제2호의 경우에는 지정을 취소하여야 한다. [개정 2001. 12. 31, 2005. 12. 30, 2008. 2. 29. 제8852호(정부조직법)]
1. 사위 기타 부정한 방법으로 제4조의 규정에 의한 지정을 받은 경우
2. 인증업무의 정지명령을 받은 자가 그 명령에 위반하여 인증업무를 정지하지 아니한 경우
3. 제4조의 규정에 의한 지정을 받은 날부터 6월 이내에 인증업무를 개시하지 아니하거나 6월 이상 계속하여 인증업무를 휴지한 경우
4. 제6조제4항의 규정에 의한 인증업무준칙 변경명령에 위반한 경우
5. 제11조의 규정에 의한 시정명령을 정당한 사유 없이 이행하지 아니한 경우
② 제1항의 규정에 의하여 지정이 취소된 공인인증기관은 가입자인증서 등을 다른 공인인증기관에게 인계하여야 한다. 다만, 부득이한 사유로 인하여 가입자인증서 등을 인계할 수 없는 때에는 그 사실을 행정안전부장관에게 지체 없이 신고하여야 한다. [개정 2008. 2. 29. 제8852호(정부조직법)]
③ 제10조제4항의 규정은 지정이 취소된 공인인증기관에 관하여 이를 준용한다.
④ 제1항의 규정에 의한 처분의 기준 및 절차와 제2항 및 제3항의 규정에 의한 인계·인수 등에 관하여 필요한 사항은 행정안전부령으로 정한다. [개정 2008. 2. 29. 제8852호(정부조직법)]

제13조(과징금의 부과)

① 행정안전부장관은 제12조제1항 각 호의 1에 해당하는 경우로서 그 업무정지가 가입자 등에게 심한 불편을 주거나 기타 공익을 해할 우려가 있는 때에는 그 업무정지처분에 갈음하여 2천만 원 이하의 과징금을 부과할 수 있다. [개정 2008. 2. 29. 제8852호(정부조직법)]
② 제1항의 규정에 의한 과징금을 부과하는 위반행위의 종별과 그 정도에 따른 과징금의 금액 기타 필요한 사항은 대통령령으로 정한다. [개정 2005. 12. 30.]
③ 행정안전부장관은 제1항의 규정에 의한 과징금을 납부하여야 할 자가 납부기한까지 이를 납부하지 아니하는 때에

는 국세체납처분의 예에 의하여 이를
징수한다. [개정 2008. 2. 29. 제8852호
(정부조직법)]

제14조(검사 등)

① 행정안전부장관은 인증업무의 안전성
과 신뢰성 확보 및 가입자의 보호 등을
위한 다음 각 호의 사항을 확인하기 위
하여 공인인증기관에 대하여 자료를 제
출하게 할 수 있으며, 관계공무원으로
하여금 공인인증기관의 사무실·사업장
기타 필요한 장소에 출입하여 인증업무
에 관한 시설 및 장비·장부·서류 기
타 물건을 검사하게 할 수 있다. [개정
2001. 12. 31, 2005. 12. 30, 2008. 2.
29. 제8852호(정부조직법)]
1. 제15조의 규정에 따른 공인인증기관
의 신원확인 절차 및 방법의 적정 여부
2. 제18조의3, 제19조 내지 제22조, 제
22조의2, 제23조 및 제24조의 규정에서
정하는 인증업무의 안전성 및 신뢰성
확보 여부
② 행정안전부장관은 제1항의 규정에 따
라 관계 공무원으로 하여금 검사하게
하는 경우에는 검사 개시 7일 전까지
검사의 일시·이유 및 내용 등에 관한
검사계획을 해당 공인인증기관에 통지
하여야 한다. [신설 2005. 12. 30, 2008.
2. 29. 제8852호(정부조직법)]
③ 제1항의 규정에 의하여 출입·검사를
하는 공무원은 그 권한을 나타내는 증표
를 관계인에게 내보여야 하며, 출입 시
성명·출입시간·출입목적 등이 표시된
문서를 관계인에게 교부하여야 한다. [개
정 2005. 12. 30.]

제15조(공인인증서의 발급)

① 공인인증기관은 공인인증서를 발급받

고자 하는 자에게 공인인증서를 발급한
다. 이 경우 공인인증기관은 공인인증서
를 발급받고자 하는 자의 신원을 확인
하여야 한다. [개정 2001. 12. 31.]
② 공인인증기관이 발급하는 공인인증서
에는 다음 각 호의 사항이 포함되어야
한다. [개정 2001. 12. 31.]
1. 가입자의 이름(법인의 경우에는 명칭
을 말한다)
2. 가입자의 전자서명검증정보
3. 가입자와 공인인증기관이 이용하는 전
자서명 방식
4. 공인인증서의 일련번호
5. 공인인증서의 유효기간
6. 공인인증기관의 명칭 등 공인인증기
관임을 확인할 수 있는 정보
7. 공인인증서의 이용범위 또는 용도를
제한하는 경우 이에 관한 사항
8. 가입자가 제3자를 위한 대리권 등을
갖는 경우 또는 직업상 자격 등의 표시
를 요청한 경우 이에 관한 사항
9. 공인인증서임을 나타내는 표시
③ 삭제 [2001. 12. 31.]
④ 공인인증기관은 공인인증서를 발급받
고자 하는 자의 신청이 있는 경우에는 공
인인증서의 이용범위 또는 용도를 제한
하는 공인인증서를 발급할 수 있다. [개
정 2001. 12. 31.]
⑤ 공인인증기관은 공인인증서의 이용범
위 및 용도, 이용된 기술의 안전성과 신
뢰성 등을 고려하여 공인인증서의 유효
기간을 적정하게 정하여야 한다. [개정
2001. 12. 31.]
⑥ 공인인증서 발급에 따른 신원확인 절
차 및 방법 등에 관하여 필요한 사항은
행정안전부령으로 정한다. [신설 2001. 12.
31, 2008. 2. 29. 제8852호(정부조직법)]
[본조제목개정 2001. 12. 31.]

제16조(공인인증서의 효력의 소멸)

① 공인인증기관이 발급한 공인인증서
는 다음 각 호의 1에 해당하는 사유가
발생한 경우에는 그 사유가 발생한 때
에 그 효력이 소멸된다. [개정 2001. 1.
16, 2001. 12. 31.]
1. 공인인증서의 유효기간이 경과한 경우
2. 제12조제1항의 규정에 의하여 공인
인증기관의 지정이 취소된 경우
3. 제17조의 규정에 의하여 공인인증서
의 효력이 정지된 경우
4. 제18조의 규정에 의하여 공인인증서
가 폐지된 경우
5. 삭제 [2001. 12. 31.]
② 행정안전부장관은 제10조의 규정에
따라 인증업무를 휴지 또는 폐지하였거
나 제12조의 규정에 따라 인증업무가
정지된 공인인증기관의 전자서명생성정
보가 분실·훼손 또는 도난·유출되는
등의 경우에는 인증업무의 안전성과 신
뢰성 확보를 위하여 해당 공인인증기관
이 발급한 모든 공인인증서의 효력을
정지할 수 있다. [개정 2005. 12. 30,
2008. 2. 29. 제8852호(정부조직법)]
③ 행정안전부장관은 제2항의 규정에 의
하여 공인인증서의 효력을 정지한 때에
는 그 사실을 항상 확인할 수 있도록
지체 없이 보호진흥원으로 하여금 필요
한 조치를 하게 하여야 한다. 제1항제2
호의 규정에 의하여 공인인증서의 효력
이 소멸된 경우에도 또한 같다. [개정
2001. 12. 31, 2008. 2. 29. 제8852호(정
부조직법)]
[본조제목개정 2001. 12. 31.]

제17조(공인인증서의 효력정지 등)

① 공인인증기관은 가입자 또는 그 대
리인의 신청이 있는 경우에는 공인인증

서의 효력을 정지하거나 정지된 공인인
증서의 효력을 회복하여야 한다. 이 경
우 공인인증서 효력회복의 신청은 공인
인증서의 효력이 정지된 날부터 6월 이
내에 하여야 한다.[개정 2001. 12. 31.]
[[시행일 2002. 4. 1.]]
② 공인인증기관이 제1항의 규정에 의
하여 공인인증서의 효력을 정지하거나
회복한 경우에는 그 사실을 항상 확인
할 수 있도록 지체 없이 필요한 조치를
취하여야 한다.[개정 2001. 12. 31.]
[[시행일 2002. 4. 1.]]
[본조제목개정 2001. 12. 31.]

제18조(공인인증서의 폐지)

① 공인인증기관은 공인인증서에 관하
여 다음 각 호의 1에 해당하는 사유가
발생한 경우에는 당해 공인인증서를 폐
지하여야 한다.[개정 2001. 12. 31.] [[시
행일 2002. 4. 1.]]
1. 가입자 또는 그 대리인이 공인인증서
의 폐지를 신청한 경우
2. 가입자가 사위 기타 부정한 방법으로 공
인인증서를 발급받은 사실을 인지한 경우
3. 가입자의 사망·실종선고 또는 해산
사실을 인지한 경우
4. 가입자의 전자서명생성정보가 분실·
훼손 또는 도난·유출된 사실을 인지한
경우
② 공인인증기관은 제1항의 규정에 의하
여 공인인증서를 폐지한 경우에는 그
사실을 항상 확인할 수 있도록 지체 없
이 필요한 조치를 취하여야 한다.[개정
2001. 12. 31.] [[시행일 2002. 4. 1.]]
[본조제목개정 2001. 12. 31.]

제18조의2(공인인증서를 이용한 본인확인)

다른 법률에서 공인인증서를 이용하여

본인임을 확인하는 것을 제한 또는 배제하고 있지 아니한 경우에는 이 법의 규정에 따라 공인인증기관이 발급한 공인인증서에 의하여 본인임을 확인할 수 있다.[신설 2001. 12. 31.] [[시행일 2002. 4. 1.]]

제4장 인증업무의 안전성 및 신뢰성 확보

제18조의3(공인인증기관의 안전성 확보)

공인인증기관은 인증업무에 관한 시설의 안전성 확보를 위하여 행정안전부령이 정하는 보호조치를 취하여야 한다.[신설 2001. 12. 31, 2008. 2. 29. 제8852호(정부조직법)]

제19조(인증업무에 관한 설비의 운영)

① 공인인증기관은 자신이 발급한 공인인증서가 유효한지의 여부를 누구든지 항상 확인할 수 있도록 하는 설비 등 인증업무에 관한 시설 및 장비를 안전하게 운영하여야 한다.
② 공인인증기관은 제1항의 시설 및 장비의 안전운영 여부를 보호진흥원으로부터 정기적으로 점검받아야 한다.
③ 공인인증기관은 공인인증기관으로 지정된 후 제1항의 규정에 의한 시설 및 장비를 변경하는 경우 지체 없이 행정안전부장관에게 이를 신고하여야 한다. 이 경우 행정안전부장관은 보호진흥원으로 하여금 당해 시설 및 장비의 안전성 여부를 점검하게 할 수 있다. [개정 2008. 2. 29. 제8852호(정부조직법)]
[전문개정 2001. 12. 31.]

제20조(전자문서의 시점확인)

공인인증기관은 가입자 또는 공인인증서를 이용하는 자(이하 "이용자"라 한다)의 신청이 있는 경우에는 전자문서가 당해 공인인증기관에 제시된 시점을 공인전자서명하여 확인할 수 있다. [개정 2001. 12. 31, 2005. 12. 30.] [[시행일 2006. 7. 1.]]

제21조(전자서명생성정보의 관리)

① 가입자는 자신의 전자서명생성정보를 안전하게 보관·관리하고, 이를 분실·훼손 또는 도난·유출되거나 훼손될 수 있는 위험을 인지한 때에는 그 사실을 공인인증기관에 통보하여야 한다. 이 경우 가입자는 지체 없이 이용자에게 공인인증기관에 통보한 내용을 고지하여야 한다.
② 공인인증기관은 제1항의 규정에 의한 사실을 통보하거나 고지할 수 있는 수단을 제공하여야 한다.
③ 공인인증기관은 가입자의 신청이 있는 경우 외에는 가입자의 전자서명생성정보를 보관하여서는 아니 되며, 가입자의 신청에 의하여 그의 전자서명생성정보를 보관하는 경우 당해 가입자의 동의 없이 이를 이용하거나 유출하여서는 아니 된다.
④ 공인인증기관은 자신이 이용하는 전자서명생성정보를 안전하게 보관·관리하여야 한다. 이 경우 당해 전자서명생성정보가 분실·훼손 또는 도난·유출되거나 훼손될 수 있는 위험을 인지한 때에는 지체 없이 그 사실을 보호진흥원에 통보하고 인증업무의 안전성과 신뢰성을 확보할 수 있는 대책을 마련하여야 한다.
[전문개정 2001. 12. 31.] [[시행일 2002. 4. 1.]]

제22조(인증업무에 관한 기록의 관리)

① 공인인증기관은 가입자의 공인인증서와 인증업무에 관한 기록을 안전하게 보관·관리하여야 한다.[개정 2001. 12. 31.] [[시행일 2002. 4. 1.]]
② 공인인증기관은 가입자인증서 등을 당해 공인인증서의 효력이 소멸된 날부터 10년 동안 보관하여야 한다.[개정 2001. 12. 31.] [[시행일 2002. 4. 1.]] [[시행일 99. 7. 1.]]

제22조의2(공인인증서의 관리 등)

① 공인인증기관 및 가입자는 공인인증서의 유효기간 이내에 당해 공인인증서의 기재사항 또는 공인인증서와 결부된 정보가 정확하고 완전하게 유지되도록 상당한 주의를 기울여야 한다.
② 공인인증기관은 이용자가 공인인증서에 의하여 다음 각 호의 사항을 확인할 수 있도록 쉬운 수단을 제공하여야 한다.
1. 공인인증기관의 명칭 등 공인인증기관임을 확인할 수 있는 정보
2. 가입자가 당해 공인인증서가 발행된 당시에 전자서명생성정보를 지배·관리하고 있는 사실
3. 공인인증서의 발행 전에 전자서명생성정보가 유효한 사실
③ 공인인증기관은 이용자가 다음 각 호의 사실을 확인할 수 있도록 쉬운 수단을 제공하여야 한다.
1. 서명자의 신원을 확인할 수 있는 방법
2. 전자서명생성정보 또는 공인인증서의 사용목적이나 사용금액에 대한 제한
3. 공인인증기관이 부담하는 책임의 범위 또는 정도
[전문개정 2001. 12. 31.] [시행일 2002. 4. 1.]]

제22조의3(인증업무의 장애발생 신고)

① 공인인증기관은 인증업무를 제공하는 정보처리시스템에 장애가 발생한 경우에는 지체 없이 그 사실을 행정안전부장관 또는 보호진흥원장에게 신고하고 신속히 장애를 복구할 수 있는 대책을 마련하여야 한다. [개정 2008. 2. 29. 제8852호(정부조직법)]
② 행정안전부장관 또는 보호진흥원장은 제1항의 규정에 의하여 인증업무의 장애를 신고받은 때에는 다음 각 호의 조치를 취하여야 한다. [개정 2008. 2. 29 제8852호(정부조직법)]
1. 장애에 관한 정보 수집과 전파
2. 장애복구에 관한 기술지원과 협력
[본조신설 2005. 12. 30.]

제23조(전자서명생성정보의 보호 등)

① 누구든지 타인의 전자서명생성정보를 도용 또는 누설하여서는 아니 된다. [개정 2001. 12. 31.] [[시행일 2002. 4. 1.]]
② 누구든지 타인의 명의로 공인인증서를 발급받거나 발급받을 수 있도록 하여서는 아니 된다. [개정 2001. 12. 31.] [[시행일 2002. 4. 1.]]
③ 누구든지 공인인증서가 아닌 인증서 등을 공인인증서로 혼동하게 하거나 혼동할 우려가 있는 유사한 표시를 사용하거나 허위로 공인인증서의 사용을 표시하여서는 아니 된다. [신설 2001. 12. 31.] [[시행일 2002. 4. 1.]]
④ 누구든지 공인인증서를 이용범위 또는 용도에서 벗어나 부정하게 사용하여서는 아니 된다. [신설 2005. 12. 30.] [[시행일 2006. 7. 1.]]
⑤ 누구든지 행사하게 할 목적으로 다른 사람에게 공인인증서를 양도 또는 대여하거나 행사할 목적으로 다른 사람

의 공인인증서를 양도 또는 대여받아서
는 아니 된다. [신설 2005. 12. 30.]
[[시행일 2006. 7. 1.]]
[본조제목개정 2001. 12. 31.]

제24조(개인정보의 보호)

① 공인인증기관은 인증업무 수행과 관
련하여 개인정보를 보호하여야 한다.
② 제1항의 개인정보보호에 관하여는 「정
보통신망 이용촉진 및 정보보호 등에 관
한 법률」 제22조 내지 제32조, 제36조
제1항, 제54조, 제55조, 제62조, 제66조
및 제67조의 개인정보에 관한 규정을
준용한다. 이 경우 "정보통신서비스제공
자"는 "공인인증기관"으로, "이용자"는
"가입자"로 본다. [개정 2005. 12. 30.]
[[시행일 2006. 7. 1.]]
[전문개정 2001. 12. 31.] [[시행일
2002. 4. 1.]]

제25조(전자서명인증관리업무)

① 보호진흥원은 전자서명을 안전하고 신
뢰성 있게 이용할 수 있는 환경을 조성
하고 공인인증기관을 효율적으로 관리
하기 위하여 다음 각 호의 업무를 수행
한다.
1. 제4조의 규정에 의하여 공인인증기
관을 지정하는 경우 공인인증기관으로
지정받고자 하는 자가 갖추어야 할 시
설 및 장비에 대한 심사 지원
2. 제14조제1항의 규정에 의한 공인인
증기관에 대한 검사 지원
3. 제18조의3의 규정에 의한 보호조치
에 대한 심사 및 기술 지원
4. 제19조제2항의 규정에 의한 시설 및
장비의 안전운영 여부에 관한 점검
5. 공인인증기관에 대한 공인인증서 발
급·관리 등 인증업무

6. 전자서명인증 관련 기술개발·보급 및
표준화 연구
7. 전자서명인증 관련 제도 연구 및 상
호인정 등 국제협력 지원
8. 그 밖에 전자서명인증관리업무와 관
련하여 필요한 사항
② 제6조, 제7조, 제15조 내지 제18조,
제18조의2, 제18조의3, 제19조제1항 및
제22조의 규정은 보호진흥원의 전자서
명인증관리업무에 관하여 이를 준용한
다. 이 경우 "공인인증기관"은 "보호진
흥원"으로, "가입자"는 "공인인증기관"
으로 본다. [개정 2005. 12. 30.] [[시행
일 2006. 7. 1.]]
③ 보호진흥원은 제1항의 규정에 의한
심사·기술지원·점검 및 공인인증서 발
급 등 전자서명인증관리업무와 관련하
여 수수료 등을 부과할 수 있다.
[전문개정 2001. 12. 31.] [[시행일 2002.
4. 1.]]

제25조의2(이용자의 준수사항)

이용자는 제15조제2항제1호 내지 제6호
의 공인인증서 기재사항 등에 의하여
공인전자서명의 진위 여부를 확인하기
위하여 다음 각 목의 조치를 취하여야
한다.
가. 공인인증서의 유효 여부의 확인
나. 공인인증서의 정지 또는 폐지 여부
의 확인
다. 제15조제2항제7호 및 제8호 사항의
확인
[본조신설 2001. 12. 31.] [[시행일
2002. 4. 1.]]

제25조의3(특정 공인인증서 요구 금지)

누구든지 공인인증서를 이용하여 전자
서명을 확인하는 경우 정당한 이유 없

이 특정 공인인증기관의 공인인증서만
을 요구하여서는 아니 된다.
[본조신설 2001. 12. 31.] [[시행일 2002.
4. 1.]]

제26조(배상책임)

① 공인인증기관은 인증업무 수행과 관
련하여 가입자 또는 공인인증서를 신뢰
한 이용자에게 손해를 입힌 때에는 그
손해를 배상하여야 한다. 다만, 공인인
증기관이 과실 없음을 입증하면 그 배
상책임이 면제된다.
② 공인인증기관은 제1항의 규정에 따
른 손해를 배상하기 위한 보험에 가입
하여야 한다.
[전문개정 2005. 12. 30.] [[시행일 2006.
7. 1.]]

제5장 전자서명인증정책의 추진 등
[개정 2001. 12. 31.]

제26조의2(전자서명인증제도의 발전을 위한 시책의 수립 등)

정부는 전자서명의 안전성과 신뢰성을
확보하고 그 이용을 활성화하는 등 전
자서명 및 인증업무의 발전을 위하여 다
음 각 호의 시책을 수립·시행한다.
1. 전자서명의 안전성과 신뢰성 확보 및 이
용활성화를 위한 기본정책에 관한 사항
2. 전자서명의 원활한 상호 연동을 위한
정책 및 기술표준화에 관한 사항
3. 전자서명 관련 기술개발
4. 전자서명의 이용활성화를 위한 교육
및 홍보에 관한 사항
5. 전자서명의 이용확산을 위한 제도의
개선 및 관계 법령의 정비에 관한 사항

6. 전자서명 관련 단체의 지원 및 관련
정보의 제공에 관한 사항
7. 인증업무와 관련된 가입자와 이용자
의 권익보호에 관한 사항
8. 외국의 전자서명 및 인증서에 대한
상호인정 및 국제협력에 관한 사항
9. 전자서명관련 산업육성 및 인력양성
에 관한 사항
10. 공인인증기관의 안전성 확보를 위
한 보호조치에 관한 사항
11. 전자서명 이용활성화를 위한 시범사
업의 추진 및 통계·실태조사에 관한
사항
12. 전자문서의 안전성과 신뢰성 확보
를 위한 암호사용에 관한 사항
13. 그 밖에 전자서명의 안전성과 신뢰성
확보 및 이용촉진을 위해 필요한 사항
[신설 2001. 12. 31.] [[시행일 2002. 4.
1.]]

제26조의3(전자서명의 상호 연동)

① 행정안전부장관은 전자서명의 원활
한 상호연동을 위하여 다음 각 호의 사
항을 추진한다. [개정 2008. 2. 29. 제
8852호(정부조직법)]
1. 전자서명의 상호 연동을 위한 국내외
표준의 조사연구 및 개발
2. 전자서명의 상호 연동과 관련한 표준
의 제정 및 보급
3. 전자서명의 상호 연동을 위한 전자서
명 및 인증정책의 조정
4. 그 밖에 전자서명의 상호 연동과 관
련한 사항
② 행정안전부장관은 제1항 각호의 사
항을 추진하기 위하여 필요한 경우 관
련기관 및 단체로 하여금 이를 대행하
게 할 수 있다. 이 경우 행정안전부령이
정하는 바에 의하여 이에 소요되는 비
용을 지원할 수 있다. [개정 2008. 2.

29. 제8852호(정부조직법)]
[본조신설 2001. 12. 31.]

제26조의4(전자서명 기술개발 및 인력양성)

행정안전부장관은 전자서명의 이용촉진에 필요한 기술개발 및 전문인력양성을 위하여 다음 각 호의 사항을 추진한다. [개정 2008. 2. 29. 제8852호(정부조직법)]
1. 전자서명 관련 기술수준의 조사, 기술의 연구·개발 및 활용에 관한 사항
2. 전자서명 관련 기술협력 및 기술이전에 관한 사항
3. 전자서명에 관한 기술정보의 제공 및 관련 기관·단체와의 협력에 관한 사항
4. 전자서명 관련 전문인력의 수급실태 조사 및 전문인력양성을 위한 지원사항
5. 그 밖에 전자서명에 관한 기술개발 및 인력양성에 필요한 사항
[본조신설 2001. 12. 31.]

제26조의5(전자서명 시범사업의 추진)

① 행정안전부장관은 전자서명의 이용확산을 위하여 행정안전부령이 정하는 바에 따라 시범사업을 실시할 수 있다. [개정 2008. 2. 29. 제8852호(정부조직법)]
② 정부는 제1항의 규정에 의한 시범사업에 대하여 행정적·재정적·기술적 지원을 할 수 있다.
[본조신설 2001. 12. 31.]

제26조의6(전자서명이용촉진을 위한 지원)

① 국가 또는 지방자치단체는 전자서명의 이용촉진을 위하여 금융지원을 할 수 있다.
② 정부는 전자거래의 안전성과 신뢰성 확보를 위하여 공인전자서명을 사용하는 경우 전자거래에 수반하는 수수료 등을 감면하는 시책을 수립·시행할 수 있다.
③ 정부는 전자서명과 관련된 법인 또는 단체가 전자서명 이용촉진을 위한 사업을 실시하는 경우 예산의 범위 안에서 당해 사업비의 전부 또는 일부를 지원할 수 있다.
[신설 2001. 12. 31.] [[시행일 2002. 4. 1.]]

제26조의7(공인인증정책심의위원회)

① 공인인증정책에 관한 다음 각 호의 사항을 심의하기 위하여 행정안전부에 공인인증정책심의위원회(이하 "심의위원회"라 한다)를 둔다. [개정 2008. 2. 29. 제8852호(정부조직법)]
1. 제4조의 규정에 따른 공인인증기관의 지정 및 제12조의 규정에 따른 지정취소에 관한 사항
2. 제27조의 규정에 따른 가입자 및 이용자의 보호에 관한 사항
3. 제27조의2의 규정에 따른 국가 간 상호 인정에 관한 사항
4. 공인인증업무와 관련된 분쟁의 해결을 위한 주요정책에 관한 사항
5. 그 밖에 행정안전부장관이 전자서명 인증정책의 추진에 있어 필요하다고 인정하는 사항
② 심의위원회는 위원장 1인을 포함한 9인 이내의 위원으로 구성하되, 위원 중 1인은 상임으로 한다.
③ 심의위원회의 위원장을 포함한 위원은 대통령령이 정하는 바에 의하여 행정안전부장관이 임명 또는 위촉한다. [개정 2008. 2. 29. 제8852호(정부조직법)]
④ 위원의 임기는 3년으로 하되, 연임할 수 있다.
⑤ 이 법이 정한 사항 외에 심의위원회의 조직 및 운영 등에 관하여 필요한 사항은 대통령령으로 정한다.
[본조신설 2005. 12. 30.]

제6장 보칙 [개정 2001. 12. 31.]

제27조(가입자 및 이용자의 보호)

① 정부는 가입자 및 이용자의 불만 및 피해를 신속하고 공정하게 처리할 수 있도록 필요한 조치를 마련하여야 한다.
② 제1항의 조치에 관한 구체적 사항은 행정안전부령으로 정한다. [개정 2008. 2. 29. 제8852호(정부조직법)]
[본조신설 2001. 12. 31.]

제27조의2(상호 인정)

① 정부는 전자서명의 상호 인정을 위하여 외국정부와 협정을 체결할 수 있다.
② 제1항의 규정에 의하여 협정을 체결하는 경우에는 외국의 인증기관 또는 외국의 인증기관이 발급한 인증서에 대하여 이 법에 의한 공인인증기관 또는 공인인증서와 동일한 법적 지위 또는 법적 효력을 부여하는 것을 그 협정의 내용으로 할 수 있다. [개정 2001. 12. 31.]
③ 행정안전부장관은 제1항의 규정에 의하여 외국정부와 전자서명의 상호 인정에 관한 협정을 체결한 경우에는 그 내용을 고시하여야 한다. [개정 2008. 2. 29. 제8852호(정부조직법)]
④ 제1항의 규정에 따라 외국정부와 협정이 체결된 경우 외국의 전자서명 또는 인증서는 공인전자서명 또는 공인인증서와 동등한 효력을 가진 것으로 본다. [신설 2001. 12. 31.]

제28조(요금 부과)

공인인증기관은 공인인증서의 발급을 신청하는 자 또는 인증역무를 제공받는 자에게 수수료 등 필요한 요금을 부과할 수 있다. [개정 2001. 12. 31.] [[시행일 2002. 4. 1.]]

제29조(청문)

행정안전부장관은 제12조제1항의 규정에 의하여 지정취소를 하고자 하는 경우에는 청문을 실시하여야 한다. [개정 2008. 2. 29. 제8852호(정부조직법)]

제30조(권한의 위임)

이 법에 의한 행정안전부장관의 권한은 대통령령이 정하는 바에 의하여 그 일부를 소속기관의 장 또는 체신청장에게 위임·위탁할 수 있다. [개정 2008. 2. 29. 제8852호(정부조직법)]

제7장 벌칙 [개정 2001. 12. 31.]

제31조(벌칙)

다음 각 호의 1에 해당하는 자는 3년 이하의 징역 또는 3천만 원 이하의 벌금에 처한다.[개정 2001. 12. 31.] [[시행일 2002. 4. 1.]]
1. 제21조제3항의 규정에 위반하여 가입자의 신청 없이 가입자의 전자서명생성정보를 보관하거나 전자서명생성정보의 보관을 신청한 가입자의 승낙 없이 이를 이용하거나 유출한 자
2. 제23조제1항의 규정에 위반하여 타인의 전자서명생성정보를 도용 또는 누설한 자
3. 제23조제2항의 규정에 위반하여 타인의 명의로 공인인증서를 발급받거나 발급받을 수 있도록 한 자

제32조(벌칙)

다음 각 호의 어느 하나에 해당하는 자

는 1년 이하의 징역 또는 1천만 원 이하의 벌금에 처한다. [개정 2005. 12. 30.] [[시행일 2006. 7. 1.]]
1. 제22조제2항의 규정에 위반하여 가입자인증서 등을 보관하지 아니한 자
2. 삭제 [2005. 12. 30.] [[시행일 2006. 7. 1.]]
3. 제23조제4항의 규정을 위반하여 공인인증서를 이용범위 또는 용도에서 벗어나 부정하게 사용한 자 [[시행일 2006. 7. 1.]]
4. 제23조제5항의 규정을 위반하여 행사하게 할 목적으로 다른 사람에게 공인인증서를 양도 또는 대여하거나 행사할 목적으로 다른 사람의 공인인증서를 양도 또는 대여 받은 자 [[시행일 2006. 7. 1.]]
[전문개정 2001. 12. 31.] [[시행일 2002. 4. 1.]]

제33조(양벌규정)

법인의 대표자나 법인 또는 개인의 대리인, 사용인, 그 밖의 종업원이 그 법인 또는 개인의 업무에 관하여 제31조 또는 제32조의 위반행위를 하면 그 행위자를 벌하는 외에 그 법인 또는 개인에게도 해당 조문의 벌금형을 과(科)한다. 다만, 법인 또는 개인이 그 위반행위를 방지하기 위하여 해당 업무에 관하여 상당한 주의와 감독을 게을리하지 아니한 경우에는 그러하지 아니하다.
[전문개정 2008. 12. 26.]
[본조제목개정 2008. 12. 26.]

제34조(과태료)

① 다음 각 호의 어느 하나에 해당하는 자는 500만 원 이하의 과태료에 처한다. [개정 2001. 12. 31, 2005. 12. 30, 2008. 2. 29. 제8852호(정부조직법)]
1. 제6조제1항 또는 제3항(제25조제2항에 의하여 준용되는 경우를 포함한다)의 규정에 위반하여 인증업무준칙의 신고 또는 변경신고를 하지 아니하거나 동조제4항(제25조제2항에 의하여 준용되는 경우를 포함한다)의 규정에 의한 인증업무준칙의 변경에 관한 명령을 이행하지 아니한 자
2. 제7조(제25조제2항에 의하여 준용되는 경우를 포함한다)의 규정에 위반하여 정당한 사유 없이 인증역무의 제공을 거부하거나 가입자 또는 이용자를 부당하게 차별한 자
3. 제9조제1항의 규정에 의한 신고를 하지 아니한 자
4. 제10조제1항의 규정에 의한 인증업무의 휴지 또는 동조제2항의 규정에 의한 인증업무의 폐지 사실을 가입자에게 통보하지 아니하거나 행정안전부장관에게 신고하지 아니한 자
5. 제10조제3항 또는 제12조제2항의 규정에 위반하여 정당한 사유 없이 다른 공인인증기관에게 가입자인증서 등을 인계하지 아니하거나 신고하지 아니한 자
6. 제14조제1항의 규정에 의한 자료를 제출하지 아니하거나 허위의 자료를 제출한 자 또는 관계 공무원의 출입·검사를 거부·방해 또는 기피한 자
7. 제21조제4항의 규정에 의한 통보를 하지 아니한 자
7의2. 제22조의3제1항의 규정에 의한 인증업무를 제공하는 정보처리시스템의 장애발생 신고를 하지 아니한 자
8. 제23조제3항의 규정에 위반하여 공인인증서가 아닌 인증서 등을 공인인증서로 혼동하게 하거나 혼동할 우려가 있는 유사한 표시를 사용하거나 허위로 공인인증서의 사용을 표시한 자
9. 제25조의3의 규정을 위반하여 특정 공

인인증기관의 공인인증서만을 요구한 자
10. 제26조제2항의 규정을 위반하여 보험에 가입하지 아니한 자
② 제1항의 규정에 의한 과태료는 대통령령이 정하는 바에 의하여 행정안전부장관이 부과·징수한다. [개정 2008. 2. 29. 제8852호(정부조직법)]
③ 제2항의 규정에 의한 과태료처분에 불복이 있는 자는 그 처분의 고지를 받은 날부터 30일 이내에 행정안전부장관에게 이의를 제기할 수 있다. [개정 2008. 2. 29. 제8852호(정부조직법)]
④ 제2항의 규정에 의한 과태료처분을 받은 자가 제3항의 규정에 의하여 이의를 제기한 때에는 행정안전부장관은 지체 없이 관할법원에 그 사실을 통보하여야 하며, 그 통보를 받은 관할법원은 「비송사건절차법」에 의한 과태료의 재판을 한다. [개정 2005. 12. 30, 2008. 2. 29. 제8852호(정부조직법)]
⑤ 제3항의 규정에 의한 기간 내에 이의를 제기하지 아니하고 과태료를 납부하지 아니한 때에는 국세체납처분의 예에 의하여 이를 징수한다.

부칙 [1999. 2. 5. 제5792호]

이 법은 1999년 7월 1일부터 시행한다.

부칙 [2001. 1. 16. 제6360호(정보통신망이용촉진및정보보호등에관한법률)]

제1조(시행일) 이 법은 2001년 7월 1일부터 시행한다.
제2조 내지 제4조 생략
제5조(다른 법률의 개정) ① 내지 ③ 생략
④ 전자서명법 중 다음과 같이 개정한다.
제8조제1항 중 "정보화촉진기본법 제14조의2의 규정에 의한 한국정보보호센터

(이하 '보호센터'라 한다)로부터"를 "정보통신망이용촉진및정보보호등에관한법률 제52조의 규정에 의한한국정보보호진흥원(이하 '보호진흥원'이라 한다)으로부터"로 한다.
제10조제4항 및 제21조제3항 중 "보호센터"를 각각 "보호진흥원"으로 한다.
제16조제1항제5호 중 "보호센터가"를 "보호진흥원이"로 한다.
제16조제3항 중 "보호센터로"를 "보호진흥원으로"로 한다.
제21조제4항 및 제21조제5항 중 "보호센터는"을 각각 "보호진흥원은"으로 한다.
제25조제1항 중 "보호센터는"을 "보호진흥원은"으로 하고, 동조제2항 중 "'보호센터'로"를 "'보호진흥원'으로"로 한다.
⑤ 생략
제6조 생략

부칙 [2001. 12. 31. 제6585호]

제1조(시행일) 이 법은 2002년 4월 1일부터 시행한다.
제2조(배상책임에 관한 경과조치) 이 법 시행 전에 공인인증기관의 인증업무 수행과 관련하여 발생한 손해에 대한 배상책임은 종전의 규정에 의한다.
제3조(벌칙의 적용에 관한 경과조치) 이 법 시행 전의 행위에 관한 벌칙의 적용에 있어서는 종전의 규정에 의한다.
제4조(다른 법률의 개정) ① 정보통신망이용촉진및정보보호등에관한법률 중 다음과 같이 개정한다.
제18조제2항의 "전자서명(작성자를 알아볼 수 있고 문서의 변경여부를 확인할 수 있는 것을 말한다)"을 "전자서명법 제2조제3호의 규정에 의한 공인전자서명"으로 한다.
② 전자정부구현을위한행정업무등의전자화촉진에관한법률 중 다음과 같이 개정

한다.
제18조제1항, 제20조제1항 및 제3항 중 "전자서명법 제2조제2호의 규정에 의한 전자서명"을 각각 "전자서명법 제2조제3호의 규정에 의한 공인전자서명"으로 한다.

부칙 [2005. 3. 31. 제7428호(채무자 회생 및 파산에 관한 법률)]

제1조(시행일) 이 법은 공포 후 1년이 경과한 날부터 시행한다.
제2조 내지 제4조 생략
제5조(다른 법률의 개정) ① 내지 <98> 생략
<99> 전자서명법 일부를 다음과 같이 개정한다.
제5조제1호 가목 중 "파산자"를 "파산선고를 받은 자"로 한다.
<100> 내지 <145> 생략
제6조 생략

부칙 [2005. 12. 30. 제7813호]

① (시행일) 이 법은 공포 후 6개월이 경과한 날부터 시행한다. 다만, 법 제4조제4항의 개정규정은 공포한 날부터 시행한다.
② (벌칙의 적용에 관한 경과조치) 이 법 시행 전의 행위에 대한 벌칙의 적용에 있어서는 종전의 규정에 의한다.

부칙 [2008. 2. 29. 제8852호(정부조직법)]

제1조(시행일) 이 법은 공포한 날부터 시행한다. 단서 생략
제2조부터 제5조까지 생략
제6조(다른 법률의 개정) ①부터 <426>

까지 생략
<427> 전자서명법 일부를 다음과 같이 개정한다.
제26조의7제1항 각 호 외의 부분 중 "정보통신부"를 "행정안전부"로 한다.
제4조제1항, 제6조제1항 각 호 외의 부분, 제9조제1항, 제10조제1항 전단ㆍ제2항ㆍ제3항 단서ㆍ제4항, 제11조 각 호 외의 부분, 제12조제1항 각 호 외의 부분 본문ㆍ제2항 단서, 제13조제1항ㆍ제3항, 제14조제1항 각 호 외의 부분, 제27조의2제3항, 제29조, 제30조 및 제34조제2항부터 제4항까지 중 "정보통신부장관"을 각각 "행정안전부장관"으로 한다.
제4조제4항, 제6조제2항부터 제4항까지, 제8조제1항, 제14조제2항, 제16조제2항ㆍ제3항 전단, 제19조제3항 전단ㆍ후단, 제22조의3제1항ㆍ제2항 각 호 외의 부분, 제26조의3제1항 각 호 외의 부분ㆍ제2항 전단, 제26조의4 각 호 외의 부분, 제26조의5제1항, 제26조의7제1항제5호ㆍ제3항 및 제34조제1항제4호 중 "정보통신부장관"을 각각 "행정안전부장관"으로 한다.
제6조제3항, 제15조제6항, 제18조의3, 제26조의3제2항 후단, 제26조의5제1항 및 제27조제2항 중 "정보통신부령"을 각각 "행정안전부령"으로 한다.
제9조제1항, 제10조제5항 및 제12조제4항 중 "정보통신부령"을 각각 "행정안전부령"으로 한다.
제30조 본문 중 "소속기관의 장에게 위임"을 "소속기관의 장 또는 체신청장에게 위임ㆍ위탁"으로 한다.
<428>부터 <760>까지 생략
제7조 생략

부칙 [2008. 12. 26. 제9208호]

이 법은 공포한 날부터 시행한다.

통신비밀보호법

법률 제9752호 일부개정 2009. 05. 28.

제1조(목적)

이 법은 통신 및 대화의 비밀과 자유에 대한 제한은 그 대상을 한정하고 엄격한 법적 절차를 거치도록 함으로써 통신비밀을 보호하고 통신의 자유를 신장함을 목적으로 한다.

제2조(정의)

이 법에서 사용하는 용어의 정의는 다음과 같다. [개정 2001. 12. 29, 2004. 1. 29.]

1. "통신"이라 함은 우편물 및 전기통신을 말한다.

2. "우편물"이라 함은 우편법에 의한 통상우편물과 소포우편물을 말한다.

3. "전기통신"이라 함은 전화·전자우편·회원제정보서비스·모사전송·무선호출 등과 같이 유선·무선·광선 및 기타의 전자적 방식에 의하여 모든 종류의 음향·문언·부호 또는 영상을 송신하거나 수신하는 것을 말한다.

4. "당사자"라 함은 우편물의 발송인과 수취인, 전기통신의 송신인과 수신인을 말한다.

5. "내국인"이라 함은 대한민국의 통치권이 사실상 행사되고 있는 지역에 주소 또는 거소를 두고 있는 대한민국 국민을 말한다.

6. "검열"이라 함은 우편물에 대하여 당사자의 동의 없이 이를 개봉하거나 기타의 방법으로 그 내용을 지득 또는 채록하거나 유치하는 것을 말한다.

7. "감청"이라 함은 전기통신에 대하여 당사자의 동의 없이 전자장치·기계장치 등을 사용하여 통신의 음향·문언·부호·영상을 청취·공독하여 그 내용을 지득 또는 채록하거나 전기통신의 송·수신을 방해하는 것을 말한다.

8. "감청설비"라 함은 대화 또는 전기통신의 감청에 사용될 수 있는 전자장치·기계장치 기타 설비를 말한다. 다만, 전기통신 기기·기구 또는 그 부품으로서 일반적으로 사용되는 것 및 청각교정을 위한 보청기 또는 이와 유사한 용도로 일반적으로 사용되는 것 중에서, 대통령령이 정하는 것은 제외한다.

8의2. "불법감청설비탐지"라 함은 이 법의 규정에 의하지 아니하고 행하는 감청 또는 대화의 청취에 사용되는 설비를 탐지하는 것을 말한다.

9. "전자우편"이라 함은 컴퓨터 통신망을 통해서 메시지를 전송하는 것 또는 전송된 메시지를 말한다. [신설 2001. 12. 29.]

10. "회원제정보서비스"라 함은 특정의 회원이나 계약자에게 제공하는 정보서비스 또는 그와 같은 네트워크의 방식을 말한다. [신설 2001. 12. 29.]

11. "통신사실확인자료"라 함은 다음 각목의 어느 하나에 해당하는 전기통신사실에 관한 자료를 말한다.

가. 가입자의 전기통신일 시

나. 전기통신개시·종료시간

다. 발·착신 통신번호 등 상대방의 가입자번호

라. 사용도 수

마. 컴퓨터통신 또는 인터넷의 사용자가 전기통신역무를 이용한 사실에 관한 컴퓨터통신 또는 인터넷의 로그기록자료

바. 정보통신망에 접속된 정보통신기기

의 위치를 확인할 수 있는 발신기지국의 위치추적자료

사. 컴퓨터통신 또는 인터넷의 사용자가 정보통신망에 접속하기 위하여 사용하는 정보통신기기의 위치를 확인할 수 있는 접속지의 추적자료 [신설 2001. 12. 29.] [개정 2005. 1. 27.]

12. "단말기기 고유번호"라 함은 이동통신사업자와 이용계약이 체결된 개인의 이동전화 단말기기에 부여된 전자적 고유번호를 말한다.

제3조(통신 및 대화비밀의 보호)

① 누구든지 이 법과 형사소송법 또는 군사법원법의 규정에 의하지 아니하고는 우편물의 검열·전기통신의 감청 또는 통신사실확인자료의 제공을 하거나 공개되지 아니한 타인 간의 대화를 녹음 또는 청취하지 못한다. 다만, 다음 각 호의 경우에는 당해 법률이 정하는 바에 의한다. [개정 2001. 12. 29, 2004. 1. 29, 2005. 3. 31. 법률 제7428호(「채무자 회생 및 파산에 관한 법률」), 2007. 12. 21. 제8728호(형의 집행 및 수용자의 처우에 관한 법률)] [[시행일 2008. 12. 22.]]

1. 환부우편물 등의 처리: 우편법 제28조·제32조·제35조·제36조등의 규정에 의하여 폭발물 등 우편금제품이 들어 있다고 의심되는 소포우편물(이와 유사한 우편물을 포함한다)을 개피하는 경우, 수취인에게 배달할 수 없거나 수취인이 수령을 거부한 우편물을 발송인에게 환부하는 경우, 발송인의 주소·성명이 누락된 우편물로서 수취인이 수취를 거부하여 환부하는 때에 그 주소·성명을 알기 위하여 개피하는 경우 또는 유가물이 든 환부불능우편물을 처리하는 경우

2. 수출입우편물에 대한 검사: 관세법 제256조·제257조 등의 규정에 의한 신서 외의 우편물에 대한 통관검사절차

3. 구속 또는 복역 중인 사람에 대한 통신: 형사소송법 제91조, 군사법원법 제131조, 「형의 집행 및 수용자의 처우에 관한 법률」 제41조·제43조·제44조 및 군행형법 제15조·제16조 등의 규정에 의한 구속 또는 복역 중인 사람에 대한 통신의 관리

4. 파산선고를 받은 자에 대한 통신: 「채무자 회생 및 파산에 관한 법률」 제484조의 규정에 의하여 파산선고를 받은 자에게 보내온 통신을 파산관재인이 수령하는 경우

5. 혼신제거 등을 위한 전파감시: 전파법 제49조 내지 제51조의 규정에 의한 혼신제거 등 전파질서유지를 위한 전파감시의 경우

② 우편물의 검열 또는 전기통신의 감청 (이하 "통신제한조치"라 한다)은 범죄수사 또는 국가안전보장을 위하여 보충적인 수단으로 이용되어야 하며, 국민의 통신비밀에 대한 침해가 최소한에 그치도록 노력하여야 한다. [신설 2001. 12. 29.]

③ 누구든지 단말기기 고유번호를 제공하거나 제공받아서는 아니 된다. 다만, 이동전화단말기 제조업체 또는 이동통신사업자가 단말기의 개통처리 및 수리 등 정당한 업무의 이행을 위하여 제공하거나 제공받는 경우에는 그러하지 아니하다. [신설 2004. 1. 29.]

제4조(불법검열에 의한 우편물의 내용과 불법감청에 의한 전기통신내용의 증거사용 금지)

제3조의 규정에 위반하여, 불법검열에 의하여 취득한 우편물이나 그 내용 및 불법감청에 의하여 지득 또는 채록된

전기통신의 내용은 재판 또는 징계절차에서 증거로 사용할 수 없다.

제5조(범죄수사를 위한 통신제한조치의 허가요건)

① 통신제한조치는 다음 각 호의 범죄를 계획 또는 실행하고 있거나 실행하였다고 의심할 만한 충분한 이유가 있고 다른 방법으로는 그 범죄의 실행을 저지하거나 범인의 체포 또는 증거의 수집이 어려운 경우에 한하여 허가할 수 있다. [개정 97. 12. 13, 2000. 1. 12, 2001. 12. 29, 2007. 12. 21. 제8733호 (군사기지 및 군사시설 보호법)] [[시행일 2008. 9. 22.]]
1. 형법 제2편 중 제1장 내란의 죄, 제2장 외환의 죄 중 제92조 내지 제101조의 죄, 제4장 국교에 관한 죄 중 제107조, 제108조, 제111조 내지 제113조의 죄, 제5장 공안을 해하는 죄 중 제114조, 제115조의 죄, 제6장 폭발물에 관한 죄, 제7장 공무원의 직무에 관한 죄 중 제127조, 제129조 내지 제133조의 죄, 제9장 도주와 범인은닉의 죄, 제13장 방화와 실화의 죄 중 제164조 내지 제167조ㆍ제172조 내지 제173조ㆍ제174조 및 제175조의 죄, 제17장 아편에 관한 죄, 제18장 통화에 관한 죄, 제19장 유가증권, 우표와 인지에 관한 죄 중 제214조 내지 제217조, 제223조(제214조 내지 제217조의 미수범에 한한다) 및 제224조(제214조 및 제215조의 예비ㆍ음모에 한한다), 제24장 살인의 죄, 제29장 체포와 감금의 죄, 제30장 협박의 죄 중 제283조제1항, 제284조의 상습범에 한한다), 제286조[제283조제1항, 제284조, 제285조(제283조제1항, 제284조의 상습범에 한한다)의 미수범에 한한다]의 죄, 제31장 약취와 유인의 죄, 제32장 강간과 추행의 죄 중 제297조 내지 제301조의2, 제305조의 죄, 제34장 신용, 업무와 경매에 관한 죄중 제315조의 죄, 제37장 권리행사를 방해하는 죄 중 제324조의2 내지 제324조의4ㆍ제324조의5(제324조의2 내지 제324조의4의 미수범에 한한다)의 죄, 제38장 절도와 강도의 죄 중 제329조 내지 제331조, 제332조(제329조 내지 제331조의 상습범에 한한다), 제333조 내지 제341조, 제342조[제329조 내지 제331조, 제332조(제329조 내지 제331조의 상습범에 한한다), 제333조 내지 제341조의 미수범에 한한다]의 죄, 제39장 사기와 공갈의 죄 중 제350조의 죄
2. 군형법 제2편 중 제1장 반란의 죄, 제2장 이적의 죄, 제3장 지휘권 남용의 죄, 제4장 지휘관의 강복과 도피의 죄, 제5장 수소이탈의 죄, 제7장 군무태만의 죄 중 제42조의 죄, 제8장 항명의 죄, 제9장 폭행ㆍ협박ㆍ상해와 살인의 죄, 제11장 군용물에 관한 죄, 제12장 위령의 죄 중 제78조ㆍ제80조ㆍ제81조의 죄
3. 국가보안법에 규정된 범죄
4. 군사기밀보호법에 규정된 범죄
5. 「군사기지 및 군사시설 보호법」에 규정된 범죄
6. 마약류관리에관한법률에 규정된 범죄 중 제58조 내지 제62조의 죄
7. 폭력행위등처벌에관한법률에 규정된 범죄 중 제4조 및 제5조의 죄
8. 총포ㆍ도검ㆍ화약류등단속법에 규정된 범죄 중 제70조 및 제71조제1호 내지 제3호의 죄
9. 특정범죄가중처벌등에관한법률에 규정된 범죄 중 제2조 내지 제8조, 제10조 내지 제12조의 죄
10. 특정경제범죄가중처벌등에관한법률에 규정된 범죄 중 제3조 내지 제9조의 죄

11. 제1호와 제2호의 죄에 대한 가중처벌을 규정하는 법률에 위반하는 범죄

② 통신제한조치는 제1항의 요건에 해당하는 자가 발송·수취하거나 송·수신하는 특정한 우편물이나 전기통신 또는 그 해당자가 일정한 기간에 걸쳐 발송·수취하거나 송·수신하는 우편물이나 전기통신을 대상으로 허가될 수 있다.

제6조(범죄수사를 위한 통신제한조치의 허가절차)

① 검사(검찰관을 포함한다. 이하 같다)는 제5조제1항의 요건이 구비된 경우에는 법원(군사법원을 포함한다. 이하 같다)에 대하여 각 피의자별 또는 각 피내사자별로 통신제한조치를 허가하여 줄 것을 청구할 수 있다. [개정 2001. 12. 29.]

② 사법경찰관(군사법경찰관을 포함한다. 이하 같다)은 제5조제1항의 요건이 구비된 경우에는 검사에 대하여 각 피의자별 또는 각 피내사자별로 통신제한조치에 대한 허가를 신청하고, 검사는 법원에 대하여 그 허가를 청구할 수 있다. [개정 2001. 12. 29.]

③ 제1항 및 제2항의 통신제한조치 청구사건의 관할법원은 그 통신제한조치를 받을 통신당사자의 쌍방 또는 일방의 주소지·소재지, 범죄지 또는 통신당사자와 공범관계에 있는 자의 주소지·소재지를 관할하는 지방법원 또는 지원(보통군사법원을 포함한다)으로 한다. [개정 2001. 12. 29.]

④ 제1항 및 제2항의 통신제한조치청구는 필요한 통신제한조치의 종류·그 목적·대상·범위·기간·집행장소·방법 및 당해 통신제한조치가 제5조제1항의 허가요건을 충족하는 사유 등의 청구이유를 기재한 서면(이하 "청구서"라 한다)으로 하여야 하며, 청구이유에 대

한 소명자료를 첨부하여야 한다. 이 경우 동일한 범죄사실에 대하여 그 피의자 또는 피내사자에 대하여 통신제한조치의 허가를 청구하였거나 허가받은 사실이 있는 때에는 다시 통신제한조치를 청구하는 취지 및 이유를 기재하여야 한다. [개정 2001. 12. 29.]

⑤ 법원은 청구가 이유 있다고 인정하는 경우에는 각 피의자별 또는 각 피내사자별로 통신제한조치를 허가하고, 이를 증명하는 서류(이하 "허가서"라 한다)를 청구인에게 발부한다. [개정 2001. 12. 29.]

⑥ 제5항의 허가서에는 통신제한조치의 종류·그 목적·대상·범위·기간 및 집행장소와 방법을 특정하여 기재하여야 한다. [개정 2001. 12. 29.]

⑦ 통신제한조치의 기간은 2월을 초과하지 못하고, 그 기간 중 통신제한조치의 목적이 달성되었을 경우에는 즉시 종료하여야 한다. 다만, 제5조제1항의 허가요건이 존속하는 경우에는 제1항 및 제2항의 절차에 따라 소명자료를 첨부하여 2월의 범위 안에서 통신제한조치기간의 연장을 청구할 수 있다. [개정 2001. 12. 29.]

⑧ 법원은 청구가 이유 없다고 인정하는 경우에는 청구를 기각하고 이를 청구인에게 통지한다.

제7조(국가안보를 위한 통신제한조치)

① 대통령령이 정하는 정보수사기관의 장(이하 "정보수사기관의 장"이라 한다)은 국가안전보장에 대한 상당한 위험이 예상되는 경우에 한하여 그 위해를 방지하기 위하여 이에 관한 정보수집이 특히 필요한 때에는 다음 각 호의 구분에 따라 통신제한조치를 할 수 있다. [개정 2001. 12. 29.]

1. 통신의 일방 또는 쌍방당사자가 내국인인 때에는 고등법원 수석부장판사의 허가를 받아야 한다. 다만, 군용전기통신법 제2조의 규정에 의한 군용전기통신(작전수행을 위한 전기통신에 한한다)에 대하여는 그러하지 아니하다.
2. 대한민국에 적대하는 국가, 반국가활동의 혐의가 있는 외국의 기관·단체와 외국인, 대한민국의 통치권이 사실상 미치지 아니하는 한반도 내의 집단이나 외국에 소재하는 그 산하단체의 구성원의 통신인 때 및 제1항제1호 단서의 경우에는 서면으로 대통령의 승인을 얻어야 한다.
② 제1항의 규정에 의한 통신제한조치의 기간은 4월을 초과하지 못하고, 그 기간 중 통신제한조치의 목적이 달성되었을 경우에는 즉시 종료하여야 하되, 제1항의 요건이 존속하는 경우에는 소명자료를 첨부하여 고등법원 수석부장판사의 허가 또는 대통령의 승인을 얻어 4월의 범위 이내에서 통신제한조치의 기간을 연장할 수 있다. 다만, 제1항제1호 단서의 규정에 의한 통신제한조치는 전시·사변 또는 이에 준하는 국가비상사태에 있어서 적과 교전상태에 있는 때에는 작전이 종료될 때까지 대통령의 승인을 얻지 아니하고 기간을 연장할 수 있다. [개정 2001. 12. 29.]
③ 제6조제2항·제4항 내지 제6항 및 제8항은 제1항제1호의 규정에 의한 허가에 관하여 이를 적용한다. 이 경우 "사법경찰관(군사법경찰관을 포함한다. 이하 같다)"은 "정보수사기관의 장"으로, "법원"은 "고등법원 수석부장판사"로, "제5조제1항"은 "제7조제1항제1호 본문"으로, 제6조제2항 및 제5항 중 "각 피의자별 또는 각 피내사자별로 통신제한조치"를 각각 "통신제한조치"로 한다. [개정 2001. 12. 29.]

④ 제1항제2호의 규정에 의한 대통령의 승인에 관한 절차 등 필요한 사항은 대통령령으로 정한다.

제8조(긴급통신제한조치)

① 검사, 사법경찰관 또는 정보수사기관의 장은 국가안보를 위협하는 음모행위, 직접적인 사망이나 심각한 상해의 위험을 야기할 수 있는 범죄 또는 조직범죄 등 중대한 범죄의 계획이나 실행 등 긴박한 상황에 있고 제5조제1항 또는 제7조제1항제1호의 규정에 의한 요건을 구비한 자에 대하여 제6조 또는 제7조제1항 및 제3항의 규정에 의한 절차를 거칠 수 없는 긴급한 사유가 있는 때에는 법원의 허가 없이 통신제한조치를 할 수 있다.
② 검사, 사법경찰관 또는 정보수사기관의 장은 제1항의 규정에 의한 통신제한조치(이하 "긴급통신제한조치"라 한다)의 집행착수 후 지체 없이 제6조 및 제7조제3항의 규정에 의하여 법원에 허가청구를 하여야 하며, 그 긴급통신제한조치를 한 때부터 36시간 이내에 법원의 허가를 받지 못한 때에는 즉시 이를 중지하여야 한다.
③ 사법경찰관이 긴급통신제한조치를 할 경우에는 미리 검사의 지휘를 받아야 한다. 다만, 특히 급속을 요하여 미리 지휘를 받을 수 없는 사유가 있는 경우에는 긴급통신제한조치의 집행착수 후 지체 없이 검사의 승인을 얻어야 한다.
④ 검사, 사법경찰관 또는 정보수사기관의 장이 긴급통신제한조치를 하고자 하는 경우에는 반드시 긴급검열서 또는 긴급감청서(이하 "긴급감청서등"이라 한다)에 의하여야 하며 소속기관에 긴급통신제한조치대장을 비치하여야 한다.
⑤ 긴급통신제한조치가 단시간 내에 종

료되어 법원의 허가를 받을 필요가 없는 경우에는 그 종료 후 7일 이내에 관할 지방검찰청검사장(제1항의 규정에 의하여 정보수사기관의 장이 제7조제1항제1호의 규정에 의한 요건을 구비한 자에 대하여 긴급통신제한조치를 한 경우에는 관할 고등검찰청검사장)은 이에 대응하는 법원장에게 긴급통신제한조치를 한 검사, 사법경찰관 또는 정보수사기관의 장이 작성한 긴급통신제한조치통보서를 송부하여야 한다. 다만, 검찰관 또는 군사법경찰관이 제5조제1항의 규정에 의한 요건을 구비한 자에 대하여 긴급통신제한조치를 한 경우에는 관할 보통검찰부장이 이에 대응하는 보통군사법원 군판사에게 긴급통신제한조치통보서를 송부하여야 한다.
⑥ 제5항의 규정에 의한 통보서에는 긴급통신제한조치의 목적·대상·범위·기간·집행장소·방법 및 통신제한조치허가청구를 하지 못한 사유 등을 기재하여야 한다.
⑦ 제5항의 규정에 의하여 긴급통신제한조치통보서를 송부받은 법원 또는 보통군사법원 군판사는 긴급통신제한조치통보대장을 비치하여야 한다.
⑧ 정보수사기관의 장은 국가안보를 위협하는 음모행위, 직접적인 사망이나 심각한 상해의 위험을 야기할 수 있는 범죄 또는 조직범죄 등 중대한 범죄의 계획이나 실행 등 긴박한 상황에 있고 제7조제1항제2호에 해당하는 자에 대하여 대통령의 승인을 얻을 시간적 여유가 없거나 통신제한조치를 긴급히 실시하지 아니하면 국가안전보장에 대한 위해를 초래할 수 있다고 판단되는 때에는 소속 장관(국가정보원장을 포함한다)의 승인을 얻어 통신제한조치를 할 수 있다.
⑨ 제8항의 규정에 의하여 긴급통신제한조치를 한 때에는 지체 없이 제7조의 규정에 의하여 대통령의 승인을 얻어야 하며, 36시간 이내에 대통령의 승인을 얻지 못한 때에는 즉시 그 긴급통신제한조치를 중지하여야 한다.

제9조(통신제한조치의 집행)

① 제6조 내지 제8조의 통신제한조치는 이를 청구 또는 신청한 검사·사법경찰관 또는 정보수사기관의 장이 집행한다. 이 경우 체신관서 기타 관련기관 등(이하 "통신기관 등"이라 한다)에 그 집행을 위탁하거나 집행에 관한 협조를 요청할 수 있다. [개정 2001. 12. 29.]
② 통신제한조치의 집행을 위탁하거나 집행에 관한 협조를 요청하는 자는 통신기관 등에 통신제한조치허가서(제7조제1항제2호의 경우에는 대통령의 승인서를 말한다. 이하 이 조, 제16조제2항제1호 및 제17조제1항제1호·제3호에서 같다) 또는 긴급감청서등의 표지의 사본을 교부하여야 하며, 이를 위탁받거나 이에 관한 협조요청을 받은 자는 통신제한조치허가서 또는 긴급감청서 등의 표지 사본을 대통령령이 정하는 기간 동안 보존하여야 한다. [개정 2001. 12. 29.]
③ 통신제한조치를 집행하는 자와 이를 위탁받거나 이에 관한 협조요청을 받은 자는 당해 통신제한조치를 청구한 목적과 그 집행 또는 협조일시 및 대상을 기재한 대장을 대통령령이 정하는 기간 동안 비치하여야 한다. [신설 2001. 12. 29.]
④ 통신기관 등은 통신제한조치허가서 또는 긴급감청서 등에 기재된 통신제한조치 대상자의 전화번호 등이 사실과 일치하지 않을 경우에는 그 집행을 거부할 수 있으며, 어떠한 경우에도 전기통신에 사용되는 비밀번호를 누설할 수 없다. [신설 2001. 12. 29.]

제9조의2(통신제한조치의 집행에 관한 통지)

① 검사는 제6조제1항 및 제8조제1항의 규정에 의한 통신제한조치를 집행한 사건에 관하여 공소를 제기하거나, 공소의 제기 또는 입건을 하지 아니하는 처분(기소중지 결정을 제외한다)을 한 때에는 그 처분을 한 날부터 30일 이내에 우편물 검열의 경우에는 그 대상자에게, 감청의 경우에는 그 대상이 된 전기통신의 가입자에게 통신제한조치를 집행한 사실과 집행기관 및 그 기간 등을 서면으로 통지하여야 한다.
② 사법경찰관은 제6조제1항 및 제8조제1항의 규정에 의한 통신제한조치를 집행한 사건에 관하여 검사로부터 공소를 제기하거나 제기하지 아니하는 처분(기소중지 결정을 제외한다)의 통보를 받거나 내사사건에 관하여 입건하지 아니하는 처분을 한 때에는 그날부터 30일 이내에 우편물 검열의 경우에는 그 대상자에게, 감청의 경우에는 그 대상이 된 전기통신의 가입자에게 통신제한조치를 집행한 사실과 집행기관 및 그 기간 등을 서면으로 통지하여야 한다.
③ 정보수사기관의 장은 제7조제1항제1호 본문 및 제8조제1항의 규정에 의한 통신제한조치를 종료한 날부터 30일 이내에 우편물 검열의 경우에는 그 대상자에게, 감청의 경우에는 그 대상이 된 전기통신의 가입자에게 통신제한조치를 집행한 사실과 집행기관 및 그 기간 등을 서면으로 통지하여야 한다.
④ 제1항 내지 제3항의 규정에 불구하고 다음 각 호의 1에 해당하는 사유가 있는 때에는 그 사유가 해소될 때까지 통지를 유예할 수 있다.
1. 통신제한조치를 통지할 경우 국가의 안전보장·공공의 안녕질서를 위태롭게 할 현저한 우려가 있는 때
2. 통신제한조치를 통지할 경우 사람의 생명·신체에 중대한 위험을 초래할 염려가 현저한 때
⑤ 검사 또는 사법경찰관은 제4항의 규정에 의하여 통지를 유예하고자 하는 경우에는 소명자료를 첨부하여 미리 관할 지방검찰청검사장의 승인을 얻어야 한다. 다만, 검찰관 및 군사법경찰관이 제4항의 규정에 의하여 통지를 유예하고자 하는 경우에는 소명자료를 첨부하여 미리 관할 보통검찰부장의 승인을 얻어야 한다.
⑥ 검사, 사법경찰관 또는 정보수사기관의 장은 제4항 각호의 사유가 해소된 때에는 그 사유가 해소된 날부터 30일 이내에 제1항 내지 제3항의 규정에 의한 통지를 하여야 한다.
[본조신설 2001. 12. 29.]

제9조의3(압수·수색·검증의 집행에 관한 통지)

① 검사는 송·수신이 완료된 전기통신에 대하여 압수·수색·검증을 집행한 경우 그 사건에 관하여 공소를 제기하거나 공소의 제기 또는 입건을 하지 아니하는 처분(기소중지결정을 제외한다)을 한 때에는 그 처분을 한 날부터 30일 이내에 수사대상이 된 가입자에게 압수·수색·검증을 집행한 사실을 서면으로 통지하여야 한다.
② 사법경찰관은 송·수신이 완료된 전기통신에 대하여 압수·수색·검증을 집행한 경우 그 사건에 관하여 검사로부터 공소를 제기하거나 제기하지 아니하는 처분의 통보를 받거나 내사사건에 관하여 입건하지 아니하는 처분을 한 때에는 그날부터 30일 이내에 수사대상이 된 가입자에게 압수·수색·검증을 집행한 사실을 서면으로 통지하여야 한다.
[본조신설 2009. 5. 28.]

제10조(감청설비에 대한 인가기관과 인가
절차)

① 감청설비를 제조・수입・판매・배포・
소지・사용하거나 이를 위한 광고를 하
고자 하는 자는 방송통신위원회의 인가
를 받아야 한다. 다만, 국가기관의 경우
에는 그러하지 아니하다. [개정 1997. 12.
13, 2008. 2. 29. 제8867호(「방송통신위
원회의 설치 및 운영에 관한 법률」)]
② 삭제 [2004. 1. 29.]
③ 방송통신위원회는 제1항의 인가를 하
는 경우에는 인가신청자, 인가연월일,
인가된 감청설비의 종류와 수량 등 필
요한 사항을 대장에 기재하여 비치하여
야 한다. [개정 1997. 12. 13, 2008. 2.
29. 제8867호(「방송통신위원회의 설치
및 운영에 관한 법률」)]
④ 제1항의 인가를 받아 감청설비를 제
조・수입・판매・배포・소지 또는 사
용하는 자는 인가연월일, 인가된 감청설
비의 종류와 수량, 비치장소 등 필요한
사항을 대장에 기재하여 비치하여야 한
다. 다만, 지방자치단체의 비품으로서
그 직무수행에 제공되는 감청설비는 해
당 기관의 비품대장에 기재한다.
⑤ 제1항의 인가에 관하여 기타 필요한
사항은 대통령령으로 정한다.

제10조의2(국가기관 감청설비의 신고)

① 국가기관(정보수사기관을 제외한다)이
감청설비를 도입하는 때에는 매 반기별
로 그 제원 및 성능 등 대통령령이 정
하는 사항을 방송통신위원회에 신고하
여야 한다. [개정 2008. 2. 29. 제8867
호(「방송통신위원회의 설치 및 운영에
관한 법률」)]
② 정보수사기관이 감청설비를 도입하
는 때에는 매 반기별로 그 제원 및 성
능 등 대통령령이 정하는 사항을 국회
정보위원회에 통보하여야 한다.
[본조신설 2001. 12. 29.]

10조의3(불법감청설비탐지업의 등록 등)

① 영리를 목적으로 불법감청설비탐지업
을 하고자 하는 자는 대통령령이 정하
는 바에 의하여 방송통신위원회에 등록
을 하여야 한다. [개정 2008. 2. 29. 제
8867호(「방송통신위원회의 설치 및 운
영에 관한 법률」)]
② 제1항의 규정에 의한 등록은 법인에
한하여 할 수 있다.
③ 제1항의 규정에 의한 등록을 하고자
하는 자는 대통령령이 정하는 이용자보
호계획・사업계획・기술・재정능력・탐
지장비 그 밖에 필요한 사항을 갖추어야
한다. [개정 2008. 2. 29. 제8867호(「방
송통신위원회의 설치 및 운영에 관한
법률」)]
④ 제1항의 규정에 의한 등록의 변경요
건 및 절차, 등록한 사업의 양도・양
수・승계・휴지・폐지 및 그 신고, 등
록업무의 위임 등에 관하여 필요한 사
항은 대통령령으로 정한다.
[본조신설 2004. 1. 29.]

제10조의4(불법감청설비탐지업자의 결격사유)

법인의 대표자가 다음 각 호의 1에 해
당하는 경우에는 제10조의3의 규정에
의한 등록을 할 수 없다. [개정 2005. 3.
31. 법률 제7428호(채무자 회생 및 파
산에 관한 법률)] [[시행일 2006. 4. 1.]]
1. 금치산자 또는 한정치산자
2. 파산선고를 받은 자로서 복권되지 아
니한 자
3. 금고 이상의 실형을 선고받고 그 집
행이 종료(집행이 종료된 것으로 보는

경우를 포함한다)되거나 집행이 면제된
날부터 2년이 경과되지 아니한 자
4. 금고 이상의 형의 집행유예 선고를
받고 그 유예기간 중에 있는 자
5. 법원의 판결 또는 다른 법률에 의하
여 자격이 상실 또는 정지된 자
6. 제10조의5의 규정에 의하여 등록이 취
소된 법인의 취소 당시 대표자로서 그
등록이 취소된 날부터 2년이 경과되지
아니한 자
[본조신설 2004. 1. 29.]

제10조의5(등록의 취소)

방송통신위원회는 불법감청설비탐지업을
등록한 자가 다음 각 호의 1에 해당하
는 경우에는 그 등록을 취소하거나 6월
이내의 기간을 정하여 그 영업의 정지
를 명할 수 있다. 다만, 제1호 또는 제2
호에 해당하는 경우에는 그 등록을 취
소하여야 한다. [개정 2008. 2. 29. 제
8867호(「방송통신위원회의 설치 및 운
영에 관한 법률」)]
1. 거짓 그 밖의 부정한 방법으로 등록
또는 변경등록을 한 경우
2. 제10조의4의 규정에 의한 결격사유
에 해당하게 된 경우
3. 영업행위와 관련하여 알게 된 비밀을
다른 사람에게 누설한 경우
4. 불법감청설비탐지업 등록증을 다른
사람에게 대여한 경우
5. 영업행위와 관련하여 고의 또는 중대
한 과실로 다른 사람에게 중대한 손해
를 입힌 경우
6. 다른 법률의 규정에 의하여 국가 또
는 지방자치단체로부터 등록취소의 요
구가 있는 경우
[본조신설 2004. 1. 29.]

제11조(비밀준수의 의무)

① 통신제한조치의 허가·집행·통보 및
각종 서류작성 등에 관여한 공무원 또
는 그 직에 있었던 자는 직무상 알게
된 통신제한조치에 관한 사항을 외부에
공개하거나 누설하여서는 아니 된다.
② 통신제한조치에 관여한 통신기관의
직원 또는 그 직에 있었던 자는 통신제
한조치에 관한 사항을 외부에 공개하거
나 누설하여서는 아니 된다.
③ 제1항 및 제2항에 규정된 자 외에 누
구든지 이 법의 규정에 의한 통신제한
조치로 지득한 내용을 이 법의 규정에 의
하여 사용하는 경우 외에는 이를 외부
에 공개하거나 누설하여서는 아니 된다.
④ 법원에서의 통신제한조치의 허가절
차·허가여부·허가내용 등의 비밀유지
에 관하여 필요한 사항은 대법원규칙으
로 정한다.
[전문개정 2001. 12. 29.]

제12조(통신제한조치로 취득한 자료의 사
용제한)

제9조의 규정에 의한 통신제한조치의 집
행으로 인하여 취득된 우편물 또는 그
내용과 전기통신의 내용은 다음 각 호
의 경우 외에는 사용할 수 없다.
1. 통신제한조치의 목적이 된 제5조제1
항에 규정된 범죄나 이와 관련되는 범
죄를 수사·소추하거나 그 범죄를 예방
하기 위하여 사용하는 경우
2. 제1호의 범죄로 인한 징계절차에 사
용하는 경우
3. 통신의 당사자가 제기하는 손해배상
소송에서 사용하는 경우
4. 기타 법률의 규정에 의하여 사용하는
경우

제13조(범죄수사를 위한 통신사실 확인자료제공의 절차)

① 검사 또는 사법경찰관은 수사 또는 형의 집행을 위하여 필요한 경우 전기통신사업법에 의한 전기통신사업자(이하 "전기통신사업자"라 한다)에게 통신사실 확인자료의 열람이나 제출(이하 "통신사실 확인자료제공"이라 한다)을 요청할 수 있다.

② 제1항의 규정에 의한 통신사실 확인자료제공을 요청하는 경우에는 요청사유, 해당 가입자와의 연관성 및 필요한 자료의 범위를 기록한 서면으로 관할 지방법원(보통군사법원을 포함한다. 이하 같다) 또는 지원의 허가를 받아야 한다. 다만, 관할 지방법원 또는 지원의 허가를 받을 수 없는 긴급한 사유가 있는 때에는 통신사실 확인자료제공을 요청한 후 지체 없이 그 허가를 받아 전기통신사업자에게 송부하여야 한다. [개정 2005. 5. 26.]

③ 제2항 단서의 규정에 의하여 긴급한 사유로 통신사실확인자료를 제공받았으나 지방법원 또는 지원의 허가를 받지 못한 경우에는 지체 없이 제공받은 통신사실확인자료를 폐기하여야 한다. [개정 2005. 5. 26.]

④ 삭제 [2005. 5. 26.]

⑤ 검사 또는 사법경찰관은 제2항의 규정에 따라 통신사실 확인자료제공을 받은 때에는 당해 통신사실 확인자료제공요청사실 등 필요한 사항을 기재한 대장과 통신사실 확인자료제공요청서 등 관련자료를 소속기관에 비치하여야 한다. [개정 2005. 5. 26.]

⑥ 지방법원 또는 지원은 제2항의 규정에 따라 통신사실 확인자료제공 요청허가청구를 받은 현황, 이를 허가한 현황 및 관련된 자료를 보존하여야 한다. [개

정 2005. 5. 26.]

⑦ 전기통신사업자는 검사, 사법경찰관 또는 정보수사기관의 장에게 통신사실 확인자료를 제공한 때에는 자료제공현황 등을 연 2회 방송통신위원회에 보고하고, 당해 통신사실 확인자료 제공사실 등 필요한 사항을 기재한 대장과 통신사실 확인자료제공요청서 등 관련자료를 통신사실확인자료를 제공한 날부터 7년간 비치하여야 한다. [개정 2008. 2. 29. 제8867호(「방송통신위원회의 설치 및 운영에 관한 법률」)]

⑧ 방송통신위원회는 전기통신사업자가 제7항의 규정에 의하여 보고한 내용의 사실 여부 및 비치하여야 하는 대장 등 관련자료의 관리실태를 점검할 수 있다. [개정 2008. 2. 29. 제8867호(「방송통신위원회의 설치 및 운영에 관한 법률」)]

⑨ 이 조에서 규정된 사항 외에 범죄수사를 위한 통신사실 확인자료제공과 관련된 사항에 관하여는 제6조(동조제7항을 제외한다)의 규정을 준용한다. [신설 2005. 5. 26.]

[본조신설 2001. 12. 29.]
[본조제목개정 2005. 5. 26.]

제13조의2(법원에의 통신사실확인자료제공)

법원은 재판상 필요한 경우에는 민사소송법 제294조 또는 형사소송법 제272조의 규정에 의하여 전기통신사업자에게 통신사실확인자료제공을 요청할 수 있다.[개정 2002. 1. 26. 법률 제6626호]
[[시행일 2002. 7. 1.]]
[본조신설 2001. 12. 29.]

제13조의3(범죄수사를 위한 통신사실 확인자료제공의 통지)

① 제13조의 규정에 의하여 통신사실 확

인자료제공을 받은 사건에 관하여 공소를 제기하거나, 공소의 제기 또는 입건을 하지 아니하는 처분(기소중지결정을 제외한다)을 한 때에는 그 처분을 한 날부터 30일 이내에 통신사실 확인자료제공을 받은 사실과 제공요청기관 및 그 기간 등을 서면으로 통지하여야 한다.
② 제1항에 규정된 사항 외에 통신사실 확인자료제공을 받은 사실 등에 관하여는 제9조의2(동조제3항을 제외한다)의 규정을 준용한다.
[본조신설 2005. 5. 26.] [[시행일 2005. 8. 27.]]

제13조의4(국가안보를 위한 통신사실 확인자료제공의 절차 등)

① 정보수사기관의 장은 국가안전보장에 대한 위해를 방지하기 위하여 정보수집이 필요한 경우 전기통신사업자에게 통신사실 확인자료제공을 요청할 수 있다.
② 제7조 내지 제9조 및 제9조의2제3항·제4항·제6항의 규정은 제1항의 규정에 의한 통신사실 확인자료제공의 절차 등에 관하여 이를 준용한다. 이 경우 "통신제한조치"는 "통신사실 확인자료제공 요청"으로 본다.
③ 제13조제3항 및 제5항의 규정은 통신사실확인자료의 폐기 및 관련 자료의 비치에 관하여 이를 준용한다.
[본조신설 2005. 5. 26.] [[시행일 2005. 8. 27.]]

제13조의5(비밀준수의무 및 자료의 사용제한)

제11조 및 제12조의 규정은 제13조의 규정에 의한 통신사실 확인자료제공 및 제13조의4의 규정에 의한 통신사실 확인자료제공에 따른 비밀준수의무 및 통신사실확인자료의 사용제한에 관하여 이를 각각 준용한다.
[본조신설 2005. 5. 26.] [[시행일 2005. 8. 27.]]

제14조(타인의 대화비밀 침해금지)

① 누구든지 공개되지 아니한 타인 간의 대화를 녹음하거나 전자장치 또는 기계적 수단을 이용하여 청취할 수 없다.
② 제4조 내지 제8조, 제9조제1항 전단 및 제3항, 제9조의2, 제11조제1항·제3항·제4항 및 제12조의 규정은 제1항의 규정에 의한 녹음 또는 청취에 관하여 이를 적용한다. [개정 2001. 12. 29.]

제15조(국회의 통제)

① 국회의 상임위원회와 국정감사 및 조사를 위한 위원회는 필요한 경우 특정한 통신제한조치 등에 대하여는 법원행정처장, 통신제한조치를 청구하거나 신청한 기관의 장 또는 이를 집행한 기관의 장에 대하여, 감청설비에 대한 인가 또는 신고내역에 관하여는 방송통신위원회에 대하여 보고를 요구할 수 있다. [개정 2008. 2. 29. 제8867호(「방송통신위원회의 설치 및 운영에 관한 법률」)]
② 국회의 상임위원회와 국정감사 및 조사를 위한 위원회는 그 의결로 수사관서의 감청장비보유현황, 감청집행기관 또는 감청협조기관의 교환실 등 필요한 장소에 대하여 현장검증이나 조사를 실시할 수 있다. 이 경우 현장검증이나 조사에 참여한 자는 그로 인하여 알게 된 비밀을 정당한 사유 없이 누설하여서는 아니 된다.
③ 제2항의 규정에 의한 현장검증이나 조사는 개인의 사생활을 침해하거나 계

속 중인 재판 또는 수사 중인 사건의
소추에 관여할 목적으로 행사되어서는
아니 된다.
④ 통신제한조치를 집행하거나 위탁받
은 기관 또는 이에 협조한 기관의 중앙
행정기관의 장은 국회의 상임위원회와
국정감사 및 조사를 위한 위원회의 요
구가 있는 경우 대통령령이 정하는 바
에 따라 제5조 내지 제10조와 관련한
통신제한조치보고서를 국회에 제출하여
야 한다. 다만, 정보수사기관의 장은 국
회정보위원회에 제출하여야 한다.

제15조의2(전기통신사업자의 협조의무)

① 전기통신사업자는 검사·사법경찰관
또는 정보수사기관의 장이 이 법에 따
라 집행하는 통신제한조치 및 통신사실
확인자료제공의 요청에 협조하여야 한다.
② 제1항의 규정에 따라 통신제한조치의
집행을 위하여 전기통신사업자가 협조
할 사항, 통신사실확인자료의 보관기간
그 밖에 전기통신사업자의 협조에 관하
여 필요한 사항은 대통령령으로 정한다.
[본조신설 2005. 5. 26.] [[시행일 2005.
8. 27.]]

제16조(벌칙)

① 다음 각 호의 1에 해당하는 자는 10
년 이하의 징역과 5년 이하의 자격정지
에 처한다.
1. 제3조의 규정에 위반하여 우편물의
검열 또는 전기통신의 감청을 하거나
공개되지 아니한 타인 간의 대화를 녹
음 또는 청취한 자
2. 제1호의 규정에 의하여 지득한 통신 또
는 대화의 내용을 공개하거나 누설한 자
② 다음 각 호의 1에 해당하는 자는 10
년 이하의 징역에 처한다. [개정 2005.

5. 26.] [[시행일 2005. 8. 27.]]
1. 제9조제2항의 규정에 위반하여 통신
제한조치허가서 또는 긴급감청서등의
표지의 사본을 교부하지 아니하고 통신
제한조치의 집행을 위탁하거나 집행에
관한 협조를 요청한 자 또는 통신제한
조치허가서 또는 긴급감청서 등의 표지
의 사본을 교부받지 아니하고 위탁받은
통신제한조치를 집행하거나 통신제한조
치의 집행에 관하여 협조한 자
2. 제11조제1항(제14조제2항의 규정에
의하여 적용하는 경우 및 제13조의5의
규정에 의하여 준용되는 경우를 포함한
다)의 규정에 위반한 자
③ 제11조제2항(제13조의5의 규정에 의
하여 준용되는 경우를 포함한다)의 규정
에 위반한 자는 7년 이하의 징역에 처
한다. [개정 2005. 5. 26.] [[시행일
2005. 8. 27.]]
④ 제11조제3항(제14조제2항의 규정에 의
하여 적용하는 경우 및 제13조의5의 규
정에 의하여 준용되는 경우를 포함한다)
의 규정에 위반한 자는 5년 이하의 징
역에 처한다. [개정 2005. 5. 26.] [[시행
일 2005. 8. 27.]]
[전문개정 2001. 12. 29.]

제17조(벌칙)

① 다음 각 호의 1에 해당하는 자는 5
년 이하의 징역 또는 3천만 원 이하의
벌금에 처한다. [개정 2004. 1. 29.]
1. 제9조제2항의 규정에 위반하여 통신
제한조치허가서 또는 긴급감청서 등의
표지의 사본을 보존하지 아니한 자
2. 제9조제3항(제14조제2항의 규정에 의
하여 적용하는 경우를 포함한다)의 규정
에 위반하여 대장을 비치하지 아니한 자
3. 제9조제4항의 규정에 위반하여 통신
제한조치허가서 또는 긴급감청서 등에

기재된 통신제한조치 대상자의 전화번
호 등을 확인하지 아니하거나 전기통신
에 사용되는 비밀번호를 누설한 자
4. 제10조제1항의 규정에 위반하여 인
가를 받지 아니하고 감청설비를 제조·
수입·판매·배포·소지·사용하거나
이를 위한 광고를 한 자
5. 제10조제3항 또는 제4항의 규정에 위
반하여 감청설비의 인가대장을 작성 또
는 비치하지 아니한 자
5의2. 제10조의3제1항의 규정에 의한 등
록을 하지 아니하거나 거짓으로 등록하
여 불법감청설비탐지업을 한 자
6. 제13조제4항의 규정에 위반하여 통신
사실확인자료를 제공받거나 제공한 자
② 다음 각 호의 1에 해당하는 자는 3
년 이하의 징역 또는 1천만 원 이하의
벌금에 처한다. [개정 2004. 1. 29, 2008.
2. 29. 제8867호(「방송통신위원회의 설
치 및 운영에 관한 법률」)]
1. 제3조제3항의 규정을 위반하여 단말기
기 고유번호를 제공하거나 제공받은 자
2. 제8조제2항 후단 또는 제9항 후단의
규정에 위반하여 긴급통신제한조치를 즉
시 중지하지 아니한 자
3. 제9조의2(제14조제2항의 규정에 의하
여 적용하는 경우를 포함한다)의 규정에
위반하여 통신제한조치의 집행에 관한
통지를 하지 아니한 자
4. 제13조제7항의 규정에 위반하여 통신
사실확인자료제공 현황 등을 방송통신
위원회에 보고하지 아니하였거나 관련자
료를 비치하지 아니한 자
[전문개정 2001. 12. 29.]

제18조(미수범)

제16조 및 제17조에 규정된 죄의 미수
범은 처벌한다.

부칙

① (시행일) 이 법은 공포 후 6월이 경
과한 날부터 시행한다.
② (폐지법률) 임시우편물단속법은 이를
폐지한다.
③ (경과조치) 이 법 시행당시 감청설비
를 소지 또는 사용하고 있는 인가대상
자는 이 법 시행일부터 3월 이내에 제
10조의 규정에 의한 인가를 받아 대장
을 작성하여 비치하여야 하며, 이에 위
반하는 자에 대하여는 제17조제2호를
적용한다.

부칙 [97. 12. 13.]

이 법은 1998년 1월 1일부터 시행한다.
[단서 생략]

부칙 [99. 1. 21.]

제1조(시행일) 이 법은 공포한 날부터
시행한다.
제2조 내지 제4조 생략

부칙 [2000. 1. 12.]

제1조(시행일) 이 법은 2000년 7월 1일
부터 시행한다.
제2조 내지 제9조 생략

부칙 [2000. 12. 29. 법6305호]

제1조(적용례) 이 법은 2001년 1월 1일
부터 시행한다.
제2조 내지 제8조 생략

부칙 [2001. 12. 29.]

제1조(시행일) 이 법은 공포 후 3월이 경과한 날부터 시행한다.
제2조(적용례) ① 제5조제1항, 제6조제1항 내지 제7항, 제7조제1항 내지 제3항, 제8조, 제9조, 제9조의2 및 제14조제2항의 개정규정은 이 법 시행 후 최초로 허가 또는 승인을 청구(사법경찰관이 신청하는 경우를 포함한다)하거나 집행을 개시하는 통신제한조치부터 적용한다.
② 제13조 및 제13조의2의 개정규정은 이 법 시행 후 최초로 승인을 청구하거나 제공을 요청하는 통신사실확인자료 제공부터 적용한다.
제3조(국가기관의 감청설비에 대한 경과조치) 이 법 시행 당시 감청설비를 보유하고 있는 국가기관은 이 법 시행 후 3월 이내에 제10조의2의 개정 규정에 따라 정보통신부장관에게 신고 또는 국회정보위원회에 통보하여야 한다.
제4조(벌칙에 관한 경과조치) 이 법 시행 전의 행위에 대한 벌칙의 적용에 있어서는 종전의 규정에 의한다.

부칙 [2002. 1. 26. 법률 제6626호]

제1조(시행일) 이 법은 2002년 7월 1일부터 시행한다.
제2조 내지 제7조 생략

부칙 [2004. 1. 29.]

① (시행일) 이 법은 공포한 날부터 시행한다. 다만, 제10조의3의 개정규정은 공포 후 6월이 경과한 날부터 시행한다.
② (경과조치) 이 법 시행 당시 불법감청설비탐지업을 하고 있는 자는 이 법 시행일부터 6월 이내에 제10조의3의 규정에 의한 등록을 하여야 한다.

부칙 [2005. 1. 27.]

이 법은 공포한 날부터 시행한다.

부칙 [2005. 3. 31. 법률 제7428호 (채무자 회생 및 파산에 관한 법률)]

제1조(시행일) 이 법은 공포 후 1년이 경과한 날부터 시행한다.
제2조 내지 제4조 생략
제5조(다른 법률의 개정) ① 내지 [122] 생략
[123]통신비밀보호법 일부를 다음과 같이 개정한다.
제3조제1항제4호 중 "파산자"를 각각 "파산선고를 받은 자"로 "파산법 제180조"를 "「채무자 회생 및 파산에 관한 법률」 제484조"로 한다.
제10조의4제2호 중 "파산자"를 "파산선고를 받은 자"로 한다.
[124] 내지 [145] 생략
제6조 생략

부칙 [2005. 5. 26. 제7503호]

이 법은 공포 후 3월이 경과한 날부터 시행한다.

부칙 [2007. 12. 21. 제8728호(형의 집행 및 수용자의 처우에 관한 법률)]

제1조(시행일) 이 법은 공포 후 1년이 경과한 날부터 시행한다.
제2조 내지 제4조 생략
제5조(다른 법률의 개정) ① 내지 ⑪ 생략
⑫ 통신비밀보호법 일부를 다음과 같이

개정한다.
제3조제1항제3호 중 “행형법 제18조·제19조”를 “「형의 집행 및 수용자의 처우에 관한 법률」 제41조·제43조·제44조”로 한다.
제6조 생략

부칙 [2007. 12. 21. 제8733호(군사기지 및 군사시설 보호법)]

제1조(시행일) 이 법은 공포 후 9개월이 경과한 날부터 시행한다. 다만, 제17조부터 제19조까지의 규정은 2009년 1월 1일부터 시행한다.
제2조 내지 제9조 생략
제10조(다른 법률의 개정) ① 내지 <25> 생략
<26> 통신비밀보호법 일부를 다음과 같이 개정한다.
제5조제1항제5호 중 “군사시설보호법”을 “「군사기지 및 군사시설 보호법」”으로 한다.
<27> 내지 <30> 생략
제11조 생략

부칙 [2008. 2. 29. 제8867호(방송통신위원회의 설치 및 운영에 관한 법률)]

제1조(시행일 등) 이 법은 공포한 날부터 시행한다. <단서 생략>
제2조부터 제8조까지 생략
제7조(다른 법률의 개정) ①부터 <18> 까지 생략
<19> 통신비밀보호법 일부를 다음과 같이 개정한다.
제10조제1항 본문 중 “정보통신부장관”을 “방송통신위원회”로 한다.
제10조제3항 및 제13조제8항 중 “정보통신부장관은”을 각각 “방송통신위원회는”으로 한다.
제10조의2제1항, 제10조의3제1항, 제13조제7항 및 제17조제2항제4호 중 “정보통신부장관에게”를 각각 “방송통신위원회에”로 한다.
제10조의3제1항 및 제3항 중 “정보통신부령”을 각각 “대통령령”으로 한다.
제10조의5 각 호 외의 부분 중 “정보통신부장관은”을 “방송통신위원회는”으로 한다.
제15조제1항 중 “정보통신부장관”을 “방송통신위원회”로 한다.
<20> 생략
제8조부터 제12조까지 생략

부 칙[2009. 5. 28. 제9752호]
① (시행일) 이 법은 공포한 날부터 시행한다.
② (적용례) 제9조의3의 개정규정은 이 법 시행 후 최초로 집행하는 압수·수색·검증부터 적용한다.

정보격차해소에 관한 법률

법률 제9705호(국가정보화 기본법) 폐지
2009. 05. 22.

제1조(목적)

이 법은 저소득자·농어촌지역 주민·장애인·노령자·여성 등 경제적·지역적·신체적 또는 사회적 여건으로 인하여 생활에 필요한 정보통신서비스에 접근하거나 이용하기 어려운 자에 대하여 정보통신망에 대한 자유로운 접근과 정보이용을 보장함으로써 이들의 삶의 질을 향상하게 하고 균형 있는 국민경제의 발전에 이바지함을 목적으로 한다. [[시행일 2001. 4. 17.]]

제2조(정의)

① 이 법에서 사용하는 용어의 정의는 다음과 같다. [개정 2005. 12. 30.]
1. "정보격차"라 함은 경제적·지역적·신체적 또는 사회적 여건으로 인하여 정보통신망을 통한 정보통신서비스에 접근하거나 이용할 수 있는 기회에 있어서의 차이를 말한다.
2. "정보통신서비스"라 함은 정보통신망이용촉진및정보보호등에관한법률 제2조제1항제2호의 규정에 의한 정보통신서비스를 말한다.
3. "정보통신망"이라 함은 「정보통신망 이용촉진 및 정보보호 등에 관한 법률」 제2조제1항제1호의 규정에 따른 정보통신망을 말한다. [[시행일 2007. 1. 1.]]
4. "정보통신제품"이라 함은 정보통신기기와 소프트웨어를 말한다. [[시행일 2007. 1. 1.]]
5. "정보소외계층"이라 함은 정보격차로 인하여 정보통신서비스와 정보통신제품 등을 이용하기 어려운 계층을 말한다. [[시행일 2007. 1. 1.]]
6. "정보통신서비스제공자"라 함은 「정보통신망 이용촉진 및 정보보호 등에 관한 법률」 제2조제1항제3호의 규정에 따른 정보통신서비스제공자를 말한다. [[시행일 2007. 1. 1.]]
② 이 법에서 사용하는 용어의 정의는 제1항에서 정의하는 것을 제외하고는 정보화촉진기본법이 정하는 바에 의한다. [[시행일 2001. 4. 17.]]

제3조(국가 및 지방자치단체의 책무)

국가 및 지방자치단체는 정보화정책의 수립·집행에 있어서 모든 국민이 정보통신서비스에 자유롭게 접근하고 이를 이용할 수 있도록 필요한 시책을 강구하여야 한다. [[시행일 2001. 4. 17.]]

제4조(정보격차해소종합계획의 수립)

① 정부는 정보격차의 해소를 위하여 정보격차해소종합계획(이하 "종합계획"이라 한다)을 수립하여야 한다.
② 종합계획은 행정안전부장관이 관계중앙행정기관의 부문계획을 종합·조정하여 5년마다 수립하며 제6조의 규정에 의한 정보격차해소위원회 및 정보화촉진기본법 제8조의 규정에 의한 정보화추진위원회의 심의를 거친 후 이를 확정한다. [개정 2008. 2. 29. 제8852호(정부조직법)]
③ 종합계획에는 다음 각 호의 사항이 포함되어야 한다.
1. 종합계획의 목표 및 기본방향

2. 지원대상자 선정의 기준
3. 연구·개발에 관한 사항
4. 정보화교육에 관한 사항
5. 재원의 조달 및 운용에 관한 사항
6. 국제협력에 관한 사항
7. 그 밖에 정보격차의 해소를 위하여 필요한 사항
④ 제2항의 종합계획을 수립하기 위하여 관계중앙행정기관의 장은 기관별 부문계획을 수립하여 미리 행정안전부장관에게 제출하여야 한다. [개정 2008. 2. 29. 제8852호(정부조직법)]

제5조(시행계획의 수립)

① 관계중앙행정기관의 장은 종합계획에 따라 매년 정보격차해소시행계획(이하 "시행계획"이라 한다)을 수립·시행하여야 한다.
② 관계중앙행정기관의 장은 매년 전년도의 사업계획 추진실적과 다음 연도의 시행계획을 제6조의 규정에 의한 정보격차해소위원회에 제출하여야 한다. [개정 2002. 12. 18.] [[시행일 2003. 01. 01.]]
③ 시행계획의 수립 및 시행에 관하여 필요한 사항은 대통령령으로 정한다.

제6조(정보격차해소위원회)

① 정보격차의 해소에 관한 사항을 심의하기 위하여 정보화촉진기본법 제8조의 규정에 의하여 설치된 정보화추진위원회의 분과위원회로서 행정안전부에 정보격차해소위원회(이하 "위원회"라 한다)를 둔다. [개정 2008. 2. 29. 제8852호(정부조직법)]
② 위원회는 다음 각 호의 사항을 심의한다.
1. 종합계획의 수립에 필요한 목표와 기본방향의 수립에 관한 사항
2. 종합계획의 종합적 조정에 관한 사항
3. 정보격차해소를 위한 사업의 우선순위 조정에 관한 사항
4. 그 밖에 이 법의 목적을 달성하기 위하여 위원장이 필요하다고 인정하는 사항
③ 위원회는 위원장을 포함하여 25인 이내의 위원으로 구성한다.
④ 위원장은 행정안전부장관이 되고, 위원은 관계부처 차관과 정보격차의 해소와 관련된 전문지식과 경험이 풍부한 자 및 정보소외계층 당사자 중에서 위원장이 위촉하는 자로 한다. [개정 2005. 12. 30, 2008. 2. 29. 제8852호(정부조직법)]
⑤ 위원회 안에 정보격차해소업무의 실무를 담당하기 위한 전문위원회를 둔다. [신설 2005. 12. 30]
⑥ 위원회 및 전문위원회의 조직·운영 등에 관하여 필요한 사항은 대통령령으로 정한다. [개정 2005. 12. 30.]

제7조(장애인·노령자 등의 정보접근 및 이용보장)

① 국가·지방자치단체 및 기타공공단체는 장애인·노령자가 편리하게 정보통신서비스를 이용할 수 있도록 필요한 시책을 강구하여야 한다.
② 정보통신서비스제공자는 그 서비스를 제공함에 있어 장애인·노령자의 접근 및 이용편의 증진을 위하여 노력하여야 한다.
③ 정보통신 관련 제조업자는 정보통신제품을 설계·제작·가공함에 있어 정보소외계층이 쉽게 접근하고 이용할 수 있도록 노력하여야 한다. [신설 2005. 12. 30.] [[시행일 2007. 1. 1.]]
④ 장애인·노령자의 접근 및 이용편의 증진을 위한 정보통신서비스 및 정보통신제품 등의 종류·지침 등에 관하여

필요한 사항은 대통령령으로 정한다. [개정 2005. 12. 30.] [[시행일 2007. 1. 1.]] [[시행일 2001. 4. 17.]]
[본조제목개정 2005. 12. 30.] [[시행일 2007. 1. 1.]]

제7조의2(초고속정보통신서비스 이용환경의 조성)

① 정부는 모든 국민이 초고속정보통신서비스를 이용할 수 있도록 필요한 시책을 강구하여야 한다.
② 정보통신망이용촉진및정보보호등에관한법률 제2조제1항제3호의 규정에 의한 정보통신서비스제공자는 모든 국민이 초고속인터넷서비스를 이용할 수 있도록 노력하여야 한다.
[본조신설 2002. 12. 18.] [[시행일 2003. 01. 01.]]

제8조(기술개발의 촉진 등)

① 국가 및 지방자치단체는 장애인·노령자의 정보접근 및 이용환경을 개선하기 위한 관련기술(이하 "관련기술"이라 한다)을 개발하기 위한 시책을 강구하여야 한다.
② 행정안전부장관은 정보화촉진기본법 제18조의 규정에 따라 관련기술의 개발을 지원할 수 있다. [개정 2008. 2. 29. 제8852호(정부조직법)]
③ 국가 또는 지방자치단체는 장애인·노령자의 정보접근 및 이용환경 개선을 위하여 정보통신기기 및 소프트웨어를 개발·생산하는 사업자와 장애인·노령자·농어민·저소득자를 위한 정보내용물을 제공하는 사업자에 대하여 각각 재정 및 기술적 지원을 할 수 있다.
④ 제3항의 규정에 의한 지원대상자의 선정·지원의 방법 및 절차 등에 관하

여 필요한 사항은 대통령령으로 정한다.

제9조(정보통신기기의 지원)

① 국가 또는 지방자치단체는 다음 각 호의 1에 해당하는 자에 대하여 대통령령이 정하는 바에 따라 유상 또는 무상으로 정보통신기기를 지원할 수 있다.
1. 장애인복지법 제2조에서 규정하고 있는 장애인
2. 국민기초생활보장법 제2조제1호에서 규정하고 있는 수급권자
3. 기타 경제적·지역적·신체적 또는 사회적 제약으로 인하여 정보를 이용하기 어려운 자로서 대통령령으로 정하는 자
② 국가 또는 지방자치단체는 제10조의 규정에 의한 정보이용시설을 설치·운영하는 자에게 대통령령으로 정하는 바에 따라 정보통신기기를 유상 또는 무상으로 지원할 수 있다. [[시행일 2001. 4. 17.]]

제10조(정보이용시설의 설치·운영 등)

① 국가 또는 지방자치단체는 정보격차의 해소를 위하여 필요하다고 인정하는 때에는 다음 각 호의 업무를 행하는 정보이용시설을 설치·운영할 수 있다.
1. 정보화 교육의 실시
2. 정보통신서비스를 이용할 수 있는 관련설비의 제공
3. 정보이용의 촉진을 위한 홍보
4. 그 밖에 대통령령이 정하는 업무
② 정부는 정보접근 및 정보이용 편의 증진 등을 위하여 필요한 경우에는 다음 각 호의 1에 해당하는 시설을 정보이용시설로 지정할 수 있다.
1. 국가·지방자치단체 및 기타공공단체의 시설
2. 제1호의 규정에 의한 시설외의 것으

로서 그 설치·운영의 주체로부터 지정
신청이 있는 시설

③ 국가 또는 지방자치단체는 제2항의
규정에 의하여 지정된 시설의 설치·운
영에 소요되는 비용의 전부 또는 일부
를 부담할 수 있다.

④ 정보이용시설의 설치기준, 지정·지정
신청 및 지정취소 절차, 지정시설에 대한
감독 등에 관하여 필요한 사항은 대통
령령으로 정한다. [[시행일 2001. 4. 17.]]

제11조(정보화교육의 실시 등)

① 국가 또는 지방자치단체는 정보격차
의 해소를 위하여 필요한 정보화교육계
획을 수립하고 이를 시행하여야 한다.

② 국가 또는 지방자치단체는 다음 각
호의 1에 해당하는 자에 대한 교육비용
의 전부 또는 일부를 부담할 수 있다.

1. 장애인복지법 제2조의 규정에 의한
장애인 중 대통령령으로 정하는 자

2. 국민기초생활보장법 제2조제1호의 규
정에 의한 수급권자

3. 만 60세 이상의 노령자

4. 여성 중 전업주부 등 대통령령으로
정하는 자

5. 그 밖에 정부의 부담으로 정보화교육
이 필요하다고 대통령령이 정하는 자

③ 정부는 정보화교육 및 정보이용시설
관리를 위하여 병역법 제2조의 규정에
의한 공익근무요원 등 필요한 인력을
지원할 수 있다.

④ 제1항의 규정에 의한 정보화교육의
대상 및 종류는 대통령령으로 정한다.
[[시행일 2001. 4. 17.]]

제11조의2(정보격차 실태조사)

① 정부는 정보격차를 해소하기 위한 정
책을 수립하고 이를 시행하기 위하여 정

보격차실태를 조사하여야 한다. [개정
2005. 12. 30.] [[시행일 2007. 1. 1.]]

② 정보격차의 실태조사 방법 및 기간
은 대통령령으로 정한다. [신설 2005. 12.
30.] [[시행일 2007. 1. 1.]]
[본조신설 2002. 12. 18.] [[시행일
2003. 1. 1.]]

제12조(재원의 조달)

① 국가 또는 지방자치단체는 정보격차
해소 등을 위하여 필요한 재원을 확보
하도록 노력하여야 한다.

② 국가 또는 지방자치단체는 이 법이
정하는 사업을 실시하기 위하여 국가예
산·지방자치단체예산 또는 「국가재정
법」의 기금으로서 정보격차해소를 위하
여 실시하는 사업과 관련된 기금으로
이를 지원할 수 있다. [개정 2006. 10.
4. 제8050호(「국가재정법」)] [[시행일 2007.
1. 1.]]

제13조(업무의 위탁)

① 국가 또는 지방자치단체는 제9조 내
지 제11조의 규정에 의한 사업을 대통
령령이 정하는 바에 따라 당해사업과
관련된 기관 또는 사업자에게 위탁할
수 있다.

② 국가 또는 지방자치단체는 제9조 내
지 제11조의 규정에 의한 사업이 효율
적으로 시행될 수 있도록 당해사업을
지원할 기관을 지정할 수 있다. 이 경우
국가 또는 지방자치단체는 예산의 범위
안에서 필요한 경비를 보조할 수 있다.
[[시행일 2001. 4. 17.]]

제14조(조세특례의 적용)

국가 또는 지방자치단체는 이 법에 의

한 정보격차의 해소를 위하여 정보통신 기기 또는 정보통신서비스를 무상으로 제공하거나 정보화교육을 무상으로 실시하는 자에게 조세특례제한법 또는 지방세법이 정하는 바에 의하여 조세를 감면할 수 있다. [[시행일 2001. 4. 17.]]

제15조(관계기관의 협조)

① 행정안전부장관은 국가기관, 지방자치단체, 정부출연연구기관 기타 관계기관 또는 단체에 정보격차의 해소를 위하여 필요한 협조를 요청할 수 있다. [개정 2008. 2. 29. 제8852호(정부조직법)]
② 제1항의 규정에 의하여 행정안전부장관의 협조를 요청받은 국가기관, 지방자치단체, 정부출연연구기관 기타 관계기관 또는 단체는 정보격차의 해소가 효율적으로 추진될 수 있도록 협조하여야 한다. [개정 2008. 2. 29. 제8852호(정부조직법)]

제16조(한국정보문화진흥원의 설립)

① 정부는 모든 국민이 정보통신서비스에 자유롭게 접근하고 이를 이용하여 삶의 질을 향상할 수 있도록 지원하기 위하여 한국정보문화진흥원(이하 "진흥원"이라 한다)을 설립한다.
② 진흥원은 법인으로 한다.
③ 진흥원은 다음 각 호의 사업을 한다. [개정 2005. 12. 30.]
1. 제7조 내지 제11조 및 제11조의2의 규정에 의한 정보격차해소를 위한 사업 지원
2. 국가 간 정보격차해소를 위한 국제협력사업 지원
3. 정보격차해소를 위한 조사연구 및 출판·홍보 지원
4. 정보격차해소를 위한 제도개선 지원

5. 건전한 정보문화확산 및 인터넷 중독 실태조사·예방·해소 지원
6. 그 밖에 정보격차해소를 위한 사업의 효율적 시행을 위하여 필요한 사업
④ 정부는 진흥원이 사업을 수행하는 데 필요한 경비를 예산의 범위 안에서 출연할 수 있다.
⑤ 진흥원에 관하여 이 법에서 정하지 아니한 사항에 대하여는 민법 중 재단법인에 관한 규정을 준용한다.
⑥ 진흥원이 아닌 자는 한국정보문화진흥원의 명칭을 사용하지 못한다.
[본조신설 2002. 12. 18.] [[시행일 2003. 1. 1.]]

부칙 [2001. 1. 16. 제6356호]

① (시행일) 이 법은 공포 후 3월이 경과한 날부터 시행한다.
(정보통신망이용촉진및정보보호등에관한법률 제2조제1항제2호에 관한 경과조치) 제2조제1항제2호 중 정보통신망이용촉진및정보보호등에관한법률 제2조제1항제2호는 법률 제6360호 정보통신망이용촉진등에관한법률개정법률의 시행일 전일까지는 정보통신망이용촉진등에관한법률 제2조제2호로 본다.

부칙 [2002. 12. 18. 제6795호]

제1조(시행일) 이 법은 2003년 1월 1일부터 시행한다.
제2조(진흥원의 설립준비) ① 정보통신부장관은 이 법 시행일 전에 5인 이내의 설립위원을 위촉하여 진흥원을 설립하기 위한 준비행위를 할 수 있다.
② 설립위원은 진흥원의 정관을 작성하여 정보통신부장관의 인가를 받아야 한다.
③ 설립 당시의 진흥원의 장은 정보통

신부장관이 임명한다.

④ 설립위원은 제2항의 규정에 의하여 정관에 대한 정보통신부장관의 인가를 받은 때에 지체 없이 진흥원의 설립등기를 하여야 한다.

⑤ 설립위원은 제4항의 규정에 의하여 진흥원의 설립등기를 한 후에 지체 없이 진흥원의 장에게 사무를 인계하여야 하며, 사무인계가 끝난 때에는 해촉된 것으로 본다.

제3조(한국전산원의 권리·의무 승계 등) ① 정보화촉진기본법 제10조의 규정에 의한 한국전산원(이하 "전산원"이라 한다)의 재산과 권리·의무 중 정보통신부장관이 정하는 재산과 권리·의무는 전산원의 이사회의 의결을 거쳐 진흥원의 설립등기와 동시에 진흥원이 포괄 승계한다.

② 제1항의 규정에 의하여 진흥원에 승계되는 재산의 가액은 진흥원의 설립등기일 전일의 장부가액으로 한다.

③ 이 법 시행 당시 정보격차해소 및 정보문화확산지원업무와 관련하여 등기부 그 밖의 공부에 표시된 전산원의 명의는 진흥원의 명의로 본다.

④ 이 법 시행일전에 정보격차해소 및 정보문화확산지원업무와 관련하여 전산원이 행한 행위 또는 전산원에 대하여 행하여진 행위는 진흥원이 행한 또는 진흥원에 대하여 행하여진 행위로 본다.

⑤ 이 법 시행 당시 정보격차해소 및 정보문화확산지원 업무를 수행하는 전산원의 직원은 진흥원의 직원으로 본다.

제4조(다른 법률의 개정) 정보화촉진기본법 중 다음과 같이 개정한다.

제10조제3항제6호를 삭제한다.

법률 제5669호 정보화촉진기본법중개정법률 부칙 제3조를 삭제한다.

부칙 [2005. 12. 30. 제7811호]

이 법은 공포 후 1년이 경과한 날부터 시행한다. 다만, 제16조제3항제5호는 공포한 날부터 시행한다.

부칙 [2006. 10. 4. 제8050호(국가재정법)]

제1조(시행일) 이 법은 2007년 1월 1일부터 시행한다. 다만, 제56조의 규정은 법률에 따라 정부회계에 관한 기준이 마련되어 시행되는 회계연도부터, 부칙 제11조제14항, 동조제17항(「국유재산법」 제48조제4항 관련 규정에 한한다) 및 동조제29항(「물품관리법」 제21조 관련 규정에 한한다)의 규정은 각각 2008년 1월 1일부터 시행한다.

제2조 내지 제10조 생략

제11조(다른 법률의 개정) ① 내지 <46> 생략

<47>정보격차해소에 관한 법률 일부를 다음과 같이 개정한다.

제12조제2항 중 "기금관리기본법"을 "「국가재정법」"으로 한다.

<48> 내지 <59> 생략

제12조 생략

부칙 [2008. 2. 29. 제8852호(정부조직법)]

제1조(시행일) 이 법은 공포한 날부터 시행한다. 단서 생략

제2조부터 제5조까지 생략

제6조(다른 법률의 개정) ①부터 <427>까지 생략

<428> 정보격차해소에 관한 법률 일부를 다음과 같이 개정한다.

제6조제1항 중 "정보통신부"를 "행정안

전부"로 한다.

제4조제2항·제4항, 제6조제4항, 제8조
제2항 및 제15조제1항·제2항 중 "정보
통신부장관"을 각각 "행정안전부장관"
으로 한다.

<429>부터 <760>까지 생략

제7조 생략부 칙[2009. 5. 22. 제9705호
(국가정보화 기본법)]

제1조(시행일) 이 법은 공포 후 3개월이
경과한 날부터 시행한다. 다만, ……
<생략>……, 부칙 제2조제1호에 따라
폐지되는 「정보격차해소에 관한 법률」
제16조, ……<생략>·……은 공포한
날부터 시행한다.

제2조(다른 법률의 폐지) 다음 각 호의
법률은 각각 폐지한다.

1. 정보격차해소에 관한 법률
2. 생략

제3조부터 제7조까지 생략

컴퓨터프로그램 보호법

법률 제9625호(저작권법) 폐지 2009. 04.
22.

제1장 총칙

제1조(목적)

이 법은 컴퓨터프로그램저작물의 저작
자의 권리 그 밖에 컴퓨터프로그램저작
물과 관련된 권리를 보호하고 그 공정
한 이용을 도모하여 당해 관련산업과 기술
을 진흥함으로써 국민경제의 건전한 발
전에 이바지함을 목적으로 한다. [개정
2002. 12. 30.] [[시행일 2003. 07. 01.]]

제2조(정의)

이 법에서 사용하는 용어의 정의는 다
음과 같다.[개정 2001. 1. 16. 2002. 12.
30, 2006. 10. 4.] [[시행일 2007. 4. 5.]]
1. "컴퓨터프로그램저작물"이라 함은 특
정한 결과를 얻기 위하여 컴퓨터 등 정
보처리능력을 가진 장치(이하 "컴퓨터"
라 한다)안에서 직접 또는 간접으로 사
용되는 일련의 지시·명령으로 표현된
창작물을 말한다.
2. "프로그램저작자"라 함은 컴퓨터프로
그램저작물(이하 "프로그램"이라 한다)
을 창작한 자를 말한다.
3. "복제"라 함은 프로그램을 유형물에
고정시켜 새로운 창작성을 더하지 아니
하고 다시 제작하는 행위를 말한다.
4. "개작"이라 함은 원프로그램의 일련
의 지시·명령의 전부 또는 상당부분을
이용하여 새로운 프로그램을 창작하는
행위를 말한다.

5. "공표"라 함은 프로그램을 발행하거나 이를 공중(公衆)에게 제시하는 행위를 말한다. [[시행일 2003. 07. 01.]]

5의2. "배포"라 함은 원프로그램 또는 그 복제물을 공중에게 대가를 받거나 받지 아니하고 양도 또는 대여하는 행위를 말한다. [신설 2002. 12. 30.] [[시행일 2003. 07. 01.]]

6. "발행"이라 함은 공중의 수요에 응하기 위하여 프로그램을 복제·배포하는 행위를 말한다.

7. "전송"이라 함은 공중이 수신하거나 이용할 수 있도록 하기 위하여 정보통신의 방법에 의하여 프로그램을 송신하거나 이용에 제공하는 행위를 말한다.

8. "권리관리정보"라 함은 다음 각목의 1에 해당하는 정보 또는 그 정보를 나타내는 숫자나 부호로서 원프로그램 또는 그 복제물에 부착되거나 그 실행 또는 전송에 수반되는 것을 말한다. [[시행일 2003. 07. 01.]]

가. 프로그램저작물에 관한 정보

나. 프로그램저작물의 저작자 및 권리자를 식별하기 위한 정보

다. 프로그램저작물의 사용방법 및 조건에 관한 정보

9. "기술적 보호조치"라 함은 프로그램에 관한 식별번호·고유번호 입력, 암호화 기타 이 법에 의한 권리를 효과적으로 보호하는 핵심기술 또는 장치 등을 통하여 프로그램저작권을 보호하는 조치를 말한다. [[시행일 2003. 07. 01.]]

10. "프로그램코드역분석"이라 함은 독립적으로 창작된 프로그램과 다른 프로그램과의 호환에 필요한 정보를 얻기 위하여 프로그램코드를 복제 또는 변환하는 것을 말한다. [신설 2001. 1. 16.]

11. "온라인서비스제공자"라 함은 다른 사람이 정보통신망(「정보통신망 이용촉진 및 정보보호 등에 관한 법률」 제2조 제1항제1호의 규정에 따른 정보통신망을 말한다. 이하 같다)을 통하여 프로그램을 복제하거나 전송할 수 있도록 하는 서비스를 제공하는 자를 말한다. [신설 2002. 12. 30.] [[시행일 2003. 07. 01.]]

제3조(적용범위)

① 이 법은 프로그램을 작성하기 위하여 사용하고 있는 다음 각 호의 사항에는 적용하지 아니한다.

1. 프로그램언어: 프로그램을 표현하는 수단으로서의 문자·기호 및 그 체계
2. 규약: 특정한 프로그램에 있어서 프로그램언어의 용법에 관한 특별한 약속
3. 해법: 프로그램에 있어서의 지시·명령의 조합방법

② 개작된 프로그램은 독자적인 프로그램으로서 보호된다. [[시행일 2000. 7. 29.]]

제4조(프로그램저작자의 추정)

① 원프로그램이나 그 복제물에 또는 프로그램을 공표함에 있어서 프로그램저작자의 성명(이하 "실명"이라 한다) 또는 널리 알려진 아호·약칭 등(이하 "이명"이라 한다)이 일반적인 방법으로 표시된 자는 프로그램저작자로 추정한다.

② 제1항의 규정에 의한 프로그램저작자의 표시가 없는 프로그램의 경우에는 그 공표자 또는 발행자가 프로그램저작권을 가진 것으로 추정한다. [[시행일 2000. 7. 29.]]

제5조(업무상 창작한 프로그램의 저작자)

국가·법인·단체 그 밖의 사용자(이하 이 조에서 "법인 등"이라 한다)의 기획 하에 법인 등의 업무에 종사하는 자가

업무상 창작한 프로그램은 계약이나 근무규칙 등에 달리 정함이 없는 한 그 법인 등을 당해 프로그램의 저작자로 한다.
[[시행일 2000. 7. 29.]]

제6조(외국인의 프로그램)

① 외국인(외국법인을 포함한다. 이하 이 조에서 같다)의 프로그램저작권은 대한민국이 가입 또는 체결한 조약에 따라 보호를 받는다.
② 대한민국안에 주된 사무소가 있는 외국법인이 창작한 프로그램과 맨 처음 대한민국안에서 발행된 외국인의 프로그램(외국에서 발행한 날부터 30일 이내에 대한민국안에서 발행된 프로그램을 포함한다)은 이 법에 의하여 보호된다.
③ 제1항 및 제2항의 규정에 해당되는 외국인의 프로그램이라 하더라도 그 외국에서 대한민국 국민의 프로그램을 보호하지 아니하는 경우에는 그에 상응하게 조약 및 이 법에 의한 보호를 제한할 수 있다.
[[시행일 2000. 7. 29.]]

제2장 프로그램저작권

제7조(프로그램저작권)

① 프로그램저작자는 제8조 내지 제10조의 규정에 의한 권리와 프로그램을 복제·개작·번역·배포·발행 및 전송할 권리를 가진다.
② 프로그램저작권은 프로그램이 창작된 때부터 발생하며 어떠한 절차나 형식의 이행을 필요로 하지 아니한다.
③ 프로그램저작권은 그 프로그램이 공표된 다음 연도부터 50년간 존속한다. 다만, 창작 후 50년 이내에 공표되지 아니한 경우에는 창작된 다음 연도부터 50년간 존속한다.
[[시행일 2000. 7. 29.]]

제8조(공표권)

① 프로그램저작자는 그 프로그램을 공표하거나 공표하지 아니할 것을 결정할 권리를 가진다.
② 프로그램저작자가 공표되지 아니한 프로그램을 양도 또는 대여하거나 제17조의 규정에 의한 사용허락을 한 경우에는 특약이 없는 한 프로그램저작자가 그 상대방에게 프로그램의 공표를 동의한 것으로 본다.
③ 프로그램이 공표되지 아니한 경우에 원프로그램저작자의 동의를 얻어 창작된 개작프로그램이 공표된
때에는 개작에 원용된 원프로그램의 부분에 한하여 공표된 것으로 본다.
[[시행일 2000. 7. 29.]]

제9조(성명표시권)

① 프로그램저작자는 프로그램이나 그 복제물 또는 프로그램의 공표를 함에 있어서 실명 또는 이명을 표시할 권리를 가진다.
② 프로그램을 사용하는 자는 그 프로그램저작자의 특별한 의사표시가 없는 한 프로그램저작자가 그 실명 또는 이명을 표시한 바에 따라 이를 표시하여야 한다. [[시행일 2000. 7. 29.]]

제10조(동일성 유지권)

프로그램저작자는 다음 각 호의 1에 해당하는 경우를 제외하고는 그의 프로그램의 제호·내용 및 형식의 동일성을 유지할 권리를 가진다.

1. 특정한 컴퓨터 외에는 사용할 수 없는 프로그램을 다른 컴퓨터에 사용할 수 있도록 하기 위하여 필요한 범위 안에서의 변경
2. 프로그램을 특정한 컴퓨터에 보다 효과적으로 사용할 수 있도록 하기 위하여 필요한 범위 안에서의 변경
3. 프로그램의 성질 또는 그 사용목적에 비추어 부득이하다고 인정되는 범위 안에서의 변경
[[시행일 2000. 7. 29.]]

제11조(공동저작프로그램)

① 2인 이상이 공동으로 창작하고 각자가 이바지한 부분을 분리하여 이용할 수 없는 프로그램(이하 "공동저작프로그램"이라 한다)의 저작권은 공동으로 창작한 자의 공유로 하며, 그들의 공유지분은 공동저작자 간에 특약이 없는 한 균등한 것으로 본다.
② 공동저작프로그램의 저작권은 공동저작권자 전원의 합의에 의하지 아니하고는 이를 행사할 수 없으며, 다른 공동저작권자의 동의가 없으면 그 지분을 양도하거나 질권의 목적으로 할 수 없다. 이 경우 각 공동저작권자는 신의에 반하여 합의의 성립을 방해하거나 동의를 거부할 수 없다.
③ 공동저작권자가 상속인 없이 사망하거나 그 지분을 포기한 때에는 그 지분은 다른 공동저작권자에게 각 지분비율에 따라 배분된다. [[시행일 2000. 7. 29.]]

제12조(프로그램저작권의 제한)

다음 각 호의 1에 해당하는 경우에는 그 목적상 필요한 범위 안에서 공표된 프로그램을 복제 또는 배포할 수 있다. 다만, 프로그램의 종류·용도, 프로그램에서 복제된 부분이 차지하는 비중 및 복제의 부수 등에 비추어 프로그램저작권자의 이익을 부당하게 해하는 경우에는 그러하지 아니하다. [개정 2001. 1. 16, 2002. 12. 30, 2006. 10. 4.] [[시행일 2007. 4. 5.]]
1. 재판 또는 수사를 위하여 복제하는 경우 [[시행일 2003. 07. 01.]]
2. 「초·중등교육법」,「고등교육법」에 의한 학교 및 다른 법률의 규정에 의하여 설립된 교육기관(상급학교 입학을 위한 학력이 인정되거나 학위를 수여하는 교육기관에 한한다)에서 교육을 담당하는 자가 수업과정에 제공할 목적으로 복제 또는 배포하는 경우 [[시행일 2003. 07. 01.]]
3. 「초·중등교육법」에 의한 학교 및 이에 준하는 학교의 교육목적을 위한 필요한 교과용 도서에 게재하기 위하여 복제하는 경우
4. 가정과 같은 한정된 장소에서 개인적인 목적(영리를 목적으로 하는 경우를 제외한다)으로 복제하는 경우 [[시행일 2003. 07. 01.]]
5. 「초·중등교육법」,「고등교육법」에 의한 학교 및 이에 준하는 학교의 입학시험 그 밖의 학식 및 기능에 관한 시험 또는 검정을 목적(영리를 목적으로 하는 경우를 제외한다)으로 복제 또는 배포하는 경우 [[시행일 2003. 07. 01.]]
6. 프로그램의 기초를 이루는 아이디어 및 원리를 확인하기 위하여 프로그램의 기능을 조사·연구·시험 목적으로 복제하는 경우(정당한 권원에 의하여 프로그램을 사용하는 자가 당해 프로그램을 사용 중인 때에 한한다)

제12조의2(프로그램코드역분석)

① 정당한 권원에 의하여 프로그램을 사

용하는 자 또는 그의 허락을 받은 자가
호환에 필요한 정보를 쉽게 얻을 수 없
고 그 획득이 불가피한 경우 당해 프로
그램의 호환에 필요한 부분에 한하여
프로그램저작권자의 허락을 받지 아니
하고 프로그램코드역분석을 할 수 있다.
② 제1항의 규정에 의한 프로그램코드
역분석을 통하여 얻은 정보는 다음 각
호의 1에 해당하는 경우에는 이를 사용
할 수 없다.
1. 호환 목적 외의 다른 목적을 위하여
이용하거나 제3자에게 제공하는 경우
2. 프로그램코드역분석의 대상이 되는
프로그램과 표현이 실질적으로 유사한
프로그램을 개발·제작·판매하거나 기
타의 프로그램저작권을 침해하는 행위
에 이용하는 경우 [본조신설 2001. 1.
16.] [[시행일 2001. 7. 17.]]

제13조(교과용 도서에의 게재에 따른 보상금의 지급 등)

① 제12조제3호의 규정에 의하여 프로
그램을 교과용 도서에 게재하고자 하는
자는 제35조의 규정에 의한 컴퓨터프로
그램보호위원회의 심의를 거쳐 문화체
육관광부장관이 정한 보상금을 그 금액
을 정한 날부터 30일 이내에 프로그램
저작권자에게 지급하거나 공탁하여야
한다. [개정 2006. 10. 4, 2008. 2. 29.
제8852호(정부조직법)]
② 제1항의 규정에 의한 보상금의 결정
등에 관하여 필요한 사항은 대통령령으
로 정한다.

제14조(프로그램사용자에 의한 복제 등)

① 프로그램의 복제물을 정당한 권원에
의하여 소지·사용하는 자는 그 복제물
의 멸실·훼손 또는 변질 등에 대비하

기 위하여 필요한 범위 안에서 당해 복
제물을 복제할 수 있다.
② 프로그램의 복제물을 소지·사용하
는 자는 당해 프로그램의 복제물을 소
지·사용할 권리를 상실한 때에는 그
프로그램저작권자의 특별한 의사표시가
없는 한 제1항의 규정에 의하여 복제한
것을 폐기하여야 한다. 다만, 프로그램
의 복제물을 소지·사용할 권리가 당해
복제물이 멸실됨으로 인하여 상실된 경
우에는 그러하지 아니하다.
[[시행일 2000. 7. 29.]]

제15조(프로그램저작권의 양도)

① 프로그램저작권은 그 전부 또는 일
부를 양도할 수 있다.
② 프로그램저작권의 전부를 양도한 경
우에는 특약이 없는 한 당해 프로그램
을 개작할 권리도 함께 양도한 것으로
추정한다. [신설 2002. 12. 30.] [[시행
일 2003. 07. 01.]]

제16조(프로그램배타적발행권 등)

① 프로그램저작권자는 다른 사람에게 그
저작물에 대하여 독점적으로 복제하여
배포 또는 전송할 수 있도록 하는 배타
적 권리(이하 "프로그램배타적발행권 등"
이라 한다)를 설정할 수 있다. [개정 2002.
12. 30.] [[시행일 2003. 07. 01.]]
② 제1항의 규정에 의하여 프로그램배타
적발행권 등의 설정을 받은 자(이하 "프
로그램배타적발행권자등"이라 한다)는
그 설정행위로 인한 범위 안에서 프로
그램배타적발행권 등을 행사할 권리를
가진다. [개정 2002. 12. 30.] [[시행일
2003. 07. 01.]]
③ 프로그램저작권자는 그 프로그램의 복
제권을 목적으로 하는 질권이 설정되어

있는 경우에는 그 질권자의 동의가 있
어야 프로그램배타적발행권 등을 설정
할 수 있다. [개정 2002. 12. 30.] [[시
행일 2003. 07. 01.]]
④ 프로그램배타적발행권자등은 프로그
램저작권자의 동의 없이 프로그램배타
적발행권 등을 목적으로 하는 질권을
설정하거나 제3자에게 프로그램배타적발
행권 등을 양도할 수 없다. [개정 2002.
12. 30.] [[시행일 2003. 07. 01.]]
⑤ 프로그램배타적발행권 등은 그 설정
행위에 특약이 없는 때에는 3년간 존속
한다. [개정 2002. 12. 30.] [[시행일
2003. 07. 01.]]
[본조제목개정 2002. 12. 30.]

제17조(프로그램의 사용허락)

① 프로그램저작권자는 다른 사람에게
그 프로그램의 사용을 허락할 수 있다.
② 제1항의 규정에 의하여 프로그램의
사용을 허락받은 자는 허락된 사용방법
및 조건의 범위 안에서 당해 프로그램
을 사용할 수 있으며 프로그램저작권자의
동의 없이는 사용할 권리를 제3자에게
양도할 수 없다. [[시행일 2000. 7. 29.]]

제18조(프로그램저작권자가 불명인 프로그
램의 사용)

① 프로그램을 사용하고자 하는 자는 상
당한 노력을 기울였어도 프로그램저작
권자나 그의 거소를 알 수 없어 그 프
로그램저작권자의 사용허락을 받을 수
없는 경우에는 대통령령이 정하는 바에
따라 문화체육관광부장관의 승인을 얻
고, 제35조의 규정에 의한 컴퓨터프로
그램보호위원회의 심의를 거쳐 문화체
육관광부장관이 고시한 보상금을 그 승
인을 얻은 날부터 30일 이내에 프로그

램저작권자를 위하여 공탁한 후 당해 프
로그램을 사용할 수 있다. [개정 2006. 10.
4, 2008. 2. 29. 제8852호(정부조직법)]
② 제1항의 규정에 의하여 사용하는 프
로그램의 복제물에는 문화체육관광부장
관의 승인을 얻은 사실과 그 승인연월
일을 표시하여야 한다. [개정 2008. 2.
29. 제8852호(정부조직법)]

제19조(프로그램의 거래에의 제공)

① 프로그램저작권자 또는 프로그램배
타적발행권자등의 허락을 받아 원프로
그램 또는 그 복제물을 판매의 방법으
로 거래에 제공한 경우에는 이를 계속
하여 배포할 수 있다. [개정 2002. 12.
30.] [[시행일 2003. 07. 01.]]
② 제1항의 규정에 불구하고 판매용프로
그램을 영리를 목적으로 대여하는 경우
에는 프로그램저작권자 또는 프로그램
배타적발행권자 등의 허락을 받아야 한
다. [개정 2002. 12. 30.] [[시행일 2003.
07. 01.]]

제20조(프로그램저작권 위탁관리기관지정 등)

① 문화체육관광부장관은 프로그램의 이
용을 촉진하고 프로그램관련산업을 육성
하기 위하여 대통령령이 정하는 요건과
절차에 따라 프로그램저작권을 신탁 관
리하는 전문기관(이하 "위탁관리기관"이
라 한다)을 지정하여 프로그램저작권 위
탁관리업무를 수행하게 할 수 있다. [개
정 2008. 2. 29. 제8852호(정부조직법)]
② 프로그램저작권의 대리 또는 중개를
업으로 하고자 하는 자는 대통령령이 정
하는 바에 의하여 문화체육관광부장관
에게 신고하여야 한다. [개정 2008. 2.
29. 제8852호(정부조직법)]
③ 위탁관리기관의 운영 및 수수료 등

에 관하여 필요한 사항은 대통령령으로 정한다.

제20조의2(프로그램의 임치)

① 프로그램저작권자와 프로그램의 사용허락을 받은 자는 대통령령이 정하는 자(이하 이 조에서 "수치인"이라 한다)와 서로 합의하여 프로그램의 원시코드 및 기술정보 등을 수치인에게 임치할 수 있다.
② 프로그램의 사용허락을 받은 자는 제1항의 합의에서 정한 사유가 발생한 때에 수치인에게 프로그램의 원시코드 및 기술정보 등의 제공을 요구할 수 있다. [본조신설 2002. 12. 30.] [[시행일 2003. 07. 01.]]

제21조

(질권의 목적으로 된 프로그램저작권의 행사 등) ① 질권의 목적으로 된 프로그램저작권은 질권설정행위에 특약이 없는 한 프로그램저작권자가 이를 행사한다.
② 프로그램저작권을 목적으로 하는 질권은 그 프로그램저작권의 양도, 프로그램의 양도 또는 대여나 제17조의 규정에 의한 사용허락에 따라 프로그램저작권자가 받을 금전 그 밖의 물건에 대하여도 이를 행사할 수 있다. 다만, 그 금전의 지급 또는 물건의 인도전에 지급될 금전이나 물건을 압류하여야 한다. [[시행일 2000. 7. 29.]]

제22조(프로그램저작권의 소멸)

프로그램저작권이 다음 각 호의 1에 해당하는 경우에는 소멸한다. [개정 2006. 10. 4.] [[시행일 2007. 4. 5.]]
1. 프로그램저작권자가 상속인 없이 사망하여 그 권리가 「민법」 기타 법률의 규정에 의하여 국가에 귀속되는 경우
2. 프로그램저작권자인 법인 또는 단체가 해산되어 그 권리가 「민법」 기타 법률의 규정에 의하여 국가에 귀속되는 경우

제3장 등록

제23조(프로그램의 등록)

① 프로그램저작자는 문화체육관광부장관에게 다음 각 호의 사항을 등록할 수 있다. [개정 2006. 10. 4, 2008. 2. 29. 제8852호(정부조직법)]
1. 프로그램의 명칭
2. 프로그램저작자의 국적·실명 및 주소(주소가 없는 경우에는 거소로 한다)
3. 프로그램의 창작연월일
4. 프로그램의 개요
5. 프로그램의 공표연월일(프로그램저작자가 외국인인 경우에는 프로그램이 대한민국에서 발행된 연월일)
6. 그 밖에 프로그램저작권의 보호 및 공정한 이용과 관련하여 대통령령으로 정하는 사항
② 프로그램저작자가 사망한 경우에는 프로그램저작자의 특별한 의사표시가 없는 한 그의 유언으로 지정한 자 또는 상속인이 제1항의 규정에 의한 등록을 할 수 있다.
③ 삭제 [2006. 10. 4.]
④ 삭제 [2006. 10. 4.]
⑤ 삭제 [2006. 10. 4.]
⑥삭제 [2006. 10. 4.]

제24조(프로그램복제물의 제출)

① 제23조제1항 및 제2항의 규정에 의

하여 등록을 하는 자는 등록 시에 당해
프로그램의 복제물을 문화체육관광부장
관에게 제출하여야 한다. [개정 2008. 2.
29. 제8852호(정부조직법)]
② 제1항의 규정에 따라 제출한 때에는
그 등록된 프로그램저작자를 프로그램
저작자로, 그 등록된 창작연월일에 그
프로그램이 창작된 것으로 추정한다. 다
만, 프로그램 창작 후 1년이 경과하여
등록을 한 경우에는 그 창작연월일에 창
작된 것으로 추정하지 아니한다. [개정
2006. 10. 4.]
③ 프로그램복제물의 제출에 관하여 필
요한 사항은 대통령령으로 정한다. [개
정 2006. 10. 4.]
[본조제목개정 2006. 10. 4.]

제25조(비밀유지의무)

제24조의 규정에 의하여 제출된 프로그
램의 복제물을 관리하는 업무에 종사하
는 공무원 및 그 직에 있었던 자는 직
무상 알게 된 비밀을 다른 사람에게 누
설하여서는 아니 된다.
[[시행일 2000. 7. 29]]

제26조(프로그램저작권의 이전등록 등)

① 다음 각 호의 사항은 등록하지 아니
하면 제3자에게 대항할 수 없다. [개정
2002. 12. 30, 2006. 10. 4.] [[시행일
2007. 4. 5.]]
1. 프로그램배타적발행권 등의 설정
2. 프로그램저작권 또는 프로그램배타
적발행권 등의 이전(상속 기타 일반승계
의 경우를 제외한다) 또는 처분제한
3. 프로그램저작권 또는 프로그램배타
적발행권 등을 목적으로 하는 질권의
설정・변경・소멸 또는 처분제한
② 삭제 [2006. 10. 4.] [[시행일 2007.
4. 5.]]

제26조의2(등록절차 등)

① 제23조 및 제26조의 규정에 따른 등
록은 문화체육관광부장관이 프로그램등
록부에 기재하여 행한다. [개정 2008. 2.
29. 제8852호(정부조직법)]
② 문화체육관광부장관은 제1항의 규정
에 따라 등록된 프로그램에 대하여 프
로그램공보를 발행하여 그 등록사실을
공시하여야 하며, 신청하는 자가 있는
경우에는 프로그램등록부를 열람하게 하
거나 그 사본을 교부하여야 한다. [개정
2008. 2. 29. 제8852호(정부조직법)]
③ 제1항의 규정에 따른 등록 및 제2항
의 규정에 따른 프로그램등록부의 열람
또는 사본교부 신청을 하고자 하는 자
는 문화체육관광부령이 정하는 바에 따
라 수수료를 납부하여야 한다. [개정
2008.2.29 제8852호(정부조직법)]
④ 제1항의 규정에 따른 등록 및 제2항
의 규정에 따른 프로그램공보의 발행,
프로그램등록부의 열람 또는 사본교부
신청 등에 관하여 필요한 사항은 대통
령령으로 정한다.
[본조신설 2006. 10. 4.]

제27조(업무의 위탁)

문화체육관광부장관은 제26조의2의 규
정에 따른 등록(제24조의 규정에 따른
프로그램복제물의 접수를 포함한다)에
관한 업무를 대통령령이 정하는 바에 따
라 제35조의 규정에 따른 컴퓨터프로그
램보호위원회에 위탁할 수 있다. [개정
2008. 2. 29. 제8852호(정부조직법)]
[전문개정 2006. 10. 4.]

제28조(전산정보처리조직에 의한 프로그램
등록)

① 프로그램등록 사무는 그 전부 또는
일부를 전산정보처리조직에 의하여 처
리할 수 있다.
② 제26조의2제1항의 프로그램등록부 및
제26조의2제2항의 프로그램공보는 문화
체육관광부령이 정하는 바에 의하여 전
자적 매체로 발행할 수 있다. [개정
2006. 10. 4, 2008. 2. 29. 제8852호(정
부조직법)]
③ 문화체육관광부장관은 전자적 매체
로 프로그램 공보를 발행하는 경우에는
그 내용을 정보통신망을 이용하여 널리
알려야 한다. [개정 2008. 2. 29. 제
8852호(정부조직법)]
④ 제1항의 규정에 의한 프로그램등록
사무의 처리절차는 문화체육관광부령으
로 정한다. [개정 2008. 2. 29. 제8852
호(정부조직법)]

제4장 권리의 침해에 대한 구제

제29조(프로그램저작권 침해행위 등)

① 누구든지 정당한 권원 없이 다른 사
람의 프로그램저작권을 복제·개작·번
역·배포·발행 및 전송의 방법으로 침
해하거나 다른 사람의 프로그램배타적
발행권 등을 복제·배포 및 전송의 방
법으로 침해하여서는 아니 된다. [개정
2002. 12. 30.] [[시행일 2003. 07. 01.]]
② 정당한 권원 없이 프로그램저작자의
실명 또는 이명을 변경 또는 은닉하거
나 프로그램의 명칭 또는 제호를 변경
하여서는 아니 된다.
③ 다음 각 호의 사항을 허위로 하여서
는 아니 된다. [개정 2002. 12. 30.] [[시

행일 2003. 07. 01.]]
1. 제23조의 규정에 의한 프로그램의
등록
2. 제24조의 규정에 의한 프로그램의
복제물의 제출
3. 제26조의 규정에 의한 프로그램저작
권의 이전등록 등
④ 다음 각 호의 사항의 경우 해당 프
로그램저작권을 침해하는 것으로 본다.
[개정 2002. 12. 30.] [[시행일 2003. 07.
01.]]
1. 프로그램저작권의 침해가 되는 프로
그램을 국내에서 배포할 목적으로 수입
하는 행위
2. 프로그램저작권을 침해하여 만들어진
프로그램의 복제물(제1호의 수입 프로
그램을 포함한다)을 그 사정을 알면서 취
득한 자가 이를 업무상 사용하는 행위
3. 정당한 권한 없이 고의로 권리관리정
보를 제거 또는 변경하거나 그 사실을
알면서 원프로그램 또는 그 복제물을
배포하거나 배포할 목적으로 수입 또는
전송하는 행위 [[시행일 2003. 07. 01.]]

제30조(기술적보호조치의 침해 등의 금지)

① 누구든지 정당한 권원 없이 기술적
보호조치를 회피, 제거, 손괴 등의 방법
으로 무력화(이하 "기술적 보호조치무력
화"라 한다)하여서는 아니 된다. 다만,
다음 각 호의 1에 해당하는 경우에는
그러하지 아니하다. [개정 2001. 1. 16.]
1. 제10조의 규정에 의한 프로그램의
동일성을 변경하는 경우
2. 제12조 각호의 1에 해당되어 복제 사
용하는 경우
3. 제14조의 규정에 의한 프로그램 사
용자가 필요한 범위 안에서 복제하는
경우
4. 정당한 권원에 의하여 사용하는 자가

다른 프로그램과 호환성을 유지하기 위
하여 필요한 경우
5. 정당한 권원에 의한 최종사용자로부터
프로그램의 수정·보완을 요청받은 경우
6. 정당한 권원에 의하여 사용하는 자가
연구·교육 등의 목적으로 프로그램과
관련된 암호화 분석을 하기 위하여 필
요한 경우 [신설 2001. 1. 16.] [[시행일
2001. 7. 17.]]
② 누구든지 상당히 기술적 보호조치를
무력화하는 기기·장치·부품 등을 제
조·수입하거나 공중에 양도·대여 또
는 유통하여서는 아니 되며, 기술적 보
호조치를 무력화하는 프로그램을 전
송·배포하거나 기술적 보호조치를 무
력화하는 기술을 제공하여서는 아니 된
다. [개정 2001. 1. 16.] [[시행일 2001.
7. 17.]]

제31조(침해의 정지 등 청구)

① 프로그램저작권자 또는 프로그램배
타적발행권자등은 그의 권리를 침해하
는 자 또는 침해할 우려가 있는 자에
대하여 침해의 정지 또는 예방을 청구
할 수 있다. [개정 2002. 12. 30.] [[시
행일 2003. 07. 01.]]
② 프로그램저작권자 또는 프로그램배
타적발행권자등이 제1항의 규정에 의한
청구를 하는 경우에는 침해행위에 의하
여 만들어진 물건의 폐기와 침해행위에
제공된 도구 등의 폐기나 기타 침해를
예방하는 데 필요한 조치를 할 것을 함
께 청구할 수 있다. [개정 2002. 12.
30.] [[시행일 2003. 07. 01.]]

제32조(손해배상청구)

① 프로그램저작권자 또는 프로그램배
타적발행권자 등은 고의 또는 과실로

그의 권리를 침해한 자에 대하여 손해
배상을 청구할 수 있다. [개정 2002. 12.
30.] [[시행일 2003. 07. 01.]]
② 다른 사람의 등록된 프로그램저작권
또는 프로그램배타적발행권등을 침해한
자는 그 침해행위에 있어서 과실이 있
는 것으로 추정한다. [개정 2002. 12.
30.] [[시행일 2003. 07. 01.]]
③ 프로그램저작권 또는 프로그램배타
적발행권 등을 침해한 자가 침해행위에
의하여 얻은 이익액은 프로그램저작권
자가 입은 손해액으로 추정한다. [개정
2002. 12. 30.] [[시행일 2003. 07. 01.]]
④ 프로그램저작권자 또는 프로그램배타
적발행권자 등은 제3항의 규정에 의한
손해액 또는 그 권리의 행사로 통상 얻을
수 있는 금액에 상당하는 액을 손해액으
로 하여 그 배상을 청구할 수 있다. [개정
2002. 12. 30.] [[시행일 2003. 07. 01.]]
⑤ 법원은 손해가 발생한 사실은 인정
되나 제3항 및 제4항의 규정에 의한 손
해액을 산정하기 어려운 때에는 변론의
취지 및 증거조사의 결과를 참작하여
상당한 손해액을 인정할 수 있다.

제33조(공동저작프로그램의 침해정지 및 손해배상 청구)

공동저작프로그램의 각 저작자 또는 각
저작권자는 다른 저작자 또는 다른 저작
권자의 동의 없이 제31조의 규정에 의
한 청구를 할 수 있으며 그 프로그램저작
권의 침해에 관하여 자신의 지분에 관한
제32조의 규정에 의한 손해배상의 청구를
할 수 있다. [[시행일 2000. 7. 29.]]

제34조(부정복제물 등의 수거조치 등)

① 문화체육관광부장관은 다음 각 호의
어느 하나에 해당하는 프로그램, 정보

또는 기기 등을 발견한 때에는 관계공무원으로 하여금 이를 수거·삭제·폐기하게 할 수 있다. [개정 2002. 12. 30, 2006. 10. 4, 2008. 2. 29. 제8852호(정부조직법)]
1. 정당한 권원을 가지지 아니한 자가 유통 또는 사용제공 등 영리를 목적으로 복제한 프로그램
2. 삭제 [2006. 10. 4.]
3. 프로그램저작권을 침해하는 방법으로 제작된 프로그램을 그 사정을 알면서 취득한 자가 업무상 사용하는 프로그램
4. 삭제 [2006. 10. 4.]
5. 기술적 보호조치 무력화를 행하기 위하여 제작된 기기, 장치, 부품, 프로그램 등
② 제1항의 규정에 의하여 관계공무원이 당해 프로그램 또는 기기 등을 수거한 때에는 그 소유자 또는 점유자에게 수거증을 교부하여야 한다.
③ 문화체육관광부장관은 제1항의 규정에 따라 관계공무원이 수거 등을 함에 있어서 기술적 자문 및 이에 준하는 지원이 필요한 때에는 제35조의 규정에 따른 컴퓨터프로그램보호위원회 또는 프로그램저작권 보호와 관련된 협회 등의 단체에 협조를 요청할 수 있다. [개정 2002. 12. 30, 2006. 10. 4, 2008. 2. 29. 제8852호(정부조직법)]
④ 제1항 및 제2항의 규정에 의하여 수거 등의 처분을 하는 관계공무원은 그 권한을 표시하는 증표를 지니고 이를 관계인에게 내보여야 한다. [개정 2002. 12. 30.]
⑤ 삭제 [2006. 10. 4.]

제34조의2(정보통신망을 통한 부정복제물 등에 대한 시정명령)

① 문화체육관광부장관은 다음 각 호의 프로그램 또는 정보가 정보통신망을 통하여 전송된 경우에 제35조의 규정에 따른 컴퓨터프로그램보호위원회의 심의를 거쳐 온라인서비스제공자로 하여금 대통령령이 정하는 바에 따라 그 취급의 거부·정지 또는 제한 등(이하 "거부 등"이라 한다)을 하도록 명할 수 있다. 다만, 제34조의3제3항의 규정에 따라 컴퓨터프로그램보호위원회가 시정명령을 요청하는 경우에는 컴퓨터프로그램보호위원회의 심의를 생략할 수 있다. [개정 2008. 2. 29. 제8852호(정부조직법)]
1. 정당한 권원을 가지지 아니한 자가 전송한 프로그램
2. 프로그램저작권을 침해하는 정보
3. 기술적 보호조치를 무력하게 하는 프로그램 및 정보
② 문화체육관광부장관은 제1항의 규정에 따른 명령의 대상이 되는 온라인서비스제공자에게 사전에 의견제출의 기회를 주어야 한다. [개정 2008. 2. 29. 제8852호(정부조직법)]
③ 「행정절차법」 제22조제4항 내지 제6항 및 제27조의 규정은 제2항의 의견제출에 관하여 이를 준용한다.
[본조신설 2006. 10. 4.]

제34조의3(시정권고 등)

① 제35조의 규정에 따른 컴퓨터프로그램보호위원회는 제34조의2제1항 각 호의 프로그램 또는 정보가 정보통신망을 통하여 전송된 경우에 이를 심의하여 온라인서비스제공자에 대하여 다음 각 호의 어느 하나의 시정을 권고할 수 있다.
1. 전송한 자에 대한 경고
2. 해당 프로그램 또는 정보 삭제
3. 전송한 자에 대한 이용정지 또는 이용해지
② 온라인서비스제공자는 제1항의 규정에 따른 권고를 받은 경우에는 권고를

받은 날부터 3일 이내에 그 조치결과를 제35조의 규정에 따른 컴퓨터프로그램보호위원회에 통보하여야 한다.

③ 제35조의 규정에 따른 컴퓨터프로그램보호위원회는 온라인서비스제공자가 제1항의 규정에 따른 권고에 따르지 아니하는 경우에는 문화체육관광부장관에게 제34조의2의 규정에 따른 시정명령을 하여 줄 것을 요청할 수 있다. [개정 2008. 2. 29. 제8852호(정부조직법)]
[본조신설 2006. 10. 4.]

제34조의4(온라인서비스제공자의 의무 등)

① 프로그램저작권자 또는 프로그램배타적발행권자등은 프로그램이 정당한 권원 없이 정보통신망을 통하여 복제ㆍ전송됨으로써 권리가 침해되는 경우에 그 권리자임을 소명하여 온라인서비스제공자에게 당해 프로그램의 복제ㆍ전송의 중단을 요구할 수 있다.

② 온라인서비스제공자는 제1항의 규정에 의한 요구가 있는 경우에 지체 없이 복제ㆍ전송을 중단시키고 당해 프로그램을 복제ㆍ전송하는 자에게 그 사실을 통보하여야 한다.

③ 제2항의 규정에 의한 통보를 받은 자는 자신의 복제ㆍ전송이 정당한 권원에 의한 것임을 소명하여 그 복제ㆍ전송의 재개를 요구할 수 있다. 이 경우 온라인서비스제공자는 재개요구사실 및 재개예정일을 프로그램저작권자 또는 프로그램배타적발행권자등에게 지체 없이 통보하고 그 예정일에 복제ㆍ전송을 재개시켜야 한다.

④ 온라인서비스제공자는 제1항 및 제3항의 규정에 의한 복제ㆍ전송의 중단 및 그 재개의 요구를 받을 자(이하 이 조에서 "수령인"이라 한다)를 지정하여 자신의 서비스를 이용하는 자들이 쉽게 알 수 있도록 공지하여야 한다.

⑤ 온라인서비스제공자가 제4항의 규정에 의한 공지를 하고, 제2항 및 제3항의 규정에 의하여 프로그램의 복제ㆍ전송을 중단시키거나 재개시킨 경우에는 다른 사람에 의한 프로그램의 복제ㆍ전송으로 인하여 프로그램저작권자 또는 프로그램배타적발행권자등의 권리의 침해에 대한 책임 및 복제ㆍ전송하는 자에게 발생하는 손해에 대한 책임을 감경 또는 면제할 수 있다.

⑥ 정당한 권원 없이 제2항 및 제3항의 규정에 의한 프로그램의 복제ㆍ전송의 중단이나 재개를 요구한 자는 그로 인하여 발생하는 손해를 배상하여야 한다.

⑦ 제1항 내지 제4항의 규정에 의한 소명, 중단, 통보, 복제ㆍ전송의 재개, 수령인의 지정 및 공지 등에 관하여 필요한 사항은 대통령령으로 정한다.
[본조신설 2002. 12. 30.] [[시행일 2003. 07. 01.]]
[본조개정 2006. 10. 4. 제34조의2에서 이동] [[시행일 2007. 4. 5.]]

제34조의5(온라인서비스제공자의 책임감면)

① 온라인서비스제공자가 다른 사람에 의한 프로그램의 복제ㆍ전송행위로 인하여 프로그램저작권자 또는 프로그램배타적발행권자 등의 권리가 침해됨을 알고 이를 방지하거나 중단시킨 경우에는 그 책임을 감경 또는 면제할 수 있다.

② 온라인서비스제공자가 제1항의 규정에 의한 조치를 취하려 하였으나 기술적으로 불가능한 경우에는 프로그램저작권자 또는 프로그램배타적발행권자등의 권리의 침해에 관한 온라인서비스제공자의 책임은 면제된다.
[본조신설 2002. 12. 30.] [[시행일 2003. 07. 01.]]

[본조개정 2006. 10. 4. 제34조의3에서 이동] [[시행일 2007. 4. 5.]]

제5장 컴퓨터프로그램보호위원회[본장제목개정 2006. 10. 4.]

제35조(컴퓨터프로그램보호위원회)

① 이 법에 따라 보호되는 권리에 관한 분쟁(이하 "분쟁"이라 한다)에 대하여 알선·조정하고, 프로그램저작권 그 밖에 프로그램과 관련된 사항을 심의하며, 프로그램의 보호 및 공정한 이용에 필요한 사업을 수행하기 위하여 컴퓨터프로그램보호위원회(이하 "위원회"라 한다)를 둔다. [개정 2006. 10. 4.]
② 위원회는 위원장 1인을 포함한 10인 이상 20인 이하의 심의조정위원(이하 "위원"이라 한다)으로 구성한다.
③ 위원은 다음 각 호의 1에 해당하는 자중에서 문화체육관광부장관이 위촉하며, 위원장은 문화체육관광부장관이 위원 중에서 지명한다. [개정 2002. 12. 30, 2005. 12. 29, 2008. 2. 29. 제8852호(정부조직법)]
1. 3급 이상 공무원 또는 고위공무원단에 속하는 일반직공무원의 직에 있거나 있었던 자
2. 대학이나 공인된 연구기관에서 부교수급 이상 또는 이에 상당하는 직에 있거나 있었던 자로서 프로그램저작권 그 밖에 프로그램관련 분야를 전공한 자
3. 판사 또는 검사의 직에 있는 자
4. 변호사 또는 변리사의 자격이 있는 자
5. 프로그램저작권 그 밖에 프로그램과 관련된 단체의 임원의 직에 있거나 있었던 자
6. 그 밖에 프로그램 또는 프로그램과 관련된 사항에 대한 학식과 경험이 풍부한 자
④ 위원의 임기는 2년으로 한다. 다만, 직위를 지정하여 위촉하는 위원의 임기는 당해 직위에 재임하는 기간으로 한다.
⑤ 위원 중 결원이 생긴 때에는 제3항의 규정에 의하여 그 보궐위원을 위촉하여야 하며, 그 보궐위원의 임기는 전임자의 잔임 기간으로 한다.
⑥ 위원회의 업무를 효율적으로 수행하기 위하여 분야별로 분과위원회를 둘 수 있다. [신설 2002. 12. 30.]
⑦ 위원회의 사무처리를 위하여 위원회에 사무국을 두고, 조사연구를 위하여 연구실을 둔다. [신설 2002. 12. 30.]
[본조제목개정 2006. 10. 4.]

제36조(업무)

위원회는 다음 각 호의 업무를 행한다. [개정 2008. 2. 29. 제8852호(정부조직법)]
1. 분쟁에 대한 알선·조정
2. 프로그램저작권의 보호 및 공정한 이용과 관련하여 문화체육관광부장관이 부의하는 사항의 심의
3. 프로그램 및 프로그램과 관련된 전자적 정보 등의 감정에 관한 사항의 심의
4. 프로그램 부정복제물 신고센터의 운영, 제34조의3의 규정에 따른 온라인서비스제공자에 대한 시정권고 및 문화체육관광부장관에 대한 시정명령 요청
5. 기술적 보호조치 및 권리관리정보 관련 기술의 개발과 관련된 정책의 수립·시행을 위한 지원
6. 프로그램저작권의 보호 및 공정한 이용을 위한 교육·홍보
7. 프로그램저작권 관련 법제도 조사·연구 및 국제협력
8. 다른 법령에 따라 위원회의 업무로 정하거나 위탁하는 업무

9. 그 밖에 프로그램저작권의 보호 및 공정한 이용과 관련하여 대통령령이 정하는 사항
[전문개정 2006. 10. 4.]
[본조제목개정 2006. 10. 4.]

제36조의2(알선)

① 분쟁에 관한 알선을 받고자 하는 자는 알선신청서를 위원회에 제출하여 알선을 신청할 수 있다.
② 위원회가 제1항의 규정에 의하여 알선의 신청을 받은 때에는 위원장이 위원 중에서 알선위원을 지명하여 알선을 하게 하여야 한다.
[본조신설 2002. 12. 30.] [[시행일 2003. 07. 01.]]

제36조의3(알선의 중단)

① 알선위원은 알선으로써는 분쟁해결의 가능성이 없다고 인정되는 경우에 알선을 중단할 수 있다.
② 알선 중인 분쟁에 대하여 제38조의 규정에 의한 조정신청이 있는 때에는 당해 알선은 중단된 것으로 본다.
[본조신설 2002. 12. 30.] [[시행일 2003. 07. 01.]]

제36조의4(알선의 성립)

알선이 성립한 때에 알선위원은 알선서를 작성하여 관계당사자와 함께 기명날인하여야 한다.
[본조신설 2002. 12. 30.] [[시행일 2003. 07. 01.]]

제37조(조정부)

위원회의 분쟁조정업무를 효율적으로 수행하기 위하여 위원회에 3인의 위원으로 구성된 조정부를 두되, 그중 1인은 변호사의 자격이 있는 자로 한다.
[[시행일 2000. 7. 29.]]

제38조(조정의 신청 등)

① 분쟁의 조정을 받고자 하는 자는 신청취지와 원인을 기재한 조정신청서를 위원회에 제출하여 그 분쟁의 조정을 신청할 수 있다.
② 제1항의 규정에 의한 분쟁의 조정은 제37조의 규정에 의한 조정부가 행한다.
③ 위원회는 조정신청이 있는 날부터 3월 이내에 조정을 하여야 한다. 다만, 특별한 사유가 있는 경우에는 양 당사자의 동의를 얻어 1월의 범위 내에서 1회에 한하여 그 기간을 연장할 수 있다.
④ 제3항의 규정에 의한 기간이 경과한 경우에는 조정이 성립되지 아니한 것으로 본다.
[[시행일 2000. 7. 29.]]

제38조의2(감정)

① 위원회는 제38조의 규정에 의한 분쟁조정을 위하여 필요한 때에 양당사자의 동의를 얻어 프로그램 및 프로그램과 관련된 전자적 정보 등에 관한 감정을 실시할 수 있다.
② 위원회는 제1항의 경우 외에 법원 또는 수사기관으로부터 재판 또는 수사를 위하여 프로그램 및 프로그램과 관련된 전자적 정보 등에 관한 감정을 요청받은 때에 이를 실시할 수 있다.
[본조신설 2002. 12. 30.] [[시행일 2003. 07. 01.]]

제39조(출석의 요구)

① 위원회는 분쟁의 조정을 위하여 필요하다고 인정하는 때에는 당사자, 그

대리인 또는 이해관계인의 출석을 요구하거나 필요한 관계서류의 제출을 요구할 수 있다.

② 조정당사자가 정당한 사유 없이 제1항의 규정에 의한 출석의 요구에 응하지 아니한 경우에는 조정이 성립되지 아니한 것으로 본다. [[시행일 2000. 7. 29.]]

제40조(조정의 성립)

① 조정은 당사자사이에 합의된 사항을 조정조서에 기재함으로써 성립된다. [개정 2001. 1. 16.] [[시행일 2001. 7. 17.]]

② 제1항의 규정에 의한 조서는 재판상의 화해와 동일한 효력이 있다. 다만, 당사자가 임의로 처분할 수 없는 사항인 경우에는 그러하지 아니하다. [신설 2001. 1. 16.] [[시행일 2001. 7. 17.]]

제41조(조정비용)

① 조정비용은 신청인이 부담한다. 다만, 조정이 성립된 때에는 특약이 없는 한 당사자 각자가 균등하게 부담한다.

② 제1항의 조정비용의 금액은 위원회가 정한다. [[시행일 2000. 7. 29.]]

제42조(경비보조)

국가는 예산의 범위 안에서 위원회의 운영에 필요한 경비를 출연 또는 보조할 수 있다.

[[시행일 2000. 7. 29.]]

제43조(위원회의 조직 등)

위원회의 조직과 운영, 알선·조정의 절차, 조정비용의 납부방법 기타 필요한 사항은 대통령령으로 정한다. [개정 2002. 12. 30.] [[시행일 2003. 07. 01.]]

제6장 보칙

제44조(관계부처와의 협의)

삭제 [개정 2008. 2. 29. 제8852호(정부조직법)]

제45조(다른 법률과의 관계)

이 법에 규정한 것 외에 프로그램의 보호에 관하여 「저작권법」의 규정이 있는 경우에는 그 규정을 적용한다. [개정 2006. 10. 4.] [[시행일 2007. 4. 5.]]

제45조의2(권한의 위임)

문화체육관광부장관은 이 법에 의한 권한의 일부를 대통령령이 정하는 바에 따라 그 소속기관의 장이나 체신청장 및 시·도지사 또는 시장·군수·구청장(자치구의 구청장을 말한다)에게 위임·위탁할 수 있다. [개정 2008. 2. 29. 제8852호(정부조직법)]
[본조신설 2002. 12. 30.]

제7장 벌칙

제46조(벌칙)

① 다음 각 호의 어느 하나에 해당하는 자는 5년 이하의 징역 또는 5천만 원이하의 벌금에 처하거나 이를 병과할 수 있다. [개정 2006. 10. 4.] [[시행일 2007. 4. 5.]]
1. 제29조제1항의 규정을 위반한 자

2. 제29조제4항제1호 또는 제2호의 규정에 해당하는 행위를 한 자
3. 제30조의 규정을 위반한 자
② 제25조의 규정에 위반한 자는 2년 이하의 징역 또는 2천만 원 이하의 벌금에 처한다.
③ 다음 각 호의 1에 해당하는 자는 1년 이하의 징역 또는 1천만 원 이하의 벌금에 처한다.
1. 제20조제1항의 규정에 의한 지정을 받지 아니하고 프로그램저작권위탁관리업무를 한 자
2. 제29조제2항의 규정을 위반한 자
3. 제29조제3항의 규정을 위반한 자
4. 제29조제4항 제3호의 규정에 해당하는 행위를 한 자
④ 제20조제2항의 규정에 의한 신고를 하지 아니하고 프로그램저작권의 대리 또는 중개업을 한 자는 5백만 원 이하의 벌금에 처한다. [[시행일 2000. 7. 29.]]

제47조(상습범)

상습으로 제46조제1항의 규정에 해당한 자는 7년 이하의 징역 또는 7천만 원 이하의 벌금에 처하거나 이를 병과할 수 있다. [개정 2006. 10. 4.] [[시행일 2007. 4. 5.]]

제48조(고소)

제46조제1항(제3호의 경우중 제30조제2항의 규정을 위반한 경우를 제외한다) 및 동조 제3항제2호·제4호의 죄는 프로그램저작권자 또는 프로그램배타적발행권자등의 고소가 있어야 공소를 제기할 수 있다. [개정 2002. 12. 30.] [[시행일 2003. 07. 01.]]

제49조(벌칙적용에 있어서의 공무원 의제)

위원회의 위원 및 직원은 제25조, 「형법」 제129조 내지 제132조의 적용에 있어서는 이를 공무원으로 본다. [개정 2006. 10. 4.] [[시행일 2007. 4. 5.]] [전문개정 2001. 1. 16.] [[시행일 2001. 7. 17.]]

제50조(양벌규정)

법인의 대표자나 법인 또는 개인의 대리인·사용인 기타 종업원이 그 법인 또는 개인의 업무에 관하여 제46조의 위반행위를 한 때에는 그 행위자를 벌하는 외에 그 법인 또는 개인에 대하여도 동조의 벌금형을 과한다. [[시행일 2000. 7. 29.]]

제51조(과태료)

① 제34조의2제1항의 규정에 의한 명령을 이행하지 아니한 자는 1천만 원 이하의 과태료에 처한다. [개정 2006. 10. 4.]
② 제1항의 규정에 의한 과태료는 대통령령이 정하는 바에 따라 문화체육관광부장관이 부과·징수한다. [개정 2008. 2. 29. 제8852호(정부조직법)]
③ 제2항의 규정에 의한 과태료처분에 불복이 있는 자는 그 처분의 고지를 받은 날부터 30일 이내에 문화체육관광부장관에게 이의를 제기할 수 있다. [개정 2008. 2. 29. 제8852호(정부조직법)]
④ 제2항의 규정에 의하여 과태료처분을 받은 자가 제3항의 규정에 따라 이의를 제기한 때에는 문화체육관광부장관은 지체 없이 관할법원에 그 사실을 통보하여야 하며, 그 통보를 받은 관할법원은 「비송사건절차법」에 의한 과태료의 재판을 한다. <개정 2006. 10. 4, 2008.

2. 29. 제8852호(정부조직법)}
⑤ 제3항의 규정에 의한 기간 이내에 이의를 제기하지 아니하고 과태료를 납부하지 아니한 때에는 국세체납처분의 예에 의하여 이를 징수한다.
[본조신설 2002. 12. 30.]

부칙

① (시행일) 이 법은 공포 후 6월이 경과한 날부터 시행한다.
② (벌칙에 관한 경과규정) 이 법 시행 전의 행위에 대한 벌칙의 적용에 있어서는 종전의 규정에 의한다.

부칙 [2001. 1. 16.]

제1조(시행일) 이 법은 공포 후 6월이 경과한 날부터 시행한다.
제2조(적용례) 제40조의 개정규정은 이 법 시행 후 최초로 이루어진 조정에 대하여 적용한다.

부칙 [2002. 12. 30.]

① (시행일) 이 법은 2003년 7월 1일부터 시행한다.
② (경과조치) 제34조의2 및 제34조의3의 개정규정은 이 법 시행 전에 정보통신망을 통한 프로그램의 복제·전송 또는 재개로 인한 프로그램저작권, 프로그램배타적발행권 그 밖의 권리에 대한 침해행위가 있는 경우에 이를 적용하지 아니한다.

부칙 [2005. 12. 29. 제7796호(국가공무원법)]

제1조(시행일) 이 법은 2006년 7월 1일부터 시행한다.
제2조 내지 제5조 생략
제6조(다른 법률의 개정) ① 내지 <60> 생략
<61> 컴퓨터프로그램보호법 일부를 다음과 같이 개정한다.
제35조제3항제1호 중 "3급 이상의 공무원"을 "3급 이상 공무원 또는 고위공무원단에 속하는 일반직공무원"으로 한다.
<62> 내지 <68> 생략

부칙 [2006. 10. 4. 제8032호]

① (시행일) 이 법은 공포 후 6개월이 경과한 날부터 시행한다.
② (프로그램등록 등에 관한 적용례) 제23조·제24조 및 제26조 내지 제28조의 개정규정은 이 법 시행 후 최초로 등록하는 분부터 적용한다.
③ (프로그램저작권의 이전등록 등에 관한 경과조치) 이 법 시행 당시 종전의 제26조제2항의 규정에 따라 프로그램저작권등록부에 등록한 자는 제26조의2제1항의 개정규정에 따른 프로그램등록부에 등록한 것으로 본다.
④ (컴퓨터프로그램보호위원회에 대한 경과조치) 이 법 시행 당시 종전의 규정에 따른 프로그램심의조정위원회는 제35조의 개정규정에 따른 컴퓨터프로그램보호위원회로 본다.
⑤ (벌칙 또는 과태료에 관한 경과조치) 이 법 시행 전의 행위에 대한 벌칙 또는 는 과태료의 적용에 있어서는 각각 종전의 규정에 의한다.

부칙 [2008. 2. 29. 제8852호(정부조직법)]

제1조(시행일) 이 법은 공포한 날부터 시행한다. 단서 생략

제2조부터 제5조까지 생략

제6조 (다른 법률의 개정) ①부터 <436>까지 생략

<437> 컴퓨터프로그램 보호법 일부를 다음과 같이 개정한다.

제26조의2제3항 중 "정보통신부령"을 "문화체육관광부령"으로 한다.

제44조를 삭제한다.

제13조제1항, 제18조제1항·제2항, 제20조제1항·제2항, 제24조제1항, 제28조제3항, 제34조제1항 각 호 외의 부분·제3항 및 제44조 중 "정보통신부장관"을 각각 "문화체육관광부장관"으로 한다.

제23조제1항 각 호 외의 부분, 제26조의2제1항·제2항, 제27조, 제34조의2제1항 각 호 외의 부분 본문·제2항, 제34조의3제3항, 제35조제3항 각 호 외의 부분, 제36조제2호·제4호, 제45조의2 및 제51조제2항부터 제4항까지 중 "정보통신부장관"을 각각 "문화체육관광부장관"으로 한다.

제28조제2항 및 제4항 중 "정보통신부령"을 각각 "문화체육관광부령"으로 한다.

제45조의2 본문 중 "그 소속기관의 장 또는 체신청장에게 위임"을 "그 소속기관의 장이나 체신청장 및 시·도지사 또는 시장·군수·구청장(자치구의 구청장을 말한다)에게 위임·위탁"으로 한다.

<438>부터 <760>까지 생략

제7조 생략부 칙[2009. 4. 22. 제9625호(저작권법)]

제1조(시행일) 이 법은 공포 후 3개월이 경과한 날부터 시행한다.

제2조(「컴퓨터프로그램 보호법」의 폐지) 컴퓨터프로그램 보호법은 폐지한다.

제3조부터 제9조까지 생략

참고문헌

1. 국내문헌

강근복·권선필·기영석·송충근·오덕성·정상철·조만형·홍형득(1999), "지식정보사회와 전자정부", 나남출판사.

강석호(1989), "정보체계론", 박영사.

권기현(2000), "정보사회의 논리 – 지식정보사회와 국가경영 논리", 나남출판사.

김성태(1999), "행정정보체계론 – 정보정책론과 전자정부론", 법문사.

김영삼(1991), "정보체계론", 형설출판사.

김준석(1991), "경영정보시스템", 법문사.

김종범(1993), "과학기술정책론", 대영문화사.

김효근(1997), "新지식인", 매일경제신문사.

노나카이쿠지로·곤노노부루·나상억(역)(1999), "노나카의 지식경영", 21세기북스.

데이빗 오스본 테드 게블러/삼성경제연구소 옮김(1994), "정부혁신의 길", 삼성경제연구소.

미국상무성·현대경제연구원(역)(1999), "전자거래혁명", 21세기북스.

방석현(1991), "행정정보체계론", 법문사.

사노히로시·현동희 외(역)(1997), "21세기의 디자인", 태학원.

산타클라라밸리 역사협회·한국 대학생 벤처창업연구회(역)(1999), "초일류기업 창조의 100년가 – 실리콘밸리의 영웅들", 21세기북스.

손융기(1998), "나부터 시작하는 열린행정", 한국정보문화센터.

안문석(1998), "정보체계론", 학현사.

유사라(1999), "정보학 연구와 분석방법론", 나남출판사.

유치성·최창곤·최동수(1999), "정보경제", 박영사.

유해영·우진운(1999), "웹페이지 작성과 디자인", 이한출판사.

윤은기(1992), "정보학 특강", 김영사.

윤정길(2000), "관리와 PR", 대영문화사.

이용규(1997), "행정정보체계론", 박영사.

이충식(1994), "행정정보체계론", 법영사.

이진주 외(1989), "경영정보시스템", 다산출판사.

정충식(1999), "멀티미디어 시대의 행정 – 정보기술을 활용한 행정개혁론", 나남출판사.

조동성(1989), "최신경영정보시스템", 석정.

조병일(1993), "최신 정보체계론", 박문각.

피터드러커(1999), "21세기 지식경영", 한국경제신문사.

피터드러커(1999), "지식경영", 21세기북스.

하미승(1996), "행정정보체계론", 법문사.

ICMA · 최근희 외 3인공저(1999), "지방정부의 경영전략 – 미국소도시 및 카운티 정부 실무지침서", 경기개발연구원.

本田弘 · 한규인(역)(1991), "정보공개행정론 – 일본 지방행정에 있어서 정보공개시스템", 대영문화사.

서울특별시 · 서울시립대학(1999), 『서울정보화 기본계획』.

정보통신부(1998), 『정보화에 관한 연차보고서』.

자치정보화 지원재단(1999), 『'99 지역정보화 우수사례집』.

정보통신부(1998), 『1998 정보화에 관한 연차보고서』.

정보통신정책연구원(2000), 『정보통신 정책 제12권11호 통권 257호』.

제주시 · 한국지역정보화학회(2000), 『21세기 지역정보화 전략세미나 – 지역첨단 지식 정보 산업단지 육성전략을 중심으로』.

지방자치단체 국제화재단(1997), 「해외 자치행정 우수사례집 제5호」.

최남희(1997), 『정보화에 따른 도시공간의 변화와 도시행정의 방향, 한국행정학회 동 계학술대회발표논문』.

충청남도 · 한국지역정보화학회(2000), 『21세기를 위한 지역정보화 정책의 경험과 전 략의 공유』.

한국데이터베이스진흥센터(1998), 『데이터베이스서』.

한국전산원(1998), 『1998 국가정보화 백서』.

한국전산원(2000), 『2000 국가정보화 백서』.

한국전자통신연구소(1996), 『실리콘밸리 모델 – 멀티미디어 사회 구축에의 메시지』.

한국정보보호센터 · 정보윤리위원회(1999), 『정보화 역기능 방지대책 공청회』.

한국지역정보화학회(1999), 『한국지역정보화학회지 제3권 제1호』.

한국행정학회 · 한국정보산업연합회(1998), 『미래전자정부 비전 정립 및 구현을 위한 국제 심포지엄』.

한국정보문화센타 · 한국전산원 · 한국정보통신진흥협회(1995), 『95 정보화 우수 사례집』.

한국정책학회(1997), 『국가사회 정보화 방향 국제심포지움』.

한국행정연구원(1998), 『정보기술을 활용한 행정업무 과정의 혁신지침』.

한계레iT(2000), 『DOT21, no.28』.

행정자치부(1998), 『지방자치단체 평가 표준모델 정립에 관한 연구』.

행정자치부(1998), 『지방자치단체 정보화수준 측정을 위한 지표개발』.

김선영(2000), 『웹사이트에 있어서 아이콘 디자인에 관한 연구』, 건국대학교 대학원 석사학위논문.

김성태(1995), 『지방화 시대에 새로운 지역정보화 추진체계: 광역거점지역정보센터의
　　구축』, 한양대학교 행정문제 논문집, 제13편.

박순용(1996), 『행정정보관리체계의 성과 평가와 발전방안에 관한 연구』, 건국대학교
　　대학원 박사학위논문.

허만형(1998), 『사이버스페이스의 행정학적 조망: 비판적 접근』, 사이버커뮤니케이션
　　학회보 제2호.

2. 외국문헌

Allen J. and Lientz B. P.(1978), *Systems in Action*, Santa onica, Calif, Goodyear
　　Publishing company.

Anderson, James R.(1984), *Public Policy — Making, 3rd ed.,* New York: Holt, Reinhart
　　and Winston.

Baer, William C.(1985), *Just What Is an Urban Service, Anyway?* Journal of Politics.

Biggs C. L., Birks E. G. and Atkins W.(1980), "Managing the System Development
　　Process, Englewood Cliffs", N.J.: Prentice – Hall.

Bolman Daniel(1986), *Designing Organizations,* Illinois: Richard D. IRWIN, Inc..

Bolman Lee G.(1997), Deal Terrence E., *Reframing Organizations: Artistry, Choice, and
　　Leadership*, San Francisco, California: Jossey – Bas Publisher.

Bretschneider, S.(1990), *Management Information Systems in Public and Private Organizations.*
　　Public Administration Review, Sep/Oct..

Caiden Gerld E.(1991), *Administrative Reform Comes of Age*, Berlin · New york: Walter
　　de Gruyter.

Castells Manuel(1989), *The Information City: Information Technology, Economic Restructuring,
　　and Urban Regional Process,* New York: Basil Blackwell.

Checkland Peter and Holwell Sue(1998), *Information, Systems and Information Systems —
　　making Sense of the field,* New York: John Willey & Sons, Ltd.

Davis G. B. and Olson M. H.(1974), *Management Information Systems*, NY: McGraw
　　Hill.

Dye, Thomas R.(1992), *Understanding Public Policy, 7th ed.,* Englewood Cliffs, N. J.:
　　Prentice – Hall.

Etzioni, Amitai(1967), *Mixed – Scanning: A 'Third' Approach to Decision Making,* Public
　　Administration Review.

Feller, Irwin(1980), *Managerial Response to Technological Innovation in Public Sector*

Organizations, Management Science.

Frederickson H. George and Jonston Jocelyn M.(eds.)(1999), *Public Management Reform and Innovation: Research, Theory, and Application,* Tuscaloosa and London: The University of Alabama Press.

Gaiden Gerald E.(1991), *Administrative Reform Comes of Age,* Berlin · NY: Walter de Gruyter.

Gross, Neal, Joseph B. Giacquinta, and Marilyn Bernstein(1971), *Implementing Organizational Innovations: A Sociological Analysis of Planned Educational Change,* New York: Basic Books.

Kemerer Chris F.(eds.)(1998), *Information Technology and Industrial Competitiveness: How IT Shapes Comoetition,* Boston: Kluwer Academic Publisher.

Kimbler D. L. and Ferrell William G.(1997), *TQM −based Project Planning,* London: Chapman & Hall.

Lasswell, D. Harold(1951), *The Policy Orientation,* in Daniel Lerner and Harlod D. Lasswell, eds., The Policy Sciences, Stanford: Stanford University Press.

Lindblom, Charles E.(1959), The *Science of Muddling Through. Public Administration Review* 19(spring).

McFarlan. F. W.(1984), *Information Technology Changes the Way You Compete.* Harvard Business Review, May/June.

Mclean E. R. and Soden J. V., eds(1977), *Strategic Planning for MIS,* NY: Wilet − Interscienc.

Negroponte Nicholas(1995), *Being Digital,* NY: Vintage Books, A Division of Random House, INC..

Mitchell, William J.(1955), *City of Bits: space, place, and the infoban,* MIT press.

Negroponte Nicholas(1996), *Being Digital,* New York: Vintage books A Division of Random House, INC..

Nolan, R.L.(1979), *Managing the Crises in Data Processing,* Harvard Business Review. March/April.

Osborne, David and Ted Gaebler(1992), *Reinventing Government: How the Entre − preneurial Spirit is Transforming the Public Sector rom Schoolhouse to Statehouse,* City Hall to the Pentagon, Addison − Wesley.

OECD(1997), *The OECD Report on Regulatory Reform,* Volume Ⅰ : Sectoral Studies.

OECD(1997), *Co −Operative Approaches to Regulation:* Public Management Occasional Papers, No. 18.

Perrow Chales(1979), *Complex Organizations,* Illinois USA: Scott, Foresman and Company Glenview.

Robert Jacobson(eds.)(1999), *Information Design,* London: Massachusetts Institute of technology.

Rogers, Everett M.(1995), *Diffusion of Innovations. 4th ed,* New York: Free Press.

Sessen · Saskia(1991), *The Global City: Network, London, Tokyo,* Princeton University Press.

Simon, Herbert(1957), *Administrative Behavior,* 2nd ed. New York: The Free Press.

Teichroew D. (1971), *Education Related to the Use of Computers in Organizations,* Communications of the ACM, Vol.14, No.9, Sep..

Weil Michelle M. & Rosen Larry D.,(1997), *TechnoStress,* New york: John Wiley & Sons, Inc.

William(1996), *The Right to Orivacy and American Law,* (isrd.nca.or.kr/BBC/info/lipt/ 1996/3 − 14/focus1/1fo3 − 14.html)

竹內正紀(NTT커뮤니케이션솔루션사업부 編) (2002), 電子自治體 e − japan 導入의 手引, 東京: 日經 BP출판센터.

색 인

EC(Electronic Commerce) ; 50
EDPS ; 128, 133
EDSAC ; 42
EDVAC ; 42
EIS ; 126, 127, 132
Electric Town meeting ; 91
Electronic Government ; 50, 98
Ellul ; 47
ENIAC ; 41
entropy ; 66, 139
ES ; 84, 127
ESS ; 99, 126, 127, 132
extranet ; 99

(F)

FA ; 129
FA(Factory Automation) ; 50
first prototype ; 153
FMS ; 129
FTP ; 46
Fuller ; 47

(G)

G. Davis ; 66
G. O. Robinson ; 78
G.A. Miller ; 81
Gaser ; 156
GII ; 165
GIS(Geographic Information System) ; 50
Gopher ; 46
Gore Report ; 100
Gresham's Law ; 84
GUI ; 46, 185

(H)

H. Olsan ; 66
H. S. Dordick ; 71
H. Simon ; 123
HA ; 129
HA(Home Automation) ; 50
HB ; 129

HCI ; 80, 185
Hemming ; 98
Heuristic Design ; 154
HIS ; 80
HO(Home Office) ; 50
HPCC ; 99, 164
Human Being ; 51
Human Touch ; 51
Human-Computer Interface ; 54, 133
human-computer Interface ; 38

(I)

IAS 컴퓨터 ; 43
IBM360 ; 44
information ; 67
information super highway ; 87
Intelligence ; 66
Interface 방식 ; 140
Internet ; 45
internetwork ; 45
Internst protocol ; 60
intranet ; 99
IPCSS ; 128, 132
IRC ; 46
IRS ; 127, 132
ISDC ; 155
ISDN ; 99, 122, 182
ISOC ; 45
ITU ; 165
IT산업 ; 108

(J)

James G. Miller ; 139
Joel E. Ross ; 138
Johnson Kast ; 135
Joseph Lynch ; 86
jr. jack Byrd ; 124
JVSV ; 163

(K)

Kaemer ; 156

Simon ; 47
SIS ; 126, 132
smurfing ; 62
SOHO ; 129
Sola Pool ; 47
SSL(secure sockete layer) ; 60
STS ; 155

(T)

TCP/IP ; 46
Techno Stress ; 54
Techno-Stress ; 170
Telematique 사회 ; 35
Teletext ; 162
telnet ; 46
Thomas Dye ; 112
Timothy Berners-Lee ; 46
Torrance ; 156
TPS ; 128, 133
TQC(Total Quality Community) ;163
Trust Building ; 51

(U)

UCC ; 62
UK Citizens Online Democracy ; 93
UNIVAC ; 43
Usenet News ; 46

(V)

Venture Business ; 88
Videotext ; 122
videotext ; 162
virture-reality ; 37
VLSI ; 45
VR: Virture Reality ; 82

(W)

WAN ; 162
Whisler ; 126
William Gibson ; 86
William Whyte ; 98
wisdom ; 68
WWW:World Wide Web ; 46

고재학 高在鶴

∎ 약 력

현) 대진대학교 초빙 교수
건국대학교 행정학 학사
건국대학교 행정학 석사
건국대학교 행정학 박사
한국지역정보화학회 사무국장 역임
한국정책학회 간사 및 연구위원 역임
한국행정학회 정회원
경인행정학회 편집이사

∎ 주요 논문 및 저서

「서울특별시 지방세 수입분포에 관한 연구」
「전자정부의 정보디자인 분석·평가에 관한 연구」
「지방자치단체의 사이버국제교류 활성화 전략에 관한 연구」
「범주화에 의한 지방자치단체의 데이터디자인에 관한 연구」
「정보디자인 이론의 행정적 비교분석 연구」
「사이버거버넌스의 시민참여를 위한 강남구 사이버주민자치시스템 운영분석 연구」
「정보디자인 관점에서 사이버스페이스의 행정정보화 연구과제에 대한 탐색적 연구」 등

『선진한국을 향한 개혁정책론』
『참여정부의 인사제도론』
『이명박정부의 인사제도론』

정보사회와 전자정부

초판인쇄 | 2009년 10월 31일
초판발행 | 2009년 10월 31일

지은이 | 고재학
펴낸이 | 채종준
펴낸곳 | 한국학술정보㈜
주 소 | 경기도 파주시 교하읍 문발리 파주출판문화정보산업단지 513-5
전 화 | 031) 908-3181(대표)
팩 스 | 031) 908-3189
홈페이지 | http://www.kstudy.com
E-mail | 출판사업부 publish@kstudy.com
등 록 | 제일산-115호(2000. 6. 19)

ISBN   978-89-268-0517-6 13350 (Paper Book)
        978-89-268-0518-3 18350 (e-Book)

여담books 는 한국학술정보(주)의 지식실용서 브랜드입니다.